L'ÉGYPTE DE BONAPARTE

collection tempus

JEAN-JOËL BRÉGEON

L'ÉGYPTE DE BONAPARTE

Perrin

www.editions-perrin.fr

ISBN : 2-262-02427-8

tempus est une collection des éditions Perrin.

Pour Annie.

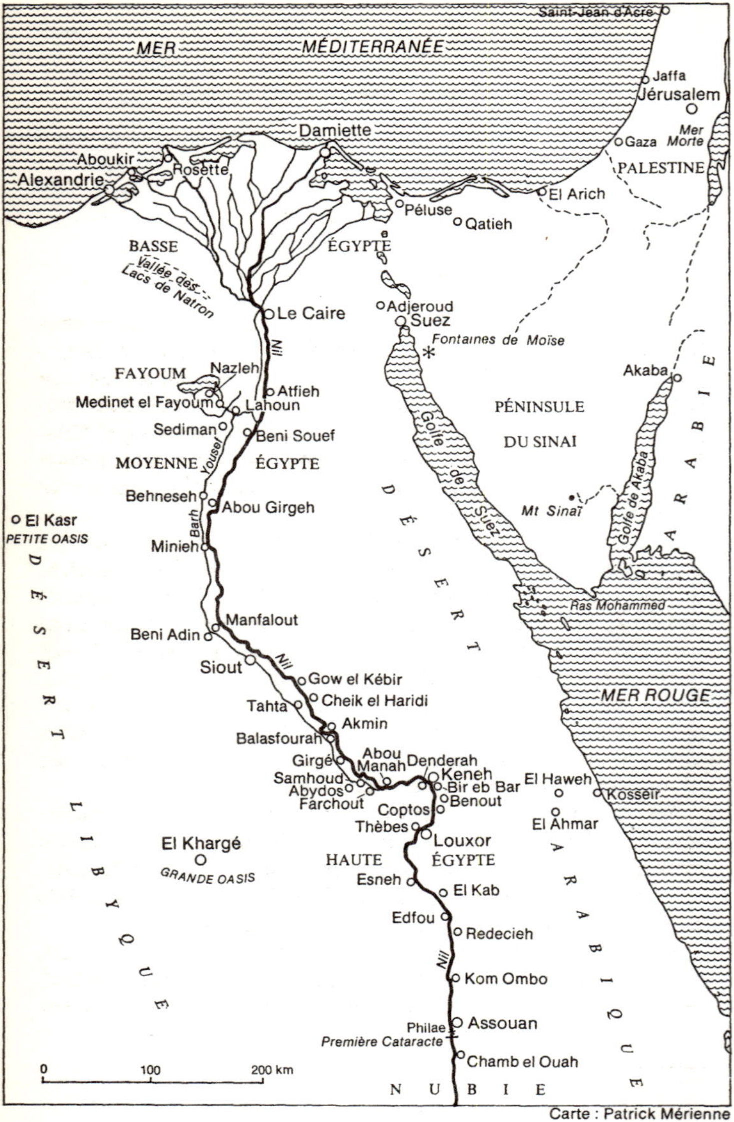

Carte : Patrick Mérienne

AVANT-PROPOS

Qui donc aujourd'hui donne l'interprétation la plus chaleureuse, la plus compréhensive de l'expédition de Bonaparte en Égypte ? Un historien français napoléonâtre, un essayiste de droite ? Non, deux écrivains égyptiens qui publient sous le pseudonyme commun de Mahmoud Hussein. En 1990, ils ont fait paraître un essai important, rédigé en français, *Versant Sud de la liberté. Essai sur l'émergence de l'individu dans le tiers monde*[1].

Insérées dans un ensemble de considérations sur les chances de la démocratie dans les pays du Sud, les réflexions de Mahmoud Hussein sur l'expédition de 1798 ne manquent pas de sel. Pour lui, elle correspond exactement au moment « où l'histoire explore une autre issue possible au siècle des Lumières, où elle ébauche le rêve, bien vite interrompu, d'une conquête du monde qui ne se réduirait pas à son asservissement, d'une intégration de l'Autre qui serait peut-être un prélude à son émancipation. C'est le rendez-vous manqué de Bonaparte avec l'Égypte ».

Attribuant à Bonaparte l'ambition de créer un « Empire mondial des Lumières », Mahmoud Hussein estime qu'en s'installant en Égypte il a provoqué « le choc impénétrable, et étrangement fécond, de la dernière née des sociétés humaines avec la plus ancienne d'entre elles ».

En quelques semaines, les Français « exorcisent » des siècles d'exploitation et d'humiliation. C'est la stupéfaction pour les intellectuels et les notables égyptiens qui en étaient

1. La Découverte, Paris, 1990.

restés aux croisades. Une véritable « secousse morale » qui parcourt le pays tout entier. Au fond, les Français veulent lui infliger un *meiji* avant la lettre. Mais ils sont condamnés à l'échec : c'est trop en trop peu de temps. Les élites sont certes fascinées, parfois séduites mais aussi désarçonnées. Les couches populaires ne suivent pas ; brutalisées dans des habitudes multiséculaires, elles se tournent vers les prédicateurs fanatiques qui, au nom de l'Islam le plus rigoriste, les invitent à rejeter l'Infidèle.

Les Français partis, on aurait pu croire qu'il ne resterait rien de leur présence et de leur influence. C'était compter sans Muhammad Ali, ce janissaire albanais qui a fait de l'Égypte son bien. Il s'inspire ouvertement des Français mais interprète leurs leçons :

« Bonaparte avait tenté, tout à la fois, d'écraser le pouvoir parasitaire et paralysant des Mamelouks, d'introduire et de faire respecter un système judiciaire cohérent, d'ouvrir le pays au progrès de savoirs et de savoir-faire nouveaux [...] Mohammed Ali reprendra une partie seulement de cette démarche — extermination des Mamelouks, réorganisation des structures centrales de l'État, modernisation de l'économie et de l'armée — mais en demeurant d'une extrême vigilance vis-à-vis de tout ce qui pouvait favoriser l'initiative individuelle. »

Certes, on peut s'irriter d'une pareille présentation des faits dans la mesure où, délibérément romantique, elle conceptualise à l'extrême le tissu historique et donne une inspiration volontariste à des hommes qui ont surtout évolué en fonction d'aléas. En fait, Mahmoud Hussein s'inscrit en ultime avatar d'une longue tradition historiographique égyptienne qui a toujours fait la part belle à Bonaparte. Dans sa *Philosophie de la Révolution,* Gamal Abdel Nasser reconnaît sa dette en ces termes : « Survint l'expédition d'Égypte. Le rideau s'est écroulé [...] Des idées nouvelles ont déferlé sur nous. Des horizons jusque-là inconnus ont alors surgi à nos regards...[2] »

Le colonel Nasser avait d'ailleurs tenu à ce que la charte de 1962, qui fondait son régime, fît référence explicite à

---

2. Cité par Joseph MOGHAIZEL, Colloque « La Révolution française et l'Orient, 1789-1989 », Mouvement culturel Antélias, Paris, Cariscript, 1989.

l'expédition française. On pouvait lire : « Elle vient, apportant avec elle quelques aspects des sciences modernes que la civilisation européenne avait perfectionnées après les avoir puisées ailleurs et plus particulièrement dans les deux civilisations pharaonique et arabe.

« Elle a également amené les grands maîtres qui entreprirent l'étude de la situation en Égypte et découvrirent les secrets de son histoire ancienne.

« Cette provision nouvelle comportait la confiance en soi ainsi que les horizons nouveaux qui s'ouvraient devant les mouvements toujours en éveil du peuple égyptien[3]. »

Ainsi, pour les plus nationalistes des Égyptiens, il n'a jamais fait de doute que la République française, ou tout au moins le plus brillant de ses généraux, a été à l'origine de ce qu'il est convenu d'appeler la *nahda*, c'est-à-dire la renaissance égyptienne. Même lorsqu'ils se réclament d'une certaine forme de matérialisme historique, les historiens arabes s'alignent sur cette interprétation, tel le Syrien Antoine Mahdissi qui reconnaît :

« Notre Renaissance [...] n'est pas que le fait d'intellectuels sollicités par le nouveau et l'inédit. Elle est aussi sociale, politique, voire militaire. Ce qui lui a donné la marche, c'est, comme on le sait, l'expédition Bonaparte en Égypte (1798-1801), c'est-à-dire un acte politico-militaire. Sa première manifestation, la résistance à l'envahisseur. Celle-ci a certes réussi son coup. Mais elle n'est pas sortie saine et sauve. Car, si l'expédition est partie, l'Occident est resté[4]. »

Reconnue comme un fait capital par les penseurs musulmans, l'expédition d'Égypte a joui aussi, en France, d'un prestige considérable. Elle a suscité une historiographie imposante qui, fusant dans toutes les directions, a cherché à en restituer les moindres de ses détails. Sans chercher ici à la répertorier, il nous faut toutefois la suivre dans ses productions majeures, avec ce souci constant de mieux expliquer l'orientation spécifique de notre propre travail.

---

3. Cité par Paul BALTA, Colloque Antélias.

4. In *Dialogue international*, n° 3, avril 1989. A noter le point de vue discordant de Mohammad Farid Wadji, historien égyptien fondamentaliste qui minimise le rôle de l'expédition française. Voir la contribution de Boutros Habib, Actes du Colloque Antélias p. 273 et suiv.

La première approche synthétique de l'expédition paraît plus de trente ans après les faits. Cette *Histoire scientifique et militaire de l'éxpédition française en Égypte*, ne comporte pas moins de dix volumes. Ses auteurs sont multiples, polygraphes habitués à ce type de travail mais aussi anciens de l'expédition comme le naturaliste Geoffroy Saint-Hilaire, le poète Parseval-Grandmaison, l'orientaliste J.-J. Marcel; en outre, ils ont puisé largement dans les mémoires, journaux et autres témoignages jusque-là inédits. Cette participation massive des « Égyptiens[5] » donne à l'ouvrage son côté « ancien combattant ». Le titre ne doit pas trop faire illusion : il s'agit d'un récit très traditionnel qui privilégie les faits militaires. Cela étant, les mérites de l'*Histoire scientifique* ne sont pas minces. Les auteurs ont cherché à raviver les souvenirs, ils l'ont fait sur un ton souvent passionné, mais rarement passionnel. Ils ont esquissé une réflexion qui, partant de l'Antiquité égyptienne pour arriver jusqu'à Muhammad Ali, tente d'intégrer et de justifier l'expédition de 1798.

C'est seulement aux alentours de son centenaire qu'un capitaine d'artillerie breveté, Charles de La Jonquière, apporte une contribution capitale à l'histoire de l'expédition. Les cinq volumes qu'il publie de 1899 à 1905 ne font pas moins de trois mille pages ! Cette œuvre monumentale reste d'ailleurs inachevée, La Jonquière étant mort à la tâche et son continuateur le capitaine de La Gréverie s'étant borné à esquisser une *Armée d'Orient sous Kléber*, elle aussi sans suite.

Le « La Jonquière » représente pour l'expédition d'Égypte ce qu'est le « Chassin » pour les guerres de Vendée : une collecte de pièces d'archives (Vincennes où la série B 6 abrite l'essentiel des archives relatives à l'armée d'Orient) présentées dans l'ordre chronologique et assorties d'une critique interne et externe particulièrement fouillée[6]. Une mise à plat qui ne privilégie aucun document mais cherche à les restituer chacun à sa place. C'est donc exceptionnellement minutieux, émietté au possible, quelquefois fastidieux mais

---

5. C'est le terme qui qualifiait les vétérans de l'expédition, ils n'en étaient pas peu fiers.
6. Les *Études documentaires sur la Révolution française*, de Charles Louis Chassin, comprennent onze volumes publiés de 1891 à 1900.

le plus souvent passionnant. De l'histoire brute qui produit ses sources avec un flegme inimitable. Malheureusement, La Jonquière est peu sensible aux arrière-plans idéologiques, à l'environnement politique et à la vie quotidienne. Il écrit d'abord une histoire militaire à laquelle il ne manque pas un bouton de guêtre. Quoi qu'il en soit, pour toute la trame administrative et opérationnelle, La Jonquière reste la référence érudite primordiale.

Tout au long du XIXe siècle et jusque dans la première moitié du XXe siècle, un nombre substantiel d'historiens s'est attaqué à l'expédition d'Orient. En fait, ils ont surtout commis des « Bonaparte en Égypte », ce qui n'est pas pareil et même très réducteur car Bonaparte n'a passé que douze mois et vingt-deux jours en Égypte alors que ses hommes ont prolongé leur séjour (bien malgré eux) jusqu'en septembre 1801, soit plus de trois ans de présence française. La plupart de ces livres relèvent de la compilation facile, ils puisent dans la masse des mémoires et journaux de l'expédition et s'acharnent à vanter les exploits militaires des Français[7].

Écrit dans un esprit de dévotion bonapartiste, le travail du baron Jean Thiry est plutôt exemplaire. Son *Bonaparte en Égypte* est paru en 1973. C'est une synthèse sèche, méticuleusement référencée (mais les sources sont des plus classiques) et passablement rébarbative. En outre, elle ignore superbement le versant indigène de l'épisode.

Fougueux, inspiré et même démiurgique, le beau livre de Jacques Benoist-Méchin, *Bonaparte en Égypte ou le rêve inassouvi,* ne peut encourir ces reproches[8]. Il reprend à son compte, en le magnifiant encore, le rêve oriental prêté à Bonaparte. Avec son talent habituel (ses faits de collaboration avec l'Allemagne nazie ne peuvent occulter qu'il fut un des écrivains les plus doués de sa génération), Benoist-

7. Un bon aperçu bibliographique est donné par Jean TULARD, *Napoléon,* Paris, Fayard, 1977. Thiers, qui fut presque autant historien qu'homme politique, avait beaucoup étudié la période. La fondation Thiers, place Saint-Georges, Paris, 75009, conserve plusieurs cartons d'archives et un fonds important d'ouvrages collectés par Thiers lui-même; autant de matériaux pour son *Histoire du Consulat et de l'Empire* (21 volumes !) mais qui annonçaient aussi la rédaction d'un ouvrage spécifique qui n'a pas vu le jour.

8. Paris, Perrin, 1978.

Méchin livre un récit voué à exalter la signification profonde de l'expédition d'Égypte. Il part d'une conviction axiomatique : Bonaparte a marché sur les pas d'Alexandre — d'ailleurs le livre s'inscrit dans le fameux cycle du rêve oriental, Alexandre le Grand, Cléopâtre, Julien, Frédéric de Hohenstaufen, Lyautey, Lawrence d'Arabie —, il a voulu unir l'Orient et l'Occident, fonder un Empire panmusulman, du Nil à l'Indus. Une pareille ligne de fuite reste évidemment très contestable.

J. Christopher Herold prend exactement le contrepied de Benoist-Méchin. Paru à New York en 1962, son *Bonaparte in Egypt* a scandalisé bien des spécialistes. Pourtant, c'est de l'excellente vulgarisation, bien référencée et joliment écrite. Seulement, Herold manie un humour féroce, sa causticité est toujours en éveil. Il exprime un point de vue typiquement anglo-saxon, c'est-à-dire résolument hostile aux Français. Presque à chaque page, il se plaît à souligner les faiblesses, les incohérences et même les tares du « grand homme ». Bref, un récit décapant qui, même avec sa mauvaise foi, reste à méditer.

La dernière, l'ultime tentative de synthèse est l'œuvre d'un jeune universitaire, Henry Laurens. Son *Expédition d'Égypte* est sous-titrée « Bonaparte et l'Islam, le choc des cultures », c'est dire son ambition[9]. Arabisant, orientaliste, Henry Laurens s'est d'abord occupé des « origines intellectuelles de l'expédition d'Égypte ». Quant à sa thèse de doctorat, elle est intitulée *La Révolution française et l'Islam. Histoire et significations de l'expédition d'Égypte (1798-1801).* Son livre paru en 1990 vulgarise (modérément) l'essentiel de ces recherches.

L'étude d'Henry Laurens reste ce qui a été fait de plus neuf en la matière. Elle constitue une référence indispensable même s'il lui manque le bonheur d'écriture et, parfois, la clarté conceptuelle.

Survenant après tant de travaux, avions-nous la moindre chance d'apporter quelque contribution originale ? Oui, dans la mesure où nous nous écartions de la pente communément suivie. Curieusement, il n'existe pas d'histoire de l'expédition qui, réduisant à l'essentiel sa trame événemen-

---

9. Armand Colin, Paris, 1990.

tielle, s'attache à sa vie quotidienne. Une étude qui, renonçant au récit chronologique, ait le souci de donner de l'épisode une image kaléidoscopique. Ici les simples fantassins en garnison dans le delta, là les cavaliers troquant leurs chevaux contre des dromadaires, ailleurs des ingénieurs arpentant le désert, des botanistes herborisant, des élèves-ingénieurs pris par la passion de l'archéologie... Sans oublier les coptes, les mamelouks, les artisans et commerçants du Caire, les « docteurs » d'al-Ahzar, la Sorbonne des musulmans.

Seconde perspective souvent abordée et trop fréquemment bâclée, l'inscription de l'événement dans un contexte qui remonte très en amont et pousse assez loin en aval. Cela pour ne plus considérer l'entreprise de 1798 seulement comme un fait d'armes isolé, chatoyant et pittoresque certes, mais sans importance véritable puisque mort-né.

Ces observations faites, un plan s'imposait. Une première partie s'efforce de présenter l'Égypte avant Bonaparte, ses paysans, ses mamelouks, ses colonies marchandes et tous les liens établis avec la France, sans oublier les rêves et les projets de colonisation, de Leibniz au consul Magallon. Une deuxième partie s'efforce de résumer l'histoire de l'expédition, dans ses préparatifs, son déroulement et sa conclusion ; il s'agit là de faire bref, de puiser à l'essentiel et de compléter l'esquisse par quelques réflexions sur les rôles et les responsabilités des uns et des autres.

La troisième partie est la plus copieuse, elle forme le corps de l'ouvrage. C'est au fond une vie quotidienne qui considère les faits et les gestes de toutes sortes d'individus avec une priorité accordée aux questions médicales et scientifiques.

La dernière partie traite des séquelles de l'aventure égyptienne des Français, de ses suites plus ou moins directes. Elle réfléchit sur la place des Français dans la nouvelle Égypte, celle de la *nahda* qui en fait un des pays musulmans les plus conscients de son identité et en même temps l'un des plus ouverts en direction de l'Europe. Le parcours s'achève avec Ferdinand de Lesseps, seulement évoqué, car l'aventure du canal est si conséquente, qu'elle demande un traitement à part entière[10]. Lorsque le Royaume-Uni établit son protectorat sur l'Égypte (1882), la France doit s'effacer et se borner au seul Maghreb pour exercer sa puissance tutélaire. Une page est tournée.

Puissent nos lecteurs se sentir proches de ces fantassins poudreux, issus des levées révolutionnaires et qui, deux mille ans après les légionnaires romains, inscrivirent leurs noms et leurs états de service sur la Grande Pyramide, à Karnak et Louqsor, à Philae enfin, point le plus extrême de leur aventure. Sans eux, sans Bonaparte, Kléber, Desaix ou Menou, « l'Égypte ancienne ne serait pas devenue ce rêve enfin lisible, et la pierre de touche de toute quête des origines[11] ».

---

10. De même pour Champollion, sujet immense dont on ne peut se libérer en l'insérant dans un processus général.

11. Gérard MACÉ, *Le Dernier des Égyptiens*, Paris, Gallimard, 1989.

Première partie

LA FASCINATION DE L'ÉGYPTE

1

LA TERRE DES MAMELOUKS

Présenter l'Égypte, c'est, inévitablement, se tourner vers Hérodote. En premier lieu pour signaler que la fameuse assertion du Père de l'Histoire : « L'Égypte est un don du Nil » est un peu trop lapidaire pour être exacte. En fait, Hérodote se borne à constater qu'abordée depuis la mer, cette terre gorgée d'alluvions peut sembler naître du Nil et que cela est vrai jusqu'à trois jours de navigation en amont du lac Moéris dans le Fayoum[1].

Mais Hérodote est plus pertinent lorsqu'il déclare : « ... Nul autre pays au monde ne contient autant de merveilles, et nul autre pays ne présente autant d'ouvrages qui défient toute description... Les Égyptiens ont un climat très particulier, un fleuve dont le régime ne ressemble à aucun autre ; ils ont aussi, en général, des coutumes et des lois contraires à celles du reste du monde[2]. »

La singularité égyptienne, c'est l'incroyable combinaison d'un fleuve et d'un désert.

Le climat de l'Égypte est saharien. Seule la façade maritime du delta bénéficie de quelques pluies de printemps et d'automne. Mais, si Alexandrie reçoit jusqu'à 200 mm de pluie par an, Le Caire doit se contenter de 20 à 30 mm et Assiout de 2 mm seulement. Les températures, presque tout le temps supportables dans le delta, deviennent suffocantes en Haute-Égypte.

Au milieu de ces terres brûlées, le Nil. Le miracle de ce

---

1. Aujourd'hui Birkat Qarun. HÉRODOTE, *L'Enquête,* 5 II, traduction A. Barguet.
2. HÉRODOTE, *l'Enquête,* 35 II.

fleuve majestueux et nourricier a toujours été célébré. Dès la plus haute Antiquité, il lui est rendu un juste hommage. Jailli de l'Océan primordial, ne roule-t-il pas des eaux qui fécondent l'Égypte ? Les prêtres vantent son mystère : « Tu es l'unique, qui se crée lui-même, ô toi, dont on ne connaît pas l'essence », et ils lui composent des hymnes. Il est Hâpy, le Nil inondant l'Égypte ; la statuaire le représente sous la forme d'un plantureux personnage, vêtu de la simple ceinture des mariniers et le chef surmonté d'une touffe de papyrus[3].

La réputation du Nil tient surtout aux variations de son débit, à ses « pulsations simples, puissantes et raisonnablement régulières » (J. Besançon), qui rythment la vie des Égyptiens.

C'est probablement l'ingénieur Le Père, membre de la Commission des sciences et des arts lors de l'expédition française, qui a le mieux présenté les fonctions vitales du fleuve : « Le Nil, dans ses débordements périodiques, présente un phénomène auquel est intimement liée l'existence physique des contrées qu'il arrose. Ce fleuve, par un séjour de trois mois sur la terre, y dépose les principes et l'aliment de la végétation, sans lesquels le pays serait frappé de stérilité ; et l'on sait que quelques pieds de crue au-delà comme au-dessus des besoins sont également nuisibles, en causant ces famines et ces épidémies dont les suites sont inévitables et funestes. C'est donc un terme moyen seul qui garantit la bonté des récoltes : aussi l'on peut dire et répéter sans exagération que le Nil est pour les habitants de l'Égypte la mesure de l'abondance et de la vie[4]. »

Condamnés à une véritable hantise de l'eau, les Égyptiens ont toujours guetté et surtout mesuré les variations de niveau du fleuve. Tout le long du Nil sont aménagés des nilomètres soigneusement entretenus. Des tables des différents niveaux atteints par le fleuve permettent de repérer des cycles et de plus ou moins prévoir le comportement du Nil[5].

---

3. A propos de ces hymnes, voir A. BARUCQ et F. DAUMAS, *Hymnes et Prières de l'Égypte ancienne*, Éd. du Cerf, Paris, 1979.
4. J.-M. LE PÈRE, *Mémoire sur la communication de la mer des Indes à la Méditerranée par la mer Rouge et l'isthme de Soweys*, in *Description de l'Égypte*, t. I, Paris, 1809-1822.

Le géographe Strabon (vers 58 av. J.-C., vers 25 ap. J.-C.) avance même l'échelle suivante :

12 coudées : famine
13 coudées : disette
14 coudées : joie
15 coudées : sécurité
16 coudées : abondance et délices
18 coudées : désastre[6]

De tous les nilomètres, le plus remarquable est celui de l'île de Rawda, au Caire. Un véritable monument. Construit aux alentours de 700 ap. J.-C., réparé à huit reprises (la dernière fois en 1766) avant l'arrivée des Français, il subit une nouvelle restauration à l'instigation de Bonaparte, sous la conduite de Le Père Aîné. S'exprimant au nom du diwan du Caire, plusieurs notables égyptiens manifestent leur satisfaction auprès du général Abdallah Menou, le successeur de Kléber : « La réparation (du nilomètre) est un ouvrage tel qu'il n'appartient qu'aux grands princes d'en exécuter un pareil. Vous l'avez rétabli dans le même état où il était du temps du célèbre calife abbasside al-Ma'mūn... Ce rétablissement est un titre glorieux pour votre mémoire jusqu'à la fin des siècles[7]. »

L'enregistrement du niveau le plus haut atteint par le fleuve fait l'objet d'une cérémonie solennelle dont le moindre détail est consigné par les scribes. L'occupation française ne change rien à ces rites, bien au contraire. Ainsi en l'an 1214 de l'hégire (1799), en présence du gouverneur et général Dugua, une foule d'imans, de cheikhs et d'émirs se rend au nilomètre de Rawda pour constater l'état des eaux et ordonner l'ouverture de la digue qui les sépare du canal.

Si l'Égypte est un don du Nil, elle est aussi le fruit du travail des hommes et en particulier de leur maîtrise d'eau. Cette irrigation s'est toujours faite sous la houlette d'un « État à forte concentration politique et à décentralisation

---

5. Longs développements sur les nilomètres dans *Mémoire sur l'histoire du Nil*, par S. A. le prince Omar TOUSSOUN, Le Caire, Imprimerie de l'Institut français, 1925.
6. La coudée : environ 48 cm.
7. O. TOUSSOUN, ouvrage cité.

administrative », pour reprendre la formulation très pertinente de l'égyptologue Jean Vercoutter. L'Égypte a effectivement besoin d'un pouvoir central fort, distributeur et ordonnateur de l'eau, et, d'autre part, elle doit s'en remettre à l'initiative locale pour son bon usage.

Que le pouvoir central s'affaiblisse et tout peut être remis en cause. Rares sont les sociétés à dépendre autant de leur administration et jamais peut-être le respect et le bon usage des données géographiques n'ont autant déterminé la survie d'un groupe humain.

Ce qu'avait parfaitement compris Bonaparte et ce sur quoi il prenait encore plaisir à revenir, dans son exil. Ainsi confie-t-il à ses interlocuteurs : « Dans aucun pays, l'administration n'a autant d'influence sur la prospérité publique. Si l'administration est bonne, les canaux sont bien creusés, bien entretenus, les règlements pour l'irrigation sont exécutés avec justice, l'inondation est plus étendue. Si l'administration est mauvaise, vicieuse ou faible, les canaux sont obstrués de vase, les digues mal entretenues, les règlements de l'irrigation transgressés... Le gouvernement n'a aucune influence sur la pluie ou la neige qui tombe dans la Beauce ou dans la Brie ; mais, en Égypte, le gouvernement a une influence immédiate... »

Fleuve dieu, mystérieux jusque dans sa longueur et dans ses sources, attendu avec anxiété d'une année sur l'autre, le Nil a secrété des rituels millénaires, toute une liturgie destinés à le rendre compatissant. Une fois établis en Égypte, les Français ne manqueront pas de participer à ces grandes cérémonies. Ils attendent de ces grandes festivités « païennes » l'attachement et les faveurs des indigènes. En fait, les notables cairotes ne cacheront pas longtemps leurs sarcasmes et le peuple, toujours aussi versatile, ne verra pas dans cette dévotion une raison suffisante pour s'intéresser à ses nouveaux maîtres.

Arrachée aux Byzantins par le calife Omar, l'Égypte devient terre d'Islam à compter de l'année 639, sept ans seulement après la mort du Prophète. Les dynasties se succèdent : les Toulounides, les Fatimides et, pour finir, les Ayyoubides. Le dernier Ayyoubide doit affronter Louis IX, finalement vaincu à Mansourah (1249). Peu après, ses officiers turcs, des mamelouks, prennent le pouvoir. Les sultans mamelouks sont maîtres de l'Égypte pour deux cent cinquante ans. Plusieurs se distinguent par leur énergie. Mais, au début du XVIe siècle, l'Égypte retombe dans l'orbite de la maison d'Osman qui, depuis 1453, règne à Constantinople. Sélim le Cruel débarque en Égypte le 24 août 1516. Il bat Tuman Bey puis rembarque pour Constantinople, laissant à un de ses proches, Ibrahim Pacha dit l'Épirote, le soin de réorganiser l'administration. En quelques mois l'Égypte reçoit un statut qui restera en vigueur près de trois siècles, jusqu'à l'arrivée des Français en 1798.

La principale tâche du pacha est de veiller à la rentrée des impôts d'où est tiré le tribut annuel. Sept corps militaires — milices ou *odjaqs* — l'assistent dans cette besogne. En outre, ils sont chargés de la police intérieure, de la défense des frontières et des côtes. On compte cinq corps de cavalerie et deux de fantassins ; les plus en vue sont ces derniers, azabs et janissaires.

Le pachalik d'Égypte est divisé en vingt-quatre subdivisions confiées chacune à un bey. Ces beys sont d'abord des officiers des milices, puis, peu à peu, les mamelouks les plus influents se voient confier ces charges.

Ainsi l'Égypte se trouve-t-elle dotée d'un gouvernement très spécifique, très discutable aussi, et dont la singularité déroute les voyageurs européens. Tel qu'il est instauré au début du XVIe siècle, tel qu'il se décompose au cours des deux siècles suivants, il impose à l'Égypte une évolution économique et sociale qui la conduit inéluctablement vers l'affaiblissement et même vers la décadence pure et simple.

Représentant du Grand Seigneur, le pacha est un personnage considérable. Il réside au Caire, dans la citadelle construite par Saladin. Il ne la quitte que très rarement et ne visite pratiquement jamais le pays. Les Égyptiens ne le voient qu'à son arrivée et lors de son départ et aussi à l'occasion de quelques cérémonies[8].

Le pacha préside le diwan qui l'assiste dans le gouvernement du pays. Le diwan ordinaire se tient trois fois par semaine à la citadelle ; le diwan solennel est beaucoup plus épisodique. C'est d'ailleurs un moment exceptionnel auquel les infidèles ne peuvent participer. Ainsi, le consul Benoît de

8. Sur l'Égypte ottomane, l'ouvrage de référence reste : Henri DEHÉRAIN, *L'Égypte turque, pachas et mameluks du XVIe au XVIIIe siècle. L'expédition du général Bonaparte*, in *Histoire de la nation égyptienne*, t. V, Plon, Paris, 1931.

Maillet n'en voit que les préparatifs. Il raconte : « La cour qui précède la salle du Conseil, et qui est pour le moins égale à la moitié du jardin des Tuileries, se trouve remplie des chevaux des beys et des autres officiers de considération, qui cependant ne mènent alors avec eux que trois ou quatre de leurs esclaves [...] l'assemblage de tous ces chevaux couverts de riches harnais et de housses magnifiques produit un spectacle qui étonne et qui éblouit par l'éclat de tant d'or et d'argent, souvent même de pierreries exposées aux rayons du soleil, qui s'offrent alors à la vue de toutes parts[9]. »

Le Grand Seigneur étant le propriétaire de toutes les terres de l'Égypte, il prélève un impôt foncier. C'est le fameux *miri*, perçu en argent et en nature et qui est calculé sur le produit des récoltes. La perception du miri est confiée à des officiers de milice, les *multazim*, qui reçoivent en fief un ou plusieurs villages. Les autres revenus exigés par le pacha sont les douanes et la taxe de capitation qui frappe les infidèles, sujets ottomans, juifs et chrétiens de diverses confessions. A ces revenus fixes s'ajoute un casuel un peu particulier puisqu'il s'agit de brimades infligées aux négociants européens résidant en Égypte ; ces taxes subites, ces réquisitions de toutes sortes, ce sont les trop fameuses « avanies ».

Se réservant une bonne part du produit des impôts, — mais passant après les multazim qui se sont déjà largement servis —, le pacha doit envoyer à Constantinople le tribut annuel dû par l'Égypte. Jusqu'au début du XVIIIe siècle, il s'exécute avec ponctualité, puis les envois se font de plus en plus intermittents. En 1798, le diplomate Pierre Ruffin, en poste à Constantinople, s'emploie à justifier l'expédition de Bonaparte en exposant que l'Égypte ne payant plus de tribut, elle est effectivement détachée de l'Empire ottoman. Cet argumentaire, exact en droit, mais passablement insolent lui vaudra de goûter aux joies des cachots turcs !

La plupart des pachas sont corrompus et paresseux.

---

9. Cité par H. DEHÉRAIN, ouvrage cité ; Maillet fut consul de 1692 à 1708. Il rédigea de nombreux rapports, étudiés mais non publiés intégralement : B. N., ms. fr. 9095, 20147, 20310. Son enquête sur l'Éthiopie a été publiée par de Caix de Saint-Aymour, *la France en Éthiopie (1634-1700)*, Paris, 1886-1892.

Quelques-uns se distinguent malgré tout en s'intéressant aux sciences, aux techniques et aux belles-lettres. Très rares sont les pachas reconnus probes. En fait, le pacha assume une charge ingrate. A la merci d'une destitution sans explications, il doit supporter la féodalité bruyante et incontrôlable des officiers de milice qui le méprisent car, face à leurs forces, il est désarmé. Les milices (odjaqs) sont au nombre de sept. Chacune a des fonctions spécifiques, poursuite des pillards du désert, garde des côtes, collecte des impôts, escorte, messagerie... Aux côtés des azabs, des janissaires, les mamelouks constituent le corps le plus nombreux et le plus influent. Au départ, les mamelouks sont de jeunes esclaves rassemblés dans les différents marchés de l'Empire ottoman et acheminés vers l'Égypte [10]. Quelques-uns proviennent d'Europe, il y a des mamelouks saxons, vénitiens, français, russes, ukrainiens ; plus nombreux sont les garçons achetés dans les villages chrétiens des Balkans, en Slavonie [11], en Grèce, en Macédoine ; des mamelouks sont originaires de l'Afrique noire ; mais la grande majorité est achetée dans les terres caucasiennes, ce sont des Abazins, des Mingreliens, des Géorgiens et surtout des Tcherkesses ou Circassiens. Ces derniers sont réputés pour leur beauté et leur vigueur physique.

Aussitôt arrachés à leurs familles, tous ces garçons sont circoncis, convertis à l'islam et dotés d'un nom musulman. Leurs acquéreurs sont les officiers des milices et les beys. Une fois pris en charge par son maître, une nouvelle vie commence pour l'apprenti mamelouk : « Il est coupé de ses attaches ancestrales. Son père, sa mère, ses frères, ses sœurs de sang, il les ignore [...] Son pays maintenant, c'est l'Égypte ; son père c'est le bey qui l'a acheté, ses frères, ce sont ses compagnons d'armes [...] » (H. Dehérain).

Les liens de domesticité qui attachent les mamelouks à leurs maîtres ne sont pas sans rappeler certaines pratiques européennes en matière de clientélisme. Plus que des esclaves, les mamelouks sont les « dévoués », les « nourris » de leurs maîtres ; ils peuvent en attendre missions de confiance, gratifications et promotions ; même affranchi,

---

10. Le mot « mamelouk » vient de l'arabe *malaka*, , « posséder » ; il signifie « possédé », « esclave ».

11. Slovénie aujourd'hui, entre Drave et Save ; Yougoslavie.

même hissé aux plus hautes fonctions, le mamelouk reste l'obligé de son acquéreur[12].

Le jeune mamelouk est formé exclusivement au métier des armes. Il est dressé à se comporter en cavalier émérite ; l'Égypte dispose d'ailleurs de haras remarquablement tenus où les pur-sang arabes sont strictement sélectionnés[13]. Au Caire, les recrues disposent d'un champ de Mars où elles peuvent multiplier les exercices, tir ou mousquet ou au pistolet, escrime au sabre, quintaine. Pour se distraire on peut jouer au « dérid », du nom de la tige de palmier qui leur sert de lance lors de ces joutes.

Les brillants harnachements, les montures caracolantes, les costumes bariolés, les armes de prix, les bijoux dont se parent les mamelouks ont toujours fasciné les Européens. La cavalerie mamelouke constitue un spectacle si tournoyant, si éblouissant que bien des soldats français de l'expédition de 1798 se prennent à la contempler, à l'admirer avant de la tailler en pièces. Le capitaine François, surnommé le dromadaire d'Égypte, qui est un mémorialiste assez austère et passablement renfrogné de l'expédition, avoue que si les mamelouks sont des « démons », ils n'en forment pas moins une « superbe cavalerie ». Le capitaine Joseph-Marie Moiret est plus prolixe et plus admiratif, il se souvient : « Les mamelouks étaient retranchés [...] sur les bords du Nil, et en face du Caire. L'éclat de leur parure et de leurs armes nous renvoyait les rayons du soleil, et éblouissait la vue. Assis sur les chevaux arabes, armés chacun d'une paire de pistolets de Londres et d'une brillante carabine, ils faisaient étinceler à nos yeux leurs superbes sabres de Damas[14]. »

Le général baron Desvernois est encore plus lyrique : « Au fond, le désert sous le ciel bleu ; devant nous de beaux chevaux arabes richement harnachés, piaffant, hennissant, caracolant avec grâce et légèreté sous des cavaliers à l'air martial, couverts d'armures étincelantes enrichies d'or et de pierrerie, revêtus de costumes divers (...), la tête ornée de

---

12. Sur ces ressemblances avec le clientélisme dans les sociétés d'ordres, voir Roland MOUSNIER, *Les Hiérarchies sociales*, P.U.F., Paris, 1969.

13. Sur ce sujet, *La Décade égyptienne*, numéro 2, 1er trimestre, an VII. Les Français de l'expédition sont favorablement impressionnés par l'élevage des pur-sang en Égypte.

14. Joseph-Marie MOIRET, *Mémoires sur l'expédition d'Égypte*, Pierre Belfond, Paris, 1984.

turbans à aigrettes ; quelques-uns avec des casques dorés, cernés de sabres, de lances, de casse-tête, de flèches, de fusils, de tromblons, de poignards : tous munis de trois paires de pistolets [...][15]. »

En réalité, la cavalerie mamelouke ne présentait pas une véritable valeur militaire. Si le comportement individuel des hommes était digne d'éloges, il en était tout autrement des mouvements d'ensemble qui ne s'effectuaient jamais que dans la cohue. Cette frénésie individualiste, cette indiscipline organisée coûteront cher aux mamelouks face aux Français[16].

L'élite des mamelouks est constituée de kachefs et de beys. Les kachefs sont des mamelouks affranchis au vu de leurs services ; ils ont rang d'officiers supérieurs dans les maisons des beys. Du fait de leur présence presque continuelle au Caire, les beys leur confient l'administration des provinces. On compte trente-six kachefliks, sept dans le Delta, six en Moyenne-Égypte et tous les autres en Haute-Égypte jusqu'à Esneh.

Dans sa province, le kachef mène grand train, il a ses propres mamelouks, une nombreuse domesticité. Ses tâches sont nombreuses et diverses, veiller à la levée du tribut, pourchasser les nomades pillards qui harcèlent les villages, maintenir en état les pistes, le réseau d'irrigation. De manière générale, même s'ils commettent de nombreux abus et manifestent une forte propension à prendre la chose publique pour un bien privé, les kachefs sont des administrateurs acceptables.

Les beys sont, en quelque sorte, des mamelouks « arrivés » (H. Dehérain). Cinq beys gouvernent la Haute-Égypte, trois sont dans le Delta et trois surclassent les précédents par leurs fonctions éminentes. Le defterdâr est le gardien des cadastres, il a la mainmise sur l'assiette fiscale ; l'émir Haggi est le chef de la caravane rassemblée au Caire pour le pèlerinage à La Mecque ; enfin, le cheikh al-Balad, placé au sommet de toute la hiérarchie mamelouke, est le véritable

15. Cité par J. Chritopher HEROLD, *Bonaparte en Égypte*, traduction française Plon, Paris, 1962.

16. Excellente mise au point sur les mamelouks, par Raoul BRUNON, in TRANIE-CARMIGNIANI, *Bonaparte, la campagne d'Égypte*, Pygmalion-Watelet, Paris, 1988.

chef de l'Égypte ; il est sous les ordres du pacha mais le domine effectivement.

Les beys ont un train de vie considérable. Certaines « maisons » comptent plusieurs centaines de mamelouks et même, dans quelques cas, jusqu'à trois mille. Or, le bey arme et équipe ses mamelouks, il les habille, les nourrit et les loge. En plus de ses guerriers, le bey doit entretenir une très nombreuse domesticité, des esclaves originaires d'Asie et d'Afrique noire en majorité. Pour administrer sa maison, le bey (ou le kachef) s'en remet à un personnel d'intendance recruté surtout parmi les coptes. Les intendants coptes attachés aux dignitaires mamelouks exercent une influence et un pouvoir considérables qui attirent sur eux bien des jalousies et des suspicions[17].

Les beys habitent de somptueuses résidences construites en majorité au Caire. Ce sont de véritables palais. Les plus somptueux de ces édifices multiplient les dépendances, les communs, les écuries, les cuisines, les bains et les appartements ; ils sont environnés de jardins qui charment le délicat Savary : « ... des jardins où les citronniers, les orangers, les dattiers, les sycomores sont plantés au hasard. Ce désordre n'a pas de grâce mais le mélange de ces arbres, leur voûte impénétrable aux rayons du soleil, des fleurs jetées à l'aventure dans ces bosquets en rendent l'ombrage charmant[18]. » Autour du Caire, les beys se sont fait construire des maisons de campagne qui présentent les mêmes agréments.

Les palais beylicaux abritent beaucoup de monde. A côté des mamelouks, de la foule des domestiques, du personnel administratif, il faut compter avec les musiciens, les conteurs et les bouffons amenés là pour agrémenter les soirées. Les femmes sont confinées dans les harems. Ce sont des esclaves blanches, tcherkesses surtout ; les Européennes sont très prisées mais plus rares. Les épouses régentent toutes ces femmes recluses ; bien que réduites à un rang subalterne, elles exercent une vive

---

17. Sur les coptes, voir les développements qui leur sont consacrés aux chapitres 15 et 31.

18. Claude SAVARY, *Lettres sur l'Égypte*, 2e édition, 3 volumes, Paris, 1786.

autorité sur la part qui leur est impartie. Leur influence politique n'est pas nulle. Sous l'occupation française, certaines femmes de mamelouks joueront un rôle éminent [19].

Loin de constituer une horde de brigands mettant au pillage un pays tout entier, les mamelouks ont constitué un « ordre militaire » porteur d'une civilisation élaborée. En dépit de ses nombreux vices, elle ne manquait pas de raffinement et d'attrait. Ce qui a perdu les mamelouks, c'est moins la somme de ressentiments accumulés par le peuple d'Égypte que leurs propres dissensions et leur goût immodéré pour l'intrigue, la dissidence et les affrontements internes.

La lutte entre les « puissances » — pour reprendre la terminologie du temps — c'est-à-dire entre les aghas de janissaires, les beys et leurs mamelouks, les juges et ulama d'al-Azhar [20] forme la trame essentielle de l'histoire de l'Égypte aux XVIIe-XVIIIe siècles. Plus le temps passe, plus l'autorité de Constantinople se dilue ; le pacha devient un figurant, la partie se joue entre deux, trois, quatre, voire une dizaine de prétendants au pouvoir beylical suprême. Parfois un « tyran » émerge et s'impose pendant quelques années. De 1755 à 1772, Ali Bey impose son autorité. A en croire Jabarti, il ne manque pas de qualités : « C'était un homme d'un grand caractère, ambitieux, visant très haut [...] sérieux et réfléchi, grave et posé [... un] caractère de fer. » Il avait servi Ibrahim Kiaya et avait même été son meilleur mamelouk. Une fois au pouvoir, il se révèle particulièrement odieux pour les autres beys qui font tout pour l'éliminer. Mais Ali Bey est à la tête de plus de trois mille mamelouks, il a recruté des mercenaires maghrébins et profite des conseils d'instructeurs français qui s'occupent de son parc d'artillerie. Fort de ces moyens Ali Bey ne verse plus le tribut annuel au sultan, il entretient de bons rapports avec ses pires ennemis, les Russes ; il fait campagne en Haute-Égypte, dans le Hedjaz et en Syrie. Sur les monnaies, il fait frapper l'an I

---

19. Sur la place des femmes, leur rôle, durant l'expédition, voir plus loin le chapitre 19.

20. La mosquée et l'université les plus prestigieuses de l'Islam arabophone, au Caire. Les théologiens d'al-Azhar n'interviennent pas directement mais leur influence politique, sur le petit peuple cairote notamment, est considérable. L'hostilité d'al-Azhar sera fatale à Bonaparte.

de son avènement... Incontestablement, sous Ali Bey, l'Égypte retrouve une certaine prospérité qu'elle n'avait pas connue depuis longtemps.

Trahi par ses lieutenants, Ali Bey meurt de ses blessures en 1773. Son successeur Abou Dahab est, lui aussi, un ambitieux comme le montre sa campagne de Palestine où il meurt à Acre en 1775. Jabarti l'admire et l'historien Henry Laurens prétend qu'il a tout fait pour fonder un « État mamelouk syro-égyptien ». Après lui, le pays s'enfonce dans l'anarchie.

A partir de 1775, la France et l'Angleterre se mêlent de plus en plus des affaires égyptiennes. L'inaction de Constantinople, des appétits coloniaux évidents les y poussent. Alors que la diplomatie française s'engage aux côtés des deux beys les plus influents, Ibrahim Bey et Mourad Bey, l'Angleterre soutient la Porte dans sa tentative pour reprendre en main l'Égypte. En dépit des efforts français, Londres parvient à décider le sultan Abdülhamid I d'envoyer en Égypte un corps expéditionnaire. Hasan Pacha débarque à Alexandrie. Après quelques combats, il entre dans Le Caire et contraint les deux beys à s'enfuir en Haute-Égypte. Hasan Pacha reste en Égypte jusqu'en octobre 1787. Il confie les trois charges principales du beylicat à des hommes de confiance ou, du moins, supposés tels. L'un deux, Ismaël Bey, domine quelque temps la situation. Très conscient de l'infériorité militaire des Orientaux, il demande au consul de France Magallon des ingénieurs et des instructeurs. Mais, en cet été 1789, Paris a d'autres soucis ! Ismaël Bey meurt de la peste en 1791. Ibrahim et Mourad reviennent alors au Caire. Ils gouvernent en se partageant le pouvoir.

Si Ibrahim est calme et travailleur, Mourad passe pour un violent et un ambitieux. Dans ses *Mémoires*, le général Reynier le décrit ainsi : « Doué par la nature de cet ascendant qui appelle certains hommes à dominer les autres, il avait l'instinct du gouvernement sans en connaître les ressorts. Également prodigue et rapace, il donnait tout à ses amis et pressurait ensuite le peuple pour subvenir à ses propres besoins[21]. » Grâce à son principal lieutenant, Ibra-

---

21. Jean-Louis REYNIER, *De l'Égypte après la bataille d'Héliopolis...*, Paris, an X.

him al-Sennar, un mamelouk noir natif du Dongola, grâce à sa flottille sur le Nil armée par des Grecs et commandée par « Nicolas » Papas Oglou (qui servira Bonaparte), Mourad Bey domine Ibrahim. Leur entente laborieuse ne résistera pas aux défaites subies contre les Français.

2

L'ÉGYPTE AU QUOTIDIEN

L'Égypte occupée par les Français de 1798 à 1801 est essentiellement celle des villes. Certes, les campagnes du Delta et de la Moyenne-Égypte reçoivent des garnisons et sont parcourues par des détachements. Mais la faiblesse des effectifs, surtout après la campagne de Syrie, ne permet pas de maintenir une présence armée partout où il le faut. Après le départ de Bonaparte, l'occupation se réduit aux villes du Delta, Alexandrie, Damiette, Rosette et surtout Le Caire où demeurent cantonnés les effectifs les plus importants.

L'Égypte des Français s'identifie donc aux centres urbains et, pour beaucoup d'hommes de Bonaparte, l'Orient c'est d'abord Le Caire.

Le Caire prend pour premier nom « Fostat », la « tente », lorsque les conquérants arabes se saisissent de l'Égypte. Puis, en 870, le site se déplace et la nouvelle capitale devient Al-Qata'iyah, le « fief » ; un peu plus tard, elle change encore de nom, Al-Qâhira, la « victorieuse ». Le Caire est vraiment né.

Sous les sultans mamelouks, elle touche à son apogée. Ibn Battûta qui la visite en 1326 en fait une description dithyrambique, il conclut : « C'est le rendez-vous des voyageurs, la station des faibles et des puissants. Tu y trouves tout ce que tu désires, savants et ignorants, hommes diligents ou adonnés aux bagatelles, doux ou emportés, de basse extraction ou d'illustre naissance, nobles ou plébéiens, ignorés ou célèbres. Le nombre de ses habitants est si considérable que leurs flots la font ressembler à une mer agitée[1]... »

Jehan Tenaud, gardien du couvent des Cordeliers d'Angoulême, voit Le Caire en 1512. Il estime Le Caire « trois fois aussi grand que Paris » et se réjouit de voir que « cent mil milans le nectoient de ses immundicités ». Avec les charognards, ce qui frappe les voyageurs, c'est la multiplicité des mosquées, les tombeaux somptueux des mamelouks, l'entassement des maisons, le grouillement des rues. Greffin Affagart, seigneur de Courteilles (Sarthe), qui passe en Égypte en 1533 semble même effaré par ces « gens amassés de toutes nations, sectes ou rites qui sont au monde, comme sont Turcs, Mores, Arabes, Persiens, Juifs, chrestiens latins et chrestiens grecs, Indiens, Arméniens, Jacobites, Nestoriens[2]... ».

Au XVIe siècle, Le Caire a déjà l'étendue et l'allure générale qu'il conservera pendant près de trois siècles.

Bâtie sur la rive droite du Nil, la ville forme un quadrilatère approximatif, allongé du nord au sud sur quatre kilomètres environ et d'est en ouest sur deux kilomètres. Cet espace urbain n'est d'ailleurs pas entièrement bâti mais correspond au périmètre fortifié. Le Caire est traversé du nord au sud par un canal de dérivation, c'est le Halig. En avant-postes sur le Nil, face à la vallée, le Vieux Caire (rive droite), et Giza (rive gauche) ; regardant le Delta, Bulaq. A hauteur du Caire, le Nil a laissé se constituer plusieurs îles dont les deux principales, Rawda et Bulaq, abritent de belles résidences secondaires, quelques sanctuaires, le nilomètre (à Rawda) et d'agréables jardins.

Puisant l'eau du fleuve face à l'île de Rawda, le grand aqueduc grimpe jusqu'à la citadelle ; adossée au désert, elle domine la ville. Des remparts enferment Le Caire sur trois côtés ; ils sont percés de plusieurs portes. Dans la ville, l'artère centrale est la Qasaba ; les sept quartiers les plus

1. Ibn BATTÛTA, *Voyages*, traduction de l'arabe de C. Defremery et B. R. Sanguinetti, F. Maspero, Paris, 1982. Le géographe multiplie les chiffres : 12 000 porteurs d'eau, 36 000 embarcations sur le Nil, et fait appel aux poètes : « Les enfants [du Caire] en sont les anges et ses filles aux grands yeux, les houris [...] ses vaisseaux, semblables aux sphères célestes, ne font que monter et descendre... »

2. Erudite évocation de ces témoignages par Stéphane YERASIMOS, « La démesure insouciante », in *Le Caire*, Autrement, hors série numéro 12, Paris, février 1985.

actifs se répartissent de part et d'autre de cet axe marchand.

La population du Caire a toujours été l'objet de supputations. Affagart a compté 14 000 paroisses *(sic)* ; Jean Palerme avance qu'elle a bien 1 200 000 habitants ; le Vénitien Vacchietti va jusqu'à 1 500 000. En tout cas, elle est bien plus grande que Rome et dépasse Paris ou Londres.

Mais aux XVIIe et XVIIIe siècles, Le Caire décline. Il perd de ses habitants décimés par les famines, les épidémies, les luttes entre odjaqs. Tous les témoignages soulignent cette décadence. Jean Thévenot, qui arrive au Caire en 1656, visite la ville méthodiquement ; il la trouve ruinée en divers endroits, ses remparts écroulés ; il conclut : « Le Caire n'est pas si grand que Paris. » Paul Lucas passe en 1714, il est tout autant affligé : « Des maisons basses et assez mal bâties », des fortifications qui n'en sont plus, « car les Turcs sont forts négligents et laissent tomber toutes ces sortes d'édifices, faute de les réparer[3] ».

La population cairote n'est effectivement dénombrée que sous l'occupation française. La *Description de l'Égypte* attribue au Caire entre 260 000 et 300 000 habitants, soit plus du dizième de la population totale ; chiffre considérable pour l'époque puisque Marseille n'en a que la moitié. Les autres villes — Alexandrie, Rosette, Damiette et Mansûra —, ne regroupent pas 60 000 habitants. C'est dire que l'essentiel de l'activité urbaine se ramène au Caire.

Qui sont les Cairotes ? Laissons de côté, pour le moment, les étrangers (d'ailleurs très peu nombreux), les dirigeants politiques et religieux. Si l'on continue à suivre la *Description de l'Égypte* (il est difficile de ne pas le faire car même entachée d'erreurs et de généralisations abusives, c'est la première approche scientifique de la réalité égyptienne), on aboutit à une véritable pyramide socio-professionnelle :

Grands commerçants	3 500/ 4 000
Marchands en détail	4 500/ 5 000
Cafetiers	1 500/ 2 000
Artisans établis (maîtres et ouvriers)	21 800/25 000
Ouvriers, journaliers, portefaix, manouvriers	12 900/15 000

3. *Voyage du sieur Paul Lucas, fait en MDCCXIV...*, à Rouen, 1728, t. II, livre IV.

Domestiques, palefreniers, porteurs d'eau	26 600/30 000
Total	70 600/81 000[4]

Le dénombrement des ingénieurs de Bonaparte ne tient pas compte des « banlieues » du Caire — le Vieux Caire, Bulaq, Giza — mais il résume l'essentiel : sur 193 corporations, près de 40 % se consacrent à l'artisanat, un tiers au commerce, les métiers restants à des fonctions de « services ».

Ainsi, loin d'être un amas urbain sans spécificité et sans rayonnement, Le Caire se présente comme une véritable capitale, politique, religieuse et économique. Toutefois, la conquête ottomane lui a fait perdre de son importance, alors qu'à la même époque la nouvelle route des Indes a étiolé ses échanges. Les désordres persistants achèvent le travail, rendant de plus en plus difficile l'exercice paisible d'une activité de négoce ou d'artisanat. Aussi est-ce dans une Égypte très assoupie que vont s'installer les Français.

Alors que la France supprime ses corporations (par la loi Le Chapelier du 14 juin 1791), l'Égypte reste le paradis de cette conception parcellaire et limitée du travail. Pour ne prendre que l'exemple des artisans du bois, il faut distinguer les scieurs de long, les charpentiers, les tourneurs, les fabricants de planches minces, ceux qui font les grillages, les fabricants de tabourets... Commentaire d'André Raymond, le meilleur spécialiste de la vie économique dans l'Égypte ottomane : « Cette division du travail ne répondait naturellement à aucun souci de rationalisation et la spécialisation des divers artisans dans des processus productifs parcellaires n'impliquait nullement un travail en série [...] signe de progrès technique. Il faut y voir plutôt le résultat d'une sorte de limitation volontaire de l'horizon professionnel[5]... »

La vie corporative présente encore une belle santé à la fin

4. L'évaluation basse est de JOMARD, « Notions sur les monuments, la population, l'industrie, le commerce et l'histoire de la ville du Kaire », *in Description de l'Égypte, État moderne*, t. II-2, Paris, 1822 ; l'évaluation haute est de CHABROL, « Essai sur les mœurs des habitants modernes de l'Égypte », *in Description...* t. II-2.

5. André RAYMOND, *Artisans et commerçants au Caire au XVIIIe siècle*, Institut Français de Damas, Damas, 1973. Une somme de 920 pages, en 2 volumes.

du XVIIIe siècle. Le Caire et ses faubourgs comptent approximativement 278 corporations, contre 164 pour Fès et 114 pour Damas. Marchands et artisans se réfèrent à une sorte de catéchisme corporatif élaboré au Moyen Age et qui, comme en Europe, affecte leurs activités d'une portée morale et religieuse. Au XVIIIe siècle, la référence à cette « idéologie » est moins vivante, mais elle persiste ; les épreuves ; les rites d'initiation, les cérémonies publiques comptent parmi les grands moments de la vie cairote. La parade annuelle des métiers, la *ru'ya*, est un événement considérable ; seules des circonstances impérieuses peuvent l'annuler. Durant leur occupation, les Français sont attentifs à lui donner le plus grand lustre.

Le Caire métropole commerciale : cela se vérifie à l'évocation brève des grands trafics qui en font une véritable plaque tournante.

Il y a d'abord le négoce qui regarde vers La Mecque et qui double le pèlerinage annuel, le *hagg*, qui ne rassemble pas moins de 30000 à 40000 pèlerins. Ils affluent de toute l'Égypte, du Maghreb et se regroupent au Caire. Parmi ces pèlerins, des marchands qui emportent des étoffes européennes, de la cochenille, des pièces d'or et d'argent et qui rapportent épices, drogues, café, étoffes des Indes[6].

Le Caire remplit la fonction de marché de redistribution des produits européens vers l'Arabie et le Yémen. En contrepartie y affluent les produits orientaux. Si l'Europe envoie ses draps (français), ses métaux, sa verroterie et quelques objets manufacturés, l'Arabie expédie le café yéménite, aux variétés si réputées, jusqu'à 10000 tonnes annuelles au XVIIIe siècle. Le prix de ces cafés est tel qu'il explique largement le déficit de cet axe commercial : l'Arabie est inondée de thalers qui soldent les achats de café.

L'ouverture de la nouvelle route des Indes a d'abord sérieusement affecté ces échanges ; puis ils se sont peu à peu

6. La circulation monétaire est des plus complexe. Les monnaies indigènes sont frappées dans les ateliers de la Citadelle du Caire. Les pièces d'or sont peu nombreuses, en revanche le *para* d'argent — « singulière monnaie plus mince qu'une feuille de papier », dit Samuel Bernard — est d'usage courant. D'or ou d'argent, la monnaie égyptienne subit une séculaire et spectaculaire dépréciation qui provoque un mouvement ascendant des prix. Le grand commerce se fait en monnaies étrangères, ducats vénitiens, piastres espagnoles, thalers impériaux...

rétablis pour redevenir florissants jusqu'en 1730. Ensuite, c'est un déclin inexorable car les négociants européens se font de plus en plus présents en mer Rouge ; les *tuggar* du Caire s'en alarment et luttent pour empêcher Français, Hollandais et Britanniques de remonter jusqu'à Suez. Combat finalement perdu : des navires anglais mouillent devant Suez dès 1775. Pire : le café des Isles, c'est-à-dire américain, arrive en Égypte *via* Marseille à partir de 1737. Moins aromatique, il est moins cher et satisfait l'engouement des Égyptiens pour ce breuvage. On ne compte pas moins de 1 200 « cafés » pour le seul Caire en 1798 !

Le commerce avec l'intérieur de l'Afrique ne représente que 10 % (en valeur) du commerce égyptien avec l'Arabie. Les trois caravanes, du Darfour, du Fezzan et du Sennar, amènent des esclaves noirs, de l'ivoire, de la gomme, des plumes d'autruche, du séné, des peaux, tous produits échangés contre de la pacotille européenne et quelques produits égyptiens manufacturés. La caravane la plus importante est celle du Darfour, elle est formée de deux cortèges annuels de 4 000 à 5 000 dromadaires chacun, soit sept animaux chargés d'eau et de vivres pour un de marchandises.

En Méditerranée, les échanges se font par Alexandrie, dont le mouillage n'a pas bonne réputation, par Damiette, où il est encore plus difficile, et par Rosette. Dans ces ports, les navires égyptiens sont quasiment absents. Ainsi, pour 1787-1789, à Alexandrie, sur un mouvement annuel moyen de 528 bâtiments, on en compte 293 européens et 235 turcs et grecs. Les navires français sont nombreux, plus de la moitié des bâtiments européens. A l'Europe, l'Égypte vend surtout des produits bruts, et les négociants de Marseille, de Livourne et de Venise lui fournissent des produits fabriqués.

Le Caire possède un nombre considérable de locaux affectés au négoce. Il y a d'abord les souks avec leurs boutiques presque toutes identiques bien décrites par l'Anglais Lane : de petites pièces carrées de dix à quinze mètres carrés, prolongées par une autre servant de magasin. Ces boutiques ont un plancher surélevé par rapport au niveau de la rue ; il fait office d'estrade et se prolonge dans la rue sous la forme d'une banquette de pierre et de brique. Les souks forment un dédale de ruelles protégées du soleil par des auvents de natte ou de toile.

Si le souk abrite le commerce de détail et l'artisanat, les caravansérails, *wakala*, sont réservés au grand négoce. Ils se présentent sous un aspect assez uniforme : un bâtiment carré en forme de cloître renfermant des chambres, des magasins et des boutiques avec, souvent, un étage composé d'appartements prolongés par des balcons. A. Raymond évalue le nombre des *wakala* cairotes à près de 300. La plupart du temps ils sont spécialisés : le savon, le tabac, le café, les épices; mais ils abritent toutes sortes d'activités annexes (des artisans) et hébergent une foule de gens de passage, pèlerins, marchands, miliciens des odjaqs...

Mais lorsqu'on s'éloigne du Caire, qu'en est-il des campagnes égyptiennes qui, pour les voyageurs, s'offrent sous un jour tantôt agréable tantôt déplaisant ?

Savary et Volney, deux Français qui découvrent l'Égypte dans le dernier quart du XVIIIe siècle, se contredisent parfaitement. Pour Savary, l'Égypte est une autre Arcadie, il proclame : « Le Delta, cet immense jardin où la terre ne se lasse jamais de produire... », il s'attendrit : « Les filles descendent du village pour laver leur linge et puiser de l'eau [...] elles se frottent le corps avec le limon du Nil, s'y précipitent et se jouent parmi les ondes... » Mais, pour Volney, la vallée du Nil ne présente aucun intérêt : « Nul pays d'un aspect plus monotone; toujours une plaine nue à perte de vue... des dattiers sur leur tige maigre, ou des huttes de terre sur des chaussées... nul pays n'est moins pittoresque[7]. »

Témoignages très subjectifs dans les deux cas, venant d'Européens qui, en fait, ne se sont guère aventurés dans les campagnes.

L'identité raciale des paysans égyptiens a toujours été l'objet de controverses. Sur leurs origines, c'est même du pur délire. Les XVIIIe et XIXe siècles qui ont beaucoup ratiociné sur les notions de race, avec tout le scientisme dont ils étaient imbus, ont émis de curieuses hypothèses : Volney imagine les fellahs de souche nègre, mais Vivant Denon les préfère d'origine « caucasique »; l'archéologue Winckel-

7. SAVARY, ouvrage cité; Constantin CHASSEBŒUF, comte de VOLNEY, *Voyage en Syrie et en Égypte pendant les années 1783-1785...* 8e éd., 2 volumes, Paris, 1787. Voir au chapitre 6 de plus longs développements sur ces auteurs.

mann admet très bien un point de départ chinois, mais d'autres auteurs privilégient les racines celtes ou polynésiennes...

Une chose est certaine, bien soulignée par Henry Habib Ayrout, les fellahs procèdent de l'ancien peuple pharaonique « et succèdent sans rupture à travers cinquante siècles, et presque sans mélange à travers les conquêtes, aux Égyptiens dynastiques[8] ».

La vie des fellahs se résume presque tout entière dans leur travail. Le mot est d'ailleurs l'adjectif intensif du verbe *falaha* qui signifie « labourer » au sens originel de *laborare,* « peiner », « travailler ».

Une part importante du travail est vouée à l'utilisation de l'eau. Avec la simple *nataléh,* il faut douze heures pour arroser un demi-hectare : la vis d'Archimède permet d'irriguer un périmètre deux ou trois fois plus étendu dans le même temps ; il en est de même avec le chadouf.

Sur des terres foncièrement fertiles, bien arrosées mais à quel prix, et en période de crue normale, avec un apport d'engrais prélevés dans les déjections animales et dans ce que le père Ayrout appelle joliment « la poussière des siècles » (les monticules constitués par les villages morts qui livrent des sulfates de potasse), les fellahs peuvent espérer de bonnes récoltes. Mais cette interpénétration des hommes et du milieu fluvial n'était pas sans présenter, jusqu'à des époques récentes, des risques pour la santé de ces populations.

Les maladies les plus fréquentes, celles qui, en tout cas, ont le plus vivement impressionné les médecins de Bonaparte sont les « fièvres » — le paludisme —, la peste, la lèpre, les ophtalmies qui dans les cas graves tournent au glaucome et au trachome, la bilharziose et l'ankylostomiase[9]. Plusieurs de ces maladies relèvent, comme on le voit, de la pathologie inhérente aux régions d'eaux plus ou moins bien drainées, souillées en outre par des déjections diverses.

La saleté des villages est d'ailleurs un trait essentiel de la

---

8. Henry Habib AYROUT S.J., *Mœurs et Coutumes des fellahs,* Payot, Paris, 1938. Cet ouvrage reste le principal travail en la matière, du moins en langue française.

9. Les bilharzies sont des vers intestinaux tout comme l'ankylostome ; les premières provoquent des hématuries, les seconds une anémie persistante.

vie quotidienne qui perdure et même se renforce, le temps passant. Selon le père Ayrout, observateur scrupuleux et bienveillant, seule la végétation arbustive parvient à dissimuler la laideur de ces villages.

Quant à la psychologie du fellah, elle est difficile à saisir, surtout pour le XVIIIe siècle et la période de l'occupation française. Les membres de l'Institut ne se sont pratiquement jamais penchés sur les paysans égyptiens et surtout pas sur leur mentalité profonde. Pour le début du XXe siècle, alors que l'Égypte n'a pas encore subi les bouleversements radicaux que nous savons, le père Ayrout insiste sur l'intelligence plus collective que personnelle du fellah, plus statique que dynamique, sur une sagesse courte réduite en proverbes et dictons. Ainsi le fellah sait-il conserver, répéter, mais est-il peu apte à créer. Il subit facilement, habitué depuis la nuit des temps aux exactions fiscales, aux violences, aux corvées, à l'exploitation sans fin. Alors, « pourquoi limiter ou bousculer le temps présent... ? Parce que le fellah y vit tout entier, il n'est ni pressé, ni curieux, ni ambitieux. Il est pacifique et doux parce qu'il est patient et patient à force d'être soumis aux hommes et aux choses » (H. H. Ayrout).

Une appréciation sans doute trop sommaire, procédant d'un point de vue européen, donc subjectif, mais qu'on ne peut totalement récuser. Même impression ressentie chez les gens de l'expédition d'Égypte, des simples soldats aux scientifiques et exprimée de façon encore plus péremptoire, sans doute par ignorance du monde véritable des fellahs.

Citadins ou fellahs, les Égyptiens subissent les fluctuations météorologiques. Les pires années sont 1694-1696, 1705, 1716-1717, 1722 et 1731. En 1783-1786, les affrontements entre les « maisons » mameloukes provoquent l'interruption des communications entre la Haute et la Basse-Égypte. La famine ravage Le Caire puis c'est la peste qui, à en croire Volney, tue 1 500 personnes par jour.

Une crue abondante en 1786, de bonnes récoltes en 1787 font reculer la mort. Mais l'arrivée du pacha venu châtier les beys relance la crise. Famine et peste reviennent. A l'automne de 1791, le prix du blé est multiplié par trois ; les spéculateurs sont arrêtés, certains cloués par les oreilles aux portes des boutiques. L'année suivante, le prix du blé triple encore ! Le chroniqueur Jabarti ne nous épargne aucun détail : « [...] on ne pouvait pas faire un pas sans mettre le pied sur des créatures humaines accablées de misère et de faim. On se disputait la chair des cadavres, des ânes et des chevaux. Il y eut même des gens qui mangèrent de petits enfants [10]. »

La situation se rétablit un peu en 1793 mais, jusqu'à l'arrivée des Français, l'Égypte subit un état de crise qui la rend toujours plus vulnérable.

10. ABD-AL-RAHMAN AL JABARTÎ, *Journal d'un notable du Caire durant l'expédition française, 1798-1801*. Traduit et annoté par Joseph Cuoq. Préface de Jean Tulard. Albin Michel, Paris, 1979. Jabarti est avec Nicolas Turc la source égyptienne la plus importante de l'expédition.

3

LES ÉTRANGERS DANS LA MAISON

Un des traits les plus insolites de l'Égypte ottomane est de compter de nombreux groupes ethniques parfaitement distincts de la masse musulmane.

Cette situation contraste avec les sociétés européennes qui, au mieux, acceptent la cohabitation — tendue — de deux confessions chrétiennes mais qui ignorent le plus souvent la coexistence pluri-ethnique. Au Caire, et dans une moindre mesure à Alexandrie, Damiette et Rosette, vivent ensemble des coptes, des juifs, des Syriens chrétiens, des Grecs, des Arméniens et de petits groupes de « Francs », comprenons d'Européens. L'importance de ces minorités tient moins à leur nombre qu'à leur position éminente ou, en tout cas, indispensable. Bien entendu, il nous faut privilégier la « nation française » dont la permanence en Égypte concourt à maintenir l'intérêt des Français pour ce pays.

Les coptes passent souvent pour les plus anciens habitants de l'Égypte, ses véritables indigènes. Affirmation un peu simpliste que Jacques Besançon rectifie de la façon suivante : « La définition du copte n'est ni raciale ni purement religieuse. Le copte ne diffère ethniquement en rien du musulman voisin : il est par trop simple de se représenter le premier comme le descendant authentique du fellah pharaonique, tout autant que le second comme l'héritier de l'envahisseur arabe, voire bédouin[1]. »

En fait le mot *copte* n'est qu'une variante « tardive et abusive » de « Égyptien », déformation opérée par les

1. Jacques BESANÇON, *l'Homme et le Nil*, Paris, 1957.

conquérants arabes au VIIe siècle. Peu à peu, par une « assimilation abusive », le terme a pris un sens religieux, « chrétien d'Égypte[2] ».

A l'époque mamelouke, les coptes constituent une confession chrétienne coupée de l'Europe, secrétant sa propre vie religieuse depuis mille cinq cents ans environ. Chez eux, les rites sont particuliers, baptême le septième jour, circoncision et clitoridectomie ensuite ; la communion se fait sous les deux espèces. Le calendrier copte commence en 284 après J.-C. (la grande persécution de Dioclétien) ; les mois sont qualifiés d'après des fêtes qui remontent aux temps pharaoniques ; enfin, et c'est là un autre témoignage de la perdurance de pratiques millénaires, les coptes ne cachent pas leur intérêt pour la magie, multiplient les comportements superstitieux et croient aux êtres surnaturels, anges et démons. Les coptes attachent une extrême importance à la vie religieuse, ainsi pratiquent-ils un interminable jeûne et fréquentent-ils avec assiduité la cinquantaine de lieux de pèlerinage que compte le Delta.

Au Caire et dans les autres villes, les coptes peuvent servir les grandes familles mameloukes et accéder à des dignités, à des richesses considérables. Le consul Digeon qui les observe, affirme : « Quelques-uns [...] se faisaient servir dans leur harem par soixante ou quatre-vingts esclaves, blanches, abyssines ou négresses. Les valets répandus dans les appartements extérieurs étaient encore plus nombreux...[3] »

Ces coptes parvenus ne négligent d'ailleurs pas d'aider leurs coreligionnaires, réduits à de médiocres activités d'échanges et d'artisanat. Si les coptes ne font pas l'objet de sévices ou de discriminations, ils n'en restent pas moins les obligés de la caste dominante et doivent se plier à ses exigences.

De tout temps, les catholiques ont espéré s'attacher les coptes. Les efforts missionnaires n'ont pas manqué. Placées sous la protection des autorités consulaires françaises, les missions n'ont jamais obtenu de résultats substantiels. Un moment établis à Alexandrie et au Caire, les capucins ont

---

2. Remarques empruntées à Pierre DE BOURGUET, S.J., *les Coptes*, P.U.F., Paris, 1988.
3. Digeon est l'auteur d'une *Notice sur l'Égypte* écrite en 1778.

fini par se replier sur ce dernier. Ils n'y sont jamais plus de quatre. Les jésuites sont aussi présents en Égypte. Mais les quelques pères ont tous péri lors de la peste de 1744 ; après le bref de suspension de leur ordre, le consul décide de ne pas expulser leurs successeurs ; ils ne sont plus que deux ou trois et le dernier meurt en 1787. Au total, les coptes convertis ne comptent que pour quelques centaines ; beaucoup plus tard, en 1929, on en comptera 25 000 environ.

Plus ou moins appréciés, les coptes assument une situation paradoxale : réputés les plus anciens habitants de l'Égypte, ils n'en sont pas moins relégués à des tâches subalternes par leurs maîtres circassiens ou balkaniques... Sous Bonaparte, certains n'hésiteront pas à se compromettre avec les Français et l'occupant ira jusqu'à recruter une « légion copte » forte de plusieurs centaines d'hommes.

Très anciennement établis en Égypte, les juifs souffrent d'une grande précarité de statut et d'existence. Divisés en deux communautés, les pharisiens (les plus actifs et les plus riches) et les caraïtes (simples artisans, très rigoristes), ils vivent confinés dans des quartiers réservés. Celui du Caire est qualifié par le voyageur Lane de « *miserable, close and dirty* ». De son côté, Thévenot trouve leur « contrée » très grande mais faite d'un lacis de ruelles bordées de maisons très médiocres.

Jusque vers 1768-1769, les juifs semblent profiter de la place éminente de certains d'entre eux à la tête des douanes. Quelques-uns se distinguent aussi dans les opérations de change et dans le grand négoce. Mais le « despote » Ali Bey ruine cette prééminence en faisant mettre à mort les deux douaniers juifs de Bulaq et d'Alexandrie. Après cet avertissement, les juifs se replient sur eux-mêmes ; à la fin du siècle, ils ne sont guère plus de 5 000 pour toute l'Égypte, les trois quarts au Caire ; leur influence est devenue insignifiante.

Lorsque Ali Bey fait décapiter les deux grands douaniers juifs, il les fait remplacer aussitôt par deux Syriens catholiques de rite melkite. Depuis le schisme de 1724, intervenu en Syrie et qui a séparé la communauté melkite en orthodoxes et catholiques, ces derniers n'ont cessé d'affluer en Égypte. Très actifs, rangés, l'échine assez souple, ils s'immiscent dans le grand commerce et deviennent les intermédiaires presque obligés dans le commerce des draps d'Europe. Témoin de cette ascension, le consul français Mure s'en inquiète : « Il y a environ dix ans que les douanes d'Égypte sont entre les mains des catholiques syriens [...] Dans l'espace de trois ou quatre ans ils se sont emparés de tout le commerce qui se fait avec l'Inde et l'Arabie par la mer Rouge, de celui de Syrie, d'une partie de celui de Smyrne ; celui de Barbarie [...] sera bientôt entièrement entre leurs mains. Ils font presque tout celui de Livourne. Ils partagent celui de Venise avec les sujets de la République [...] Il n'y a que le commerce de France qu'ils aient convoité en vain[4]. »

En fait, la situation des catholiques syriens est plus précaire qu'elle n'en a l'air. Les Ottomans ne reconnaissent pas l'existence de leur communauté et leur opulence les désigne comme victimes « idéales » en cas de poussée xénophobe. Ce qui se passe lors du soulèvement du Caire en 1800, où plus d'une centaine de résidences appartenant à la « nation syrienne ou damasquine » sont pillées.

A côté des catholiques syriens, les « Grecs schismatiques », comme les désignent les catholiques, présentent une importance moindre. Ils sont, certes, assez nombreux au Caire (5 000 au Caire, soit autant que les Syriens, d'après la *Description*), mais ils se cantonnent, pour la plupart, dans des artisanats assez modestes. Toutefois, quelques-uns occupent la fonction d'intermédiaires entre les négociants francs et leurs homologues musulmans. Ceux-là peuvent ainsi se ranger parmi les plus riches marchands du Caire. Pour toute l'Égypte, les Grecs ne disposent que de deux églises, une au Caire même, l'autre au Vieux Caire. Un patriarche dirige la communauté.

Restent, de tous ces Orientaux établis en Égypte, les Arméniens. Ils sont peu nombreux, sages, modestes, frugaux et économes, comme les qualifie Digeon. Ils sont bijoutiers, orfèvres, horlogers, tailleurs ; leurs boutiques sont regroupées au Caire où ils disposent d'une église.

Ultra-minoritaires en nombre, les « Francs » jouent un rôle considérable dans le grand commerce égyptien. En fait, de tous les Européens, seuls les Italiens et les Français comptent comme groupes constitués et reconnus. Les Ita-

---

4. Rapport de 1781, in A. RAYMOND, ouvrage cité. A propos des catholiques syriens on ne peut ignorer le beau et fin témoignage de Marie SEURAT, dans *les Corbeaux d'Alep*, qui nous révèle tout l'attachement, souvent mal récompensé, de cette minorité à la France.

liens sont très peu nombreux, des Vénitiens, des Toscans dont des Livournais qui sont surtout des juifs. A partir de 1730, se sentant mal soutenus par leurs États respectifs, ils se placent sous la protection du consul de France.

De manière générale, les Ottomans traitent les Français sinon sur un pied d'égalité, du moins avec un minimum de brutalités. Il est vrai qu'ils bénéficient de la représentation consulaire. Cette charge, d'abord vénale, puis appointée par le roi qui procède lui-même aux nominations, est confiée à des personnages compétents, bons connaisseurs du monde islamique. Plusieurs se distinguent, Savary de Brèves (en poste en 1689), Benoît de Maillet, consul de 1692 à 1708, d'Amirat père et fils, Jean-Baptiste Mure...

Les consuls sont assistés par les *drogmans,* les truchements chers à Molière ; ce sont des arabisants distingués, formés au collège Louis-le-Grand à partir de 1721, qui font office d'interprètes. Le drogmanat d'Égypte est fort de neuf personnages établis au Caire, à Rosette et à Alexandrie ; souvent héréditaire, le drogmanat est une charge difficile ; il faut se soumettre aux exigences des consuls, plaire à la « nation » et supporter les caprices des « puissances », les beys et autres chefs d'odjaqs. Le drogman risque des coups, des sévices et de longs séjours au cachot dans la citadelle du Caire. En 1767, le drogman Roboly est battu à mort sur ordre des autorités ottomanes. Pourtant, ces hommes sont intègres, dévoués et précieux. Plusieurs quittent leur besogneuse affectation et deviennent d'éminents orientalistes, tels Étienne Le Grand, Silvestre de Sacy, J.-M. Digeon.

En toute circonstance, les autorités consulaires ont reçu l'ordre de montrer un certain faste, seule façon d'en imposer à la « populace » et à ses maîtres capricieux. Ainsi l'arrivée d'un nouveau consul est-elle l'occasion de cérémonies qui enchantent les nationaux et attirent les badauds indigènes. Débarqué à Alexandrie, le consul est salué par une salve d'artillerie ; il parcourt la ville, se rend auprès des autorités, escorté par 400 à 500 hommes des milices. Il passe ensuite à Rosette et là encore on tire au canon, sans parler d'un feu d'artifice.

Le consul embarque sur le Nil ; toute une flottille remonte jusqu'au Caire ; sur les bateaux, le buffet est ouvert en permanence, à la satisfaction des janissaires qui apprécient fort les langues de bœuf salé, les gigots et les volailles, ravagent les confitures, les sorbets et les sirops. Débarqué à Bulaq, le consul gagne la « contrée de France » ; il se présente ensuite au pacha et aux beys les plus notables, leur remettant ses lettres de créance et distribuant des cadeaux à tous.

La « contrée de France » se borne à une rue bordée de maisons serrées les unes contre les autres et communiquant entre elles au point qu'elles ne semblent former qu'un seul immeuble. La maison consulaire se distingue peu des autres sinon par sa garde janissaire. C'est une bâtisse quelconque, assez peu confortable. Tout l'ensemble est d'ailleurs assez miteux mais les Français doivent s'en contenter. En outre, dans leur contrée ils jouissent d'une certaine exterritorialité, qui est renforcée encore par la fermeture de quartier grâce à une porte gardée. Bref, la contrée franque fait penser un peu à un ghetto, ou encore à une concession chinoise dans les années 1920-1930.

Les marchands français sont essentiellement des Occitans, et en particulier des Provençaux originaires de Marseille. Leur nombre n'excède pas deux dizaines d'individus, ce qui, avec les familles et le personnel, ramène la colonie française à moins de deux cents personnes.

Les conditions de vie et de travail sont difficiles, rien n'est assuré ; il faut compter avec des domestiques indigènes assurés de l'impunité, des gardes tirés des milices qui rançonnent autant qu'ils protègent. Les « avanies » sont si nombreuses, si imprévisibles, si lourdes à supporter que le mot prendra au XIXe siècle le sens qu'il a conservé jusqu'à aujourd'hui : « affront public, traitement humiliant » (Larousse).

En général, les avanies se manifestent sous forme d'amendes, infligées au gré des besoins du pacha et des beys ; elles font suite à de quelconques incidents ou même ne tiennent à aucun motif. S'ajoutent les insultes et les brutalités d'une « plèbe turbulente » en proie à une xénophobie quotidienne. Les Français doivent supporter de multiples contraintes en matière de déplacements, il leur faut se méfier de toute relation avec les femmes musulmanes, même les prostituées ; il existe même des interdits vestimentaires — interdiction de porter du rouge, du vert et du jaune — qui d'ailleurs ne sont guère respectés.

Des émeutes qui ressemblent fort à des pogromes ravagent le quartier franc jusqu'à sa fermeture, ainsi en 1714 et en 1725. Lorsque la situation devient particulièrement intenable, les consuls prennent leur plume pour se plaindre auprès des bureaux de Versailles qui suggèrent la patience...

Dans de telles conditions, l'existence d'une petite « nation franque » en Égypte atteste des liens durables entretenus par l'Égypte et la France. Certes, cette connaissance réciproque ne concerne que des cercles très restreints, certes elle est beaucoup plus manifeste de la part des Français que chez les mamelouks, il n'en reste pas moins que la France est de tous les pays d'Europe celui qui attache le plus d'importance à l'Égypte, qui connaît le mieux son histoire et sa civilisation.

4

L'AVENTURE AVANT L'EXPÉDITION

Dès le Moyen Âge, et bien évidemment dans la foulée de l'équipée malheureuse de Louis IX, l'Égypte fascine l'Europe.

Les voyageurs français dans l'Orient musulman ne sont pas les moins nombreux à se rendre en Égypte qu'ils désignent, presque tous, comme le but essentiel de leurs pérégrinations. Durant près de trois siècles, plusieurs dizaines de personnages enquêtent sur l'Égypte. Certains sont des religieux, d'autres des diplomates, beaucoup des curieux, des « antiquaires », et même des aventuriers. Leurs témoignages, leurs récits ne sont pas tous de la même qualité ; pourtant, même les plus infimes contribuent à une meilleure connaissance du pays ; ils préparent et étayent des recherches plus spéculatives — « orientalistes » — et aussi des projets de colonisation [1].

Au XVIe siècle, l'Égypte se présente comme une *terra incognita* ou presque. La chute des sultans mamelouks et la mainmise de la Porte sur le pays limitent les possibilités de voyage.

Envoyé en ambassade par Louis XII, le cordelier Jehan Tenaud fournit un rapport qui évoque justement les derniers feux du sultanat mamelouk. Mais son récit est approximatif, vite émerveillé et presque crédule. Greffin Affagart, que

1. L'ouvrage de référence en la matière reste Jean-Marie CARRÉ, *Voyageurs et écrivains français en Égypte*, Institut français d'archéologie orientale, Le Caire, 1922. Le même Institut a publié, à partir de 1970, les principaux récits de voyage des Occidentaux dans l'ordre chronologique, 23 volumes, 39 récits.

nous avons déjà cité, passe en Égypte en 1533-1534. Ses descriptions sont déjà plus précises, plus réalistes. Pierre Belon du Mans (1518-1564) accomplit tout un périple dans l'Orient musulman. Il parcourt le Delta juste au milieu du siècle et multiplie les observations relatives à la flore et à la faune. Son récit, quoique touffu, fera longtemps autorité.

Si l'on peut passer sur le géographe André Thévet qui fait un court séjour au Caire vers 1549 et sur le poète Jean Palerne qui se trouve en Égypte en 1581, force est de s'attarder un instant sur Jacques de Villamont. Noble breton, Villamont accomplit un long voyage en 1589-1590. Il consacre six mois au Delta, visitant les pyramides, Memphis et surtout se laissant aller au charme « exotique » du pays. Il raconte : « On a grand plaisir de voguer sur le Nil, pour le grand nombre de villes et villages qui sont sur ses bords. Les bâtiments pour la plupart ne sont faits que de terre cuite au soleil. Mais ils sont enrichis de forts beaux jardins et vergers, plantés de toutes sortes d'excellents arbres...[2] » Tout en pillant ses devanciers, Villamont a des qualités d'observateur, ses notations sont fraîches et originales.

En résumé, le XVIe siècle est vraiment l'âge des pionniers. Presque tous les voyageurs se limitent au Delta, très rares sont ceux qui ont le courage de s'aventurer en Haute-Égypte, tels le Flamand Joos van Ghistele, le Vénitien Prosper Alpini et l'autre Vénitien, anonyme, qui découvre Karnark en 1589. Aussi la connaissance de l'Égypte se limite-t-elle à une approche superficielle[3].

Tout change au XVIIe siècle. La constance des échanges commerciaux, l'établissement d'une représentation diplomatique favorisent les voyageurs. Ils sont donc plus nombreux, plus aventureux et plus avertis. On peut sommairement les répartir en trois catégories : les diplomates, les religieux et les voyageurs « par curiosité ». L'étude de leurs récits suscite bien des réserves ; ils sont trop souvent prolixes, moralisateurs, confus et, pis, abrupts, méprisants

2. Sur Villamont, l'article de Michel FONTENAY, *l'Histoire*, février 1986. Cet auteur signale l'incroyable succès des *Voyages du seigneur de Villamont*, 26 éditions jusqu'en 1620 !

3. La découverte de la Haute-Égypte et du site de Thèbes est largement exposée dans Claude TRAUNECKER et Jean-Claude GOLVIN, *Karnak, résurrection d'un site*, Payot, Paris, 1984.

quand ils ne comprennent pas. Jean-Marie Carré précise : « Ce sont des écrivains occasionnels. Beaucoup d'entre eux — surtout des laïcs — n'ont pas rédigé eux-mêmes leurs mémoires, mais se font aider par d'autres. Ils n'hésitent pas à se plagier mutuellement, à s'attribuer les découvertes ou les aventures de leurs prédécesseurs... »

Ces mises en garde faites, bornons-nous à ceux qui comptent.

Les diplomates sont les plus secs. François Savary de Brèves est un grand seigneur, il représente le roi de France auprès du sultan durant près d'un quart de siècle. Parlant le turc et l'arabe, il parcourt l'Orient musulman et fait un court séjour en Égypte. La charge de consul est la propriété de la famille de Brèves qui l'afferme ensuite. La relation de Savary de Brèves, écrite par son secrétaire du Castel, traite essentiellement de l'Égypte ottomane.

Le chevalier Laurent d'Arvieux négocie la libération des captifs chrétiens auprès des Barbaresques. Vers 1670, il se trouve en Égypte et donne une relation intéressante[4].

Les religieux sont nombreux à parcourir l'Égypte. Le zèle missionnaire les pousse à aller plus loin que les voyageurs laïcs. Malheureusement, leur vision du monde est souvent bornée et cela nuit à leurs investigations. Le père Coppin a servi comme officier de cavalerie, puis il est entré chez les jésuites. Il séjourne longtemps au Caire et tire de son expérience un traité, *le Bouclier de l'Europe ou la guerre sainte, contenant des avis qui peuvent servir aux princes de la chrétienté...* L'ouvrage est très informé, pesamment didactique. Coppin n'a qu'un défaut : il se noie dans les détails.

En 1668, deux capucins, les pères Protais et François d'Orléans, réalisent une « première » : ils parviennent sur le site de Thèbes et visitent Karnak et Louqsor. Dès 1670, le père Protais mentionne l'exploit à un correspondant : « J'ay pénétré où jamais François n'avoit esté de mémoire d'homme [...] J'y ay admiré quantité de temples de faux dieux, encore tous entiers, avec des palais fort antiques, tous remplis de statues et d'idoles... » Plus tard, dans leur relation transcrite par l'orientaliste Melchisédech Thévenot,

---

4. Selon P. MARTINO. *l'Orient dans la littérature française au XVIIe siècle et au XVIIIe siècle,* Paris, 1906, d'Arvieux conseilla Molière lorsque celui-ci s'attaqua aux « turqueries » du *Bourgeois gentilhomme.*

les deux capucins ne cachent pas leur ébahissement. Prenant Karnak pour un « chasteau », ils ne savent plus où donner de la tête et multiplient les indications chiffrées : « Il y a des sphinx [...] J'en ay veu quatre allées toutes garnies [...] j'en comptay soixante de chaque costé dans la première alléee [...] cinquante-un dans la seconde [...] Les portes du dit chasteau sont d'une effroyable hauteur, j'en mesuray une [...] de 26 pieds et demy... »

Moins naïf, mieux formé que ces deux moines : Johann Michel Wasleben dit Jean Vansleb. Originaire d'Erfurt, passé de la clientèle du duc de Saxe-Gotha à celle des prélats de la cour de Versailles, il s'est fait dominicain. On le présente à Colbert qui cherche à enrichir les collections et la bibliothèque du roi. Il lui confie une mission en Égypte qui entraîne Vansleb jusqu'à Girgeh, en 1672. Au Caire, Vansleb achète des manuscrits, des monnaies, des statuettes et les inévitables momies... D'obscures intrigues le font tomber en disgrâce [5].

En 1630-1633, quatre gentilshommes se rendent en Égypte, Robert Fauvel, sieur de Doudeauville, Gilles Fermanel, Vincent de Stochove et Baudouin de Launay. Leur but est de gagner la Perse mais les circonstances les en empêchent. Ils passent deux mois dans le Delta ; leur description de l'Égypte est assez banale mais insiste sur les défauts des indigènes, paresse, lubricité, xénophobie. Des appréciations qui ne vont pas tarder à tourner à l'antienne.

Le gentilhomme angevin La Boullaye Le Gouz passe en Égypte vers 1650. Sa relation est intéressante dans la mesure où La Boullaye Le Gouz tente une approche critique de ceux qui l'ont précédé en Orient ; il esquisse aussi une étude comparative des mœurs, us et coutumes ; enfin, il est le premier à livrer une reproduction exacte de hiéroglyphes cursifs sur papyrus [6].

Lieutenant criminel au siège présidial de Lyon, Balthazar Monconys est aussi un humaniste distingué, correspondant de Hobbes, Pascal, Torricelli, Roberval... Il parcourt l'Orient entre 1640 et 1647 ; il se passionne pour les antiquités

5. Sur Vansleb, étude de A. POUGEOIS, *Vansleb, savant orientaliste et voyageur, sa vie et ses œuvres*, Didier, Paris, 1869.

6. La Boullaye Le Gouz, *Les Voyages et observations... Nouvellement revu et corrigé par l'auteur*, chez Gervais Clousier, Paris, 1657.

égyptiennes. Son *Journal* est un véritable succès de librairie, pourtant il est mal composé, « bizarre », même si on peut y glaner de précieuses indications sur la vie quotidienne au Caire[7]. A tout prendre, il est préférable de lire César Lambert « de Marseille » qui, en 1651, publie une notice de cinquante pages, sèche et précise, de « ce qu'il a vu de plus remarquable au Caire et à Alexandrie ».

En fait, le seul voyageur qui domine son sujet est certainement Jean Thévenot, neveu de l'orientaliste. Il profite d'une éducation soignée, de rentes non négligeables qui lui permettent de voyager « pour son plaisir ».

Il passe deux ans en Égypte : « Il ne fera pas de grandes découvertes, il ne s'éloignera même pas beaucoup des sentiers archi-battus : Alexandrie-Le Caire, excursions en Matharée et aux pyramides et enfin voyage aux couvents du Sinaï, mais il nous donne tout de même une des deux ou trois meilleures descriptions qu'on possède de l'Égypte avant le XVIIIe siècle[8]. »

Effectivement, la relation de Thévenot forme un ensemble de grande valeur documentaire : la langue en est précise, dense et vivante. La description du Caire est un véritable morceau d'anthologie. Thévenot est un ethnographe avant l'invention du mot, avec beaucoup de préjugés mais aussi une curiosité réelle, un coup d'œil presque infaillible. Édités à Paris, à Amsterdam, traduits en allemand et en néerlandais, les voyages de Thévenot connaissent un succès ininterrompu et justifié durant plus d'un demi-siècle. Ils annoncent les enquêtes à prétention scientifique du XVIIIe siècle.

Au siècle des Lumières, l'Égypte semble éclipsée par la Perse, l'Inde et la Chine, destinations plus lointaines, plus mystérieuses. En fait, elle continue à recevoir son lot de voyageurs. Les Français ne sont pas toujours les plus audacieux. Ainsi le Danois Norden atteint-il la Nubie dès 1737, et, à la fin du siècle, James Bruce pénètre en Abyssinie, contrée jusque-là parfaitement ignorée.

---

7. Cinq éditions, à Lyon, Paris et Amsterdam, de 1665 à 1705. Édition critique partielle par Ch. Henry, Paris, 1887.

8. Citation de Stéphane YERASIMOS qui a préfacé une édition du *Voyage du Levant* parue chez François Maspero/La Découverte en 1980. Autre édition critique, *l'Empire du Grand Turc vu par un sujet de Louis XIV, Jean Thévenot*, présentation de François Billacois, Calmann-Levy, Paris, 1965.

Les voyageurs qui se bornent à la Basse-Égypte ne font plus guère illusion. Sauf si, à l'occasion, ils pimentent leur récit de détails plus ou moins scabreux. Dans cet état d'esprit, on peut citer le comte d'Entraigues dont les *Lettres galantes et pittoresques sur l'Égypte,* non publiées de son vivant, témoignent d'une perception purement érotique de l'Orient. Dans les faits, d'Entraigues ne reste pas deux mois en Égypte, en 1779.

D'une facture un peu plus soutenue est la prestation du comte Jean Potocki, grand seigneur polonais francophone qui passe en Égypte à l'été de 1784. A peine débarqué à Alexandrie, il n'hésite pas à s'habiller à l'égyptienne, le crâne rasé, avec « un grand turban à la druse ». Il néglige de parler des « antiquités », suffisamment décrites par ses devanciers ; il préfère se laisser charmer par les « forêts de palmiers et de sycomores » qui bordent le Nil. La peste s'abattant sur le pays, l'épidémie décourage Potocki et il ne tarde pas à rembarquer[9].

Pour trouver des voyageurs d'une autre trempe, il faut s'attacher à ceux qui persistent à remonter le Nil, toujours plus au sud vers le centre du continent. Les avertissements du consul Benoît de Maillet, en poste au Caire de 1692 à 1708, ne les découragent pas, même lorsqu'il affirme à propos de la Haute-Égypte : « Il n'y a personne dans ce pays qui ne soit persuadé que les Francs sont tout cousus d'or ; et sur cette opinion vous concevez combien il peut leur arriver de mauvaises affaires dans une région pleine d'Arabes, où l'on ne sçait à qui se fier, et où à cause de l'éloignement on ne peut espérer aucun secours des Puissances. Que si l'on vouloit y voyager avec escorte, quelle dépense ne seroit-on pas obligé de faire. Ce sont ces raisons qui jusqu'ici ont empêché la plupart des voyageurs de passer plus loin que Le Caire[10]. »

Au premier rang de ces risque-tout, le médecin Charles-Jacques Poncet qui réussit l'exploit d'atteindre Gondar,

---

9. Jean Potocki, *Voyages en Turquie et en Égypte, en Hollande, au Maroc,* Introduction et notes de Daniel Beauvois, Fayard, Paris, 1980. On doit à Potocki un livre superbe : *le Manuscrit trouvé à Saragosse,* où ses souvenirs d'Orient prennent une tournure onirique ; paru chez Gallimard, texte établi, présenté et préfacé par Roger Caillois, Paris, 1958.

10. Cité par C. Traunecker, J.-C. Golvin, ouvrage cité.

résidence du roi d'Éthiopie, en 1698. Peu après, le vice-consul Le Noir du Roule tente de refaire ce raid mais il périt assassiné dans le Sennar, en mai 1705.

Le jésuite Claude Sicard consacre sa vie à l'exploration de la Haute-Égypte. De 1712 à 1726, il ne cesse de la parcourir, multipliant les investigations de tous ordres, géographique, astronomique, archéologique... Avec la force de caractère, la puissance de travail et l'érudition tout-terrain qui caractérisent les meilleurs enfants de la Compagnie, le père Sicard apporte à la connaissance du Saïd une contribution irremplaçable. En 1724, il se croit assez instruit pour commencer un ouvrage de synthèse sur l'Égypte ancienne et moderne. La peste l'arrache à ce grand ouvrage : « Événement funeste qui retardera de près de trois quarts de siècle la naissance de l'égyptologie » (C. Traunecker, J.-C. Golvin).

Si le médecin dijonnais Tourtechot, qui signe Granger, n'a pas la carrure d'un Sicard, il n'en reste pas moins un audacieux voyageur. De son récit publié en 1745, il ressort qu'en 1730 il a remonté le Nil jusqu'à Edfou et multiplié les observations relatives à la flore et à la faune nilotiques.

Reste à parler de l'orfèvre Paul Lucas (1664-1737) qui a parcouru tout le Levant, jusqu'à la Perse, lors de trois longs périples. Voyages exécutés non pour le plaisir ou par esprit d'aventure mais afin d'enrichir les cabinets de curiosités du roi en lui fournissant médailles, statuettes, manuscrits et autres antiquités. Assez peu instruit, Lucas laisse des relations de voyage d'un ton et d'un contenu souvent discutables. Mais l'homme est sincère, fouilleur infatigable, et, à sa manière désordonnée, il n'a pas son pareil pour retrouver les grands sites antiques et en ramener quelques belles pièces. Sicard le juge bien, qui dit de lui : « A la science près, qu'il n'est pas obligé d'avoir, il a toutes les parties d'un honnête homme, nous vivons fort bien ensemble. »

Profitant des nouvelles moissons d'informations amenées par les découvreurs de la Haute-Égypte, des hommes en poste au Caire ou à Alexandrie en profitent pour s'attaquer à de savantes synthèses. Tel est le cas de Claude Louis Fromont, interprète à la Bibliothèque du roi et qui publie en 1757 une *Description historique et géographique des plaines d'Héliopolis et de Memphis*. Un ouvrage qui ne traite pas seulement de l'Antiquité mais aussi de l'Égypte contemporaine.

Benoît de Maillet, fort de ses fonctions consulaires au Caire, consacre ses dernières années à de copieux traités, *Description de l'Égypte contenant plusieurs remarques curieuses sur la géographie ancienne et moderne de ce païs...* (1735), *Idée du gouvernement ancien et moderne de l'Égypte...* (1743). La contribution de Benoît de Maillet anticipe sur celles de voyageurs plus tournés encore vers la spéculation, Sonnini, Olivier et surtout Savary et Volney. Avec eux se met en place l'« orientalisme », une réflexion globale qui tend peut-être moins à décrire et à comprendre l'« Orient » qu'à définir l'« Occident » et à poser celui-ci en conquérant face à sa proie.

5

L'ORIENT DES INTELLECTUELS

> « *L'Orient est insaisissable. Il est partout et nulle part... Immense fourre-tout de notre imaginaire... L'Orient est dans notre tête.* »
>
> Thierry HENTSCH

Le mot orientalisme apparaît en anglais en 1779 et en français en 1799. En 1838, le dictionnaire de l'Académie française l'agrée. La fortune du mot devient alors exceptionnelle mais sa signification exacte demeure passablement fluide.

L'orientalisme, c'est à la fois une attirance esthétique pour l'Orient, une discipline intellectuelle qui cherche à lire, traduire et comprendre toute la production littéraire, philosophique et religieuse des peuples orientaux ; c'est enfin la croyance que, tout procédant de l'Orient — « *ex Oriente lux* » —, la Connaissance s'y trouve encore. Engouements plastiques, recherches savantes, quête mystique voire ésotérique, l'orientalisme peut être tout cela à la fois. Il sévit de la fin du XVIIIe siècle à la première moitié du XXe siècle. Avant, il s'est cherché, après il est devenu honteux, synonyme de regard colonialiste et, pis, ethnocentriste [1].

Selon toute vraisemblance, l'ancêtre, le premier des orientalistes est Guillaume Postel (1510-1581). En 1560, il fait imprimer à Poitiers : *De la République des Turcs et, là où*

1. Plusieurs ouvrages marquent le débat ouvert sur l'orientalisme. Nous ne les citons que dans la mesure où nous les avons consultés :

l'occasion s'offrira, des mœurs et loy de tous Muhamedistes.. Postel est professeur royal des langues orientales à Paris, il se dit aussi cosmographe, nous dirions plutôt ethnologue. Si Postel exècre « la folle besterie & blasphemes qui sont en l'Alcoran », il n'en pose pas moins les bases essentielles de la démarche orientaliste : apprendre et pratiquer les langues de l'Orient, ne s'intéresser qu'aux textes originaux.

Postel ouvre la voie à plusieurs générations de chercheurs. S'il n'est guère possible de les évoquer tous ici, au moins faut-il citer d'Herbelot qui publie sa *Bibliothèque orientale* en 1697, Antoine Galland et son neveu Julien-Claude, les trois Petis de la Croix, François père et fils, Alexandre le petit-fils, Abraham Anquetil du Perron, traducteur de l'*Avesta* en 1771. Si tous les orientalistes ne sont pas français (les Britanniques les surpassent dans la connaissance de l'Inde aryenne), ils n'en tiennent pas moins une place éminente en ce qui regarde l'Empire ottoman et la civilisation arabo-musulmane.

Toutefois, partis en flèche, les orientalistes français finissent par s'installer dans un certain confort intellectuel ; ils donnent à leurs travaux une tournure historisante qui néglige le champ philologique. Ce faisant, les études orientalistes piétinent à partir de 1750-1760 ; la création de l'École des langues orientales par le Directoire prétend pallier cet affaiblissement. Sans doute trop tardivement puisque au XIXe siècle la philologie sera d'abord allemande[2].

En attendant, s'appuyant sur les récits des voyageurs, mais aussi apportant à ces derniers l'outillage intellectuel, l'étalonnage de références, l'orientalisme première manière façonne une vision globale de l'Orient musulman[3]. Il dissè-

— Hichem DJAÏT, *l'Europe et l'Islam,* le Seuil, Paris, 1978.

— Maxime RODINSON, *la Fascination de l'Islam,* Maspero, Paris, 1980.

— Edward SAÏD, *l'Orientalisme. L'Orient créé par l'Occident,* Le Seuil, Paris, 1980.

— Thierry HENTSCH, *l'Orient imaginaire,* les Éditions de Minuit, Paris, 1988.

2. Ce chapitre doit beaucoup à Henry LAURENS, *les Origines intellectuelles de l'expédition d'Égypte. L'Orientalisme islamisant en France (1698-1798),* Éditions Isis, Istanbul-Paris, 1987.

3. Sur les rapports entretenus par les voyageurs et les écrivains, deux classiques, Pierre MARTINO, *l'Orient dans la littérature française au XVIIe et au XVIIIe siècle,* Hachette, Paris, 1906 ; Geoffroy ATKINSON, *les Relations de voyages du XVIIe siècle et l'évolution des idées,* Champion, Paris, s.d. (1924).

que le Coran, répertorie les pratiques religieuses et tranche sur leur intérêt ; il considère le passé des Arabes, le compare avec le monde ottoman et en tire la conclusion que l'Orient est en pleine décadence. Enfin, ayant établi cette décadence, l'orientalisme cherche à qui l'imputer ; il tend moins à l'attribuer aux « vices » ou à la « nature » des indigènes qu'au joug qu'ils subissent.

Capable de répondre à tout sur l'Orient ou, en tout cas, le prétendant, l'orientalisme prépare, inconsciemment ou non, à la conquête.

Jusqu'au XVIIe siècle, la réputation de l'Islam est détestable. Les assauts des Turcs contre l'Europe (le dernier siège de Vienne est de 1683), la piraterie barbaresque, les humiliations et les dangers que risque tout pèlerin se rendant en Terre sainte, semblent justifier le dégoût et la haine qu'inspirent les « mahométans ».

Mais, à la fin du XVIIe siècle, certains commencent à regarder l'Islam sous un angle différent. L'initiative vient des pionniers de l'exégèse biblique, d'hommes qui, tel Richard Simon, estiment que le Coran ne peut pas contenir plus de « fables » que la Bible. Un peu plus tard, en 1694 précisément, Pierre Bayle réserve à Mahomet un article de son *Dictionnaire historique et critique* ; une notice si contournée, si fuyante et pour tout dire si maladroite qu'elle suscite encore des controverses chez ses commentateurs. Bayle est-il le premier à avoir fait preuve d'objectivité, de sympathie même pour Mahomet ou exprime-t-il encore les préjugés du temps ? Difficile de trancher. En tout cas, à compter de Bayle, on ne se débarrasse plus de l'Islam en le tenant pour une répugnante hérésie[4].

Reprenant tout un courant timidement favorable à l'Islam — l'Anglais Ockley, le Hollandais Reland, l'orientaliste français d'Herbelot —, le comte de Boulainvilliers écrit une *Vie de Mahomet* qui paraît à Amsterdam en 1730. A en croire Thierry Hentsch, cet écrivain est « un de ceux qui ont le plus contribué à redresser l'image négative de l'Islam et de

4. C'est Maxime RODINSON, ouvrage cité, qui défend le mieux Pierre Bayle ; Thierry HENTSCH, ouvrage cité, est beaucoup plus réservé. Point de vue plus général et antérieur sur ces précurseurs de l'orientalisme dans Paul HAZARD, *la Crise de la conscience européenne*, Gallimard, Paris, 1968 ; première édition, A. Fayard, Paris, 1935.

Mahomet en Europe et à réhabiliter les Arabes dans l'Histoire ».

Avec Boulainvilliers, la « nation arabe » n'est plus un ramassis de misérables pillards sortis du désert, mais un peuple inspiré. Mahomet ne fait plus figure d' « imposteur lubrique » ; il devient un guide spirituel, un serviteur de Dieu qui a assigné aux Arabes une mission sacrée. Mais, arrivé à ce point, Boulainvilliers met fin aux laudations ; il déplore les destructions opérées par les conquérants arabes, leur fanatisme ; il présente l'expansion musulmane comme un « cataclysme », la cause majeure du recul de la civilisation dans le bassin oriental de la Méditerranée.

En fait, dès Boulainvilliers, tout est dit. Le regard du siècle des Lumières sur l'Islam sera ambigu, mélange de fascination et de rejet. Le point de vue de Voltaire est exemplaire de cette contradiction. Aussi bien dans sa tragédie, *le Fanatisme ou Mahomet le prophète* (1741) que dans *l'Essai sur les mœurs et l'esprit des nations* (1756) et le *Dictionnaire philosophique portatif* (1764), Voltaire ne semble pas savoir sur quel pied danser. S'il persiste à croire que Mahomet s'est comporté en « charlatan », en « fripon » et en « faux prophète », s'il s'acharne à faire du Coran « un recueil de révélations ridicules », il n'en admet pas moins que les Arabes ont souvent manié une langue littéraire d'une très grande pureté et que, par le passé, ils ont largement contribué à la civilisation.

Peu à peu se forge une nouvelle image de Mahomet. S'il reste un imposteur, il devient aussi un esprit supérieur qui a mené un projet grandiose : assurer aux Arabo-Musulmans la maîtrise du monde. Il s'est comporté en grand législateur, l'égal de Zoroastre ou de Confucius, et très supérieur à Lycurgue ou à Solon. Ce que résume excellement le polygraphe Turpin quand il affirme, en 1773, que Mahomet est « le seul dans les Annales du monde, qui ait associé au titre de législateur celui de pontife et de conquérant[5] ».

Jean-Jacques Rousseau que Bonaparte a beaucoup pratiqué et admiré (beaucoup plus que Voltaire) voit en Mahomet la figure emblématique du législateur inspiré. Il le tient

5. François-Henri TURPIN, *Histoire de la vie de Mahomet, législateur de l'Arabie*, Paris, 1773. *In* Henry LAURENS, ouvrage cité.

pour l'égal de Moïse, et reconnaît en lui « ce grand et puissant génie qui préside aux établissements durables » (*Contrat social,* livre II, chapitre 7).

Si l'on suit la démarche adoptée par Henry Laurens, les lettrés français sont passés d'un très vif courant de sympathie pour l'Islam à une appréciation de plus en plus nuancée, voire négative. C'est Condorcet qui représente le mieux cette évolution, lorsqu'il affirme que la religion musulmane est « la plus simple dans ses dogmes, la moins absurde dans ses pratiques, la plus tolérante dans ses principes », mais aussi que, peu à peu, elle a « condamné à l'esclavage, et à une incurable stupidité, toute cette vaste portion de la terre où elle a étendu son empire[6] ».

Dans la frénésie de progrès, sous toutes ses formes, qui gagne les élites intellectuelles au XVIIIe siècle, l'Islam finit par être rejeté comme force obscurantiste, véritable obstacle à la quête des Lumières.

L'idée que l'Orient musulman achève alors un processus de décadence est une opinion très couramment admise. La réflexion sur les causes de cet état de décadence alimente toute une mise en perspective de l'Histoire. La reconnaissance de la grandeur passée des Arabes ne prête pas à contestation, bien au contraire. De Voltaire à Condorcet, en passant par l'abbé Raynal, tous les sectateurs des Lumières s'accordent à reconnaître que « les Arabes ont cultivé toutes les sciences ; qu'ils ont traduit les principaux auteurs, et qu'il y en a quelques-uns qui, étant perdus en grec, ne se retrouvent que dans les traductions arabes...[7] ».

Mais cette exaltation d'un véritable âge d'or arabo-musulman s'accompagne d'une dénonciation dans les règles de l'avachissement présent des musulmans et le coupable est nommément désigné : le despotisme ottoman.

Ce despotisme des Turcs est une affaire de climat, avait affirmé Montesquieu mais, depuis Turgot, cette thèse est passée de mode. Pour cet auteur, le despotisme est un phénomène historique sans rapport avec le milieu ou la race. Son plus grand inconvénient ? C'est un système qui se

---

6. CONDORCET, *Esquisse d'un tableau historique des progrès de l'esprit humain,* édition de M. et F. Hincker, Paris, 1971. Cité par H. LAURENS, ouvrage cité.

7. *Encyclopédie,* article « Médecine ».

reproduit parfaitement, aucune évolution n'est possible. Aussi, pour l'abattre, on ne peut imaginer qu'une intervention extérieure. Cette affirmation fera son chemin et servira de justification « idéologique » au Directoire à l'époque de l'expédition.

Cette croyance en un despotisme oriental assujettissant les peuples de la façon la plus brutale, les privant des lois les plus ordinaires, des garanties les plus élémentaires, de la propriété même, a été dénoncée dès le XVIIIe siècle par quelques rares auteurs qui ont vu là pure fantasmagorie. Dans sa *Législation orientale,* Anquetil-Duperron déclare : « M. de Montesquieu a peint un monstre qui ne peut exister... », puis l'orientaliste s'emploie à démontrer que, loin d'être privés de lois, les musulmans peuvent puiser dans le Coran l'ensemble des textes législatifs susceptibles de garantir leur dignité et l'intégrité de leurs biens. Affirmation très neuve pour l'époque (1778), Anquetil-Duperron conclut : « L'Alkoran doit être regardé comme un code civil et criminel propre à régler les actions des hommes, princes et sujets, qui jurent de l'observer...[8] »

Malheureusement, Anquetil-Duperron est passablement isolé et les théories de Turgot prévalent. L'argument le plus courant des conquérants de 1798 sera donc d'annoncer qu'ils engagent une guerre de libération pour arracher les Égyptiens au despotisme des beys. Même en partie fondée, et ressentie avec sincérité, cette explication relève surtout de l'autojustification, de la bonne conscience qu'il convient d'avoir avant d'engager tout processus de colonisation !

Alors que l'Europe déborde de curiosité et de projets pour l'Orient musulman, celui-ci persiste à vivre dans un superbe isolement qui, peu à peu, lui fait perdre toute appréciation correcte des enjeux et des rapports de force[9].

Depuis leur établissement à Constantinople (1453), les Ottomans ne cachent pas leur mépris de l'Occident chrétien. Ils ne cachent pas leur répugnance pour les *kâfirs,* les Infidèles. Chaque peuple d'Europe est qualifié, systématiquement, par une épithète dénigrante. Ainsi, les Anglais sont

8. Henry LAURENS, ouvrage cité.
9. Nous suivons ici Bernard LEWIS, *Comment l'Islam a découvert l'Europe,* La Découverte, Paris, 1984, trad. de l'anglais, postface de Maxime Rodinson.

« sans religion », les Français « sans âme », les Hongrois « de mauvais augure », les Russes « pervers » et les Allemands « impitoyables ».

Pour les musulmans, le monde se partage entre deux espaces géographiques, le territoire de l'Islam — *Dâr al-Islâm* — et le pays de la Guerre — *Dâr al -Harl* —, celui-ci regroupant tous les peuples infidèles. Voyager sans nécessité dans les pays de la Guerre est tenu pour un acte hautement répréhensible, une faute grave. Les langues européennes sont superbement ignorées ; les marins ottomans se contentent de la *lingua franca,* un jargon panméditerranéen ; les grands personnages entendent un peu le vénitien ou le génois ; à la fin du XVIIe siècle, quelques-uns (rares) se mettent au français qui restera la langue diplomatique et technique de l'empire ottoman jusqu'à la fin du XIXe siècle.

Alors que l'orientalisme s'établit comme un ensemble convergent de disciplines géographique, philologique, littéraire, qui prétend comprendre, interpréter, voire dominer l'Orient musulman, ce dernier se montre bien incapable de susciter un « occidentalisme » aux ambitions équivalentes. Si la première chaire d'arabe est confiée à Guillaume Postel en 1539, de l'autre côté il faudra attendre 1828 pour voir paraître au Caire le premier dictionnaire arabe-français.

Pourtant, les revers militaires accumulés au XVIIIe siècle, d'abord contre les Autrichiens du prince Eugène puis contre les Russes (sanctionnés par le traité de Kücük Kaynarca en 1774 et la perte de la Crimée), obligent les Turcs à réfléchir sur la supériorité technique des Infidèles. Dès 1731, le renégat hongrois Müteferrika explique qu'il faut imiter les armées « franques », cependant que de son côté le Français Bonneval Pacha, ci-devant comte de Bonneval, instruit les artilleurs et les ingénieurs militaires de la Porte.

Dans les décennies suivantes, Constantinople voit arriver des horlogers (dont le père de Jean-Jacques Rousseau), des officiers du génie, des artistes portraitistes, des médecins, des mathématiciens... Mais la présence de ces étrangers n'est pas toujours bien vue, les conservateurs multiplient les critiques à leur égard ; les technologies et les savoir-faire européens passent pour diaboliques : l'imprimerie n'enlève-t-elle pas leur caractère sacré aux textes coraniques et les horloges n'affaiblissent-elles pas le rôle des muezzins ?

Les plus grands personnages semblent indifférents à la

percée technologique de l'Europe. Lorsque l'ambassadeur Mustafa Hatti Efendi visite l'observatoire de Vienne et qu'on lui fait admirer les différentes lunettes, il rapporte l'événement en termes ennuyés et regrette presque d'avoir passé du temps à cette « représentation de jouets »...

Cette négligence des Ottomans enfonce leur empire dans l'ignorance des nouveaux savoirs ; elle les met en mauvaise posture face à une Europe qui décuple ses ambitions colonisatrices. L'Égypte des beys sera le champ clos où s'affronteront deux mondes.

6

LE RÊVE PREND FORME

> « *Planter les lys de France dans les sables d'Égypte.* »
>
> BENOIST-MÉCHIN

A partir du XVIe siècle, la France joue un rôle important dans l'Orient musulman. François 1er — le « bey de France » comme le qualifient avec dédain les chroniqueurs turcs — défie la chrétienté en nouant des relations presque amicales avec le « Seuil du Nid de la Félicité », comprenons le sultan ottoman.

En 1536, François 1er dépêche à Constantinople une ambassade conduite par deux grands seigneurs, La Forest et Marillac. Les accords passés établissent la prééminence commerciale du royaume de France dans le Levant. Les « capitulations » ainsi conclues peuvent être définies comme « des traités qui garantissent aux sujets des nations chrétiennes, qui résident temporairement ou d'une manière permanente dans [...] les pays musulmans, le droit d'être soustraits dans une large mesure à l'action des autorités locales et de relever de leurs autorités nationales[1] ». De 1536 à 1740, les capitulations sont renouvelées une douzaine de fois.

Profitant d'une forme d'exterritorialité mais confinés dans des quartiers réservés, que ce soit à Constantinople, au Caire

1. Article « Capitulations » dans la *Grande Encyclopédie du* XIXe siècle.

ou dans les « échelles[2] » levantines, les marchands français traitent en principe sur un pied d'égalité avec les autorités ottomanes. Les pages précédentes ont montré au lecteur que la réalité était beaucoup plus laborieuse.

Jusqu'à la seconde moitié du XVIIe siècle, les marchands français tirent d'assez substantiels bénéfices de cette situation. Ensuite, les désordres s'installent, leur situation devient de plus en plus précaire. Les autorités consulaires multiplient les rapports angoissés et les demandes d'aide auprès du gouvernement. A Paris, l'Égypte passionne et fascine. Vénérée pour sa civilisation, elle tient une place à part dans l'imaginaire exotique des Européens. Tenue pour l'incontestable matrice de l'humanité, l'Égypte décadente et déchue désole.

Son état d'incurie, la misère de ses habitants soumis au joug non d'un seul despote mais de plusieurs à la fois, inspirent pitié et indignation. Savary, sur lequel nous allons revenir, ne peut dissimuler sa colère : « Les Barbares ! Ils ont étouffé [...] les arts, les sciences, les villes [...] Il ne reste que le nom de tant d'ouvrages fameux, que leur ignorance a laissé périr, ou que leur aveugle fanatisme a détruit. »

Abandonnée aux tyranneaux locaux, l'Égypte mérite qu'on s'attache à elle, qu'on la libère. C'est une opinion qui devient de plus en plus insistante au fur et à mesure que s'écoule le XVIIIe siècle. La plainte débute par un inventaire détaillé des avanies et autres outrages infligés aux « Francs » par les Turcs, elle s'achève par la recommandation d'une intervention armée.

Dès 1657-1658, Jean Thévenot s'indigne du non-respect des capitulations. Après avoir signalé que celles renouvelées par Savary de Brèves en 1604 sont restées lettre morte, il détaille les brimades infligées, extorsions répétées de présents, violences faites aux consuls qui ne se libèrent de la prison que contre rançon, bastonnades, prison et supplices sous le moindre prétexte pour tous les gens de la « contrée franque ». Comme le dit Thévenot : « Je pourrais faire un livre entier de toutes les sortes de vanies (*sic*) que j'ai vu faire étant en ce pays-là, mais il me suffit d'en avoir écrit une

2. Le mot « échelle » désigne des ports et places de commerce du bassin oriental de la Méditerranée.

partie, pour faire voir combien cette canaille nous méprise et nous outrage[3]. »

Otages des « puissances », en proie à leurs caprices, les Français d'Égypte s'efforcent de survivre. S'ils se maintiennent, c'est que, d'accommodement en accommodement, la situation peut rester supportable et que, de toutes les façons, les profits tirés d'un long séjour compensent largement les humiliations et l'honneur bafoué.

L'arrivée en Égypte de voyageurs moins mercantiles et plus portés sur la réflexion politique colporte jusqu'en Europe l'image d'un pays ruiné et bon à prendre pour qui le veut. Le meilleur exemple de ces nouveaux visiteurs est celui de Claude Étienne Savary (1750-1788). De souche bretonne, il avait fait ses études au collège de Rennes, puis s'était initié aux langues orientales à Paris.

En 1776, Savary part pour l'Égypte et y passe trois années. Sa brève existence ne l'empêche pas de donner une *Vie de Mahomet,* une *Morale de Mahomet,* la traduction du Coran et même les éléments d'une grammaire arabe publiée après sa mort. Mais l'ouvrage qui fait sa réputation ce sont les *Lettres sur l'Égypte,* publiées en 1785 et rééditées les années suivantes. Les *Lettres* sont aussi traduites en plusieurs langues ; en dépit de nombreuses critiques, elles bénéficient d'une « vogue prodigieuse ». Même si Savary affabule souvent et si, par exemple, son voyage en Haute-Égypte est purement imaginaire...

Mais l'intérêt de Savary est ailleurs. Excellent écrivain, s'exprimant dans une langue fluide et élégante, il est le représentant d'une nouvelle sensibilité, « pré-romantique », qui se passionne pour la nature, les mœurs libres, simples et pures. Tombé amoureux de l'Égypte et sans doute de quelques belles Égyptiennes, Savary conclut plusieurs de ses lettres par un véritable plaidoyer en faveur d'une expédition qui régénérerait l'Égypte. Ayant d'abord rappelé que les quatre millions d'Égyptiens sont gouvernés par moins de huit mille mamelouks, il s'attarde sur les façons de guerroyer de ces « étrangers au pays » ; il ne manque pas de faire savoir que leur valeur

3. Jean THÉVENOT, ouvrage cité.

militaire est médiocre; pourtant « si ce corps étoit discipliné par nos officiers, il ne céderoit en bravoure à aucune des nations de la terre...[4] »

Après avoir pronostiqué : « ... l'Égypte, malgré sa décadence, peut reparoître avec éclat parmi les royaumes puissans, parce qu'elle renferme dans son sein la source des vraies richesses... », Savary fait réfléchir son correspondant : « Si l'Égypte, dépourvue de marine, de manufactures, et presque réduite aux seuls avantages de son sol, possède encore de si grandes richesses, jugez, Monsieur, ce qu'elle deviendrait entre les mains d'un peuple éclairé. » Il reste à la France de ne point trop tarder, car « l'ambition de plusieurs puissances tient les yeux ouverts sur ce beau royaume gouverné par des barbares incapables de le défendre. Il passera entre les mains de la première nation qui l'attaquera, et sans doute qu'il changera de face[5] ».

Les enthousiasmes de Savary, qui écrit autant comme un littérateur que comme un scientifique, ont beaucoup influencé Bonaparte. Plus tard, lors de la traversée de Toulon à Alexandrie, nombre d'officiers se sont délectés des *Lettres sur l'Égypte ;* résultat : une sérieuse déception une fois le pied posé en Égypte !

A Savary, l'habitude est d'opposer Volney. Si le premier est d'un optimisme désarmant, le second ne risque pas de sombrer dans ce genre d'intempérance ! Volney est méfiant par tempérament, sceptique par formation, inaccessible aux coups de cœur. Sa peinture de l'Égypte ottomane finissante est sombre, accablante même. Jean-Marie Carré a parfaitement résumé tout ce qui le sépare de Savary, ce dernier « n'est qu'un voyageur. Volney veut être un philosophe. Savary est un pré-romantique, un homme qui est imprégné de Rousseau, de Bernardin de Saint-Pierre et qui fait pressentir Chateaubriand. Volney est un classique, un encyclopédiste...[6] ».

Constantin Chassebœuf, qui a choisi comme nom de plume Volney, parce que la première syllabe est celle de

4. Claude-Étienne SAVARY, *Lettres sur l'Égypte,* lettre XV, tome 2, seconde édition revue et corrigée, chez Onfroi, libraire, quai des Augustins, Paris, 1786.
5. SAVARY, ouvrage cité, lettre XIV, tome 2.
6. J.-M. CARRÉ, ouvrage cité.

Voltaire et la seconde celle de Ferney, est effectivement le « représentant exemplaire du rationalisme expérimental des Lumières [7] ». Sans génie véritable, mais talentueux avec honnêteté, arabisant passable, il part pour l'Égypte et la Syrie en 1783. Son séjour dure deux ans. Il en rapporte une relation qui est moins le récit de ses pérégrinations qu'un ensemble de descriptions commentées et raisonnées. Son champ d'observations s'est limité au Delta, il a passé notamment sept mois au Caire ; il s'est tenu à ce qu'il a vu et, à la différence de Savary, s'est interdit tout tableau d'imagination.

Ne négligeant pas de signaler tous les détails de la vie quotidienne qui l'incommodent — la langue est « barbare, âcre, gutturale » ; les femmes sont des « fantômes » sous leurs voiles ; les maisons ont un « aspect ruiné » ; le Nil est « boueux, verdâtre, fétide et rempli de vers [8]... » —, Volney passe ensuite aux choses sérieuses. L'Égypte agonise sous le poids du plus lamentable des despotismes ; les mamelouks, « mollement couchés », noyés dans la fumée du narguilé, abrutissent à coups de corvées un peuple entier. Cette « soldatesque licencieuse et grossière » a anéanti toute vie sociale normale et ramené l'ensemble des rapports à ceux de maîtres à esclaves.

Paradoxalement, les conclusions de Volney rejoignent celles de Savary : ce pays décrépi qui n'engage à rien, qui n'attache nullement, est bon à prendre. Pour l'amour des Égyptiens peut-être, mais surtout pour sauvegarder leur fabuleux passé. Aussi Volney formule-t-il « le souhait de voir passer en d'autres mains l'Égypte... ». En effet si elle « était possédée par une nation amie des beaux-arts, on y trouverait, pour la connaissance de l'Antiquité, des ressources que désormais le reste de la terre nous refuse ».

Bonaparte lut très jeune l'ouvrage de Volney. Il lui fit une forte impression. Encore à Sainte-Hélène, il couvrait son exemplaire d'annotations. En février 1792, les deux hommes se rencontrent à Corte. Après le 9 thermidor, Volney, qui

---

7. La formule est de Bernard VALADE qui a rédigé l'article « Volney » du *Dictionnaire Napoléon*, Fayard, Paris, 1987. Voir aussi Jean GAULMIER, *Un grand témoin de la Révolution et de l'Empire*, Hachette, Paris, 1959.

8. VOLNEY, *Voyage en Syrie et en Égypte pendant les années 1783-1785...*, in-8°, 2 vol., Paris, 1787.

enseigne à l'École normale, fréquente le salon de Mme Helvétius à Auteuil; Bonaparte l'y retrouve et sans doute rêvent-ils tous les deux de l'Égypte. Mais Volney a un autre projet : il part pour les États-Unis et ne rentre qu'en 1798.

De son vivant, Volney bénéficie d'une très grande audience; il passe même pour un penseur profond et original. Sa polémique avec Savary renforce sa crédibilité et, si les esprits romantiques avant la lettre se désolent de sa sécheresse et n'apprécient guère ses observations acerbes, les intelligences plus rassies approuvent sa froide rigueur d'« idéologue ».

Mais les projets coloniaux visant l'Égypte ne remontent pas à Savary ou à Volney. D'emblée, ils accompagnent, de façon presque systématique, toute analyse « géopolitique » de l'Orient musulman.

Très tôt, les Français s'intéressent au percement de l'isthme de Suez et, dans la foulée, avancent l'opportunité de conquérir l'Égypte. En 1586, le capitan pacha el-Eudj Ali, un Calabrais renégat, envisage de creuser un canal; il consulte l'ambassadeur de France qui rapporte cette intention à Henri III. Le projet intéresse le monarque car il vise à nuire au commerce ibérique, mais el-Eudj Ali périt peu après, empoisonné[9].

Plus tard, Richelieu se voit proposer le même projet et cela pour le plus grand bien du commerce marseillais. Sans suite. Sous Colbert, on reparle de faciliter le commerce français dans sa rupture de charge entre Alexandrie et Suez. Les ambassadeurs à Constantinople multiplient les approches et les démarches auprès du sultan, mais celui-ci ne tient guère à voir des navires chrétiens en mer Rouge. Jacques Savary, dans son *Parfait négociant*, traité de science économique qui connaît un succès prolongé, revient lui aussi sur la nécessité de contrôler l'isthme dont il préconise le percement. Mais, sur place, le consul de Maillet hésite à partager un tel point de vue car l'état d'insécurité de l'Égypte lui fait douter des effets bénéfiques d'une pareille réalisation.

Tous ces calculs sont d'ordre commercial avant tout, les vues politiques n'y entrent que très secondairement. Le

---

9. F. CHARLES-ROUX, *l'Isthme et le canal de Suez*, Hachette, Paris, 1901.

paysage change avec le projet visionnaire de Gottfried Wilhelm Leibniz.

Attaché au cabinet de l'Électeur de Mayence, l'auteur de la *Théodicée* s'effraie de la guerre que Louis XIV prépare contre les Provinces-Unies. Alors que le roi et ses ministres achèvent les préparatifs pour en finir avec les Hollandais, Leibniz part pour Paris et remet au ministre Arnauld de Pomponne un mémoire rédigé en latin : *De expeditione Aegyptiaca regis Franciae proponenda Leibnitii justa dissertatio*. Mais l'opuscule arrive trop tard, la guerre est ouverte. Le ministre lit tout de même le projet, il hausse les épaules et signifie à Leibniz que « les projets de guerre sainte ont cessé d'être à la mode depuis Saint Louis[10] ».

Que proposait Leibniz ? Le projet « le plus vaste que l'on puisse concevoir et le plus facile à exécuter ». Insistant sur la faiblesse militaire et navale des Turcs, Leibniz préconise la conquête de l'Égypte, pièce maîtresse de l'Empire ottoman. Pour séduire Louis XIV, Leibniz fait feu de tout bois. Des métaphores d'abord, l'Égypte est la « Hollande de l'Orient », la France, la « Chine de l'Occident » ; des gloires passées à relever, Philippe-Auguste, Saint Louis, Pierre roi de Chypre qui prit Alexandrie ; une comparaison enfin, entre la guerre de Hollande, risquée à tous points de vue, impopulaire en Europe, déplorable car commise entre chrétiens, et cette expédition en Égypte, très peu risquée et très bénéfique : « Les Turcs sont presque sans forces maritimes [...] la milice égyptienne est très faible [...] Non seulement l'Égypte mais tout l'Orient n'attendent pour se soulever que l'arrivée d'une force libératrice... »

En conclusion, Leibniz recommande à Louis XIV le plus grand secret, conseil que retiendra le Directoire : « Une discrétion profonde assurera, Sire, la réussite d'une expédition déjà tentée par vos ancêtres. Et ce succès qui s'étend si loin dans ses conséquences, puisqu'il doit forcer les Hollandais à une humble soumission, par la frayeur, et les Infidèles

10. *Mémoire de Leibniz, à Louis XIV, sur la conquête de l'Égypte*, édition critique par M. de Hoffmanns. E. Garnot, Paris, 1840. C'est en 1803 que le général Mortier retrouva un abrégé manuscrit, « consilium Aegyptiacum », du *De expeditione...* (que l'on peut traduire de la façon suivante : *Discours véridique de Leibniz au sujet de l'expédition d'Égypte à proposer au roi de France*). Il l'avait trouvé dans la bibliothèque de Hanovre ; il l'offrit au Premier consul.

au respect, par la puissance de vos armes, remplira l'Univers d'admiration pour la Personne de Votre Majesté. »

Seul, après Leibniz, le père Coppin reprend l'idée de guerre sainte. Imprimé à Lyon en 1686, *le Bouclier de l'Europe ou la guerre sainte contenant des avis qui peuvent servir aux princes de la chrétienté pour garantir leurs États des Turcs...* ne connaît qu'un succès relatif. L'appel à la conquête des beylicats et pachaliks ne rencontre plus d'écho en France.

Mais, sous Louis XV, l'affaiblissement de l'Empire ottoman relance les projets de guerre et de démembrement. En 1732, le comte de Marsigli, qui se présente comme un expert en questions militaires, annonce une prochaine ruine des Turcs[11]. En 1747, l'Autrichien Jauna fait part de ses *Réflexions sur les moïens de conquérir l'Égypte et le royaume de Chypre,* il pronostique : « J'ose avancer en toute vérité, que dans toute l'Égypte, la Syrie et la Palestine, il ne se trouve plus de place ni de château, en état de tenir contre un bon corps de troupes, ni de souffrir du canon[12]. »

Lorsque Talleyrand présente en juillet 1797 son projet d'expédition en Égypte, il s'appuie sur le mémoire du duc de Choiseul. A l'en croire, le ministre de Louis XV est allé très loin dans l'idée d'une « cession de l'Égypte à la France[13] ». En fait, Choiseul y a songé, mais rien ne permet d'affirmer qu'il ait effectivement engagé une telle entreprise.

Résumons : pour secourir la Pologne menacée à la fois par la Prusse, l'Autriche et la Russie, Choiseul obtient du sultan qu'il entre en guerre contre le tsar. Sans illusions d'ailleurs sur les capacités militaires d'un pareil allié. Au point qu'il confie à l'ambassadeur auprès de la Porte, le chevalier de Saint-Priest : « L'Égypte est déjà dans l'état d'une indépendance caractérisée. Les Tartares de Crimée sont bien près de secouer le joug. Ces deux puissances s'étendront vraisemblablement sur les ruines de l'Empire ottoman et c'est de ce côté qu'on pourrait porter ses vues. »

En 1770, Choiseul tombe en disgrâce et tout ce qui traite d'interventions en Orient passe de mode. En 1787, le neveu

---

11. Marsigli, *État militaire de l'Empire ottoman, ses progrès et sa décadence,* La Haye, 1732.
12. Cité par Henry Laurens, ouvrage cité.
13. Sur Choiseul, voir R. Clément, ouvrage cité, IVe partie, chapitre 3.

de Choiseul, Lauzun, confie à un correspondant : « L'Égypte a souvent fixé l'attention de M. le duc de Choiseul. L'acquisition de ce pays superbe et fertile était un projet favori, le roman politique qui occupait le plus souvent ses rêveries. »

Rêveries donc, mais qui s'estompent lorsque l'Empire ottoman subit de nouveaux et irrémédiables revers. La guerre contre la Russie (1768-1774) marque l'ouverture de la question d'Orient. Pour s'informer sur la situation réelle de l'Empire ottoman, le Cabinet royal compte sur plusieurs de ses agents. Au premier rang, le baron de Tott, un noble hongrois passé au service de la France. Ce personnage collecte des informations dans tout l'Orient, il est en relation avec les meilleurs spécialistes de l'Orient musulman, tels Venture de Paradis ou Pierre Ruffin[14].

Attaché à l'ambassade de Constantinople, Tott a travaillé auprès de Vergennes, puis il a servi comme conseiller militaire auprès des Turcs. En 1776, il rentre à Paris et fournit un rapport qui conclut à l'intérêt de conquérir l'Égypte.

En poste à Constantinople jusqu'en 1768, Vergennes a charge des Affaires étrangères sous Louis XVI[15]. Il est peu convaincu de l'intérêt de démanteler l'Empire ottoman mais il se heurte à tout un *lobby* interventionniste qui comprend aussi bien Sartine, secrétaire d'État à la Marine, que les deux ambassadeurs successifs auprès de la Porte, Saint-Priest puis Choiseul-Gouffier ; en outre, la plupart des orientalistes, Volney en tête, le personnel consulaire d'Égypte, les marchands impliqués dans les trafics levantins sont favorables à une intervention armée.

Si Vergennes ne suit pas les recommandations de Tott, en revanche Saint-Didier, premier commis de Sartine, les prend très au sérieux. En 1777, Saint-Priest rentre de Constantinople et conseille d'envoyer Tott en mission secrète en Égypte. Nommé inspecteur des échelles du Levant, Tott, assisté de l'enseigne de vaisseau de La Laure

---

14. Sur Pierre Ruffin, *cf.* le travail exhaustif de H. DEHÉRAIN, *la Vie de Pierre Ruffin, orientaliste et diplomate, 1742-1824*, Geuthner, Paris, 1929-1930 ; sur les rapports de Ruffin et du baron de Tott, du même auteur, *la Mission du baron de Tott et de Pierre Ruffin de 1767 à 1769*, Paris, 1923.

15. F. CHARLES-ROUX, *le Projet français de conquête de l'Égypte sous le règne de Louis XVI*, Mémoire de l'Institut d'Égypte, t. XI, Le Caire, 1926.

(le frère de Saint-Didier), débarque à Alexandrie. Les deux hommes passent plusieurs semaines à faire le relevé de toutes les défenses portuaires du pays. En juillet 1778, ils rédigent leur rapport qui se termine par un paragraphe : « Plan d'opérations pour la conquête de l'Égypte. » On ne peut être plus clair !

La reprise de la guerre contre l'Angleterre, pour aider les insurgents d'Amérique, remet à plus tard l'expédition d'Égypte. Dans les années qui précèdent la Révolution, et jusqu'à la mort de Vergennes en 1787, la question reste en suspens. Après l'été 1789, la petite communauté française d'Égypte s'agite. Une majorité est favorable au processus révolutionnaire. Cependant, les Français souffrent de plus en plus des avanies des beys. Après le départ du consul Magallon, en 1791, la situation empire. Désespérés, les marchands réclament une intervention : « La prolongation de cette situation scandaleuse serait outrageante pour une République qui donne des lois à l'Europe et dont le nom est la terreur des tyrans. »

Début 1793, Magallon est nommé consul général de la République. Il est au Caire en avril. Mourad Bey et Ibrahim Bey l'accueillent d'abord avec déférence et lui promettent de ménager les Français. Mais, peu après, ils recommencent leurs extorsions. Tout se complique pour Magallon : il doit s'opposer aux avanies alors même que les marchands français lui reprochent de manifester un patriotisme trop tiède et affichent un jacobinisme insolent et puéril. Ainsi, leur prétention à constituer une garde nationale excite les beys qui, poussés par le consul impérial Rossetti, font incarcérer les principaux des négociants français. Magallon parvient à les faire relâcher mais il faut payer !

En octobre 1795, arrive, envoyé par le Comité de salut public, Dubois-Thainville ; l'homme est chargé d'une mission d'information dans le Levant. La situation se détend tant qu'il reste au Caire. Mais, à son départ, tout recommence. Désespéré, Magallon ne croit plus qu'aux effets d'une opération militaire. Il l'écrit le 17 juin 1795 et il récidive en octobre, concluant : « La possession de l'Égypte serait pour la France ce que l'on pourrait acquérir de plus essentiel et qui lui donnerait des avantages, dont il est bien difficile de prévoir toutes les suites. »

Ces rappels arrivent en France alors que le Directoire

entre en fonction. Les Directeurs demandent au ministre des Relations extérieures, Charles Delacroix, de bien vouloir étudier, de manière approfondie, les rapports de Magallon.

François Charles-Roux conclut : « C'est le premier pas fait vers l'adoption de ce projet et le premier indice matériel tangible de l'intérêt qu'il excite de la part du gouvernement [...] Accueillie enfin dans les régions officielles, introduite dans l'engrenage administratif, l'idée d'occuper l'Égypte avait franchi une étape décisive. »

Le 4 janvier 1798, le capitaine Lazowski dresse le bilan de ses pérégrinations dans les provinces de l'Empire ottoman, il est le dernier à recommander la conquête de l'Égypte. Une recommandation inutile puisque, depuis juillet 1797, le ci-devant évêque d'Autun est le maître à penser de l'expédition de Bonaparte [16].

16. Voir C. de La Jonquière, *L'Expédition d'Égypte 1798-1801*, Lavauzelle, Paris, 1899-1905, livre premier, chapitre V.

Deuxième partie

HEUR ET MALHEUR D'UNE CONQUÊTE

7

UN NOUVEAU NŒUD GORDIEN

> L'expédition d'Égypte : « *Un double calcul égoïste : de la part de Bonaparte qui ne songe qu'à sa fortune, et de la part du Directoire, qui croit garantir sa sécurité.* »
>
> A. RAMBAUD

Il y a plus d'un demi-siècle, François Charles-Roux avançait cette opinion : « L'expédition d'Égypte n'est pas une simple réminiscence de projets périmés, l'application à une fin nouvelle d'un moyen déjà proposé en vue d'autres fins. C'est la suite logique et la synthèse de tous les projets précédents ; c'est la réalisation tardive d'un vœu complexe et maintes fois exprimé[1]. »

Le vœu n'est exaucé qu'en 1798. Le Directoire et Bonaparte se rencontrent alors sur l'opportunité d'annexer l'Égypte.

En 1797-1798, la France est toujours en guerre. Si l'Autriche est vaincue, en revanche l'Angleterre poursuit la lutte. Pour amener cette puissance à négocier, le Directoire songe à porter la guerre dans l'archipel britannique. Après l'échec de Hoche qui a tenté de soutenir les insurgés irlandais (déc. 1796), on parle d'un débarquement en Angleterre même.

Le Directoire est un régime de transition, mené par des politiciens retors, experts en matière de survie mais incapables de mener à leur terme de grands desseins. Il penche

1. F. CHARLES-ROUX, *Les Origines de l'expédition d'Égypte*, Plon, Paris, 1910.

tantôt à droite, tantôt à gauche, mais toujours à bonne distance des « exagérés » des deux bords, jacobins et royalistes. Après la remise en ordre du 18 fructidor (4 septembre 1797), il affiche un républicanisme irréductible. Le Directoire est aussi un régime en déroute financière ; il ne vit que d'expédients, d'emprunts mais aussi du pillage des « républiques sœurs » et de tous les territoires « libérés ». A la fin de 1797, il regarde du côté des cantons suisses et des États pontificaux : des trésors dorment à Berne comme à Rome, ils attendent preneurs...

De toute évidence, Talleyrand-Périgord, ministre des Relations extérieures à compter du 18 juillet 1797, est l'instigateur de l'expédition d'Égypte. Plus tard, il a feint de ne pas s'en rappeler. A l'époque où le projet s'ébauchait, il était plus bavard, répandant même dans les salons que le Directoire avait « saisi avec enthousiasme cette entreprise[2] ».

En fait, confrontés à la proposition d'une expédition en Orient, les Directeurs sont très partagés. Rewbell, homme de l'Est, est d'abord préoccupé par la frontière rhénane ; il répugne à consacrer 40 000 hommes et le meilleur général de la République dans un projet lointain, alors même que la guerre peut reprendre avec les princes allemands.

La Révellière-Lepeaux est encore plus hostile au projet égyptien. Il s'alarme des complications avec le sultan, il prévoit l'ingérence du tsar. Promoteur de la théophilanthropie, avatar édulcoré du déisme des Lumières, il veut répandre ses idées sur l'Europe annexée. Merlin de Douai et François de Neuf-Château sont d'anciens jacobins, repentis mais toujours craintifs devant l'armée : ils redoutent les généraux qui se mêlent de politique. Le départ de Bonaparte pour l'Orient ne peut pas vraiment leur déplaire.

Quant à Barras, pygmalion de Bonaparte, si l'on peut se permettre, il ne croit pas à la réussite de l'expédition mais, lui aussi, il préfère voir le bouillant général gagner le large.

Hommes « raisonnables », gouvernant à courte vue, les Directeurs ne sont pas gens à s'abîmer dans la griserie orientale. S'ils envisagent un débarquement en Angleterre,

---

2. Confidence faite à Sandoz-Rollin, citée par Michel PONIATOWSKI, *Talleyrand et le Directoire*, Perrin, Paris, 1982.

c'est parce qu'ils en voient l'intérêt immédiat. En revanche, l'Égypte leur paraît « lointaine, aventureuse, chimérique ».

Devant un aussi plat réalisme, Bonaparte baisse les bras : « Il n'y a rien à faire avec ces gens-là, ils ne comprennent rien de ce qui est grand ; ils n'ont aucune puissance d'exécution... », confie-t-il à Marmont. Heureusement pour lui, il y a Talleyrand.

La sinueuse personnalité du ci-devant évêque d'Autun rend toujours très risquée toute exégèse de sa pensée politique. Mais on a trop souvent limité sa démarche à un simple opportunisme. Talleyrand ne manquait pas d'idées et parfois même de convictions. A sa manière. A propos des colonies, il se présentait comme le porte-parole des intérêts et des ambitions colonialistes.

Comme en témoigne sa communication à l'Institut, le 3 juillet 1797. Ce jour-là, Talleyrand considère les perspectives coloniales de la France. Il revient sur les pertes subies après la guerre de Sept Ans, l'abandon de la Louisiane, du Canada et de l'Inde. Dans la foulée de Montesquieu et des Encyclopédistes, il s'attarde sur les avantages que l'on peut tirer des colonies. Surtout, il remarque que la France vient de s'épuiser dans une révolution sans précédent, qu'elle a besoin de détourner les énergies restantes, qu'il faut les vouer à un grand projet outre-mer qui ne nuira pas à la paix.

Un grand projet auquel Talleyrand veut associer ceux qui ne se remettent pas de la Révolution, tous les « malades politiques », les spéculateurs décidés, aventureux, les esprits pionniers. A faire des colonies, on fait d'une pierre deux coups : d'une part on garantit la tranquillité du pays et, d'autre part, on lui apporte les ressources exotiques qui augmentent sa richesse.

Restent les pays à prendre. Talleyrand recommande ceux de climat chaud et, pour préciser l'objectif, il se cache derrière un ministre défunt : « M. le duc de Choiseul, un des hommes de notre siècle qui a eu le plus d'avenir dans l'esprit [...] cherchait à préparer par des négociations la cession de l'Égypte à la France, pour se trouver prêt à remplacer, par les mêmes productions et par un commerce plus étendu, les colonies américaines le jour où elles nous échapperaient. »

Talleyrand songe-t-il déjà à l'homme capable de donner

l'Égypte à la France ? Par élimination, il ne peut se tourner que vers Bonaparte. Où en est ce dernier en cette année 1797 ?

Depuis sa campagne d'Italie, sa popularité est au zénith. Loin du Directoire, il exerce un pro-consulat qui l'habitue au pouvoir solitaire. Son rôle déterminant lors des négociations de Campoformio (avec l'Autriche) a été diversement apprécié à Paris. Nombre d'hommes politiques le croient capable d'un coup d'État mais lui-même n'y songe pas encore. Il ne veut pas finir comme un Dumouriez ou un Pichegru (proscrit et déporté en Guyane après le 18 fructidor).

Seulement, l'achèvement de la conquête en Italie donne des ailes à Bonaparte. Débouchant sur l'Adriatique à Ancône, en février 1797, il fixe l'horizon, vers la Grèce et Constantinople. Il observe alors : « On va d'ici à Constantinople en dix jours [...] Il faut que nous conservions le port d'Ancône [...] Cela nous donnera une grande influence sur la Porte ottomane[3]. » Un vaste projet méditerranéen gagne son esprit, projet qui n'a pas encore de formes précises, mais qui agit sur lui comme un rêve oriental. Un rêve longtemps contenu, gardé secret, dont il ne livre les premières ébauches qu'au terme de pénibles et rares confidences, par chance pieusement collectées.

C'est à Bourrienne qu'il se confie le plus volontiers[4]. Tout d'abord, il s'inquiète du caractère fugace de la renommée : « On ne conserve à Paris le souvenir de rien. Si je reste longtemps sans rien faire je suis perdu. Une renommée dans cette grande Babylone en remplace une autre ; on ne m'aura pas vu trois fois au spectacle qu'on ne me regardera plus [...] Bourienne, s'exclame-t-il, Bourrienne tout s'use ici, je n'ai déjà plus de gloire, cette petite Europe n'en fournit pas assez. Il faut aller en Orient : toutes les grandes gloires viennent de là... » Même paraphrasé, le propos est révélateur, il confirme ce que Junot rapportera plus tard : « Lorsque nous étions à Paris, malheureux, sans emploi, eh bien ! il

3. Lettre au Directoire, 27 pluviôse an VI (15 février 1797).

4. Louis-Antoine Fauvelet de Bourrienne (1769-1834), attaché à Bonaparte comme secrétaire, à compter du printemps de 1797. Publiés en 1829, ses *Mémoires* (écrits en fait par Villemarest) sont à la fois partiaux et précieux.

me parlait de l'Orient, de l'Égypte, du mont Liban, des Druses[5]. »

De ces aveux, des lectures qu'il faisait de Savary, de Volney, et dont il parlait avec enthousiasme, d'un travail de jeunesse sur l'Égypte, un certain nombre d'historiens, Édouard Driault notamment, mais surtout Jacques Benoist-Méchin ont tiré l'opinion que Bonaparte n'avait jamais rêvé rien d'autre que d'emprunter le chemin autrefois parcouru par Alexandre et César.

On ne peut nier qu'un « rêve oriental » ait habité Bonaparte. Sans cette fascination pour les contrées lointaines, pour l'Égypte et sa civilisation, il n'aurait pas mis tout cet allant dans l'expédition, il ne lui aurait pas donné cette tournure originale, unique, celle d'une aventure à la fois militaire, politique, scientifique et même spirituelle.

Mais il convient aussi de ne pas trop se laisser emporter sur cette piste. Comme l'affirme Jean Tulard, chez Bonaparte « le rêve occidental passe, semble-t-il, avant le rêve oriental ». Il n'a jamais cru que l'accomplissement de son destin se ferait au Caire ; dès qu'il a su qu'en France la situation était mûre, il a quitté l'Égypte et son armée. Sans l'ombre d'un regret ou d'un doute. Lui-même l'a reconnu : il s'est toujours fixé comme règle de mesurer ses rêveries au compas de son raisonnement.

Visionnaire réaliste, Bonaparte n'avance qu'à pas mesurés. Ce qu'il pense de l'Empire ottoman, de toutes les perspectives qu'ouvre son déclin, il le garde longtemps pour lui. Le passage à Passeriano, sa résidence près d'Udine, du diplomate Raymond Verninac, qui rentre de Constantinople, achève de le décider. Les deux hommes se voient en avril. Verninac a en sa possession un certain nombre d'informations réputées sûres. Il est affirmatif, trop peut-être : l'Empire turc est entré en agonie, ses possessions d'Europe, d'Afrique et d'Asie sont bonnes à prendre, l'Égypte en particulier.

A compter de cette période, Bonaparte échafaude peu à peu ses projets méditerranéens. Projets et non projet car plusieurs objectifs se présentent. Bonaparte les considère les uns après les autres. En mai 1797, il attire l'attention du

5. Cité par Maximilien Vox, *Napoléon*, Le Seuil, Paris, 1969. Andoche Junot (1771-1813) est l'un des premiers fidèles de Bonaparte. Il joue un grand rôle en Égypte.

gouvernement sur Malte : « L'île de Malte est pour nous d'un intérêt majeur [...] Cette petite île n'a pas de prix pour nous... », et de conclure en recommandant la prise de cette république « aristocrafanatique ».

A l'été, les troupes françaises occupent les îles Ioniennes ; l'escadre de l'amiral Brueys est chargée de les protéger. Le 16 août, Bonaparte expose au gouvernement ce qu'il attend de cette nouvelle conquête. Il n'hésite pas à affirmer : « Les îles de Corfou, de Zante et de Céphalonie sont plus intéressantes pour nous que toute l'Italie ensemble. » Ensuite, il s'explique : « L'empire des Turcs s'écroule tous les jours, la possession de ces îles nous mettra à même de le soutenir, autant que cela nous est possible, ou d'en prendre notre part... » Il prophétise enfin : « Les temps ne sont pas éloignés où nous sentirons que, pour détruire véritablement l'Angleterre, il faut nous emparer de l'Égypte[6]... »

Durant tout l'automne de 1797, Bonaparte ne cesse d'entretenir le Directoire de la situation en Méditerranée. Paris approuve ses vues mais s'efforce de modérer ses appétits. Talleyrand, qui ne connaît pas encore Bonaparte, n'échappe pas au plaisir de donner quelques rudiments de sciences diplomatiques à l'infatigable vainqueur des Autrichiens.

Lorsque Bonaparte lui confie : « S'il arrivait qu'à notre paix avec l'Angleterre nous fussions obligés de céder le cap de Bonne-Espérance, il faudrait nous emparer de l'Égypte. Ce pays n'a jamais appartenu à une nation européenne [...] L'on pourrait partir d'ici avec 25 000 hommes, escortés par huit ou dix bâtiments de ligne ou frégates vénitiennes et s'en emparer. L'Égypte n'appartient pas au Grand Seigneur[7]. » Talleyrand temporise et surtout fait valoir toutes les implications d'une conquête de l'Égypte.

« ... Quant à l'Égypte, vos idées à cet égard sont grandes, et l'utilité doit en être sentie. Je vous écrirai sur ce sujet au large. Aujourd'hui, je me borne à vous dire que si l'on en faisait la conquête, ce devrait être, pour la Porte, pour déjouer les intrigues russes et anglaises qui se renouvellent

---

6. Lettre au Directoire exécutif, de Milan, le 29 thermidor an V, 16.08.1797. Citée par LA JONQUIÈRE, ouvrage cité.

7. Lettre au ministre des Relations extérieures, Passeriano, le 27 fructidor an V, 13.09.1797.

si souvent dans ce malheureux pays. Un si grand service rendu aux Turcs les engagerait aisément à nous y laisser toute la prépondérance et tous les avantages commerciaux dont nous avons besoin. L'Égypte, comme colonie, remplacerait bientôt les produits des Antilles et, comme chemin, nous donnerait le commerce de l'Inde [8]... »

Quelques jours plus tard, Talleyrand informe Bonaparte que les Directeurs lui donnent tous pouvoirs pour s'emparer de Malte. C'est le premier pas en direction de l'Égypte !

L'Égypte, Bonaparte y pense tous les jours. Il ne cesse d'en parler à ses familiers, à Desaix notamment qui, au soir d'un très long entretien, note : « Idées sur l'Égypte, sur ses ressources. Projet sur elle. Développement. Paix avec l'Autriche, l'Angleterre. Départ de Venise de dix mille hommes et huit mille Polonais pour l'Égypte. S'en emparer. Avantages. Détail. Cinq divisions, deux mille cavaliers. Assemblage de tous les moyens d'être bien instruit. Voyages, Savary, Volney, etc. [9]. » Desaix, mais aussi Monge, « un homme de science à l'imagination prompte à s'enflammer » (Maximilien Vox) qui a la haute main sur les sciences et les arts en Italie.

C'est Monge qui demande à Paris une documentation de première main sur l'Égypte. Le 23 septembre, le vice-amiral Rosily, directeur du Département des cartes et plans de la marine, adresse à Monge, qui transmet à Bonaparte, un premier dossier. La correspondance de Rosily lors de son séjour à Suez en 1787, un mémoire du diplomate Targuet, traitant de l'Égypte en 1784, plusieurs rapports du consul Magallon. Quelques semaines plus tard, arrive un second recueil, on y trouve le mémoire du consul Mure, des notes rédigées par le baron de Tott, d'autres rassemblées par Saint-Didier.

En attendant l'invasion de l'Égypte, Bonaparte prépare celle de Malte. Il y envoie, en mission secrète, le jeune Poussielgue, premier secrétaire de la légation française à Gênes. Il s'agit d'évaluer les moyens de résistance de l'île des chevaliers.

Le Directoire n'attache pas encore une importance

---

8. Lettre au général Bonaparte, Paris, le 2 vendémiaire an VI, 23.09.1797.
9. La Jonquière, ouvrage cité.

extrême au théâtre méditerranéen. Il est surtout occupé par les négociations de Rastadt avec l'Autriche. Il demande d'ailleurs à Bonaparte d'appuyer l'action des diplomates. Bonaparte se rend à Rastadt mais en coup de vent. Arrivé le 25 novembre, il en repart dès le 1er décembre après avoir paraphé les conventions réglant les mouvements d'évacuation des forces françaises et autrichiennes.

A Paris le 5 décembre, il prend aussitôt son nouveau commandement, celui de l'armée d'Angleterre. Il relève Desaix qui en assurait l'intérim. Les états de la troupe parlent de 45 918 hommes rassemblés à Nantes, Rennes, Caen et Tours. L'Orient semble loin, et l'invasion de l'Angleterre imminente.

En février 1798, Bonaparte part inspecter les ports où doit se concentrer la flotte d'invasion. Les historiens se partagent sur son comportement. Joue-t-il double jeu ? Feint-il de préparer le débarquement en Angleterre tout en pensant sérieusement à celui d'Égypte ? A-t-il d'emblée décidé de produire un rapport concluant à l'ajournement de l'expédition d'Angleterre ? Si cette duplicité ne peut être exclue, elle n'explique pas tout. Bonaparte en est encore à hésiter et le Directoire est encore plus perplexe.

Comme en toutes circonstances, Bonaparte veut tout voir lui-même. Mais, comme il est pressé, il finit par confier à Kléber le soin d'aller au Havre et à Desaix celui de se rendre à Brest. Lui-même gagne Boulogne, Calais, Dunkerque, Bruges, Gand et Anvers. Il est vite édifié : rien n'est prêt pour traverser la Manche. Les moyens navals font cruellement défaut ; la seule escadre digne de ce nom, celle de Brueys, stationne en Méditerranée. A son retour, Bonaparte demande l'arrêt des préparatifs d'invasion, il déclare : « Le vrai moment de se préparer à cette expédition est perdu, peut-être pour toujours[10]. »

Il conseille toutefois de maintenir 150 000 hommes face à la Manche et de prévoir deux corps expéditionnaires, l'un et l'autre de 30 000 hommes, pour opérer en Irlande et en Orient.

Talleyrand n'a pas attendu le retour de Bonaparte pour dévoiler ce qui lui semble la bonne solution de rechange : la

10. Baron Jean THIRY, *Bonaparte en Égypte*, Berger-Levrault, Paris, 1973.

conquête de l'Égypte. Le 14 février, il présente un rapport aux Directeurs ; les idées sont de lui, l'argumentaire, l'information proviennent du consul Magallon. Talleyrand commence par les motifs, il les bâcle presque : la Porte ottomane n'a « pas l'ombre d'autorité sur l'Égypte », les beys en profitent pour spolier les intérêts français. Ce faisant, ils attentent à la dignité de la République. Pareil comportement demande réparation... Puis c'est l'exposé du plan de représailles : « Le Directoire exécutif doit recourir à la force des armes [...]. L'Égypte occupée et fortifiée, on fera partir de Suez un corps de quinze mille hommes à destination de l'Inde pour se joindre aux forces de Tipou-Sahib et chasser les Anglais [11]. »

Conscient de l'énormité de la proposition, Talleyrand se reprend : « Ce plan peut paraître téméraire ; mais là-dessus j'ai consulté l'homme qui a le plus longtemps résidé en Égypte et que la Providence semble avoir voulu conserver pour l'avantage de la République, M. Magallon, consul au Caire... »

Pour achever de convaincre ses interlocuteurs, Talleyrand n'hésite pas à présenter l'expédition comme une *promenade de santé*. Il reprend mot à mot Magallon : « En débarquant dans le courant de mai, la conquête de l'Égypte entière peut et doit être achevée en neuf mois [...]. Les trois mois d'inondation donneront le temps de fortifier Alexandrie, Damiette et Rosette, ainsi que l'isthme de Suez [12]. »

L'adoption du projet de Talleyrand ne se fit pas sans mal. Bonaparte menaça de démissionner. Finalement, chacun dut transiger : Bonaparte promit de ne pas renoncer à l'invasion de l'Angleterre et Rewbell retira son veto.

Le 5 mars 1798, Bonaparte présente aux Directeurs une note détaillée traitant des moyens à mettre en œuvre. Son rapport commence par une mise en garde : « Pour s'emparer de l'Égypte et de Malte, il faudrait de 20 à 25 000 hommes d'infanterie et de 2 à 3 000 cavalerie sans chevaux [...] Pour

---

11. Tippoo Sahib ou plutôt Tippou Sultan, souverain du Maïssour, en Inde dravidienne. Depuis 1782, il luttait contre les Anglais. Prêt à s'allier à la France, il n'en obtint aucun secours et fut vaincu et tué par Wellesley en mai 1799. Voir Jean DELOCHE, article « Inde », *in Dictionnaire Napoléon*, Fayard, Paris, 1987.

12. Rapport de Magallon, en date du 2 septembre 1796, *in* LA JONQUIÈRE, ouvrage cité.

réussir dans cette expédition, on doit calculer sur une dépense extraordinaire de cinq millions, sans compter les dépenses ordinaires [...] ce qui forme donc une somme de huit à neuf millions qu'il faudrait que le gouvernement déboursât[13]... »

Puis Bonaparte expose ses plans d'embarquement. L'armée partira de Toulon et de Marseille pour la moitié des effectifs, le reste sera réparti entre Gênes, Civitavecchia, la Corse, Nice et Antibes. Il passe enfin à des demandes en matériel, en artillerie notamment. Long rapport, très minutieux, très technique qui impressionne le Directoire. Il décide sur-le-champ d'instituer une commission d'armement ; une suite d'arrêtés définit ses tâches, ainsi devra-t-elle « mettre l'embargo, fréter tous les navires nécessaires (...), lever les matelots, activer l'armement de l'escadre ».

En un peu plus de neuf semaines, l'expédition est prête. Depuis Paris, Bonaparte s'efforce de tout maîtriser. Il est remarquablement secondé par des hommes comme les ordonnateurs de la marine Sucy et Najac, le commissaire Le Roy, le général Dommartin, le contre-amiral Blanquet du Chayla. L'argent ne manque pas, il provient de saisies effectuées aussi bien à Berne qu'à Rome. Plusieurs centaines de navires sont réquisitionnés, en France et en Italie surtout.

Chacun s'emploie à satisfaire les exigences du général en chef résumées et articulées en vingt et un points. Elles sont d'une telle minutie qu'elles retirent aux exécutants toute tentation de les interpréter.

Artilleur avant tout, Bonaparte apporte un soin exemplaire à la constitution du parc d'artillerie. Ainsi exige-t-il que chaque navire de ligne, chaque frégate embarque : « Vingt pièces de 24 en bronze, avec deux affûts, un porte-corps, cinq ou six cents coups à tirer par pièce ; dix mortiers à la Gemer de 12 pouces ; dix " idem " de 8 pouces avec cinq cents coups à tirer par mortier, double crapaud et les camions nécessaires pour transporter les mortiers, six forges pour rougir les boulets, avec leurs soufflets et leurs ustensiles ; quatre millions de cartouches avec les pierres à feu en proportion ; vingt mille fusils ; trente mortiers de 4 à 5 pouces ayant chacun six cents coups à tirer, et tous les

13. La Jonquière, ouvrage cité.

ustensiles et approvisionnements nécessaires à un équipage de siège de quarante bouches à feu : spécialement une grande quantité d'objets pour artifices [14]. »

Seule une poignée d'hommes connaît la destination exacte des flottes immenses qui se concentrent dans les ports de France et d'Italie. Mais les observateurs les plus curieux se font déjà une idée de tous ces préparatifs. Sur le ton de la fausse confidence, le *Surveillant* du 30 mars a publié la notule suivante :

« L'expédition à la fois savante et militaire (...) a, dit-on, pour objet l'Égypte, où nous allons du consentement même du Grand Seigneur, que l'on débarrasserait ainsi de quelques pachas indociles, et auquel, à cette condition, on garantirait le reste de ses États... »

Le 4 mai 1798, le général Bonaparte monte en voiture. Il voyage avec un passeport au nom d'un de ses secrétaires. Le 9, il arrive à Toulon, accompagné de son épouse, de Duroc et de Bourrienne : « Le général portait une redingote faite en forme d'habit carré, ce qui fut très remarqué, parce qu'à Marseille et à Toulon cette espèce de vêtement était regardée comme un signe de contre-révolution. Il ne tarda pas à le quitter pour revêtir son grand uniforme [15]... »

Quatre jours plus tard, il était en mer à bord de l'*Orient*, le navire amiral. En route pour l'Égypte.

14. LA JONQUIÈRE, ouvrage cité.
15. Baron Jean THIRY, ouvrage cité.

8

LES MARINS DE LA RÉPUBLIQUE

Entreprendre une expédition aussi lointaine que celle d'Égypte impliquait la mise en œuvre d'une puissante flotte de guerre. Non seulement celle-ci devait mener à bon port le corps expéditionnaire mais il lui fallait ensuite intimider les escadres anglaises, les tenir à bonne distance et même chercher à les détruire.

En 1798, la France ne possède pas une marine à la hauteur de ses visées impérialistes. Alors que son armée de terre touche au zénith, la marine est l'ombre d'elle-même. Pourtant, à la veille de la Révolution, elle n'avait jamais été aussi puissante. Elle était alors la deuxième d'Europe, ne comptant pas moins de 291 navires dont 81 vaisseaux de ligne ; au total 14000 canons et 78000 hommes. C'était plus que l'Espagne mais moitié moins que l'Angleterre[1].

Cette prééminence navale doit donc être relativisée, même si la marine française peut se vanter de plusieurs points forts, des arsenaux utilisés au mieux de leurs capacités, un état-major prestigieux (Suffren, Guichen, La Motte-Picquet, d'Estaing), un corps d'officiers qui a subi brillamment l'épreuve du feu, d'excellents ingénieurs-constructeurs...

Les troubles révolutionnaires ne gagnent pas tout de suite la flotte mais, à compter de 1791, ils la submergent littéralement. Travaillés par les clubs, les équipages s'organisent et revendiquent face à des officiers apeurés. Les violences se multiplient dans les ports d'attache, les officiers désertent. A

1. Martine Acerra, Jean Meyer, *Marines et Révolution*, éditions Ouest-France, Rennes, 1988.

Brest, en janvier 1792, on ne compte pas moins de 361 « absents sans congé » pour 640 inscrits. Fin 1792, le « grand corps » a cessé d'exister, basculé dans l'émigration ou dans une retraite boudeuse.

La relève de ces cadres défaillants se fait surtout en fonction de critères idéologiques. Les nouveaux officiers viennent de la course, d'ailleurs très opérante, et de la marine marchande[2]. Beaucoup sont de bonne volonté, presque tous pratiquent le verbiage patriotique de rigueur, peu sont compétents. Lorsque la guerre éclate, les exploits des corsaires et les quelques brillants faits d'armes, vite exploités par le pouvoir politique toujours prêt à inventer des « légendes à caractère hagiographique », ne peuvent cacher l'état de délabrement profond de la marine de guerre[3].

Pour recruter les équipages, la République use d'une « presse » déguisée qui force, par exemple, les canonniers de l'armée à embarquer. Ainsi recrutés, les hommes n'ont guère de bonne volonté et de compétence. La mer les terrorise : lorsque Villaret-Joyeuse veut croiser au large des côtes bretonnes, ses équipages le supplient de rentrer, à peine sortis ! Le corps de santé a fondu, les avitaillements se font mal ; résultat : les maladies, les épidémies déciment les équipages. Le mauvais esprit est tellement répandu que « le départ d'une expédition (devient) le passage brutal de longues périodes de semi-indiscipline et de refus de nombre de travaux aux dangers immédiats de la mer et de l'adversaire » (M. Acerra et J. Meyer).

Pour alimenter la guerre, l'effort de construction est important, mais les pertes encore plus. L'effectif des vaisseaux de ligne (navires armés d'au moins 70 canons) diminue, 88 en 1793, 78 en 1794, 65 en 1795 ; du côté des frégates, l'hémorragie est pire.

---

2. De 1793 à 1801, les corsaires français capturent 5 600 navires coalisés mais ils essuient des pertes lourdes : 600 navires de course et 42 000 marins. Voir M. Acerra et J. Meyer, ouvrage cité.

3. L'épisode le plus fameux est celui du *Vengeur-du-Peuple* coulé le 1er juin 1794, dont Barère se saisit pour le transfigurer à la barre de la Convention, n'hésitant pas à faire périr son commandant pavillon haut et à lui imputer la destruction de trois vaisseaux anglais. Tous faits imaginaires...

A l'été de 1795, Villaret-Joyeuse, qui doit pourtant sa promotion à la Révolution, dresse un rapport accablant :

— des capitaines incompétents, patriotes en paroles, intéressés seulement par leur solde et leur confort ;

— des officiers, trop souvent illettrés, n'ayant pour savoir que leur ancienne spécialité de matelot ;

— des équipages qui pratiquent une parodie d'autodiscipline, et que rongent les querelles politiques.

Villaret-Joyeuse conclut : « Le patriotisme à lui seul ne peut manœuvrer un bateau. » Au fond, la République jacobine rencontre les mêmes déboires sur mer que sur terre lorsqu'elle confie le commandement de ses armées à des Rossignol, à des Léchelle, tous généraux « hébertistes » recrutés dans les clubs parisiens.

L'arrivée de Truguet au ministère de la Marine, le 1er novembre 1795, stoppe provisoirement le processus de décomposition. S'il se montre incapable d'obtenir des arsenaux (qu'il n'inspecte pas) des constructions suffisantes pour combler les vides, au moins parvient-il à rétablir un minimum de discipline et à réintégrer des officiers de valeur, écartant par là même les incapables les plus notoires.

L'effectif de la flotte se maintient à un niveau très bas :

— 51 vaisseaux et 63 frégates en 1796 ;

— 53 vaisseaux et 61 frégates en 1797.

L'état qualitatif est effroyable. Les accidents de vergue, les mâts qui cassent au premier coup de vent sont monnaie courante. Les radoubs sont espacés, de nombreux vaisseaux sont hors d'âge. L'esprit d'innovation, de rigueur scientifique, qui avait marqué le corps des ingénieurs maritimes, n'existe plus ; à leur place, les « terriens » multiplient les propositions plus ou moins saugrenues pour pallier les déficiences de la flotte. On parle d'escadres de radeaux, mues par des roues à aubes, couvertes de canons ; on songe à creuser un passage sous la Manche, à envahir l'Angleterre avec des ballons !

Truguet dédaigne ces extravagances, mais il doit organiser un débarquement en Irlande. Il confie le commandement de la flotte, basée à Brest, à Morard de Galles, un élève du bailli de Suffren ; le corps expéditionnaire est commandé par Hoche. C'est tout de suite une belle pagaille et, à l'arrivée, un véritable fiasco. La tempête et l'impéritie des capitaines s'ajoutent à la nullité des équipages ; la frégate amirale elle-même perd de vue le gros de la flotte et, poursuivie par les Anglais, jette ses canons, perd une partie de sa voilure, avant de rentrer à Brest. Pendant ce temps, dans la baie de Bantry, on renonce à débarquer les troupes et sept navires finissent misérablement. Ce précédent pèse lourd lorsque Bonaparte juge impossible un débarquement en Angleterre.

Du côté de la Méditerranée, la situation est meilleure. Début 1797, Nelson quitte l'île d'Elbe. La flotte de Toulon peut enfin sortir. L'amiral Brueys entre dans l'Adriatique, se saisit des îles Ioniennes et gagne Venise. Il peut alors s'adjoindre la petite et vétuste flotte de la Sérénissime : 20 vaisseaux de ligne et 10 frégates.

Au printemps, la « Grande Mutinerie » qui secoue la Navy donne un temps de répit aux Français et peut même faire croire qu'un débarquement est possible. Ce que ne pense pas Truguet qui part l'année suivante, en juillet, remplacé par Pléville Le Peley[4].

Comme Hoche qui affirmait : « Notre détestable marine ne peut et ne veut rien faire... », Bonaparte se méfie des marins : « Il n'y a rien à faire avec ces gens-là », aime-t-il à répéter. Seuls quelques rares officiers échappent à sa vindicte. Pourtant, l'expédition d'Égypte est d'abord une affaire maritime.

Les effectifs engagés sont impressionnants. Pas moins de treize vaisseaux de ligne, un de 120 canons armé au complet par 1 130 hommes, l'*Orient,* le vaisseau amiral ; trois de 80 canons, neuf de 74 canons. Voilà pour la ligne de bataille. Il y a six frégates, une corvette, huit bricks et avisos, dix-huit petits bâtiments, tartanes, felouques et autres bombardes.

Les noms sont exaltants, le *Guillaume-Tell,* le *Tonnant,* l'*Heureux,* le *Généreux,* le *Conquérant,* le *Spartiate,* le *Guerrier,* la *Diane,* la *Justice,* le *Leoben,* l'*Arthémise...* Malheureusement l'âge et l'état de ces navires sont beaucoup moins avenants !

Le *Peuple-Souverain,* un vaisseau de ligne, date de 1757,

4. Cette révolte des équipages britanniques culmine en juin : 12 vaisseaux de ligne, 14 frégates et petits navires sont touchés. Elle est sévèrement réprimée.

c'est donc un grand vieillard de 41 ans qui part à l'assaut de l'Égypte ! Mais il y a pire, le *Guerrier* et le *Conquérant* ont respectivement 48 et 53 ans : leurs membrures se délient aux secousses de leur propre artillerie. Aussi a-t-on pris soin de les armer en flûtes en remplaçant les pièces réglementaires par des canons de petit calibre [5].

C'est une flotte de vieux rafiots qui encadre, protège et éclaire l'immense convoi. Dans ces transports de troupe, plusieurs navires vénitiens qui, trop vétustes, ont été ravalés à cette fonction. Le total des bâtiments de transport s'élève à 280. Ceux qui partent de Toulon, de Marseille et de la Corse sont tous français, à l'exception de cinq. En revanche, de Gênes et de Civitavecchia s'élance une flotte hétéroclite, des navires saisis, liguriens, ragusains, toscans, danois, suédois, napolitains, maltais, espagnols et même ottomans ! Trois mille marins de commerce les manœuvrent, la moitié sont des étrangers, plus ou moins volontaires [6].

Du côté de la flotte de guerre, les équipages sont si peu rassurants que Brueys ne cesse d'en informer Bonaparte. Il lui réclame des garanties, formule des exigences telles qu'un avitaillement minimum, six mois de vivres, quatre d'eau et de rechanges de toutes sortes.

Brueys veut renforcer la discipline : « Le code pénal doit être changé. Il faut abolir les jurys et établir les conseils de guerre pour les cas graves [...] Il faut des lois sévères sur la désertion des marins... » Avec une lucidité qui l'honore, il prévient Bonaparte : « La campagne que nous allons faire doit être décisive. Nous devons y trouver l'anéantissement de notre marine, ou bien elle doit devenir prépondérante en Europe. » Impossible de mieux cerner l'enjeu [7] !

L'escadre est divisée en trois groupes. Brueys commande le premier, avec pour chef d'état-major le contre-amiral Ganteaume ; Blanquet du Chayla conduit le deuxième et Villeneuve le troisième. La responsabilité du convoi

---

5. L'espérance de vie moyenne pour un vaisseau de ligne est tout au plus de quinze ans, à condition de procéder à deux radoubs. Voir Auguste Thomazi, *les Marins de Napoléon*, Tallandier, Paris, 1978.

6. Même le très érudit La Jonquière hésite dans le dénombrement de cette armada. Un état du ministère parle de 309 navires.

7. *In* La Jonquière, *l'Expédition d'Égypte, 1798-1801*, Lavauzelle, Paris, s.d. Livre II, chapitre 3.

incombe au contre-amiral Decrès qui arbore sa marque sur la frégate la *Diane*.

Affligés de désastres successifs et définitifs, les « marins de Napoléon » n'ont pas bonne presse. Pourtant, s'ils n'ont pas les talents d'un de Grasse ou d'un Suffren, ils ne sont pas sans qualités. Une brève évocation de quelques états de service le démontre. François-Paul Brueys d'Aigaïlliers a quarante-cinq ans en 1798 ; il a participé aux campagnes d'Amérique, servant sous de Grasse. Capitaine de vaisseau en 1792, il est destitué et arrêté comme noble l'année suivante. Réintégré en 1795, il est promu contre-amiral, puis vice-amiral. Brueys est un bon marin, intelligent et énergique, mais il n'a probablement pas l'étoffe d'un chef d'escadre.

Honoré Ganteaume est un Provençal, il vient de la marine marchande. De 1781 à 1785, il a fait campagne dans l'océan Indien ; en 1792, Ganteaume est lieutenant puis capitaine de vaisseau. Villaret-Joyeuse l'apprécie et l'emploie pour guider les convois qui tentent de forcer le blocus et d'entrer dans la rade de Brest. Il est blessé à trois reprises. Il le sera encore, grièvement, à Aboukir. Denis Decrès est né en 1761, il navigue depuis l'âge de dix-sept ans. Lieutenant de vaisseau en 1785. De belles croisières dans l'océan Indien ne l'empêchent pas d'être arrêté sous la Terreur. Réintégré en juin 1795, il connaît une rapide promotion.

Du côté des officiers, le pire peut côtoyer le meilleur. Sur la *Badine*, le capitaine ne risque pas de lire les cartes, il est illettré ! Mais le Picard Jean-Baptiste Perrée est un admirable corsaire ; en 1793, il a capturé 62 navires marchands et une frégate hollandaise ; en 1795, sa division a abordé 54 bâtiments et repris aux Anglais trois bâtiments de guerre français. Son compatriote Louis Lejoille le vaut presque, après Aboukir il capture la frégate *Leander*[8].

Corps très technique, très hiérarchisé, la marine a beaucoup souffert des désordres révolutionnaires. En 1798, elle n'est plus en état de mener des opérations de grande

8. Pour les biographies, consulter Étienne TAILLEMITE, *Dictionnaire des marins français*, Éd. maritimes, Paris, 1982 ; et surtout de Georges SIX, l'irremplaçable *Dictionnaire biographique des généraux et amiraux français de la Révolution et de l'Empire, 1792-1814*, Paris, 1934.

envergure. La vétusté des matériels, la médiocrité des hommes y sont trop répandues. Le courage et même l'héroïsme (on le verra à Aboukir) n'y peuvent rien. Heureusement pour Bonaparte, le corps expéditionnaire a une autre allure que la flotte.

9

LES HOMMES DU PROCONSUL

L'expédition d'Égypte réunit les plus importantes forces jamais déployées outre-mer par la France. Lors de la guerre d'Indépendance des États-Unis, le corps expéditionnaire de Rochambeau n'avait jamais dépassé 10 000 hommes, celui de Bonaparte en compte plus de 36 000.

Les questions d'effectifs ont été remarquablement étudiées et débrouillées par le capitaine d'artillerie breveté Charles de La Jonquière. De ses recensements méthodiques, il suffit de retenir ici l'essentiel.

Les trois états-majors ne comptent pas moins de 276 officiers ; les services de santé et ceux de l'intendance, la commission scientifique, réunissent près de 900 personnes.

Les fantassins sont près de 28 000, les cavaliers 2 800, les artilleurs presque 2 000. Quant au génie, il est fort de 1 157 hommes. Le total des personnels soldés et embarqués s'élève à 36 455 hommes, soit onze demi-brigades d'infanterie de ligne et quatre demi-brigades d'infanterie légère : la cavalerie est composée de sept régiments [1].

Un rapport du ministre de la Guerre (que reproduit La Jonquière) nous apprend que l'essentiel des effectifs a été puisé, pour moitié égale, dans l'armée d'Angleterre et dans celle d'Italie. Quelques unités ont aussi été prélevées sur l'armée d'Helvétie et sur celle d'Allemagne.

---

1. En 1798, il n'y a plus de régiments d'infanterie mais des « demi-brigades » ; elles procèdent de la fusion de 111 anciens régiments et des 600 bataillons de volontaires levés en 1792-1793. C'est l' « amalgame » décrété par Carnot en février 1793. Une demi-brigade est forte de 3 200 hommes et comprend un état-major et trois bataillons.

Ces troupes ont été difficilement rassemblées. Les effectifs sont loin d'être au complet car les désertions les ont fait fondre. En moyenne il manque 500 à 600 hommes par demi-brigade. La chose n'a rien d'exceptionnel. Des travaux récents ont même montré qu'insoumis et réfractaires n'ont cessé d'augmenter de 1792 à la chute de l'Empire[2].

La plupart des soldats du corps expéditionnaire sont des vétérans des guerres révolutionnaires. Seule une minorité a servi avant 1789, la majorité est sous les drapeaux depuis 1792-1794. Les états de service, les promotions sont impressionnants, ils témoignent de la nouvelle société militaire qui se met en place, une société égalitaire au départ mais qui ne reconnaît ensuite que le mérite. Si le qualificatif d'armée du peuple n'avait pas été aussi galvaudé, on se risquerait à désigner ainsi l'armée d'Orient.

Les soldats qui se préparent à débarquer en Égypte sont des rescapés, les survivants de six années de guerre contre l'Europe. En suivant quelques-unes de leurs trajectoires, on se rend mieux compte de leur valeur guerrière et humaine.

Il faut d'abord compter avec les hommes formés sous l'Ancien Régime. Ainsi l'Alsacien Jean Rapp, d'une vieille famille de Colmar. Son père voulait en faire un pasteur. Le garçon s'est rebiffé et, suivant l'exemple de ses oncles, il s'est enrôlé comme cavalier au régiment des chasseurs de Cévennes. Il n'a que dix-sept ans. Brigadier-fourrier en 1791, il passe maréchal des logis-chef en 1793 et lieutenant en 1794. Rapp sert à l'armée du Rhin ; il est grièvement blessé au combat de Ligenfeld en mai 1795 ; un peu plus tard, Desaix le prend comme aide de camp.

Jean-Marie Savary est un autre aide de camp de Desaix et, comme Rapp, il est entré dans la cavalerie à seize ans, au Royal-Normandie où son père avait été capitaine-major. Comme Rapp encore, sa promotion est rapide : sous-lieutenant en 1791, lieutenant deux ans plus tard, puis capitaine et enfin chef d'escadron. Le futur duc de Rovigo se prépare à un bel avenir d'autant que tous ses chefs mentionnent comme trait essentiel de son caractère la docilité...

Parmi ces hommes de l'ancienne armée, il faut encore

---

2. Alan FORREST, *Déserteurs et insoumis sous la Révolution et l'Empire*, Perrin, Paris, 1988.

citer le comte d'Anthouard de Vraincourt, cadet à quatorze ans et lieutenant à dix-sept ; André-François Bron de Bailly, dragon du régiment d'Artois, quarante et un ans en 1798 ; François Donzelot qui a vingt-cinq ans en 1789 et auquel la Révolution offre des perspectives de promotion inespérées ; François Dugua qui a cinquante-quatre ans en 1798 ; il est général de division à la fin de 1793 ; autre général mais parti de rien, Dominique-Martin Dupuy, simple soldat du régiment d'Artois en 1787 et général en 1798 ; gouverneur du Caire, il périra lors de son soulèvement [3].

Aux côtés de ces professionnels, les volontaires de 1792, les hommes des levées en masse de 93 et 94, ont fini par les égaler sinon les dépasser. Au savoir-faire acquis à l'épreuve du feu, ils ajoutent d'inébranlables convictions « idéologiques ».

Exemplaire, parmi tant d'autres, le chemin parcouru par Pierre Pelleport. Il a vingt ans lorsqu'il intègre le 8e bataillon de volontaires de la Haute-Garonne, en juin 1793. Il sert deux ans dans l'armée des Pyrénées-Orientales. Fin 93, il est déjà sous-lieutenant. Avec la campagne d'Italie, sa promotion s'accélère. Il est vrai qu'il se distingue à Montenotte, Lodi, Arcole, Rivoli. Il passe adjudant-major. On le retrouve à l'armée d'Helvétie, lorsque son unité reçoit l'ordre de rejoindre Toulon.

Originaire du Jura, Nicolas-Philibert Desvernois a huit ans de campagne lorsqu'il embarque pour l'Égypte. Cavalier au 1er corps de hussards, il a combattu dans l'armée du Rhin jusqu'en 1795. Brigadier-fourrier, maréchal des logis, sous-lieutenant, il a franchi tous les échelons subalternes. Pour lui aussi, l'Italie est l'occasion de se distinguer, d'être blessé aussi, deux fois. En novembre 1798, Desvernois est capitaine.

Les talents de Noël Dejuine sont beaucoup plus limités mais ses états de service ressemblent à ceux de Lejeune. Né en 1771, d'un père déjà militaire, engagé à vingt-deux ans dans le 20e régiment de dragons, Noël Dejuine se bat d'abord dans l'armée de Sambre-et-

---

3. Le total des hommes ayant appartenu à l'armée royale est assez faible, 87 officiers, 295 sous-officiers et 717 soldats. Consulter Georges RIGAULT, *Inventaire des états de service des officiers de l'armée d'Égypte*, Plon-Nourrit, Paris, 1911.

Meuse puis il est affecté à l'armée d'Italie. Il se distingue à Mondovi et à Castiglione. Le 20e dragons étant désigné pour faire partie de l'armée d'Italie, Dejuine embarque à Civitavecchia. Une fois en Égypte, il consacre tout son temps libre à croquer ce qui lui semble le plus digne d'attention; ses dessins et ses aquarelles forment un ensemble rare, remarquable par sa fraîcheur et sa spontanéité[4].

Mais l'itinéraire le plus remarquable, parmi ces volontaires de la République, est peut-être celui de François, surnommé le « dromadaire d'Égypte ». Ce Picard, fils d'un gabelou, a quatorze ans en 1789. En septembre 1792, il s'engage comme volontaire national. Il a dix-sept ans! Après seize jours d'instruction, son unité, le 5e bataillon de Paris, connaît le baptême du feu. A Valmy, François a le chapeau percé d'une balle prussienne, il le gardera comme une précieuse relique jusqu'à sa mort.

François participe ensuite aux sièges d'Anvers et de Namur. Le voilà caporal en janvier 1793. A Wattignies, son bataillon subit des pertes très lourdes mais François est indemne. Il se bat à Fleurus, assiège Nimègue; le 5e bataillon passe alors à l'armée de Sambre-et-Meuse, incorporé à la division du général Lefebvre. En 1796, François se bat en terre allemande, il participe à la prise de Würzburg puis à celle de Bamberg. Il est blessé à l'œil, fait prisonnier mais relâché peu après car, devenu fourrier, il n'est plus compté parmi les combattants.

Affecté avec sa demi-brigade à la division Bernadotte, François entre en Italie par le mont Cenis. Il est d'abord caserné à Milan, puis c'est Chiari, Brescia, Mantoue où se concentrent les forces qui vont envahir l'Autriche.

Le voilà à nouveau engagé dans les combats qui ouvrent la route de Vienne; François s'illustre au Taglimento et il a la satisfaction d'être passé en revue par Bonaparte. En octobre 1797, sa demi-brigade revient en France; on lui confie le quadrillage des campagnes provençales infestées par les bandes royalistes. Cette mission de police rondement

---

4. F. Beaucour, *la Campagne d'Égypte (1798-1801)*, d'après les dessins inédits de Noël Dejuine, préface de J. Yoyotte, publication de la Société de sauvegarde du château impérial de Pont-de-Briques, 1987.

menée, la demi-brigade part pour Gênes et embarque sans savoir où elle va.

Des figures plus singulières s'insèrent parmi ces hommes aux carrières presque interchangeables. La nouvelle classe politique a quelquefois sacrifié à Mars et confié à ses rejetons le soin de la représenter. Beauvais de Préau et Antoine François Merlin sont les fils de deux conventionnels[5]. Le premier s'est porté volontaire dès 1792, il a été promu lieutenant en mai 93 mais a quitté ensuite l'armée. Après le 9 thermidor, il y est revenu, affecté à l'armée d'Italie où il exécute des tâches administratives. Admis au traitement de réforme en 1798, il se porte volontaire à l'armée d'Orient. Le général Reynier le prend comme chef d'état-major. Merlin a juste vingt ans en 1798, il s'est battu dans les rangs du 7e chasseurs à cheval, à l'armée du Nord. Bonaparte le prend comme aide de camp. Avec lui, on accède à l'ultime classe d'âge levée par la République.

Très attachants, plus peut-être que tous les « culs-blancs » précédemment évoqués, sont ces « bleuets » formés dans les écoles militaires du nouveau régime. Certains n'ont pas vingt ans lorsqu'ils abordent l'Égypte. Des adolescents pour l'état civil, des hommes en fait, déjà très endurcis. Si les vétérans forment l'encadrement impavide de l'armée, ces jeunes gens en constituent la matière enthousiaste, prête à toutes les audaces.

Armand Digeon a juste vingt ans en 1798. Il a été formé à l'école d'artillerie de Châlons et en est sorti avec le grade de lieutenant. Affecté à l'armée du Rhin puis à l'état-major de l'armée d'Angleterre, il est versé à l'armée d'Orient. Dode de La Brunerie est l'aîné de Digeon, de trois ans ; en 1794, il est encore élève sous-lieutenant à l'école de guerre de Metz. Capitaine en août 1795, il finira maréchal de France. Provenance similaire pour Antoine Delaitre, vingt-deux ans, affecté à l'état-major de Caffarelli.

Il resterait à évoquer les soldats d'aventure, personnages pittoresques qui ne vivent que de la guerre et souvent plus

5. Beauvais de Préau, conventionnel en mission, avait été détenu par les Toulonnais contre-révolutionnaires. Il mourut en 1794, victime des mauvais traitements qu'on lui avait infligés. Merlin de Douai avait travaillé à la fameuse loi des suspects. Après Thermidor, il rallia le parti dominant. Il devint directeur.

mal que bien. Pierre-Louis Dupas est un sujet du roi de Sardaigne. Il a offert son épée à la république de Genève puis est passé au service du roi de France. La République le nomme lieutenant-colonel dès 1792. Il sera de toutes les campagnes, jusqu'en 1813.

Joseph Damingue, dit Hercule, est un Noir né à La Havane. Il s'est engagé en 1794, fantassin puis cavalier. Sa campagne d'Italie le fait admirer de tous, il intègre les guides du général en chef. Bonaparte lui offre un sabre d'honneur, Hercule le suit naturellement en Égypte. Il y trouvera un autre Antillais, le mulâtre Alexandre Dumas.

Tels sont les hommes de l'armée d'Orient. Des patriotes devenus des professionnels de la guerre, les meilleurs d'Europe si l'on en juge aux victoires qu'ils peuvent égrener. Conduits par un chef presque idolâtré, leur républicanisme a souvent fait place à une mentalité prétorienne qui mènera le nouveau César au pouvoir suprême.

Si l'on se tourne maintenant du côté des officiers supérieurs, on remarque vite que presque toutes les gloires des guerres consulaires et impériales sont au rendez-vous de l'Égypte.

Les cinq divisions d'infanterie qui articulent l'armée sont entre les mains des généraux Kléber, Reynier, Desaix, Bon et Baraguey d'Hilliers (remplacé en fait par Menou). La cavalerie est sous les ordres du général Dumas, l'artillerie sous ceux de Dommartin. Les opérations du génie sont confiées à Caffarelli du Falga.

Autour de Bonaparte gravitent des personnages qui l'ont toujours secondé et qui, pour certains, le feront pendant tout l'Empire : Berthier son chef d'état-major, les aides de camp Duroc, Sulkowski, Junot, Croisier, Eugène de Beauharnais, Louis Bonaparte. Si l'on ajoute, sans en dresser la liste exhaustive, des noms aussi fameux que ceux de Davout, Bertrand, Marmont, Murat, Lassalle... on reste confondu par la concentration de talents militaires obtenue grâce à l'expédition d'Égypte. Elle est véritablement le creuset d'où sortira l'armée d'Austerlitz et d'Iéna.

Pourtant, dans sa proclamation du 10 mai 1798, Bonaparte songe moins à ses généraux qu'à tous ces anonymes qui se préparent à faire l'Histoire avec lui. Dans son style, simple et ample à la fois, il leur expose le nouveau défi qui les attend en Orient :

« Soldats !

« [...] Vous avez fait la guerre de montagnes, de plaines et de sièges. Il vous reste à faire la guerre maritime.

« Les légions romaines que vous avez quelquefois imitées mais jamais encore égalées combattaient Carthage tour à tour sur cette même mer et aux plaines de Zama. La victoire ne les abandonna jamais parce que, constamment, elles furent braves, patientes à supporter la fatigue, disciplinées et unies entre elles.

« Soldats ! l'Europe a les yeux sur vous.

« Vous avez de grandes destinées à remplir, des batailles à livrer, des dangers, des fatigues à vaincre. Vous ferez plus que vous n'avez jamais fait pour la prospérité de la patrie, le bonheur des hommes et votre propre gloire... »

10

LA TRAME D'UNE CONQUÊTE

En 1952, Pierre Vendryès publiait un essai : *De la probabilité en Histoire*, sous-titré : « L'exemple de l'expédition d'Égypte ».

L'ambition de l'auteur était de présenter une interprétation probabiliste de l'Histoire ; en d'autres termes, partant du postulat que les faits historiques sont le plus souvent indépendants les uns des autres et que leurs relations sont en conséquence aléatoires, Vendryès s'estimait en mesure de démontrer que, si l'expédition d'Égypte avait échoué, elle aurait pu tout aussi bien réussir !

La tournure passablement prudhommesque des démonstrations de Vendryès est assez bien résumée par ces quelques lapalissades :

— « Il fallait évaluer les chances qu'avait l'Empire ottoman de se maintenir ou de se dissocier... »

— « Tout événement de l'histoire comporte plusieurs cas possibles, étant bien entendu que ces cas sont en général très inégalement possibles. »

— « Si l'escadre française avait pu entrer dans Alexandrie, si Brueys s'était décidé à rallier Corfou, si Villeneuve avait pris ses responsabilités, si Nelson avait été moins hardi, si le temps avait été moins favorable aux Anglais, si (...), l'évolution des événements aurait pu être très différente de ce qu'elle fut [1]. »

---

1. Pierre VENDRYÈS, *De la probabilité en Histoire*, Albin Michel, Paris, 1952.

Mais Vendryès ne se réduit pas à ces courtes citations, choisies d'ailleurs avec un peu de malice. L'originalité de cet auteur, au demeurant historien chevronné, est d'avoir montré que le destin de l'expédition d'Égypte s'était joué à plusieurs reprises sur le fil du rasoir.

Sortie de Toulon par des vents violents et une mer houleuse, l'escadre se déploie malgré tout en bon ordre. Elle marche vers l'est, l'*Orient* en tête, pour rejoindre le convoi de Gênes; puis elle passe entre l'île d'Elbe et la Corse. A hauteur des bouches de Bonifacio, elle s'attache le convoi de Corse. Le 3 juin, tout le monde se met en panne, à hauteur de Cagliari, pour atteindre le dernier renfort, celui parti de Civitavecchia.

A l'annonce qu'il était déjà parti pour Malte, Bonaparte ordonne de repartir. Le 9 juin, tout le convoi se retrouve devant Malte. en 1798, l'île compte 100 000 habitants, La Valette, sa capitale, en retient 30 000. C'est un port en eau profonde, bien abrité, remarquablement fortifié. Ses énormes bastions, son millier de canons, en font un second Gibraltar.

Depuis 1518, Malte est fief de l'ordre hospitalier chassé de Rhodes par les Ottomans. L'ordre possède d'énormes revenus, collectés dans toute l'Europe catholique et destinés à pourchasser les pirates barbaresques. En fait, l'ordre de Malte a beaucoup décliné; il végète et se borne à entretenir quelques galères. Le grand maître Hompesch, âgé et malade, dispose de 800 à 900 chevaliers (mais beaucoup ne sont pas en état de se battre) et de moins de 2 500 soldats et miliciens. Des dissensions internes et multiples réduisent à rien l'esprit de résistance.

La conquête de Malte se fait en quarante-huit heures. Un petit corps de troupe débarque en quatre points sous les ordres de Desaix, Vaubois, Reynier et Baraguey d'Hilliers; quelques canons sont tirés à terre. Les bastions tombent les uns après les autres car les Maltais ne résistent que pour la forme, sauf une poignée de chevaliers irréductibles. Après avoir juré qu'il mourrait les armes à la main, Hompesch capitule. Bonaparte entre dans La Valette le 12 juin et y lance une brève proclamation :

« L'armée est prévenue que l'ennemi s'est rendu; l'étendard de la liberté flotte sur les forts de Malte. Le général en chef rappelle l'armée à la plus exacte discipline ; il veut que les personnes et les propriétés soient respectées, et que le peuple de Malte soit traité avec amitié[2]. »

Quelques bâtiments maltais sont saisis ; 800 Turcs sont libérés du bagne et embarqués avec promesse d'être relâchés. Enfin, une « légion maltaise » est constituée[3]. Ayant organisé sa conquête, Bonaparte la remet au général Vaubois qui doit la garder avec 4 000 hommes.

Le 19 juin, l'escadre appareille. A quelques initiés près, personne ne sait où elle va. En Grèce, en Asie, en Égypte ? Nelson, qui commande en Méditerranée, n'en sait pas plus. Ce qui l'oblige à courir après l'escadre française[4]. A la tête de treize vaisseaux de ligne, il traverse le détroit de Messine le 20 juin. Peu après, il apprend que les Français ont quitté Malte. Le 21, les deux flottes ne sont plus qu'à vingt-deux lieues l'une de l'autre mais ne se voient pas ; les deux jours suivants, elles s'éloignent ; le 24, elles se rapprochent : vingt-six lieues.

Pourtant, le choc, qui aurait été fatal pour les Français (les vaisseaux de ligne se trouvant considérablement gênés par les convois marchands), n'aura pas lieu. Vendryès parle de la chance inespérée, incroyable de Bonaparte. Effectivement.

Nelson a cherché à savoir où Bonaparte allait. Il a calculé l'« angle des possibles » : $\widehat{\text{C.M.A.}}$, C pour Cerigo, la pointe orientale du Péloponnèse, M pour Malte, A pour Alexandrie. Dans ce champ d'investigations, Nelson avait une chance sur deux de découvrir le convoi français. Il ne l'a pas eue.

En fait, l'escadre anglaise va trop vite. Elle dépasse les Français et, optant en définitive pour l'Égypte, arrive à Alexandrie, avant eux. Mieux : au large de la Crète, la flotte française essuie un violent orage, il faut vingt-quatre heures pour regrouper les navires... Brueys envoie alors la *Junon*

2. Ordre du jour en date du 24 prairial an VI, à bord de l'*Orient*. Correspondance, n° 2639.

3. Sur ces auxiliaires de l'armée d'Orient, voir plus loin. La légion maltaise ne donnera guère de satisfaction au commandement français.

4. Le général Belliard note avec amertume : « Il paraît que nous allons débarquer à Alexandrie [...] Jusqu'à présent on nous mène en aveugles... » Et Kléber se souvient : « Il n'y avait pas 40 personnes de l'expédition qui fussent instruites de la route qu'on allait prendre... », *in* LA JONQUIÈRE, ouvrage cité, tome II, livre 4.

pour reconnaître la côte égyptienne, mais la frégate n'a pas assez de vent. Quand elle arrive, l'escadre anglaise est repartie en direction de l'Asie. Inespéré contretemps !

Bref, les Français l'ont échappé belle. Il ne leur reste plus qu'à débarquer hâtivement. Aussi Bonaparte décide-t-il de porter tout l'effort sur Alexandrie, conscient qu'il ne faut pas trop « exiger de la fortune », comme lui fait remarquer son aide de camp Sulkowski.

Le débarquement s'effectue dans la nuit du 1er au 2 juillet. Par une mer houleuse, 7 000 hommes sont transbordés ; à leur tête Kléber, Bon, Menou et Reynier. Alexandrie tombe sans trop se faire prier. La troupe s'engouffre dans les multiples brèches des vieilles murailles. Dans la ville même, les défenseurs montrent plus d'ardeur et quelques engagements meurtriers éclatent. Mais, Bonaparte promettant un traitement bienveillant, la résistance cesse.

L'armée reste une semaine à Alexandrie, le temps de s'organiser et de prendre un premier contact avec le pays. L'aspect misérable d'Alexandrie, ses alentours désolés dépriment la troupe. Ayant remis Alexandrie à Kléber (blessé durant l'attaque), Bonaparte s'élance à la conquête du Delta. Alors que Perrée prend la tête d'une flottille fluviale et que Dugua marche sur Rosette, lui-même avec le gros de l'armée marche sur Damanhûr. Seize heures pour l'atteindre, une chaleur accablante et pas d'eau : les puits ont été bouchés. Au large des colonnes, les Bédouins rôdent et harcèlent.

Au Caire, l'arrivée des Français est connue depuis le 5 juillet. Avec une totale inconscience, les beys se réjouissent : ils ont hâte de couper les têtes des infidèles « comme des pastèques dans les champs[5] ». Le fait qu'ils marchent à pied augmente le mépris des mamelouks. Un détachement part pour Damanhûr et accroche l'arrière-garde commandée par Desaix. Bref combat, « petite affaire » qui voit les mamelouks refluer en désordre et les Français exorciser leur peur de la cavalerie orientale.

Le Nil est touché à ar-Rahmanyah et l'armée y cantonne trois jours pour attendre la flottille de Perrée. 20 000 hommes se concentrent pour attaquer l'armée des

5. Formule attribuée à Mourad Bey.

beys. Le premier choc sérieux a lieu à Chobrâkhyt, les mamelouks se débandent et perdent mille des leurs, tués et blessés[6]. Les Français continuent d'avancer, sur une terre brûlée, sans eau, sans vivres; le désespoir, l'insolation conduisent certains au suicide.

Le 19 juillet, les pyramides du plateau de Giza se dessinent à l'horizon. La bataille dite des Pyramides est un des grands moments de l'épopée napoléonienne; les historiens ont eu bien du mérite à renouer avec la trame d'un événement pareillement transfiguré. Du point de vue stratégique, cette bataille témoigne de la rapidité d'adaptation de Bonaparte. Nous y reviendrons. Face à une nuée de près de 90 000 hommes et à une flottille de plusieurs centaines d'unités, les bataillons français dévoilent leur puissance de feu. Si ce n'est pas le massacre des Égyptiens, c'est en tout cas leur déroute. Alors que Mourad Bey s'enfuit vers le sud, les autres fuyards affluent au Caire où ils répandent la panique.

Le 22, Bonaparte lance une proclamation aux habitants du Caire :

« ... Que tous ceux qui ont peur se tranquillisent; que ceux qui se sont éloignés rentrent dans leurs maisons; que la prière ait lieu aujourd'hui comme à l'ordinaire, comme je veux qu'elle continue toujours. Ne craignez rien pour vos familles, vos maisons, vos propriétés, et surtout pour la religion du Prophète, que j'aime... »

Le ton est pris, Bonaparte est déjà « Sultan el Kebir », le Grand Sultan. Le 25, l'armée entre au Caire. Elle s'y installe en bon ordre, puis se répand pour marchander avec des Cairotes débonnaires et curieux.

Maîtresse du Caire, d'Alexandrie et de Rosette, l'armée d'invasion ne l'est pas de l'Égypte. Il lui faut quadriller le Delta, tenir à bonne distance les nomades et surtout en finir avec les deux beys. Mais tous ces objectifs passent au second plan lorsque réapparaît la flotte anglaise. La bataille d'Aboukir est la première bataille d'anéantissement infligée à la marine française, celle qui ouvre cent cinquante ans d'hégémonie à la Royal Navy. « *The battle of the Nil* »,

---

6. Pour les faits, les chiffres, les sites et la chronologie, nous suivons La Jonquière et le baron Thiry, les plus sûrs en la matière.

comme l'appellent les Britanniques, est le type même de désastre que la mémoire hexagonale s'est employée à travestir en épisode triste mais glorieux.

Ancrés dans la rade d'Aboukir, les navires de Brueys ne pouvaient y rester : très ouverte, la rade n'offrait aucune garantie. Bonaparte l'y invitant, Brueys avait fait sonder les passes du Port-Vieux à Alexandrie ; y faire entrer les vaisseaux était possible mais difficile. En attendant la décision de Brueys, la flotte se démobilisait, une partie des équipages était à terre, circulant entre Rosette et Alexandrie.

Le 1er août, l'escadre de Nelson se présente, 14 vaisseaux, 1 012 canons. En face, Brueys aligne 13 vaisseaux, 4 frégates et 1 182 canons. Mais ses équipages sont clairsemés et ses dispositions dangereuses : « Les vaisseaux étaient trop éloignés de l'îlot d'Aboukir pour pouvoir bénéficier de l'appui des mortiers qui y avaient été installés. De plus, la flotte était mouillée par sept brasses et il y avait une demi-lieue à parcourir vers la côte pour trouver le fond de quatre brasses. Il y avait donc partout, entre l'escadre et la terre, assez d'eau pour que les vaisseaux puissent naviguer[7]. »

C'est de cette circonstance que profite Nelson. La mise à mort de la flotte française est ponctuée d'épisodes dramatiques, l'agonie de l'*Orient* sur lequel meurent Brueys, Casabianca et son fils ; l'*Aquilon* dont le capitaine Thévenard meurt les deux jambes arrachées ; du Petit-Thouars, commandant du *Tonnant*, affreusement mutilé, qui continue à donner ses ordres dans un baril de son ! Commencé vers six heures du soir, le combat se poursuit encore au matin du 2 août.

Seuls quatre navires français échappent au désastre. On compte 3 200 tués et blessés, 3 000 prisonniers. Les conséquences d'Aboukir sont incalculables. Bonaparte est prisonnier de l'Égypte, la Méditerranée passe aux Anglais ; avec leur aide, les Ottomans peuvent organiser la reconquête de

---

7. *In* baron THIRY, ouvrage cité. Excellent récit de la campagne navale d'Égypte et d'Aboukir par l'amiral DUPONT *in Dictionnaire Napoléon*, Fayard, Paris, 1987.

l'Égypte ; quant aux alliés de la France en Inde, ils ne doivent plus en attendre de secours effectifs[8].

Bonaparte ne se résigne pas. Il s'efforce de regarder l'avenir avec sérénité, n'hésitant pas à écrire aux Directeurs : « Tout va parfaitement bien ici. Le pays est soumis et commence à s'accoutumer à nous. Le reste est l'ouvrage du temps...[9] » Effectivement, les Français ont moins à redouter les indigènes que le retour offensif des Anglais. Depuis le 9 septembre, le sultan est en guerre contre la République, une expédition se prépare à partir de Rhodes.

Ayant remis 9 000 hommes à Desaix pour qu'il en finisse avec Mourad Bey réfugié en Haute-Égypte, Bonaparte emploie le reste de ses forces à soumettre le Delta. Le 21 octobre, Le Caire se soulève et, dans un accès de fureur indicible, tente de refaire les Vêpres siciliennes. Écrasé, le soulèvement laisse derrière lui plusieurs milliers de morts, une haine et une méfiance tenaces[10].

A la fin de 1798, la situation redevient calme. L'Égypte semble durablement pacifiée. Bonaparte agite ses grands projets orientaux, il s'imagine déjà, nouvel Alexandre, marchant sur l'Indus.

Mais la menace des forces anglo-ottomanes se précise. En Palestine, al-Jazzâr n'écoute pas les propositions de Bonaparte et avance, menaçant, en direction de l'isthme[11]. En quelques semaines, un corps expéditionnaire de 13 000 hommes est organisé. Il s'ébranle le 11 février 1799, conduit par Bonaparte lui-même. La campagne de Syrie dure quatre mois. Les victoires remportées à al-Arîsh, Gaza, Jaffa puis à Nazareth, Cana et au mont Thabor ne peuvent faire oublier l'échec de Saint-Jean-d'Acre. La vieille place forte des Croisés est devenue le repaire inexpugnable d'al-Jazzâr. Bien aidé par la flotte de Sydney Smith, conseillé par l'émigré Phélip-

8. Seule consolation, la capture de la frégate *Leander* par le *Généreux*, or cette frégate emportait à Londres les trophées d'Aboukir. L'escamotage d'Aboukir sera rendu encore plus facile par la victoire terrestre d'Aboukir remportée un an plus tard.

9. Courrier en date du 22 fructidor an VI (8 septembre 1798).

10. La campagne de Desaix et le soulèvement cairote sont traités plus loin.

11. Les Français l'appellent Djezzar Pacha ; il détient un des cinq pachaliks de Syrie. Ce Dalmate est âgé de près de soixante-dix ans en 1799. Sa réputation de cruauté lui a valu le surnom de « boucher ».

peaux (ancien condisciple de Bonaparte à l'École militaire), le terrible despote résiste à tous les assauts [12].

La peste ravageant l'armée, Saint-Jean-d'Acre se révélant imprenable, le siège est levé. La retraite est atroce. Démunis de tout, malades, en loques, les hommes vivent un véritable calvaire. Pourtant, pour sauver la face, l'armée dissimule ses blessés et cache sa misère pour mieux parader dans les rues du Caire. En fait, elle a perdu 2 200 des siens en Palestine et ne compte pas moins de 3 300 blessés et malades. De telles pertes fragilisent un peu plus encore le corps expéditionnaire.

Les deux beys redressent la tête et regroupent leurs forces dans l'espoir de les joindre à celles de Mustafâ Pacha que la flotte anglaise a débarquées avec 25 000 hommes dans la rade d'Aboukir. Le 15 juillet, Bonaparte est informé de ce débarquement. En dix jours, il réunit 20 000 fantassins, 3 000 cavaliers et 60 canons. La défaite des Ottomans est foudroyante et totale, 18 000 hommes tués, blessés ou prisonniers, Mustafâ Pacha lui-même capturé par Murat. L'Égypte française est sauvée.

Le départ précipité et non concerté de Bonaparte la remet à Kléber, ce qui n'est pas le plus mauvais choix.

Justifiant son départ par les menaces pesant sur la France, le général en chef avait rédigé ses instructions à Kléber. Il lui demandait de se maintenir en Égypte non pas coûte que coûte, mais dans la limite de ses forces. A un Kléber résigné et loyal mais bien peu convaincu, il rappelait : « Vous savez (...) combien la possession de l'Égypte est importante pour la France. Cet Empire turc, qui menace ruine de tous côtés, s'écroule aujourd'hui, et l'évacuation de l'Égypte par la France serait un malheur d'autant plus grand que nous verrions, de nos jours, cette belle province en d'autres mains européennes [13]. »

Privée de son commandant en chef, de son inspirateur, l'expédition d'Égypte ne pouvait que tourner court. Pourtant, les Français se maintiennent en Afrique encore deux ans.

---

12. Louis-Edmond de Phélippeaux (1767-1799); son aventure a été racontée par Ghislain DE DIESBACH et Robert GROUVEL, *Échec à Bonaparte*, Perrin, Paris, 1980.

13. Bonaparte à Kléber, Quartier général, Alexandrie, 5 fructidor an VII (22 août 1799).

11

LA COHABITATION IMPOSSIBLE

Avant de renoncer à son « rêve oriental », le conquérant de l'Égypte a tout mis en œuvre pour attacher durablement ce pays à la France. De cent manières, Bonaparte a cherché à faire de l'Islam son interlocuteur privilégié. Il a longtemps guetté l'assentiment des autorités religieuses à sa politique[1].

A peine esquissée, cette ouverture est contrariée par la sédition qui embrase Le Caire les 21 et 22 octobre 1798. Loin de se décourager, Bonaparte poursuit dans la voie qu'il s'est tracée. Par ailleurs, l'affermissement de l'occupation française oblige nombre d'Égyptiens à choisir leur camp. En fait, seule une frange affiche sa francophilie, la majorité se tient à distance et même approuve, plus ou moins discrètement, la rébellion des irréductibles.

L'islamisme de Bonaparte, que l'on prendra soin de distinguer de son arabisme supposé[2], relève-t-il de ses contradictions profondes, d'une démarche sincère ou, au contraire, est-il le fruit d'une adaptation aux circonstances, d'un opportunisme qui le conduit à jouer les charlatans, comme le lui ont reproché ses adversaires ? Le débat reste ouvert. Avant même d'évoquer les faits, considérons que, dans les annales de l'humanité, la démarche d'un conqué-

---

1. Consulter Christian CHERFILS, *Bonaparte et l'Islam d'après les documents français et arabes*, préface du chérif Abd el-Hakim, Paris, A. Pedone, 1914. Général G. SPILLMANN, *Napoléon et l'Islam*, Paris, Perrin, 1969. F. CHARLES-ROUX, « La politique musulmane de Bonaparte », *Revue des études napoléoniennes*.

2. Tel qu'il est expliqué par Henry LAURENS au chapitre 6 de son *Expédition d'Égypte*, Paris, Armand Colin, 1989.

rant multipliant les attentions à l'égard des croyances du vaincu est extrêmement rare. Bonaparte n'est pas de l'espèce des Cortez ou des Pizarre. Même s'il est capable d'actes de barbarie, la tentation génocidaire ne l'habite pas.

Aussi, lorsque François Charles-Roux écrit : « Jamais colonisateur européen ne s'est présenté à l'Islam dans des dispositions, non seulement plus tolérantes, mais plus déférentes, plus sympathiques. Aucune arrière-pensée de prosélytisme, aucun préjugé confessionnel n'influence l'esprit de Bonaparte dans un sens défavorable aux musulmans[3] », il ne nous reste plus qu'à tempérer la tournure hyperbolique de son opinion.

En matière religieuse, le Bonaparte de l'expédition d'Égypte est avant tout un fils des Lumières. Il tient la religion pour une manifestation sociale, utile dans la mesure où elle conforte la société, nuisible lorsqu'elle conduit au « fanatisme ». Passablement incrédule à l'égard du dogme trinitaire, Bonaparte a très tôt penché pour une conception unitaire de la divinité. Il est au fond un « déiste décidé » et peut-être même s'est-il frotté à l'idéologie maçonne à laquelle il a pu être initié en Égypte[4].

Ce qu'il croit savoir de l'Islam rend Bonaparte plein d'espoir. Il admire Mahomet et voit dans le Coran un livre sapiential d'une telle évidence qu'il est capable d'en réciter des centaines de versets. Ce qui le sert prodigieusement lorsqu'il se risque dans des controverses avec les docteurs d'al-Azhar.

Avant même de fouler le sol d'Égypte, Bonaparte rédige et fait imprimer à des centaines d'exemplaires une proclamation destinée à apaiser sinon à séduire les musulmans. Dénonciation de la « tyrannie des mamelouks », elle est aussi l'assurance solennelle que les Français ne débarquent que pour mieux défendre la religion du Prophète :

« Peuples de l'Égypte, on vous dira que je viens détruire votre religion ; ne le croyez pas ! Répondez que je viens

---

3. F. CHARLES-ROUX, *Bonaparte gouverneur d'Égypte.*

4. Cette initiation éventuelle a fait couler beaucoup d'encre. François COLLAVERI, *Napoléon, empereur franc-maçon*, Paris, Payot, 1986 ; et Robert AMBELAIN, *le Secret de Bonaparte*, Paris, Laffont, 1989, sont les derniers auteurs à la croire certaine.

vous restituer vos droits, punir les usurpateurs, et que je respecte, plus que les Mamelouks, Dieu, son prophète et l'Alcoran. »

En gage de sa sincérité, le général en chef évoque ses récents faits d'armes :

« N'est-ce pas nous qui avons détruit le pape, qui disait qu'il fallait faire la guerre aux musulmans ? N'est-ce pas nous qui avons détruit les chevaliers de Malte, parce que ces insensés croyaient que Dieu voulait qu'ils fassent la guerre aux musulmans[5] ? »

Dans les jours qui suivent le débarquement, le commandement français multiplie les ordres signifiant aux officiers et aux soldats qu'en toutes circonstances ils doivent le respect le plus profond aux musulmans. Ils ne font qu'expliciter les mises en garde de la proclamation du 22 juin, celle-là même dans laquelle Bonaparte prévenait ses soldats :

« Les peuples avec lesquels nous allons vivre, sont mahométans ; leur premier article de foi est celui-ci : Il n'y a pas d'autre Dieu que Dieu, et Mahomet est son prophète.

« Agissez avec eux comme nous avons agi avec les juifs, avec les Italiens, ayez des égards pour leurs muftis et leurs imans, comme vous en avez eu pour les rabbins et les évêques. [...]

« Les légions romaines protégeaient toutes les religions. Vous trouverez ici des usages différents de ceux de l'Europe : il faut vous y accoutumer[6]. »

Nouvel Alexandre, l'Iskander des Orientaux, Bonaparte cherche à frapper les esprits par des manifestations solennelles qui témoigneront à la fois de sa tolérance, de son respect admiratif de l'Islam, et de son républicanisme. Trois fêtes au moins lui donnent l'occasion d'exalter ce syncrétisme d'un genre nouveau :

— le 28 août 1798, c'est la fête du Nil ;

— à partir du 21 août, le *mawlid* du Prophète, c'est-à-dire l'anniversaire de sa naissance ;

— le 22 septembre enfin, la fête de la République.

La Révolution française s'est nourrie de fêtes. Bonaparte

---

5. Proclamation, quartier général, Alexandrie, 14 messidor an VI (2 juillet 1798).

6. Proclamation à l'armée de terre, quartier général, à bord de l'*Orient*, 4 messidor an VI (22 juin 1798).

n'échappe pas à cet engouement. Si l'on suit Mona Ozouf dans ses analyses, il faut croire que les révolutionnaires souffraient de la désacralisation qu'ils avaient eux-mêmes provoquée. « Dans un monde [...] où se décolorent les valeurs chrétiennes », ils sont à la recherche de mythes fondateurs. Si l'Antiquité gréco-latine retient toute leur attention, l'Égypte ne peut les laisser indifférents. Immergé dans un monde « oriental » qui l'enserre et l'effraie, le corps expéditionnaire se doit de renouer avec les idéaux qui le meuvent. Quant aux chefs, Bonaparte en premier, il leur faut se saisir de toutes les occasions pour approcher le peuple conquis, se faire reconnaître de lui au moment même où il fête ce qui lui est le plus cher.

Associées à la fête révolutionnaire, les festivités égyptiennes sont des moments capitaux qui, dans leur théâtralité, peuvent asseoir plus solidement la domination française, tant il est vrai que « la fête utopienne [...] met tous les hommes de niveau et (qu')elle parvient, ou du moins elle paraît parvenir à résoudre cette quadrature du cercle social : la variété sans la différence[7]. »

La fête du Nil est d'abord un grand rite païen[8]. Le premier numéro du *Courrier de l'Égypte* en donne une relation enthousiaste :

« Le Général en chef, accompagné de tous les généraux, de l'état-major de l'armée, du Kyaya, du Pacha, du Divan, du Molla, de l'Agha des Janissaires, s'est rendu à 6 heures du matin au Meqyas. Un peuple immense couronnait tous les monticules qui bordent le Nil et le canal.

« Toute la flottille pavoisée et une partie de la garnison sous les armes formaient un coup d'œil aussi grand, aussi imposant qu'agréable; l'arrivée du cortège au Meqyas fut marquée par plusieurs salves; la musique, française et arabe, jouait plusieurs airs pendant le temps que l'on travaillait à la coupée de la digue.

« Un instant après, le Nil franchit la digue, et entra comme un torrent dans le canal d'où il porte la fertilité dans la campagne du Kaire.

« Le Général jeta plusieurs milliers de médins au peuple

---

7. Mona Ozouf, *la Fête révolutionnaire 1789-1799*, Paris, Gallimard, 1976.
8. Voir le chapitre 1. *Le Courrier de l'Égypte* est l'un des deux journaux français imprimés en Égypte, voir plus loin.

[...] Ensuite tout le cortège retourna sur la place d'Ezbikyeh, suivi par un peuple immense qui chantait les louanges du prophète et de l'armée française, en maudissant les beys et leur tyrannie [9]. »

Enthousiasme et unanimisme très en surface si l'on en croit Jabarti qui prétend que seuls les coptes, les Syriens chrétiens, les Grecs et les « Francs » se sont associés aux soldats de l'armée d'Orient.

La fête du Prophète est plus risquée encore pour Bonaparte. Les notables du Caire ne semblent guère se soucier de l'organiser. L'apprenant, le commandement français ordonne qu'elle ait lieu et il apporte même son concours financier. Durant plusieurs jours, Le Caire vit dans une atmosphère de kermesse. Presque sans armes, les Français déambulent dans des rues encombrées de camelots, de bateliers et d'artistes forains. Presque tout les éberlue, surtout les gesticulations des « santons » (il s'agit en fait des adeptes des sectes soufies) qui, les cheveux hirsutes, en loques, se livrent à des danses trépidantes jusqu'à l'épuisement de leurs forces. Pour ne pas être en reste, l'armée française fait donner ses fanfares et un feu d'artifice est tiré.

Pendant que ses hommes vagabondent dans Le Caire en délire, Bonaparte est l'hôte recueilli du cheik al-Bakri. « Assis, les jambes croisées sur un coussin, solennel dans son uniforme noir boutonné jusqu'au menton (il offre) un étrange contraste avec (les) cheikhs qui, dans leurs robes de cérémonie, la tête enturbannée, se balançaient au rythme des versets du Coran, tout en égrenant leurs chapelets [10]. »

La fête de la République se déroule un mois plus tard. Depuis Aboukir, le moral de la troupe n'est pas bon. Il faut la réconforter par des fastes grandioses et, en même temps, déployer toute la force militaire du corps expéditionnaire devant les Cairotes qui hésitent encore sur l'attitude à adopter à l'égard de leurs nouveaux maîtres. Les cérémonies républicaines font l'objet de préparatifs minutieux. A Alexandrie elles se tiennent autour de la colonne de Pompée, au Caire c'est la place de l'Azbakiyya. Cette dernière accueille les détachements impeccablement rangés autour

---

9. *Le Courrier de l'Égypte*, n° 1.
10. J. C. HEROLD, *Bonaparte en Égypte*, Paris, Plon, 1962.

d'une pyramide à sept faces qui porte gravés les noms des soldats et officiers tombés depuis le début de l'expédition. Toutes les garnisons ont reçu pour instruction de procéder à des prises d'armes et, dans la mesure de leurs possibilités, d'organiser quelques réjouissances auxquelles seront invités les notables égyptiens.

Au Caire, le peintre Rigo imagine un spectaculaire et redondant décor. En plâtre, en toile peinte, en bois, se dressent un arc de triomphe, des trophées d'armes, des étendards et des couronnes civiques, tous ces emblèmes qui tendent à faire croire que la République française continue la *res publica* des Scipion et des Regulus [11]. Courses de chevaux, banquets, illuminations et feux d'artifice sollicitent les indigènes qui ne peuvent s'isoler des réjouissances françaises. Cette fois, c'est Bonaparte qui reçoit les notables :

« Une table de 150 couverts, somptueusement servie, était dressée dans la salle basse de la maison qu'il occupe. Les couleurs françaises étaient unies aux couleurs turques, le bonnet de la liberté et le croissant, la table des Droits de l'homme et l'Alcoran se trouvaient sur la même ligne. La gaité française était modérée par la gravité turque [12]. »

Même Jabarti retient ses sarcasmes. Visiblement, la fête de la République l'a impressionné, il a même pu noter que les invités de Bonaparte — musulmans, coptes ou Syriens — sont sortis de son palais « extrêmement heureux ». Un observateur superficiel aurait pu conclure à un apaisement des esprits, à une volonté réciproque de conciliation, au désir enfin de vivre côte à côte, paisiblement. Pourtant, si la révolte du Caire prend de court les Français, bien des signes avant-coureurs auraient pu les inciter à moins d'optimisme.

Ces traces de fermentation, Jabarti les a presque toutes remarquées. Beaucoup relèvent de contraintes, d'obligations qui affectent la vie quotidienne. Il y a d'abord toutes les mesures d'hygiène édictées dans le souci d'enrayer les épidémies. Les ordures qui doivent être regroupées,

---

11. Le détail de ce décor antique est rapporté de diverses manières. Voir l'*Histoire scientifique...*, de LA JONQUIÈRE, t. III. De tous les témoins français le plus enthousiaste est peut-être le général Belliard, *Mémoires...*, Berquet et Pétion éditeurs, Paris, 1842.

12. *Le Courrier de l'Égypte*, n° 8.

déblayées ; les rues qu'il faut désormais arroser et balayer. Des affichettes rédigées en arabe prescrivent d'aérer literie et effets en les mettant dehors quinze jours durant. La sécurité ensuite. Le commandement français prescrit de maintenir les lanternes de rues éclairées toute la nuit. Surtout, il ordonne la démolition des portes des *dharbs*. Ces rues closes, barrées par de lourdes portes, visent à garantir la tranquillité des habitants ; elles constituent l'articulation maîtresse de la vie de quartier. André Raymond souligne à leur propos : « Ces portes n'avaient pas un rôle militaire, mais elles étaient plutôt destinées à assurer la sécurité nocturne du Caire : elles étaient fermées dès la nuit tombée et les portiers qui les gardaient ne les ouvraient plus qu'aux personnes habitant le quartier ou rendant visite à des gens connus du quartier[13]. » L'enlèvement des portes par les soldats français multiplie les incidents et provoque un véritable choc psychologique dans la population.

Traumatisme encore lorsque les Cairotes apprennent que les Français ont décidé de faire l'inventaire des immeubles afin d'établir un cadastre véritable des biens immobiliers et fonciers.

Toutes ces mesures, qui « violent l'intimité de la famille, élément fondamental de la vie islamique » (H. Laurens) et qui risquent aussi de léser bien des intérêts, confortent une fraction de la population dans l'idée que la cohabitation avec les Français est impossible. L'élite lettrée, qui fréquente la « Sorbonne » d'al-Azhar, trouve dans cette dégradation une raison supplémentaire d'opiner favorablement pour les appels à la guerre sainte (Jihad) lancés par le sultan Sélim III. Même si ces proclamations ont du mal à circuler en Égypte, des exemplaires imprimés y parviennent, lus, relus et âprement commentés. Promettant le châtiment des infidèles (les Français), dénonçant leur hypocrisie, les peignant sous des allures sataniques, les proclamations ottomanes ne font pas dans le détail. Leurs invectives ne peuvent qu'électriser les dévots :

« ... ô vous, adorateurs d'un seul Dieu, qui croyez à la mission de Mahomet fils d'Abd-Allah ! Réunissez-vous et marchez au combat sous la protection du Très-Haut ! Ces

---

13. André RAYMOND, *Artisans et commerçants du Caire...*

chiens enragés s'imaginent sans doute que le peuple vrai croyant ressemble à ces infidèles qu'ils ont combattus, qu'ils ont trompés, et à qui ils ont fait adopter de faux principes ; mais ils ignorent, les maudits, que l'islamisme est gravé dans nos cœurs...[14] »

Pour ceux qui douteraient des intentions réelles des Français, les Ottomans vont jusqu'à leur soumettre le compte rendu d'une séance secrète tenue par le Directoire. Celui-ci n'hésitant pas à ordonner le « massacre général » des musulmans, meilleur moyen d'extirper l'islamisme. Un véritable protocole des Sages de Sion avant la lettre[15] !

Durant la première quinzaine d'octobre se met en place un commandement unifié de l'insurrection, une trentaine de personnes recrutées parmi les habitués d'al-Azhar. Le diwan institué par les Français n'est probablement pas sans ignorer cette agitation et, s'il ne l'approuve pas, il ne la dénonce pas non plus. Alors que se trament ces Vêpres égyptiennes, les Français continuent à croire en une paix durable. Lorsqu'à deux reprises au moins, Bonaparte se retrouve entouré d'une foule qui l'invective, ses interprètes le rassurent en lui affirmant qu'elle chante ses louanges !

La révolte éclate le dimanche 11 du mois de jumâdâ al-Ulâ 1213, le 21 octobre 1798.

Dès le lever du soleil, le quartier Husaniyya entre en transe. Les « bandes » qui en sortent se joignent aux « voyous de la banlieue » (Jabarti). A plus d'un millier, ils encerclent la maison du cadi et, sous les jets de pierres, le contraignent à fuir. Très vite, al-Azhar prend une allure de quartier général ; du haut des minarets, les muezzins hurlent à la révolte.

Depuis plusieurs semaines, les Français négligent les précautions habituelles lorsqu'on occupe un pays. Beaucoup se retrouvent isolés, sans armes, victimes toutes désignées pour les insurgés. L'impétueux général Dupuy, qui commande la place, tombe parmi les premiers. Parti pour s'informer auprès du cadi, il s'est retrouvé pressé par une

14. Firman cité par l'*Histoire scientifique...*, t. IV.
15. Mise au point d'Henry LAURENS dans son *Expédition d'Égypte 1798-1801...*, Paris, 1989. Rappelons que le protocole des Sages de Sion est un faux antisémite propagé par la police tsariste à la fin du XIXe siècle. Il serait intéressant de réinsérer le faux ottoman dans la genèse du Protocole.

foule déchaînée qu'il n'est pas parvenu à sabrer. Percé d'un coup de lance sous l'aisselle gauche, Dupuy est tout de même transporté au quartier général où il meurt dans les bras de Larrey.

La nouvelle de sa mort déchaîne les insurgés qui, dans la matinée, contrôlent la presque totalité du Caire à l'exception de la citadelle, de la place de l'Azbakiyya et des principales casernes. Rentré de Roudah, où il inspectait des fortifications, Bonaparte prend la répression en main. Son premier souci est de couper l'insurrection de l'extérieur. Des détachements de cavalerie, des colonnes mobiles de fantassins reçoivent pour mission de disperser les paysans ou les Bédouins qui tenteraient de s'infiltrer dans la ville. Toute la nuit, Lannes, Vaux et Dumas battent la campagne et parviennent à tenir Le Caire isolé.

En ville, la nuit limite l'activité des insurgés. Les Français déploient leur artillerie et très tôt, le matin du 22 octobre, elle commence le pilonnage du quartier d'al-Azhar. Peu familiers d'un pareil feu, les Cairotes sont terrorisés, les rebelles eux-mêmes perdent toute contenance. Investie, la grande mosquée est menacée d'un assaut sanglant. La reddition au dernier moment des insurgés ne lui évite pas la profanation. Jabarti ne nous épargne aucun détail de cet épisode douloureux :

« Ils entrèrent (...) dans la mosquée d'al-Azhar à cheval. Il y avait là avec eux des fantassins qui étaient comme les boucs des montagnes : ils s'égaillèrent dans la cour intérieure et l'enceinte réservée. Ils attachèrent les chevaux à la *quibla*[16]. Ils saccagèrent les salles attenantes et les dépendances, brisèrent les lampadaires et les veilleuses, brisèrent les coffres à livres appartenant aux étudiants, aux pensionnaires ou aux écrivains publics ; ils s'emparèrent de tout ce qu'ils trouvèrent : vases plats, effets divers qui avaient été déposés dans les placards et les armoires. Ils jetaient au rebut les livres et les volumes du Coran, y marchant dessus avec leurs chaussures. Ils souillèrent les lieux d'excréments, d'urine et de crachats...[17] » Dans un autre de ses livres,

---

16. Pilier sacré indiquant la direction de La Mecque.

17. Témoignage de tous les auteurs : le dévouement de l'orientaliste J.-J. Marcel qui tente de sauver de précieux exemplaires du Coran au péril de sa vie.

Jabarti parle des Français comme de « hyènes enragées », de « monstres tout difformes » et conclut : « Cette nuit-là, l'armée du Dieu de miséricorde laissa libre cours à l'armée de Satan. »

Inopinée et foudroyante, tant dans son déroulement que dans sa répression, la révolte du Caire se solde par quelque trois cents morts français et dix ou douze fois plus parmi les Égyptiens. Si ceux-ci restent désespérément anonymes, quelques victimes françaises retiennent l'attention, l'aide de camp Sulkowski, les ingénieurs civils Duval et Thévenot, les géographes Testevuide et Duperret, les chirurgiens Roussel et Mangin[18].

Affichant sa clémence, Bonaparte semble maître de la situation. Une répression discrète mais impitoyable permet même d'en finir avec les meneurs presque tous capturés. Alors que Berthier explique à qui veut l'entendre que le soulèvement n'a été le fait que de « quelques malintentionnés » qui « ont égaré la canaille », Bonaparte confie à Reynier : « La tranquillité est parfaitement rétablie au Caire [...] toutes les nuits nous faisons couper une trentaine de têtes, et beaucoup des chefs ; cela, je crois, leur servira d'une bonne leçon...[19] »

En réalité, le soulèvement du Caire montre assez bien que seule une minorité d'Égyptiens se satisfait de la présence française, tous les autres sont prêts au sacrifice de leur vie pour y mettre fin.

---

18. Les chiffres des pertes françaises varient beaucoup. Bonaparte avance 57 morts, Belliard parle de 150 tués et blessés, Detroye de 250. Pour les « Turcs » les sources françaises vont de 2 000 à 4 000 morts.

19. Cité par La Jonquière, ouvrage cité, t. III.

12

COLLABORER OU RÉSISTER ?

Le 3 novembre 1798, une quinzaine de cheikhs accusés d'avoir fomenté la révolte du Caire sont passés par les armes. L'exécution, qui a eu lieu dans l'enceinte de la citadelle, est si discrète que la population met plusieurs jours pour l'apprendre. Absent de cette escouade d'hommes pieux et instruits, presque tous « docteurs » de la « Sorbonne » al-Azhar, le chef supposé de la révolte Sulayman al-Jawqsi, cheikh des aveugles. Un personnage essentiel parce qu'il résume et incarne toutes les ambiguïtés de l'opposition armée aux Français.

Sulayman al-Jawqsi régente la confrérie des aveugles, infirmes particulièrement nombreux en Égypte. Attachés aux lieux de culte, ces mendiants parcourent les rues en débitant des versets du Coran ou en racontant des fables. Le cheikh des aveugles regroupe leurs aumônes et, en contrepartie, leur assure gîte et couvert. En fait, il se contente de les gaver de pain qu'il fait pétrir avec des résidus de mouture. Mais, « très craint », « très écouté », Sulayman al-Jawqsi tient ses troupes, dont il se sert comme moyen de pression pour extorquer des dons auprès des pieux musulmans. Maniant des fonds importants, il en use pour spéculer : il achète des denrées en Haute-Égypte qu'il revend au prix fort dès qu'elles viennent à manquer.

Très riche, Sulayman al-Jawqsi arbore de magnifiques pelisses, s'entoure d'une nuée de serviteurs et de gardes du corps. Il jouit aussi d'un pléthorique harem, « des concubines blanches, des Abyssines et des Noires [1] ». Voilà donc le prévaricateur auquel s'en remettent les insurgés du 21 octobre, sans doute parce qu'il se présente à eux comme un croyant rigoriste, un authentique pilier de la foi. Ce qu'il dut être aussi puisque, semble-t-il, il périt lors de l'assaut de la mosquée al-Azhar.

Volney avait prévenu Bonaparte qu'en arrivant en Égypte, il devrait livrer trois guerres : contre les Anglais, contre les Ottomans et contre l'Islam. Il lui prédisait que celui-ci serait son pire ennemi. Trop sûr de lui, Bonaparte n'a guère tenu compte de cet avertissement [2].

L'Islam fanatique, les Français ne cesseront de se heurter à lui. Il prend même une tournure exacerbée avec l'inévitable épisode du *madhi*. Le madhisme est aux musulmans ce qu'est le millénarisme aux chrétiens : le madhi, le « Bien Dirigé », doit surgir auprès des fidèles pour instaurer avec eux un règne de paix avant le Jugement dernier. Propre à l'Afrique du Nord, le madhisme parcourt toute l'histoire moderne de l'Égypte et du Soudan. Une de ses dernières manifestations est celle qui vaut aux Anglais une guerre impitoyable pour annexer le Soudan, entre 1881 et 1885. Le madhi tue Gordon Pacha à Khartoum et Kitchener essuie de lourdes pertes avant de l'écraser.

Le madhi de 1799 est un des premiers du genre. On connaît très mal son identité [3]. Il s'agit d'un Maghrébin qui se prétend descendant du Prophète. Il surgit au printemps dans la moitié occidentale du Delta, autour de Damanhûr. A en croire les Français qui en parlent comme de l' « ange el-Modhi », le personnage est une sorte de « jongleur barbaresque », de « fakir » capable de véritables prodiges. Il va tout nu mais prodigue l'or qu'il tient caché ; il ne se nourrit pas mais se sustente en humectant ses lèvres d'un peu de lait ; à ses partisans il garantit l'invincibilité,

1. Tous ces détails sont empruntés à Jabarti, qui a rédigé sa notice nécrologique. Il est possible qu'il ait encore noirci ce peu ragoûtant personnage.
2. LAS CASES, *Mémorial de Sainte-Hélène*, Paris, 1823. A la date du 21 juillet 1816.
3. Henry LAURENS qui fait preuve ici d'une érudition un peu exacerbée passe en revue les différentes pistes dans son *Expédition d'Égypte*.

balles et boulets s'amolliront et tomberont devant eux...[4]

Ayant ameuté quelques milliers de fidèles, le madhi se jette sur Damanhûr dont il anéantit la petite garnison française. Lanusse reprend la ville et, en représailles, la réduit en cendres, passant sa population au fil de l'épée. Cet Oradour accompli et les partisans du madhi ayant eu le temps de découvrir qu'ils n'étaient pas invincibles, Lanusse en finit avec les dernières bandes à Kafr Negoum, le 4 juin 1799. Le madhi est porté disparu.

Est-ce le même qui resurgit un an plus tard lorsque Le Caire se prépare à résister au retour des Français ? Jabarti l'affirme mais rien n'est moins sûr. Le propre du madhisme est moins de s'identifier à un individu que de véhiculer un mythe. En tout cas, si l'on suit encore Jabarti, il mène un *jihad* désespéré et haineux. Le chroniqueur s'exaspère de son influence et le tient pour le plus détestable des imposteurs. Occasion pour lui de rappeler ce qu'est le bon *jihad*.

« Quand les intentions sont pures pour le *jihad* les signes sont plus éclatants que le jour. Dans les *jihad* entrepris par des gens désintéressés et manifestant le sacrifice de soi au bon plaisir de Dieu, (nous constatons) un combat mené avec flamme, le respect des pauvres, le désintéressement du bien d'autrui, la discrétion devant les gens dans le comportement[5]. »

Confrontés à cette menace insistante du *jihad* qui peut dresser contre eux une majorité d'Égyptiens, achoppant sur la question islamique, comment répliquent les Français ? Les démarches varient selon les hommes. Le plus tenté par une formule d'accommodement est d'abord Bonaparte. Mais, assez contradictoirement, il mêle à sa bienveillance une certaine agressivité idéologique. Deux épisodes peuvent témoigner de ses états d'âme en la matière. Le premier, parfaitement attesté, est l'affaire des cocardes ; le second, plus controversé, est sa consultation de la « Sorbonne » al-Azhar et l'obtention d'une sentence théologique particulièrement compréhensive à l'égard des Français.

---

4. Le madhi est mentionné dans les Mémoires de Belliard, les Correspondances de Bonaparte, Lanusse, Lefebvre et Dugua. Côté arabe, Nicolas Turc en parle.

5. JABARTI, ouvrage cité. Ici au mois de shawwâl 1214 (26 février-26 mars 1800).

L'affaire des cocardes met en cause le *diwan* institué dès le 26 juillet 1798 par les Français. Cet organe de gouvernement comprend une dizaine de cheikhs pris parmi les plus honorables de la capitale, auxquels s'ajoutent trois Européens représentant les « Francs »[6]. Le 1er septembre, Bonaparte convoque les cheikhs à sa résidence et leur offre des écharpes tricolores, il en passe une au président du *diwan*, Al-Sharqawi, qui l'arrache aussitôt et la jette à terre[7]. Les cheikhs se récrient avec une belle unanimité : « Nous ne voulons pas perdre pour cela la considération de Dieu et de nos frères musulmans ! » Bonaparte insiste : « Si vous ne pouvez porter ces écharpes, mettez au moins une cocarde sur votre poitrine. » Les cheikhs demandent un délai de réflexion, douze jours. Accordé. Le plus dissimulé est le cheikh al-Sadat qui, arrivé en retard, et informé de l'incident par ses collègues, se laisse épingler une cocarde pour mieux l'enlever, une fois sorti. Jabarti, qui dramatise un peu l'incident, va jusqu'à avancer que, dans la même journée le quartier général a ordonné le port obligatoire pour tous de la cocarde puis qu'il a fait savoir qu'il le limitait aux seuls Égyptiens en relations officielles avec l'armée d'occupation.

Cette volonté de « jacobiniser » l'Égypte, pour symbolique et puérile qu'elle soit, traduit malgré tout un état d'esprit très répandu depuis que les Français malmènent les pays d'Europe pour mieux leur inculquer les « immortels principes de 89 ».

Est-ce à la même époque, c'est-à-dire après Aboukir et avant le soulèvement du Caire, que Bonaparte demande aux *ulama* d'al-Azhar de rendre une sentence invitant les musulmans à lui prêter serment d'obéissance ? A cette demande du général en chef, les *ulama* répliquent en lui tenant ce discours :

« Vous voulez avoir la protection du Prophète, il vous aime ; vous voulez que les Arabes musulmans accourent sous vos drapeaux, vous voulez relever la gloire de l'Arabie, vous n'êtes pas idolâtre. Faites-vous musulman ; 100 000 Égyptiens et 100 000 Arabes viendront de l'Arabie, de Médine, de La Mecque se ranger autour de vous. Conduits et

---

6. Nicolas Turc parle de huit cheikhs, Jabarti en donne tantôt sept tantôt dix. L'*Histoire scientifique* (t. V) en fait de même.
7. Nous suivons ici Jabarti.

disciplinés à votre manière, vous conquerrez l'Orient, vous rétablirez dans toute sa gloire la patrie du Prophète[8]. » Manière habile de se dérober mais qui ne décourage pas Bonaparte. Il est prêt à se convertir avec toute son armée, à deux conditions, ne pas subir la circoncision et échapper à l'interdit du vin et de l'alcool. Les *ulama* se penchent alors sur cette requête et rendent une nouvelle sentence : les Français convertis seront dispensés des deux contraintes à condition de donner un cinquième de leurs revenus aux œuvres pieuses.

Cette course d'obstacles théologique s'arrête là, ce qui peut paraître décevant et laisse même croire que Bonaparte — le seul à la rapporter sous cette forme — a quelque peu affabulé. D'autant que les chroniqueurs orientaux, Jabarti et Nicolas le Turc, n'en soufflent mot.

Faute de conversions, les autorités religieuses gardent leurs distances. Lorsqu'elles affectent une quelconque sympathie pour les Français, c'est beaucoup plus par obligation que par conviction. Ainsi en est-il de ces proclamations répétées qui louent le commandement français. Celle du 10 novembre 1798 est assez significative puisque, après avoir glorifié la clémence de Bonaparte, elle exhorte les habitants du Caire à se soumettre aux Français au nom de ces deux sentences coraniques :

« Dieu donne la royauté à qui il veut » (Coran II, 247) et « Il ordonne ce qui lui plaît » (Coran V, 1).

Sept jours plus tard, les *ulama* manifestent moins de fatalisme, leur proclamation semble même s'aligner sur la propagande française. Ils accréditent la thèse qui veut que les Français n'occupent l'Égypte que pour mieux la restituer au sultan leur ami... Ils n'hésitent pas à se porter garants de Bonaparte qui « n'inquiétera personne pour la religion de l'Islam ; il ne nous contredira en rien pour les prescriptions de la loi de Dieu... »

Curieusement, c'est après le retour de Syrie, transformé il est vrai en triomphe par Bonaparte, que le *diwan* manifeste le plus fortement ses sympathies. Il veut même croire à la conversion de Bonaparte et se risque à l'annoncer :

---

8. *Correspondances de Napoléon Ier...*, Paris, 1858-1870, t. XXIX. Voir aussi Las Cases, *Le Mémorial...*, à la date du 26 avril 1816 ; et Gaspard Gourgaud, *Journal de Sainte-Hélène*, Paris, 1944.

« En arrivant au Caire, le général en chef Bonaparte a fait savoir à tout le *diwan*, petits et grands, qu'il aime l'Islam, vénère le Prophète, respecte le Coran dont, chaque jour, il fait lecture avec piété [...] Nous avons appris que Bonaparte a fait le projet de construire une magnifique mosquée, unique en son genre, et d'entrer dans la religion du Prophète, l'Élu de Dieu [9]. »

En fait, comme l'a reconnu Bonaparte, jamais le corps expéditionnaire n'a envisagé de se convertir. En conséquence, les élites musulmanes sont restées insensibles aux approches des Français. Seule une minuscule frange s'est ouverte à eux, ce sont les *ulama* des Lumières. Parmi eux, au tout premier plan, Hasan al-Attar. Cet *ulama* est choisi par Bonaparte pour apprendre l'arabe à ses officiers. « Son contact avec ces hommes fut pour lui une véritable révélation », constate Anouar Louca qui ajoute qu'il est à l'origine de la renaissance intellectuelle de l'Égypte sous Muhammad Ali [10]. L'homme associe une foi islamique intense à une vive curiosité intellectuelle. Très respecté, sa francophilie ne lui est pas reprochée après le départ des Français. Il poursuit une brillante carrière de polygraphe et finit même recteur d'al-Azhar.

Malheureusement, des *ulama* comme Hasan al-Attar se comptent sur les doigts d'une seule main [11]. Les cheikhs qui peuplent le *diwan* du Caire ne sont pas de la même trempe. Il s'agit là encore de hautes figures religieuses mais qui, cette fois, s'occupent d'affaires civiles. Pour ces personnages, tenus à l'écart du pouvoir par les beys mamelouks, l'arrivée des Français constitue apparemment une aubaine et une revanche. A l'examen individuel, leurs comportements se révèlent plus fuyants que prévu [12].

Le cheikh al-Sharqawi, qui préside le *diwan*, est un

---

9. *In* Jabarti, ouvrage cité, à la date du 19 du mois de muharram 1214, 23 juin 1799.

10. Anouar Louca, *Voyageurs et écrivains égyptiens en France au XIXe siècle*, Didier, Paris, 1970. Hasan al-Attar est un des maîtres de Rifaah al-Tahtawi, voir la conclusion.

11. On peut encore citer le cheikh al-Madhi, copte converti, d'un islam intransigeant, digne d'un néophyte, mais ami de l'orientaliste J.-J. Marcel. Toujours prêt à apaiser les différends entre Français et musulmans.

12. Il faut lire ici Henry Laurens qui a le plus approfondi la personnalité et le cursus des notables cairotes.

brillant théologien, adepte du soufisme. Il est aussi très riche, très influent et incroyablement imbu de sa personne. Le peintre Rigo en a fait un magnifique portrait, sous l'immense turban il a su exprimer la fausse bienveillance qui anime sa physionomie. Sa position de collaborateur éminent des Français ne lui coûte pas trop, il l'assume avec habileté, donnant toujours des gages à qui en réclame. Haï de la « populace », ce puissant sait s'en préserver.

Son collègue al-Sadat lui ressemble beaucoup. Chef de la confrérie soufie depuis 1769, il est encore plus arrogant et vénal. Très hostile aux mamelouks, al-Sadat a tout de suite attiré l'attention des Français qui l'ont comblé de faveurs. De son côté, il s'est surtout dérobé et peut-être même est-il allé plus loin puisque Bonaparte le tenait pour le chef suprême de la révolte du Caire et n'avait renoncé à le fusiller que pour éviter d'en faire un martyr [13]. Détesté, al-Sadat subit quelques mésaventures. Si rien ne prouve qu'intercepté le 21 octobre 1798 par les rebelles, il ait été tondu et vendu au bazar pour treize piastres [14], il subit une détention sévère après la seconde insurrection du Caire. Pour mieux lui soutirer son argent, les Français vont jusqu'à le torturer. Ces sévices l'accréditent comme résistant et, à force d'intrigues et de bassesses, il conforte sa position sociale jusqu'à sa mort en 1813.

Al-Bakri, qui eut, comme nous le verrons, parmi ses mamelouks, le fameux Roustam, est une figure plutôt pittoresque. Son goût immodéré pour les boissons alcoolisées (les vins français en particulier) et les jeunes garçons le rangent parmi les jouisseurs. C'est un descendant certifié d'Abû Bakr mais son affaire est surtout de s'enrichir. La servilité d'al-Bakri à l'égard de l'occupant est payée d'un traitement outrageant quand Le Caire se soulève pour la seconde fois.

« Comme le cheikh al-Bakri était accusé d'être l'ami des Français et de leur faire parvenir de la nourriture, un groupe de soldats, suivi de voyous de la populace, attaqua sa maison et la saccagea ; lui, ses enfants et son harem furent

---

13. Voir sur cette opinion de Bonaparte, *Campagnes d'Égyptes et de Syrie. Mémoires pour servir à l'histoire de Napoléon*... Paris, 1847. De son côté, Jabarti signale que le cheikh avait été frappé d'une amende de 535 000 francs.

14. *Histoire scientifique*..., t. IV.

dépouillés de leurs vêtements. Il fut conduit à al-Jamaliyya, à pied et tête nue, accablé d'outrages. La populace lui décochait des termes insultants et méprisants...[15] »

La psychologie des « Orientaux » échappe aux Français. Ils ont bien du mal à distinguer les amis sincères des adversaires. Faute de mieux, ils composent et acceptent les faux-semblants. Ce qui donne une certaine latitude aux Égyptiens pour jouer leurs nouveaux maîtres. Le cas de Muhammad Kurayyim est symptomatique. Cet Alexandrin descend du Prophète et sa famille le destine à être *ulama*, « savant en science islamique et par conséquent juriste, carrière courante pour un chérif[16] ».

La mort prématurée de son père oblige al-Kurayyim à gagner sa vie. Modeste ouvrier du port, il se hisse jusqu'à la direction des douanes. Pour y parvenir, il s'est agrégé à la clientèle de Mourad Bey qui le protège en toutes circonstances. Sa réputation est mitigée, mais ses partisans sont majoritaires à Alexandrie. Quand les Français se présentent, al-Kurayyim tente d'organiser la résistance et alerte même les tribus bédouines. Les Français vainqueurs, il se rallie sans hésitation et Bonaparte, enchanté, le nomme « gouverneur de l'arrondissement d'Alexandrie ». Un descendant du Prophète comme premier collaborateur, les Français ne peuvent espérer mieux ! Ils ne tardent pas à déchanter. Koraïm agite en sous-main un réseau de résistance qui multiplie les accrochages avec les 6 500 Français casernés à Alexandrie (autant que la population !). Convaincu de sa trahison, Kléber le fait arrêter. Conduit sur un bâtiment de la flotte, il est proprement rançonné. Mais Koraïm refuse de payer, même sous la menace de mort. Pour en finir, Kléber le fait transférer au Caire où il est fusillé. Sa tête est fichée sur une pique, trophée sinistre que les crieurs accompagnent de cet avertissement : « Voilà la récompense de qui se rebelle contre les Français[17] ! »

D'une certaine façon, al-Kurayyim est un maladroit.

---

15. Al-Bakri survécut à cet affront. Jabarti, ouvrage cité, mois de shawwal 1214 (26 février-26 mars 1800).

16. *Kléber en Égypte 1798-1800...*, étude historique, présentation et notes par Henry LAURENS, J.F.A.O., Le Caire-Paris, 1988. Développement important sur al-Kurayyim, appelé par les Français Koraïm.

17. Jabarti, ouvrage cité, Nécrologie pour l'année 1213.

Beaucoup de personnages qui se sont frottés aux Français ont su se montrer d'habiles manœuvriers. Un bon exemple est celui du fermier fiscal (*multazim*) Hassan Toubar qui règne en maître sur les villages du lac Menzaleh[18]. D'abord ennemi acharné des Français, il soulève sa clientèle et les Bédouins avoisinants, obligeant le commandement à envoyer les généraux Andréossy et Damas reprendre la situation en main. Réfugié à Gaza, il revient en Égypte pour faire sa soumission (il est vrai que son fils est détenu en otage au Caire) et même aider à la création d'un réseau d'informateurs en Syrie. Jusqu'à la mort de ce puissant féodal, le 29 juin 1800, Kléber le protège. Sans illusion d'ailleurs sur son intégrité.

En définitive, que reste-t-il aux Français comme collaborateurs véritables ? Vraiment peu de monde et très rarement des musulmans. Il leur faut donc s'appuyer sur les minorités religieuses, les chrétiens syriens, les juifs (très discrets en l'occurrence), les Grecs et surtout les coptes. Ces derniers constituent même une force auxiliaire importante et plusieurs de leurs chefs payent de leur personne[19].

Pour exécuter les basses œuvres, il faut s'en remettre à de véritables mercenaires. Pour parler de ces supplétifs, une seule figure, celle de Barthélemy le Grec. Mais laissons Jabarti l'évoquer :

« ... Barthélemy, un chrétien grec, connu du public sous le surnom de Fart Rummaân (Grain de Grenade), fut nommé chef de la police. On le vit à cheval, venant de chez le général en chef, précédé d'un cortège de fantassins sans emploi. Il portait sur sa coiffure un plumet en soie de couleur ; il était revêtu d'une pelisse ornée de dessins. Autour de lui, se groupaient ses serviteurs portant des lances argentées... C'était un chrétien *rûm* de la plus basse extraction, il avait appartenu à la troupe en garnison au Caire et avait servi dans l'artillerie sous les ordres de Muhammad Bey al-Alfi. Il possédait une boutique dans le quartier al-Mûskî, dans laquelle il vendait des bouteilles de verre pour s'occuper[20]. »

Nicolas Turc est moins bavard et se contente de présenter Barthélemy comme « un cavalier hors ligne, taillé en

---

18. Bien étudié par Henry LAURENS, *l'Expédition d'Égypte...*
19. Voir plus loin.
20. JABARTI, ouvrage cité. Jeudi 12 du mois de safar 1213 (26 juillet 1798).

athlète ». En tout cas, il se distingue par sa brutalité et son cynisme absolu. Ainsi lorsqu'il part à la recherche de rôdeurs bédouins et qu'il revient bredouille, il n'hésite pas à décapiter d'innocents fellahs, dont il exhibe les têtes auprès de ses supérieurs français. Tortionnaire, extorqueur de fonds, Barthélemy ne manque jamais d'exécuter lui-même ses victimes. Ses « talents » sont évidents, c'est d'ailleurs à lui qu'on livre Sulayman l'Alépin, le meurtrier de Kléber.

A s'en remettre à de telles brutes, les Français prennent le risque de se déconsidérer auprès des populations qu'ils occupent. Mais, à toutes les époques, l'occupation militaire d'un pays vaincu obéit à cette logique sinistre.

13

L'ÉPOPÉE EN HAUTE-ÉGYPTE

> *« ... J'avais touché le Tropique, porté nos couleurs où jamais n'avait pénétré l'aigle romaine ; nous avions fait assez pour la gloire, nous revînmes sur nos pas. »*
>
> BELLIARD

Le 3 mars 1799, le sculpteur Castex contemple la grande inscription qu'il vient de graver sur une paroi du temple de Philae :

L'an 6 de la République
le 13 messidor
une armée française commandée
par Bonaparte est descendue
à Alexandrie
l'armée ayant mis vingt jours
après les mammelouks en fuite
aux pyramides
Desaix commandant la
première division les a
poursuivis au-delà des
cataractes où il est arrivé
le 13 ventôse de l'an 7

Les généraux de brigade
Daoust Friant et Belliard
Donzelot chef de l'état-major
La Tournerie com^{de} de l'artillerie

Eppler chef de la 21e légère
Le 13 ventôse an 7 de la République
Le 3 mars an de Js. Cst 1799.

Gravé par Castex sculpteur[1].

Après les Romains, les Arabes et les Ottomans, les Français se retrouvent au-delà de la première cataracte, sur le 24e parallèle. Ils n'iront pas plus loin mais, en installant leur ultime bivouac en amont d'Assouan, le corps expéditionnaire détaché par Bonaparte en Haute-Égypte a accompli un exploit mémorable : cinq mille kilomètres de marches en neuf mois, des centaines d'engagements mineurs, plusieurs grandes batailles et, au bout du compte, la victoire contre les mamelouks de Mourad Bey et ses alliés accourus d'Arabie.

Des deux côtés, les hommes sont exceptionnels, les chefs comme les simples soldats. Les Français nous sont évidemment bien connus mais Mourad Bey et plusieurs de ses lieutenants ont aussi retenu l'attention des historiens. En Haute-Égypte, l'histoire tourne à l'épopée, sans qu'il soit nécessaire de la travestir.

A la tête des Français, Desaix. Louis-Charles-Antoine des Aix dit Desaix appartient à une lignée de petite noblesse auvergnate. D'un an l'aîné de Bonaparte, il a fait ses études à l'école militaire d'Effiat tenue par les oratoriens. Les bulletins le déclarent « boudeur et peu endurant », « distrait » en religion et d'une conduite « très médiocre ». Son travail est jugé « sans réflexion et sans effort[2] ». En 1783, il intègre comme sous-lieutenant le Bretagne-Infanterie. La vie de caserne s'écoule, monotone. Lorsque la Révolution éclate, Desaix la regarde plus en spectateur qu'en acteur. Sommé d'émigrer par certains membres de sa famille, il s'y refuse et reste à l'armée du Rhin[3].

Sous la Terreur, Desaix est inquiété. Sa famille est

1. Nous suivons le fac-similé publié par LEGRAIN dans l'*Histoire de la nation égyptienne*, reproduit par J. TRANIÉ et J.-C. CARMIGNIANI, *in Bonaparte, la campagne d'Égypte*, Pygmalion/Gérard Watelet, Paris, 1988. Bien que dégradée, l'inscription est encore aujourd'hui visible.
2. Armand SAUZET, *Desaix le « Sultan juste »*, Hachette, Paris, 1954.
3. A Strasbourg, il fréquente les salons du maire de Dietrich, il est lié à Rouget de Lisle et à Caffarelli du Falga qu'il retrouvera en Égypte.

proscrite, lui-même est un moment suspect. Après Thermidor, Desaix poursuit sa carrière. Il fait preuve de qualités exceptionnelles. Ses victoires de l'été 1796, notamment la bataille de Geisenfeld, seront saluées par Jomini comme des modèles du genre. C'est à l'été 1797 qu'en mission en Italie il rencontre Bonaparte. Le premier contact est plutôt déplaisant, Desaix confie alors : « Il est fier, dissimulé, vindicatif, ne pardonne jamais [...] Extrêmement intrigant [...] Il ne croit pas à la probité et à la délicatesse, il appelle cela d'un sot ; il prétend que cela est inutile et ne se trouve pas dans le monde[4]. » Pourtant, les deux hommes ne tardent pas à s'apprécier. A sa manière, c'est-à-dire toujours un peu distante, Desaix s'agrège à la clientèle du Corse « vindicatif ».

Au physique, Desaix ne semble pas avoir payé de mine. Dutertre a laissé de lui un portrait en pied qu'Armand Sauzet qualifie de caricatural. Effectivement, le vainqueur de Mourad Bey semble gauche et étriqué, les traits bouffis, le visage barré par une grosse moustache. Mais il est vrai que Desaix souffre alors d'une ophtalmie purulente qui le défigure[5]. Au moral, Desaix s'apparente aux Romains de la République ou aux hoplites de Lacédémone. Il est véritablement un soldat « philosophe », un stoïcien authentique. Remarquable meneur d'hommes, il excelle comme tacticien et se révèle vite un administrateur excellent. Chacun s'accorde à lui reconnaître un grand souci d'équité et un sens de l'humanité qui ne l'empêchent pas, toutefois, de trancher en soldat. Pétri d'humanités et frotté à la philosophie des Lumières, Desaix aime fréquenter les artistes et les savants. Son amitié pour Monge est, en ce sens, significative, tout comme la sympathie qu'il porte à Vivant Denon en particulier et aux membres de la Commission scientifique en général.

Autour de lui, en Haute-Égypte, des figures attachantes. A commencer par François-Xavier Donzelot, son chef d'état-major, qui suivra Napoléon jusqu'à Waterloo et que distinguent ses aptitudes à « embrasser un sujet en son entier et

---

4. Cité par Armand SAUZET, ouvrage cité.

5. A l'opposé, le superbe portrait de Desaix en compagnie de ses deux domestiques noirs, romantique exaltation du conquérant par Appiani. (Musée de Versailles.)

(à) le diviser avec ordre et clarté ». Il y a aussi Jean Rapp et Jean-Marie Savary que nous avons déjà évoqués, Friant et Davout[6]. Louis, comte de Friant, a déjà quarante et un ans en 1799; la campagne de Haute-Égypte lui vaut d'être promu général de division. Lui aussi se retrouvera à Waterloo où il sera grièvement blessé. Quant à Louis-Nicolas Davout (que Castex a écorché en Daoust), de vieille souche bourguignonne, il a vingt-neuf ans lorsqu'il débarque en Égypte. Formé à l'école militaire de Paris, sous-lieutenant au Royal-Champagne Cavalerie, à la tête des volontaires de la République depuis 1792, c'est un redoutable sabreur. En Égypte, il a la haute main sur la cavalerie. A en croire son camarade Belliard, il manifeste déjà les plus hautes ambitions et piaffe de ne pas être reconnu à sa véritable valeur. Il a effectivement l'étoffe d'un maréchal d'Empire et assez d'entregent pour finir pair de France[7] !

Pour soumettre la Haute-Égypte, Desaix ne dispose que de moyens très limités. Un état du début de la campagne (octobre 1799) comptabilise 2 990 hommes sous les armes (tous des fantassins de la 21e demi-brigade légère, des 61e et 88e demi-brigades de ligne), 676 aux hôpitaux et 745 au dépôt ou détachés. A cet effectif s'ajouteront, un peu plus tard, les 1 200 cavaliers commandés par Davout.

En face, Mourad Bey et ses mamelouks. La personnalité de ce bey nous est bien connue. Jabarti, qui ne passe pas pour particulièrement tendre à l'égard des mamelouks, en a laissé une notice nécrologique intéressante. Ce Caucasien était en Égypte depuis 1769 : il avait d'abord été attaché à la maison de Muhammad Bey Abou Dahab. En épousant la veuve d'Ali Bey, Sitt Nafisa, il s'était hissé au premier rang de la « hiérarchie » mamelouke, se partageant l'Égypte avec Ibrahim Bey.

Jabarti le décrit au physique « rouquin, taille moyenne, barbe fournie, trapu, voix forte, une balafre de sabre au visage » ; au moral, il ne lui attribue que des vices : « Craintif, peureux, léger, précipité, sans vrai courage, [...] injuste, inique, oppresseur, arrogant, vaniteux, orgueilleux[8]. » Cet

---

6. Sans parler de Belliard ou, à un grade subalterne, Desvernois dont les Mémoires sont largement sollicités dans cet ouvrage.
7. Fait duc d'Auerstadt et prince d'Ekmühl, Davout est mort en 1823.
8. JABARTI, ouvrage cité. Notices nécrologiques de l'année 1215.

excès de rhétorique soulagé, Jabarti lui reconnaît tout de même une piété sincère, le sens de l'amitié, du goût pour les arts et lettres et le mentionne même comme un redoutable joueur d'échecs ! Si l'on ajoute que Mourad Bey est un affairiste dénué du moindre scrupule, que par ailleurs sa lâcheté n'est guère imaginable (aucun de ses adversaires n'en parle et Jabarti ne s'est jamais risqué sur un champ de bataille), alors on peut le regarder comme le mamelouk caractéristique avec ses défauts et ses qualités presque portés au paroxysme.

Aux côtés de Mourad Bey, une femme exceptionnelle. Mais avant d'évoquer « dame Nafisa », quelques mots sur le statut privilégié des femmes dans ce qu'il faut bien appeler la civilisation mamelouke. A l'époque du sultanat, elles participent aux affaires de l'État, telles la Sultane Shudjar al-Durr (morte en 1257) ou la princesse Zainab disparue en 1479. Elles gèrent des finances propres, procèdent à de nombreuses fondations — mosquées, madrasas, ribats — qui attestent de leur piété. A leur mort, elles sont ensevelies dans de somptueux tombeaux. Cette position éminente n'est d'ailleurs pas sans danger car elle inquiète les gardiens de l'Islam rigoriste. Au XIVe siècle, Ibn Taymiya pronostique : « Ce qui renverse les affaires des États, c'est obéir aux femmes[9]. »

A l'époque des beys, l'influence des femmes mameloukes est moins évidente mais leur origine ethnique (qui est souvent celle de leurs époux, ces femmes provenant surtout du Caucase et des Balkans) les différencie nettement de la femme égyptienne. Elle leur confère un statut beaucoup plus satisfaisant. Avant même l'arrivée du corps expéditionnaire français, la réputation de « dame Nafisa » est considérable. Très riche, très écoutée, elle ne craint pas de fréquenter librement les Européens ; elle est très liée avec l'épouse du consul de France Magallon. Lorsque les relations se tendent, que les avanies se multiplient, elle intervient pour adoucir le sort des « Francs ». La République française lui fait même parvenir une montre précieuse à titre de remerciement[10].

9. Ahmad 'ABD AR-RAZIQ, *la Femme au temps des mamlouks en Égypte*, thèse de doctorat d'État, Paris I (Sorbonne), s.d.

10. Montre qu'elle redonne aux Français, après leur débarquement, voir l'*Histoire scientifique...*

A son arrivée, Bonaparte la ménage et lui manifeste publiquement des marques de respect. Restée en liaison avec son mari, Nafisa se dépense sans compter pour aider les mamelouks fugitifs. Compromise dans un réseau d'assistance, elle n'est pourtant pas inquiétée outre mesure. Sous Kléber, elle participe de près aux tractations qui aboutissent à l'accord conclu entre son mari et le commandement français. Jusqu'à sa mort — tardive, en 1816 — elle a incarné (mieux que beaucoup de mamelouks) les plus hautes vertus de sa caste.

Autour de Mourad Bey, les mamelouks sont peu nombreux. Il peut tout au plus compter sur quelques fidèles. Son homme à tout faire est Ibrahim Bey al-Sannari, un Nubien signalé comme particulièrement inquiétant et même diabolique par Jabarti. En Moyenne-Égypte, Mourad Bey s'appuie sur al-Alfi Bey (qui finira, comme lui, par rallier le camp français) et en Haute-Égypte sur Hassan Bey al-Jiddawi. Mais les forces des beys fugitifs n'excèdent pas quelques centaines de cavaliers ; pour les étoffer, il faut s'entendre avec les Bédouins, jamais sûrs, ou enrôler des paysans dont la valeur guerrière est très réduite.

Reste à s'allier avec les tribus du Hedjaz, de l'autre côté de la mer Rouge. A cette époque, la terre sainte de l'Islam est en proie aux convulsions d'une nouvelle prédication ultra-rigoriste, le wahabitisme, du nom de son initiateur Muhammad Ibn 'Abd al-Wahab. L'autorité de l'émir de La Mecque est très faible, les clans disposant chacun d'une « armée privée composée de ses membres, d'alliés bédouins, de mercenaires yéménites et d'esclaves noirs » (H. Laurens). Alors que l'émir esquisse une politique conciliante à l'égard des Français d'Égypte, les wahabites se déclarent prêts au *jihad*. A l'appel au secours de Mourad Bey, ils répondent comme un seul homme et sont plusieurs milliers à passer en Afrique. Ces « Mekkains » vont grossir la petite troupe du bey et, à compter de janvier 1799, Desaix doit se battre à un contre cinq [11].

---

11. La Haute-Égypte a toujours eu des relations directes et privilégiées avec les lieux saints de l'Islam ; elle est aussi ouverte, à partir de Monfalût, vers les oasis, le Darfour et l'Afrique soudanaise. Elle jouit d'une existence géographique propre qui lui confère une « autonomie » de fait. Voir J.-C. GARCIN, *Pour un recours à l'histoire de l'espace vécu dans l'étude de l'Égypte arabe*, Annales ESC, mai-août 1980.

Sauf à prétendre énumérer une poussière de faits, la campagne de Haute-Égypte se raconte difficilement. Aussi est-il préférable d'en évoquer les moments les plus mémorables. Les Français embarquent le 25 août 1798. Ils remontent le Nil sur des djermes qu'escorte une flottille armée. C'est le moyen le plus commode pour atteindre Beni Souef et s'y concentrer en attendant que Mourad Bey se manifeste. Le fleuve est encore en crue, les campagnes inondées. Le premier choc à lieu à Sediman sur le « canal de Joseph » — le Bahr Youssef — qui alimente la grande oasis du Fayoum. Depuis les Pyramides, c'est la première bataille rangée entre les Français et les mamelouks[12]. La tactique éprouvée des carrés donne les résultats escomptés, d'autant que les mamelouks, peu imaginatifs, persistent à les charger avec leur furia habituelle. Certes, un des carrés — des chasseurs de la 21e légère — a failli se disloquer mais il a attendu trop longtemps pour tirer. Au bout de quelques heures les cavaliers de Mourad Bey sont en fuite avec des pertes dix fois supérieures à celles des Français.

Après ce revers, Mourad Bey essaie bien de harceler les Français, mais ses efforts pour soulever les paysans ne sont pas toujours payés de retour et ses alliés bédouins se limitent à de prudentes escarmouches. Voyant l'ennemi s'évanouir devant eux, les Français continuent de remonter la vallée. Faute de ravitaillement, la flottille ne suivant pas, Desaix installe ses cantonnements à Girgeh où il passe plusieurs semaines. Belliard lui amène un renfort de fantassins et Davout ses cavaliers. Profitant de cette pause, Mourad Bey prépare sa revanche. Il voit alors affluer les volontaires hedjaziens. A Samhoud, il a près de 15000 hommes sous ses ordres, mamelouks, bédouins, « Mekkains » et paysans enrôlés. Mais ce 22 janvier 1799, il suffit à Desaix de déployer ses 4000 hommes pour balayer la multitude orientale. Il ne compte pas dix morts alors que tués et blessés ennemis se dénombrent par centaines[13] !

Le 28 janvier, Desaix arrive à Esneh. Il y laisse une partie

---

12. A une date incertaine, 8, 9 ou 16 octobre selon les auteurs !
13. Desvernois revendique 18 blessures ! Le soir du combat, Desaix lui demande sa selle et son épée.

de ses forces et se lance dans un ultime raid afin d'atteindre Mourad Bey. Le 30 janvier, il atteint Edfou et, trois jours plus tard, il campe à Assouan. Après avoir occupé durant quelques jours l'île de Philae, les Français se retirent. La Haute-Égypte est conquise ; au-delà de la première cataracte commence le pays nubien où Mourad Bey s'est réfugié. Reste le plus difficile : pacifier la Haute-Égypte et la garantir de toute agression extérieure.

Mourad Bey n'est pas le plus menaçant. Après avoir erré d'une oasis à l'autre, il a bien tenté de gagner la Basse-Égypte et est même parvenu jusqu'à Giza (d'où, à en croire Bonaparte, il fait des signaux à sa femme, lui grimpé au sommet de la Grande Pyramide et elle sur la terrasse de sa maison). Il est ensuite réapparu dans le Sud. Le 22 janvier, Desaix le croit au plus bas, avec seulement 200 hommes et 30 chameaux. Peu après, un kachef qui se rend au général Zayonchek donne un effectif encore plus squelettique : 60 mamelouks montés, 80 à pied. Harcelé, Mourad Bey s'étiole mais ne tombe pas. Le 13 août, Desaix rapporte à Bonaparte : « Le maudit Mourad nous désole [...] Je désire bien que ce bey n'ait pas de relâche. Je rassemble avec rapidité des chameaux et des dromadaires pour avoir deux colonnes à sa suite et le détruire dans quelque pays qu'il aille[14]. »

Réduit à une poignée de fidèles, Mourad Bey est beaucoup moins inquiétant que les « Mekkains ». Ils se battent avec l'énergie du désespoir, bien décidés à mourir plutôt qu'à rentrer vaincus. Belliard, qui les a affrontés, reconnaît : « Je n'ai point encore trouvé de troupes aussi braves et qui se battent avec autant d'acharnement. » Le 3 mars, une bande de ces Hedjaziens prend à l'abordage la flottille française qui s'est imprudemment rapprochée des berges à hauteur de Karnak. Plus de cinq cents hommes sont massacrés, dont une majorité de blessés et de malades. Conduite à terre, la fanfare de la 61e demi-brigade s'est vue contrainte à jouer et « c'est aux accents des marches révolutionnaires que les

---

14. Cité par La Jonquière, tome III. Un mois auparavant, le 12 juillet, le chef de brigade Morand avait surpris Mourad Bey qui campait tout près de Samhoud. Il s'était échappé, légèrement blessé, avec une dizaine d'hommes, laissant à Morand ses pipes et ses pantoufles.

prisonniers [...] furent violés, mutilés, mis en pièces. Puis ce fut le tour de la fanfare[15] ».

Le lendemain, la colonne de Belliard découvre l'ampleur du massacre ; elle se hâte de poursuivre les Hedjaziens et les force au combat près de Kous. Les Français ne sont pas mille, la moitié a les yeux rongés par l'ophtalmie. En face, cinq mille guerriers fanatisés. Les carrés font place nette mais les « Mekkains » se replient sur un village et s'y enferment. Commencent alors quarante-huit heures de combats acharnés, il faut reprendre le village maison par maison et tuer ses défenseurs jusqu'au dernier.

Pour mettre fin à l'arrivée des combattants hedjaziens, Desaix ordonne l'occupation de Kosseir sur la mer Rouge[16]. Il la confie à Belliard. Avant de traverser le désert de la Thébaïde, il faut s'assurer la maîtrise des pistes et en particulier contrôler les passes de Bir el-Bar. Le 2 avril 1799, Desaix détache ses hussards pour mieux débusquer l'ennemi, puis il se porte lui-même en avant, escorté d'une dizaine de cavaliers. Il s'en faut de peu qu'il ne périsse : surgi du désert, un demi-millier de cavaliers qu'entoure une masse compacte d'hommes à pied le poursuit. Seule une charge de dragons et de hussards rameutés par le colonel Duplessis parvient à les disperser. Une cinquantaine de cavaliers ont péri dont Duplessis.

L'affaire fait le tour de l'armée. Desaix est très critiqué par les cavaliers mais lui-même prétend n'avoir jamais été en danger et reproche à Duplessis son initiative. Dragons et hussards forment l'élite de l'armée, un corps à part retranché dans ses traditions, dédaigneux des simples soldats. Ils sont prêts à toutes les audaces et ne supportent pas leurs propres revers. Davout qui s'est fait étriller par les mamelouks dans un engagements mineur doit supporter les sarcasmes de ses subordonnés. Lassalle n'hésite pas à écrire à Dugua : « Ce général m'a échauffé la bile plus d'une fois jusqu'au point où un homme d'honneur doit en venir ; mais

15. Christopher HEROLD, ouvrage cité.

16. Kosseir — l'actuelle al-Qusayr — n'est qu'une bourgade, mais sa possession est vitale pour les Français. Partie de Suez, une flottille a été incapable de s'en emparer. Belliard y installe 250 hommes et quatre canons. Il fait construire un fortin.

il est d'un caractère trop tempéré pour avoir su se conduire comme il le devait[17]. »

La Haute-Égypte à peu près pacifiée, il faut encore l'administrer. Avec des moyens incroyablement limités, Desaix et ses subordonnés tentent d'introduire une administration nouvelle dans ces contrées conquises. Desaix a des vues amples, très moralisatrices. Elles le guident dans sa volonté de doter le Saïd d'un gouvernement rigoureux mais juste. Il croit pouvoir gagner les populations. Il raisonne : « C'était l'anarchie de la féodalité. Quand tout assassin, tout voleur, verra que tout l'argent du monde ne peut le racheter de la mort, il consentira facilement à changer de vie. Quand on verra que nous renonçons aux avanies, on nous estimera. La sécurité des existences, la sécurité des fortunes et la sécurité des communications seront des douceurs inappréciables...[18] »

Mais, faute de temps, faute d'hommes désintéressés et compétents, il faut bien vivre d'expédients, s'en remettre aux premiers venus et trop souvent l'administration française ressemble à l'ottomane. A cette différence près que ce qui relevait de l'impéritie, de la négligence des beys — taxations multiformes, incohérentes, capricieuses —, s'imprègne de la rigueur européenne. A la tyrannie incertaine des beys succède le carcan de l'administration militaire impitoyable dans sa rationalité.

Avec tous ses périls, toutes ses souffrances, la Haute-Égypte a fasciné les Français. Alors que le plus souvent le Delta les avait dépités, ils ont découvert dans le Sud des paysages plus conformes à l'idée qu'ils se faisaient de l'Orient. Rédigeant ses Mémoires, Belliard se souvient avec émotion de cette époque « heureuse » de l'expédition.

« J'allais, je venais, je parcourus toute la province. Elle était mieux tenue que ce que j'avais vu jusque-là en Égypte. Les palmiers, les citronniers, les orangers s'y succédaient l'un à l'autre, les roses, les bois odorants étaient entremêlés,

---

17. Cité par LA JONQUIÈRE, t. III. L'affaire de Bir el-Bar est rapportée assez exactement par Desvernois, elle n'ajoute rien à la gloire de Desaix. Quant à Charles de Lassalle, il est le plus intrépide des cavaliers de son temps. Il périt à Wagram le 6 juillet 1809.

18. Cité par A. SAUZET, ouvrage cité.

confondus, c'était un tableau, un parfum dont l'œil et l'odorat étaient également charmés. Les villages étaient pourvus d'eau, entourés de fossés, et comptaient une nombreuse population... »

En d'autres endroits, Belliard ne peut s'empêcher d'évoquer les festins, la nourriture abondante et bon marché, « de quoi empâter deux fois plus de Turcs que je n'avais de soldats ». Il se souvient aussi des femmes complaisantes qui se laissaient aller dans les bras des vainqueurs[19].

La Haute-Égypte est enfin l'occasion de faire du butin. Les Français ne se privent pas d'intercepter et de piller les grandes caravanes en provenance du Darfour. En avril 1799, les cavaliers du 15e dragons et du 7e hussards se jettent sur Beni Adin, gros village à côté de Syout où se concentrent les marchands. C'est la razzia. Davout rapporte à son collègue Dugua : « Ce village renfermait toutes les richesses de la caravane d'Afrique, beaucoup de trésors des cheikhs des environs. Plusieurs soldats ont eu des 15 et même 20000 livres en or. Le butin a dédommagé la troupe de ses pertes[20]. » A lui tout seul ou presque, Desvernois tombe sur un troupeau de 900 dromadaires gardés par quelques Noirs, « couchés, à couvert derrière un pli de terrain, à trois kilomètres de Beni Adin ; ils mangeaient de la paille hachée et des fèves concassées dans des filets de cordes de dattier et des besaces en poil de chèvre... ». L'énorme troupeau ira à la remonte des « dromadaires » de la République.

Même lorsque l'armée se livre à des marches et à des contre-marches harassantes, même lorsque les hommes souffrent de mille maux et sont en proie à la soif la plus atroce, certains spectacles ne peuvent que les galvaniser. Celui offert par les temples à demi démantelés de Thèbes les électrise. Desvernois est formel :

« On est saisi de respect en parcourant les rues que décorent des palais encore debout, avec embrasures et portes d'entrée, bâillantes, sans qu'on y voit âme qui vive. L'alignement de ces palais est partout admirable. On marche constamment sur des débris de marbre de toutes couleurs pendant près d'un tiers de lieue ; après quoi, on

---

19. Mémoires du comte Belliard.
20. Cité dans les *Mémoires* du général Baron Desvernois.

arrive à la place de Louqsor. Les Arabes y ont établi quelques misérables cahutes en terre et en paille dans les anfractuosités des monuments de marbre... »

Quant à Belliard, il ne peut résister au romantisme des ruines. Il philosophe : « ... nous étions au milieu des décombres, les pierres, les briques, les débris nous retraçaient un autre âge, nous accablaient de souvenirs. Cette place, maintenant si sauvage, avait brillé de la splendeur des arts [...] des hommes, des savants, des héros avaient animé cette solitude, foulé cette terre de désolation. Ils avaient passé. Nous chassions les Mamelouks[21]. »

Beaucoup moins littérairement, les troupiers se bornent à graver leurs noms. Sur le temple d'Edfou, le caporal Poudrat précise que le 8 mai il a monté la garde « ici ». A Denderah, c'est Louis Guibourg, carabinier à la 21e légère, qui paraphe[22].

En avançant jusqu'à la première cataracte, l'armée française ouvre la voie royale de l'égyptologie. Dessinés, cotés sous tous les angles, les monuments pharaoniques vont revenir en Europe. Ils feront rêver toute une génération.

---

21. Mémoires du comte Belliard. L'influence de Chateaubriand est si manifeste qu'on croit lire un pastiche.

22. C'est G. LEGRAIN qui a donné l'étude la plus détaillée de ces graffiti. Communication du 16 septembre 1911 à l'Académie des sciences morales et politiques. Voir en annexe.

14

COLONISER OU PAS ?

Bonaparte parti, s'ouvre la période véritablement coloniale de l'expédition d'Égypte. Elle dure deux ans, exactement du 23 août 1799 (départ de Bonaparte) au 2 septembre 1801 (capitulation de Menou). Au sein du corps expéditionnaire, deux points de vue s'affrontent. Le premier, largement majoritaire, est celui d'hommes qui ne croient pas en une possession durable de l'Égypte, ils entendent tout mettre en œuvre pour hâter leur retour en France. Seule une poignée d'officiers et d'administrateurs aspirent à la colonisation de l'Égypte. Deux hommes incarnent ces perspectives divergentes, Kléber et Menou.

Jusqu'à ce qu'il soit assassiné, le 14 juin 1800, Kléber se dépense sans compter pour rapatrier l'armée d'Orient ; jusqu'au bout, son successeur Menou s'accroche à l'Égypte. La postérité a fait de Kléber un héros antique et de Menou un intrigant confus, tacticien lamentable au surplus. L'examen de leurs deux politiques, examen refait avec pertinence depuis peu, amène à nuancer cette appréciation convenue, à ternir un peu Kléber et à trouver quelque intérêt à Jacques Abdallah Menou[1].

Lorsque Bonaparte lui remet le commandement en chef,

---

1. Sur Kléber, les analyses les plus actuelles sont celles d'Henry LAURENS qui a procédé à l'édition critique de sa correspondance et de son « carnet » égyptien, *Kléber en Égypte 1798-1800...*, étude historique, présentation et notes par Henry Laurens, I.F.A.O., Le Caire, 1988. Le même auteur s'est attaché à reconstituer (longuement) la démarche de Menou dans son *Expédition d'Égypte, 1798-1801*, chapitre 8. Il avait été précédé sur ce terrain par Georges RIGAULT, *le Général Abdallah Menou et la dernière phase de l'expédition d'Égypte*, Plon-Nourrit, Paris, 1911.

Jean-Baptiste Kléber a quarante-six ans. Il a derrière lui une longue carrière militaire. D'extraction populaire, ce Strasbourgeois s'est d'abord voué à l'architecture : formé au style néo-classique par Chalgrin, il exerce à Besançon et Strasbourg. En 1777, sur un coup de tête, il s'engage dans l'armée de l'Électeur de Bavière puis dans celle de Joseph II. Cette carrière « allemande » s'arrête au grade de sous-lieutenant puisque, peu avant la Révolution, Kléber renoue avec son métier d'architecte. En 1791, il reprend du service comme volontaire national. Sa promotion est fulgurante, sa contribution à la défense de Mayence lui vaut même le grade de général divisionnaire.

Passé en Vendée avec ses « Mayençais », Kléber mène la guerre civile sans états d'âme particuliers. Il entretient même d'excellentes relations avec le représentant Carrier[2].

Muté à l'armée des Ardennes puis à celle de Sambre-et-Meuse, Kléber se bat sous Jourdan. Une nouvelle fois il quitte l'armée et se tient dans une retraite boudeuse. Grâce à Caffarelli, Bonaparte, qui estime Kléber, obtient qu'il reprenne du service dans l'armée d'Angleterre devenue armée d'Orient. Les deux hommes deviennent presque intimes, au point que Kléber est un des rares à savoir que le but effectif de l'énorme concentration navale de Toulon est l'Égypte.

En Égypte qu'il a abordée avec beaucoup d'enthousiasme — « Nous allons dans un beau pays où nous ferons de grandes choses[3] » — Kléber est déçu. Blessé, il se retrouve gouverneur d'Alexandrie, une fonction qu'il n'apprécie guère. La campagne de Syrie dégrade les relations de Kléber avec son supérieur. Critiquant l'impréparation de l'expédition, dont il rend Bonaparte responsable, il découvre chez lui une ambition démesurée et un mépris des hommes qui le choquent.

Pourtant, après la victoire d'Aboukir, Kléber se jette dans les bras de Bonaparte en lui lançant : « Général, vous êtes

---

2. Il n'existe pas de biographie récente de Kléber. La dernière, celle de Lucas-Dubreton, date de 1937. En revanche, la partie vendéenne des Mémoires a fait l'objet d'une réédition, *Kléber, Mémoires politiques et militaires 1793-1794*, présentés et annotés par Roger NOUGARET, collection In-Texte Tallandier, Paris, 1989. En Vendée, Kléber n'a pas la sensibilité de son ami Marceau.

3. Kléber à Ernouf, cité par Henry LAURENS, *Kléber en Égypte*.

grand comme le monde et il n'est pas assez grand pour vous. »

Très grand, athlétique, avec une « crinière de lin », Kléber est un bel homme. Au caractère il est droit, honnête et cache derrière un langage de soudard des vues intellectuelles assez amples. Bon tacticien (selon Jomini), il sait entraîner les hommes et se faire estimer d'eux. En revanche, et c'est là le point faible de la cuirasse, il répugne aux responsabilités suprêmes qu'il a toujours cherché à fuir. Le départ de Bonaparte et sa promotion subite le jettent dans un grand désarroi. Désormais, pour lui, Bonaparte n'est plus qu'un « ambitieux démesuré, un minable charlatan ». L'intéressé manifeste aussi une rancune tenace qui se prolonge après la mort de Kléber. Ramené d'Égypte, son corps reste au château d'If jusqu'en 1818 et, à Sainte-Hélène, l'empereur le pourfend de formules assassines : « Un paresseux, qui se laissait mener par le petit bout du nez par le petit Damas, qui était son mignon... » ; « ... il était Allemand. Il n'aimait que les femmes, l'argent et le plaisir. Il n'aimait pas la Révolution[4] ».

En réalité, le républicanisme de Kléber ne fait aucun doute, même s'il se teinte *in fine* d'un certain pessimisme qui lui fait croire que le césarisme est l'aboutissement inéluctable de la révolution. C'est presque avec dépit qu'il avance cette maxime : « Il ne faut qu'un seul homme pour changer la face d'un État, et cet homme ne manque jamais, ce sont ceux qui gouvernent qui ne savent pas le découvrir[5]. »

Dès son entrée en fonction, Kléber, par ses déclarations, montre assez que c'en est fini avec « le délire islamico-prophético-national » (H. Laurens) de Bonaparte. Il se veut essentiellement un pragmatique, avec un souci prioritaire : garder à la République une de ses meilleures armées. L'Égypte passe après. Il le dit dans son ordre du jour du 31 août 1799, il le répète dans son rapport au Directoire mais il le dissimule aux Égyptiens et notamment au *diwan*.

L'ordre du jour du nouveau commandant en chef est laconique mais rassurant pour les soldats :

4. Propos rapportés par Gourgaud et Bertrand, cités par Henry LAURENS, *Kléber en Égypte*.
5. Cité par Henry LAURENS, *Kléber en Égypte*.

« Soldats...

« Des motifs impérieux ont déterminé le général en chef Bonaparte à passer en France.

« Les dangers que présente une navigation entreprise dans une saison peu favorable, sur une mer étroite et couverte d'ennemis, n'ont pu l'arrêter ; il s'agissait de votre bien-être.

« Soldats, un puissant secours va vous arriver ou bien une paix glorieuse, une paix digne de vous et de vos travaux, va vous ramener dans votre patrie[6]. »

En fait d'alternative, Kléber estime qu'il n'y en a pas puisqu'il croit que seule la maîtrise des mers peut attacher durablement l'Égypte à la France et que la marine est incapable de supplanter la Royal Navy en Méditerranée. Le rapport qu'il adresse au Directoire découle de cette certitude. C'est une pièce essentielle qui d'ailleurs ne parviendra jamais en France : intercepté par les Anglais, il sera publié par leurs soins. A Sainte-Hélène, Napoléon l'annotera méthodiquement pour mieux le réfuter[7].

Que dit Kléber ? Que propose-t-il ?

Il présente d'abord l'Égypte comme véritablement assiégée, investie de tous côtés et coupée de la France. L'armée du Grand Vizir, considérable, qui se concentre en Syrie, Jazzar Pacha toujours aussi acharné, les beys mamelouks très actifs, Mourad Bey en Haute-Égypte, Ibrahim Bey à Gaza. Au total des forces très supérieures en nombre, profitant de la logistique navale des Britanniques et qu'il oppose aux siennes, réduites de moitié et démunies de tout. Kléber insiste, plus de fer coulé, plus de plomb, de poudre, des armes usées et des uniformes en lambeaux. Les hommes vont « nus », ravagés par l'ophtalmie et la dysenterie, sous la menace persistante de la peste. Les ressources financières sont inexistantes, Bonaparte a laissé 12 millions de francs d'arriéré. Le pays n'est pas sûr, les cœurs ne sont pas gagnés. En cas d'attaque, l'Égypte est indéfendable, Le Caire est hostile, Alexandrie un simple camp retranché démuni

---

6. Kléber à l'armée, Le Caire, le 14 fructidor an VII.

7. Kléber, général en chef, au Directoire exécutif de la République française. Au quartier général du Caire, le 4 vendémiaire an VII (26 septembre 1799). Heureuse initiative que celle d'Henry Laurens : au tome 2 de son *Kléber en Égypte*, p. 515-532, il publie *in extenso* le rapport de Kléber avec les commentaires de l'Empereur.

d'artillerie et el-Arich, qui verrouille l'isthme, « un méchant fort ».

Dans ces conditions, Kléber se propose de négocier la restitution de l'Égypte au sultan, sous réserve « d'obtenir le maintien des Français jusqu'à la paix générale, en reconnaissant la souveraineté de la Porte et en payant le tribut annuel [statut finalement assez analogue à celui que connaîtra l'Égypte de 1882 à 1914][8] ». Au fond, ce rapport aux Directeurs est déjà un plaidoyer *pro domo*. Il ne fait qu'avertir d'une démarche diplomatique amorcée, qui sort des attributions ordinaires d'un officier général mais que Kléber justifie par son isolement... Pour gagner les Directeurs à son initiative, il noircit une situation difficile.

Les négociations qui aboutissent à la convention d'el-Arich, signée le 23 janvier 1800, ont pour principal maître d'œuvre le commodore Sydney Smith. Âgé de trente-six ans en 1800, cet infatigable ennemi de la Révolution française est à la fois un excellent marin et un diplomate expert en tractations difficiles. Il s'entoure d'émigrés français (Tromelin, Phélippeaux, Frotté, le demi-frère du général chouan) et s'appuie sur son frère Spencer, chargé d'affaires à Constantinople. Mal vu de l'Amirauté (lord Keith, Nelson...), soutenu par Pitt tant qu'il n'abuse pas de sa liberté de manœuvre, Sydney Smith exerce un incontestable ascendant sur les négociateurs français[9].

Il s'agit en l'occurrence de Desaix, que Kléber a choisi pour qu'il ne désavoue pas les négociations, et Poussielgue, un diplomate habitué aux missions délicates (il a préparé la prise de Malte). Alors que l'armée du Grand Vizir poursuit sa marche sur l'isthme, les négociations s'ouvrent à bord du *Tigre,* le navire du commodore. Le 22 décembre, l'armée ottomane commence le siège du fort d'el-Arich. Une partie de la garnison (400 hommes) refuse de se battre. Le commandant Cazals est contraint à capituler. La moitié de ses hommes a péri. Signe alarmant d'une proche décomposition de l'armée, l' « affaire d'el-Arich » incite Kléber à en finir au

---

8. Henry LAURENS, *l'Expédition d'Égypte,* ch. 7.

9. C'est aussi un très habile manipulateur. La « désinformation » n'a pas de secret pour lui. Aux Français d'Égypte, coupés du monde, il communique les informations qui lui sont utiles ; il est bien informé des dissensions entre Bonaparte et Kléber et sait les exploiter.

plus vite. A Desaix qui hésite, il signifie sa détermination : « Pour moi, qui ne veux point voir assassiner en détail le reste de cette armée, sans avantages réels pour la patrie, pour moi qui ai regardé cette expédition comme complètement manquée (...), je persisterai dans ma résolution sans m'inquiéter si le blâme ou les éloges doivent m'attendre[10]. »

Le 13 janvier, les négociations reprennent à el-Arich même, avec le Grand Vizir en personne. Dix jours plus tard c'est l'accord : les Français s'engagent à évacuer l'Égypte dans un délai de trois mois, sur des navires fournis par le sultan. L'évacuation sera progressive et financée par le gouvernement ottoman. Les Français rapatrieront leurs armes et bagages. Quel soulagement pour Kléber ! Au début, il redoute l'indiscipline des Ottomans, en fait les complications viennent moins de ce côté que de Londres.

La convention d'el-Arich fait la part trop belle aux Français, l'Amirauté désapprouve, le Cabinet est divisé. Ordres et contre-ordres parcourent la Méditerranée. Le malentendu est à son comble avec la lettre de lord Keith, datée du 8 janvier (donc antérieure à la convention) mais que Kléber ne reçoit qu'à la mi-mars. Le chef de la flotte anglaise en Méditerranée l'avise qu'il ne peut être lié par des accords d'évacuation que si le corps expéditionnaire se constitue prisonnier. Kléber se sent joué, il « mugit comme un chameau en furie » (Nicolas Turc). Il décide de passer outre la convention et d'en finir par les armes. Convaincu que les 40 000 hommes du Grand Vizir qui campent devant Le Caire près des ruines d'Héliopolis composent plus une « riche caravane » qu'une véritable armée, il se jette sur eux avec moins de 10 000 hommes. Le 20 mars 1800, il enfonce les Ottomans, les balaye, cependant que seule la cavalerie ennemie parvient à gagner Le Caire pour se joindre à l'insurrection qui a déjà commencé.

Il faudra six semaines à Kléber pour en finir avec cette seconde révolte des Cairotes. Auparavant, il conclut une alliance avec Mourad Bey qui reçoit la Haute-Égypte en protectorat. Ayant laissé la capitale passer entre les mains des extrémistes, Kléber peut compter sur la lassitude des habitants et la compréhension des notables. Reprise, la ville

10. Cité par Henry LAURENS, *l'Expédition d'Égypte*, ch. 7.

est frappée d'énormes contributions, d'autant plus justifiées aux yeux des Français que les caisses de l'armée sont vides.

Paradoxe : à cause de ses victoires, Kléber est condamné à rester en Égypte[11]. Du moins pour plusieurs mois encore. Une reprise des négociations est esquissée au début de juin, avec cette fois Isaac Bey, conseiller du Capitan Pacha qui commande la flotte venue débarquer une nouvelle armée. Mais, le 14 juin, dans les jardins du quartier général, Kléber est poignardé à mort par Sulayman l'Alépin, un jeune Syrien endoctriné par des *ulama* d'al-Azhar[12]. Son procès (dont la procédure surprend les Orientaux habitués à une justice plus expéditive), les funérailles grandioses de sa victime, son exécution atroce (il périt, le poignet brûlé, sur un pal, après des heures de contorsions) concluent la deuxième phase de l'occupation française en Égypte. Le temps est venu pour le général Menou de montrer ce qu'il veut faire.

A Kléber, le guerrier flamboyant, succède un homme courtaud, le comte de Menou, déjà ventripotent, au crâne chauve. Il a cinquante ans. Tourangeau, de vieille noblesse, Menou sert dans l'armée depuis 1766[13]. Député aux états généraux, il suit le cours de la Révolution et la sert sans en approuver tous les débordements. A sa demande, il part commander en Vendée où il est blessé. Général en chef de l'armée de l'Intérieur sous le Directoire, il est dessaisi de son commandement le 13 vendémiaire, au profit de Bonaparte. On lui reproche des sympathies royalistes ; poursuivi, il est disculpé grâce surtout à Bonaparte. Ce dernier apprécie ses connaissances étendues et son expérience de la vie. Il l'emmène en Égypte.

Jusqu'à sa prise de commandement, Menou ne brille pas par ses initiatives. Blessé au débarquement d'Alexandrie, il

11. Georges RIGAULT, *le Général Abdallah Menou*, ouvrage cité, dit très bien à propos de Kléber après Héliopolis que cette victoire « ne fut pour lui qu'un étrange accident. Elle le rendit, en dépit de lui-même, ennemi des Turcs, maître de l'Égypte (...) Elle détruisait ses espoirs de retour et, l'emprisonnant dans sa conquête, elle allait bientôt l'y ensevelir ».

12. On sait que le même jour, presque à la même heure, Desaix trouve la mort à la bataille de Marengo.

13. Détail curieux : Jacques-François de Menou a pour cimier de ses armoiries une tête de Maure. En Égypte, ses ennemis le faisaient descendre du comte de Bonneval, autre renégat fameux, au service du sultan. C'est tout à fait improbable.

est nommé gouverneur de Rosette. Pressé de gagner la Syrie pour y établir une administration militaire, il ne se met en route qu'au dernier moment, lorsque les Français l'évacuent.

Bonaparte reste indulgent. Encore plus lorsque, subitement, Menou lui annonce qu'il épouse une femme musulmane, et que lui-même se convertit à l'islam et prend le prénom d'Abdallah. Cette conversion, pour les charmes d'une descendante du Prophète(?), fait jaser toute l'armée, mais Bonaparte s'en félicite. Ne précède-t-elle pas l'islamisation éventuelle de toute l'armée à laquelle il s'est presque engagé devant les *ulama* d'al-Azhar ?

Mais Jacques Abdallah Menou a beau afficher une pratique rigoriste, les musulmans ont du mal à le reconnaître pour un des leurs. Devenu passablement ridicule au regard de ses collègues, Menou ne s'impose pas non plus auprès des Égyptiens. Il vit assez mal ce double rejet et Christopher Herold a probablement raison de parler de sa « personnalité sentimentalement et intellectuellement déséquilibrée », d'évoquer même les « légers symptômes paranoïdes » qu'il décèle dans sa correspondance et aussi dans ses actes.

Cela étant, Menou mérite-t-il la réputation assez pitoyable dont l'Histoire l'a affublé ? Contre lui ont surtout été retenus les portraits-charges de ses ennemis, les généraux Damas, Reynier ou Boyer[14]. Son incapacité militaire est flagrante. Placé dans une situation presque semblable à celle de Bonaparte avant la seconde bataille d'Aboukir, Menou se montre au-dessous de tout. Au lieu de concentrer ses forces, d'écraser d'abord la petite armée anglaise d'Abercromby débarquée à Aboukir, puis de se retourner contre le Grand Vizir qui n'a pas encore traversé le Sinaï, il émiette ses forces. Contraint de marcher sur les Anglais, Menou y met trop de lenteur. Alors que son armée est de peu inférieure à celle de son adversaire, qu'il dispose d'une puissante cavalerie (dont Abercromby est démuni), il se fait battre à Canope, le 21 mars 1801. Après cette terrible saignée (4 000 hommes tués, blessés ou prisonniers), le sort de l'armée d'Orient est scellé. Cependant que Belliard, qui commande au Caire,

---

14. L'hostilité est telle que Menou va jusqu'à arrêter Reynier, Damas, Boyer, l'ordonnateur Daure et quelques autres officiers pour les expédier en France, voir plus loin au chapitre 32, « L'angoisse du retour ».

négocie une capitulation honorable assortie d'un rapatriement immédiat, Menou s'enferme dans Alexandrie et y perd quelques centaines d'hommes, en pure perte, avant de rendre son épée.

Incompétent sur le plan stratégique, bravache et obtus, Menou n'inspire guère de sympathie et d'intérêt. Pourtant, c'est le même homme qui s'attache à formuler un plan cohérent de colonisation de l'Égypte, une somme de décisions qui le hisse parmi les précurseurs de la colonisation française du XIXe siècle. Par certains côtés, il se comporte comme un Faidherbe ou un Gallieni auquel il n'aurait manqué que le temps et les moyens.

Bien avant de succéder à Kléber, Menou a réfléchi sur la nécessité de garder l'Égypte. Il a rédigé plusieurs mémoires dans lesquels il s'est acharné à démontrer que seule l'Égypte pouvait compenser la perte de l'Inde et des Antilles. Il la considère comme le pays « le mieux placé pour être l'entrepôt du commerce des Indes par la mer Rouge, le Nil et Alexandrie [15] ».

Pour l'Égypte, Menou a des projets grandioses. Ils se bousculent dans son esprit. Mais, dans l'immédiat, il doit faire face à la harcelante question financière. Ses deux prédécesseurs, surtout Bonaparte, ont vécu d'expédients. En se reposant sur les coptes, dont la pratique concussionnaire est presque systématique [16], le commandement a pris le double risque d'être impopulaire et de se priver de ressources importantes. De ce passé scabreux, Menou entend bien faire table rase. Il ne veut plus « composer avec les fripons » comme s'y était résigné Kléber. Sa réforme de l'administration fiscale est spectaculaire. Démantelant l'affermage qui avait fait la puissance des *multazim* (au risque de s'aliéner une bonne part des notables), substituant aux anciens droits, disparates et déréglés dans leur quotité comme dans leur perception, de nouvelles taxes, Menou fait basculer l'Égypte dans le monde de la rationalité [17].

---

15. Cité par Henry LAURENS, *l'Expédition d'Égypte.*

16. A l'exception, notable, de « Jacob le Copte » dont nous parlons plus loin.

17. Dans ce domaine fiscal, il est très imaginatif, droits sur la chasse et la pêche, droit de marque sur l'orfèvrerie, droits sur le sel, les eaux-de-vie, les successions, il n'oublie rien !

Même démarche en ce qui regarde la justice. A compter du 2 octobre 1800, Menou ordonne que tous les tribunaux du pays rendent la justice au nom de la République française. Il s'agit moins d'une francisation de l'appareil judiciaire et de la législation que d'une tentative d'harmonisation entre le droit coranique et les préceptes du droit français.

Pour mener à bien ces réformes, Menou se sent isolé. Il n'a pas tort. Il a contre lui la clientèle laissée par Kléber qui peuple l'état-major, lui-même ne peut compter que sur des soutiens individuels même si, après la confirmation de son commandement, il procède à quelques promotions. Du côté des civils, ce n'est guère mieux. Il s'est très vite aliéné les gens de l'Institut et de la Commission et s'entend mal avec la plupart des administrateurs auxquels il reproche, souvent avec raison, de trop fréquentes malversations. Il s'attaque à l'ordonnateur en chef Daure qu'il remplace par Sartelon. Mais surtout il s'appuie sur le payeur général Estève dont il fait un directeur général, véritable ministre des Finances de l'Égypte.

Pour « l'aider à supporter le fardeau dont, en attendant les ordres du gouvernement de la République française, il est provisoirement chargé [18] », Menou institue un « conseil privé » dans lequel il fait entrer tous les officiers généraux et les chefs des services administratifs. En fait, comprenant vite qu'un tel conseil peut cristalliser l'opposition à sa politique, Menou se garde bien de le réunir. Avec le nouveau *diwan* général, il semble rencontrer plus de satisfaction. Les cheikhs les plus rétifs à l'ordre français sont écartés, tel al-Sadat, d'autres restent (al-Bakri, al-Sirsi), quelques-uns sont nouveaux, tel Jabarti le chroniqueur.

Très aimable à l'égard de Menou, l'accablant même d'hyperboliques louanges, le *diwan* se garde bien de tout engagement effectif aux côtés des Français. Concédant sur les détails, sur tous les points secondaires qui n'attentent pas à l'identité islamique, les cheikhs résistent dès qu'il s'agit d'opiner à des réformes radicales. Il faut alors les menacer, comme l'a fait Estève, le 1er mai 1801, une dizaine de jours après Canope :

« Si les habitants du Caire se relâchent et se comportent

18. Cité par Henry LAURENS, *l'Expédition d'Égypte.*

mal, ils seront punis plus durement que l'an dernier. Sachez que les Français n'abandonneront jamais l'Égypte, ils n'en sortiront plus, car ce pays est devenu le leur et il est maintenant sous leur pouvoir...[19] »

Estève réclame ensuite une énorme contribution et fait écrire une lettre à Menou pour lui garantir la loyauté du *diwan.*

Le 12 juin, Estève renouvelle ses avertissements, il tance les membres du *diwan :* « Sachez que le pouvoir en Égypte est pour toujours aux Français. Que cela fasse bien partie de votre croyance ! Mettez-vous bien cela dans la tête, autant que votre foi dans l'unité de Dieu. » Jabarti, qui rapporte son propos et qui l'écoute en dissimulant ses pensées, commente sobrement : « Ce fut une abondance de paroles dans ce style-là. Un aveuglement sans borne comme l'Océan. »

Quinze jours après ces rodomontades, le général Belliard capitulait. Ce qui donne envie de conclure à la manière d'Alexandre Vialatte : « Et c'est ainsi qu'Allah est grand ! »

---

19. JABARTI, ouvrage cité.

Troisième partie

L'ÉGYPTE FRANÇAISE AU QUOTIDIEN

15

S'ADAPTER POUR SURVIVRE

En débarquant en Égypte, l'armée française ouvre un théâtre d'opérations qui lui est tout à fait étranger. Elle n'a jamais combattu en Afrique, en terre d'Islam. Il lui faut donc s'adapter à un contexte spécifique qui risque de la dérouter et même de la perdre si elle n'y parvient pas. L'adaptation doit se faire à deux niveaux, il y a celle qui tient au pays lui-même, à son climat, ses habitants, leurs mœurs ; il y a aussi celle qui répond aux exigences de la guerre : les « puissances » d'Égypte ont leur façon de mener les hostilités, pour les vaincre il faut promptement l'interpréter et lui trouver les parades appropriées [1].

Les connaissances des chefs du corps expéditionnaire sont purement livresques. Ils imaginent l'Égypte en se fiant aux voyageurs et aux hommes en contact professionnel avec l'Égypte, diplomates, négociants, drogmans, orientalistes. Les militaires ont fourni aussi des informations, quelquefois de première main, mais elles ont peu circulé [2].

L'Égypte que les hommes de Bonaparte découvrent les désempare. Habitués aux combats européens, à un environ-

1. Ce chapitre fait référence constante à l'étude du colonel Roger MICHALON et du chef de bataillon J. VERNET, « Adaptation d'une armée française de la fin du XVIIIe siècle à un théâtre d'opérations proche-oriental (Égypte 1798-1801) », parue dans la *Revue internationale d'histoire militaire*, n° 49, Bruxelles, 1980.

2. Ainsi le capitaine du génie Lazowski dont le mémoire remis aux Directeurs le 4 janvier 1798 conclut à l'extrême faiblesse militaire de l'Empire ottoman. Sur cet agent et sur le rôle des Polonais passés au service de la République, consulter A. SKALKOWSKI, *les Polonais en Égypte 1798-1801*, Paris, 1910.

nement favorable comme celui de la plaine du Pô, les soldats doivent se familiariser avec un monde opaque, sourdement hostile qui ne leur donne aucun droit au relâchement.

Sans Aboukir, le corps expéditionnaire aurait pu rentrer après quelques mois de campagne, laissant les garnisons suffisantes pour tenir le pays ; après Aboukir, il lui faut « combattre et survivre en s'adaptant à des adversaires plus sérieux, divers, tenaces et retors que prévu, dans un pays pratiquement inconnu, rendu impitoyable par ses étendues désertiques, son climat et son manque de ressources industrielles[3] ».

Le corps expéditionnaire français est très majoritairement composé de fantassins ; quant à la cavalerie, à l'exception des guides à cheval, elle n'a pu embarquer ses chevaux.

La manœuvre mamelouke est bien connue des officiers français, du moins sur le papier. La cavalerie ottomane se livre à des charges furieuses, destinées à disloquer l'ennemi, cavaliers ou fantassins. Une fois ce résultat obtenu, les mamelouks aidés par leurs auxiliaires à pied s'acharnent à réduire les groupes isolés. Les Russes, qui livrent un combat multiséculaire aux Turcs, sont les premiers à adopter la formation dite en carré. En France, elle est inscrite au règlement depuis 1776 mais jamais pratiquée.

Dès l'engagement de Chobrâkhyt, Bonaparte ordonne aux fantassins de se former en carré. Dans le détail, tout se passe de la manière suivante : « Formé pendant la marche d'approche, le carré se tient immobile dès la prise de contact pour recevoir le choc de la cavalerie, à laquelle il oppose son feu ; puis il réagit par le mouvement. Le feu est " conservé " jusqu'à ce que l'adversaire soit à vingt pas, distance optimale d'efficacité. Exécuté trop tôt, il n'est pas assez précis ; trop tard, il n'arrête pas l'élan des cavaliers. Au combat de Sediman, un carré de la 21e légère garde son feu jusqu'à dix pas. La salve, trop tardive, ne ralentit pas l'impétuosité des mamelouks qui enfoncent le carré : la situation sera rétablie mais la leçon a porté. Lorsque la cavalerie adverse abandonne ses attaques, le carré se met en mouvement pour

3. R. MICHALON et J. VERNET, article cité.

s'emparer des positions de l'adversaire : emplacement de batteries ou villages refuges[4]. »

Le dispositif en carré devient vite la panacée car il est supposé donner d'excellents résultats dans toutes les rencontres. Toutefois, lorsqu'il s'agit d'engagements contre des fantassins, les soldats français reprennent les manœuvres classiques, déploiement en lignes et colonnes.

La formation en carré est si appréciée qu'elle est étendue aux marches d'approche et même aux bivouacs lorsque ceux-ci doivent se faire en zone d'insécurité. On cherche à améliorer le dispositif, c'est l'adoption de pieux en bois ferré aux deux bouts, d'1,60 m, que l'on remet à chaque homme. Ils doivent, au combat, les ficher devant eux, inclinés et les tenir en se reliant les uns aux autres par des chaînettes. L'idée semble bonne et les pieux sont distribués aux troupes qui partent pour la Syrie ; en fait, les hommes prennent très mal ce fardeau supplémentaire, les pieux s'égarent et l'on renonce très vite à en faire usage. De petits détachements postés dans toute l'Égypte s'efforcent de limiter la montée de l'insécurité. C'est d'ailleurs à cette dernière qu'il faut imputer le recours à des colonnes mobiles inter-armes pratiquant la terre brûlée là où elles passent. Elles châtient ainsi les villageois qui ont commis ou laissé faire des meurtres isolés, des attaques de soldats français. La méthode est éprouvée, elle procède des colonnes infernales de Turreau en Vendée, et elle donne tous les résultats escomptés !

Sur le Nil, la multiplication des patrouilles armées, avec des unités légères, de jour et de nuit, diminue le nombre d'abordages sanglants, d'attaques lancées depuis les berges sur des navires imprudemment accostés[5].

C'est en procédant de toutes ces manières que l'armée d'Orient parvient à préserver ses forces durement éprouvées par les combats, le maintien de l'ordre et la maladie. Mais, faute de recevoir des renforts, le nombre des hommes est voué à diminuer régulièrement jusqu'à toucher des seuils alarmants. Pour ralentir cette fonte des effectifs, Bonaparte et son état-major élaborent de nombreux palliatifs. Un

---

4. R. MICHALON et J. VERNET, article cité.
5. Comme dans l'affaire de Mansûra où 119 hommes, fantassins de la 13e demi-brigade et dragons du 18e, se font égorger sans pouvoir opposer la moindre résistance, le 1er septembre 1798.

meilleur emploi des hommes du corps expéditionnaire est sans cesse recherché, surtout, les apports extérieurs ou indigènes sont sollicités.

Les marins survivants d'Aboukir sont nombreux. Il faut les employer. Un certain nombre reste affecté à la maintenance des ports, d'autres passent sur les unités légères qui surveillent les bras du Delta et le Nil lui-même. Pour les autres, le commandement décide la constitution d'une légion nautique forte de quatre compagnies de fusiliers, d'une de canonniers et d'une de sapeurs-pionniers. Mais ces fusiliers marins ne donnent guère satisfaction, une soixantaine périt même tragiquement en se faisant surprendre à Damanhûr dans la nuit du 24 au 25 avril 1799. Peu après, Bonaparte dissout la légion et fait verser les survivants dans différentes unités. Kléber reconstitue la légion nautique mais il la réserve cette fois à la défense des fortifications côtières. Sous Menou, il existe encore un bataillon de marine, 584 hommes disponibles, mais son emploi est réduit. En bref, sur terre comme sur mer, la marine n'a pas véritablement répondu à ce qu'on attendait d'elle. Ce qu'il faut probablement attribuer à la médiocre valeur des équipages, une médiocrité qui caractérise les équipages enrôlés sous la Révolution et l'Empire.

Ne pouvant guère compter sur les marins, le commandement pense aux administratifs de l'armée, à tous ses personnels non combattants. Des ordres du jour répétés prescrivent des recensements systématiques ; la chasse aux hommes en situation douteuse est ouverte, mais les recherches ne donnent guère de résultats. Bonaparte décide alors de fondre les administrations militaires particulières en ensembles polyvalents. Après lui, Kléber remplace les ordonnances par des mamelouks et Menou va jusqu'à prélever des commissaires aux armées pour en faire des officiers.

Mais cette redistribution des affectations ne mène pas loin. Il faut trouver des hommes ailleurs. Un petit apport est fourni par la « légion maltaise ». Ce sont là quelques centaines d'hommes embarquées à Malte et qui proviennent de la petite armée entretenue par l'ordre souverain. Aussitôt après la prise d'Alexandrie, un bataillon est placé sous le commandement du général Dumuy. D'emblée, sa tenue au feu et son comportement en général se révèlent déplorables.

L'unité est pourtant transformée en légion, réentraînée. Elle passe sous les ordres de Junot et de son subordonné Mac Sheehy. En garnison à Suez, les Maltais se signalent par leur propension à déserter[6]. Excédé, Bonaparte dissout la légion et répartit ce qu'il en reste dans toute l'armée.

Le commandement français trouve un peu plus de satisfaction en créant la « légion grecque ». Un aventurier se trouve à son origine, Nicolas Papas Oglou. Il s'est porté volontaire en septembre 1798 pour constituer une sorte de milice fluviale. Ce groupe informel a été ensuite progressivement intégré à l'armée. Mais c'est seulement en avril 1800 qu'il devient une légion. En septembre, on lui attribue 670 hommes disponibles. Peu à peu, elle reçoit un encadrement français qui pallie ses déficiences en matière de discipline et d'instruction. Telle qu'elle, la légion grecque rend d'inestimables services, surtout lorsqu'on lui confie des tâches de maintien de l'ordre.

Réglant de vieux comptes avec les Ottomans, connaissant bien leur pays d'adoption, les Grecs d'Égypte peuvent constituer une bonne troupe auxiliaire. Le choix des coptes est encore meilleur. Il est pourtant tardif puisque c'est seulement en avril 1800 (à la suite de la seconde insurrection du Caire) que Kléber et Ya'qûb al Sa'îdî, appelé par les Français Jacob le Copte, s'entendent sur la création d'une légion de volontaires. Formée de cinq compagnies de fusiliers, elle comprend huit cents hommes motivés et disciplinés. L'unité est entièrement copte, des hommes du rang aux plus élevés de ses gradés, mais le chef de brigade Coliquet en assure la direction technique. Embarqués pour la France en juin 1801, les légionnaires coptes formeront le noyau des chasseurs d'Orient[7].

A plus long terme, Bonaparte envisageait de reconstituer ses forces par des achats massifs d'esclaves noirs. Quelques centaines, confisqués à leurs maîtres mamelouks, ont effectivement servi sous le drapeau français. Le plus grand nombre

---

6. Le 2 mars 1799, Mac Sheehy écrit à Dugua : « ... Je suis forcé à désespérer d'en tirer aucun parti. Dans des forts ou des citadelles où il s'agira seulement de tirer des coups de fusil de derrière un mur ils pourront, peut-être, rendre quelques services ; mais il faut bien se garder de les présenter devant un ennemi qui fera mine de les attaquer... » Cité par La Jonquière, tome V.

7. Sur Jacob le Copte, voir plus loin le chapitre 33.

s'est retrouvé à la 21e demi-brigade légère. Ces Noirs soudanais y ont donné entière satisfaction.

Les auxiliaires ne sont pas tous des infidèles, nombre de musulmans s'y enrôlent. Plusieurs unités peuvent être ainsi formées. Pour maintenir l'ordre, Bonaparte crée, dès juillet 1798, des compagnies de janissaires à pied, cinq sont chargées de la police du Caire et chaque province en reçoit une. De son côté, la campagne de Syrie attire une foule assez importante, de quoi lever trois compagnies de Maghrébins et une d'Albanais, tous soldats qui avaient servi jusque-là le sultan et qui se montreront particulièrement dévoués aux Français...

Mais les plus fameux des auxiliaires de Bonaparte sont les mamelouks dont l'aventure, l'épopée ont avancé certains, mérite un développement à part. Remarquons déjà que leur petit nombre n'a pas nui à leur réputation et qu'ils incarnent véritablement la séduction de l'Orient sur les Français[8].

L'adaptation du corps expéditionnaire à l'Égypte ne s'est pas bornée à une meilleure gestion des effectifs ou à la recherche de troupes auxiliaires, elle a nécessité la formation d'unités nouvelles, la mise en place d'une logistique, la recherche d'un équipement individuel adapté.

L'entretien et l'adaptation des équipements ont été l'objet de soins multiples. Ces attentions ont permis au corps expéditionnaire de ne jamais manquer du nécessaire.

Prenons le cas des fusils. Le fusil d'infanterie est le modèle 1777, dit Gribeauval. Excellent au départ. Mais celui qu'utilisent les fantassins d'Égypte procède des fabrications hâtives ordonnées sous la Révolution. Le soin apporté est moindre et l'efficacité réduite. Long d'1,52 m, le fusil pèse 4,600 kg ; sa précision n'est bonne que jusqu'à 150 m ; mais il peut porter à 800. La baïonnette à douille est une lame triangulaire longue de 380 mm.

Grâce à un volant embarqué de 6 650 fusils et de 5 500 baïonnettes, les armes perdues ou détériorées peuvent être remplacées. La saisie des stocks indigènes, la récupération sur les champs de bataille augmentent encore les réserves. Pour l'entretien, l'industrieux Conté (l'ingénieur à tout faire de l'expédition) met au point tout le matériel nécessaire ; sa

8. Voir les chapitres 36 et 37.

méthode de bronzage est particulièrement efficace contre la rouille.

L'artillerie n'a jamais fait défaut. Débarquée au nombre de 71 bouches à feu, elle atteint l'effectif de 675 pièces en janvier 1801, sans compter les mortiers et les obusiers. Dans le nombre, beaucoup de pièces de marine récupérées après Aboukir. Les boulets se font plus rares. Une petite fonderie est installée à Giza. Surtout, des primes sont distribuées aux soldats pour la récupération des boulets ennemis ; en Haute-Égypte, les soldats de Desaix vont jusqu'à tailler des boulets de pierre et à bourrer des boîtes de petits cailloux pour avoir de la mitraille.

Trouver la poudre devient vite un casse-tête. Celle amenée de France est vite épuisée, celle trouvée en Égypte est médiocre. Une poudrerie est mise en chantier. En août 1800, elle commence à produire une poudre d'excellente qualité. La cartoucherie souffre encore plus de la pénurie. Il faut réquisitionner le papier existant, sacrifier des livres, et cela ne suffit pas toujours.

Après les armes, ce sont les uniformes qui préoccupent. Conçus pour des climats européens, vite détériorés par la traversée et les premiers combats, il faut songer rapidement à leur remplacement. Comme le dit avec humour un spécialiste de ces questions, d'abord habillés « dans du coton », les Français se retrouvent « dans de beaux draps[9] ».

Dès l'arrivée en Égypte, les uniformes habituels font la preuve de leur inadaptation. Les habits de drap sont insupportables au soleil; la nuit, ils ne protègent pas suffisamment de la fraîcheur. Les longues basques sont gênantes dans les terrains sablonneux lorsque les hommes s'enfoncent jusqu'à mi-mollets.

Dès l'installation au Caire, Bonaparte institue un Conseil pour l'habillement et l'équipement. En quelques jours, un nouvel uniforme est conçu : un habit-veste de cotonnade bleue, boutonnant droit sur la poitrine afin de mieux couvrir le ventre; à la place de la culotte ou du pantalon, un « pantalon-guêtres » se boutonnant au-dessous du genou et

9. RIGO « Le Plumet », « Les extraordinaires tenues de l'armée d'Orient », série d'études parues dans *La Gazette des uniformes*, n° 21, 1974, n°s 25, 26, n° 30, 1976 (Paris). Voir aussi « l'Égypte tricolore. Les uniformes de l'armée d'Orient », *le Briquet*, numéro hors série, Paris, 1986.

maintenu par sous-pieds. Après avoir regretté que le nouvel habit n'ait pas une allure plus orientale, Bonaparte donne son accord et la fabrication peut commencer dès le 15 août 1798.

Le couvre-chef fait problème. Le chapeau en feutre noir est plutôt encombrant et lourd à porter ; il y a bien les casques d'infanterie, modèle 1791, mais ils sont passablement usagés car leur fabrication a été arrêtée en 1795. Les artisans cairotes sont mobilisés, payés à quatre francs la pièce, ils fournissent 10 000 exemplaires d'une casquette en cuir de mouton avec visière et rabats, ornée d'un « pouff » en brins de laine. La couleur du « pouff » doit indiquer l'appartenance à la demi-brigade.

Si cette casquette reçoit un bon accueil auprès des intéressés, il n'en est pas de même des uniformes. Le nouvel habit est taillé dans des cotonnades trop fragiles et les pantalons-guêtres sont gênants à porter : ils déchirent à l'entrejambe ! D'où une nouvelle fabrication, des pantalons courts cette fois et des demi-guêtres en toile forte ; auxquels s'ajoutent des capotes de toile destinées à préserver des fraîcheurs nocturnes, les premières du genre dans l'armée française. En tenue normale, la capote est roulée et attachée sur le havresac. Là encore, l'habileté des artisans locaux a fait merveille : 21 300 capotes et pantalons sont fabriqués en quatorze mois.

L'impossibilité de trouver suffisamment des draps de même teinte, bleu foncé, conduit Bonaparte à prendre un ordre du jour (1er octobre 1799) par lequel il ordonne l'utilisation de toutes les couleurs possibles, la teinte servant à distinguer chaque demi-brigade. Avec sa minutie habituelle, il spécifie même les couleurs et leur attribution. En fait, comme il n'a pas tenu compte des possibilités réelles, ses ordres ne sont que partiellement suivis par Kléber. En janvier 1800, ce dernier passe en revue la garnison du Caire, habillée de neuf. « D'après les témoins oculaires, l'aspect des divers régiments habillés en toutes couleurs est proprement féerique... » (Rigo)[10].

La question des animaux de trait, de bât ou de selle est à

10. Belles planches en quadrichromie dans J. TRANIÉ et J.-C. CARMIGNIANI, ouvrage cité. Voir aussi L. et F. FUNCKEN, *les soldats de la Révolution française*, p. 92-99, 127-128, Paris, Casterman, 1988.

lier à celle des véhicules. Faute de place, chevaux et matériels ont été negligés à l'embarquement. En fait, moins de 300 chevaux ont été amenés ; une fois en Égypte ils se comportent mal. En dehors des véhicules liés au service des pièces (caissons, chariots à munitions), les transports d'usage général sont inexistants.

Mulets et dromadaires sont mis à contribution. D'emblée, les soldats les adoptent pour transporter leurs impedimenta et les munitions, certains dromadaires servent à déplacer les blessés. Des parcs sont constitués. Ils alimentent en bêtes les unités qui en font la demande. En janvier 1801, 1 800 chameaux sont employés par l'armée.

Pour les chevaux, la déception est grande. On attendait beaucoup des chevaux « arabes » mais ils sont difficiles à trouver. La cavalerie mamelouke en a perdu beaucoup et les deux beys en ont entraîné un grand nombre dans leur fuite. Devant le peu de résultats des réquisitions particulières, il est décidé une imposition globale, pour toute l'Égypte, de 2 100 chevaux. En décembre 1798, plus de 1 000 cavaliers sont ainsi remontés. En mai 1799, ils sont 2 000. Par la suite, les chevaux ne feront plus défaut.

Usant de mille expédients, faisant preuve d'une étonnante ingéniosité, les chefs de l'armée d'Égypte sont parvenus à adapter leurs forces à un théâtre d'opérations qui leur était complètement étranger. Cette prouesse a joué un très grand rôle dans les succès remportés ; elle explique que, coupé de ses bases, le corps expéditionnaire ait pu résister trois ans à des forces coalisées supérieures en nombre.

16

« NOUS, DROMADAIRES... »

François : « Un petit bout de la lorgnette particulièrement observateur et perspicace. »

Jacques JOURQUIN

Nous avons déjà évoqué les états de service du capitaine François, surnommé le « dromadaire d'Égypte [1] ». Son aventure égyptienne est exemplaire à bien des points de vue. D'abord parce qu'il est resté en Égypte jusqu'à sa capture en juin 1801 ; ensuite parce que, combattant d'élite, il a participé à toutes les opérations ; il a « fait » la Syrie comme la Haute-Égypte, était présent aux Pyramides, à Saint-Jean-d'Acre, au mont Thabor et à Héliopolis. Enfin, François est un soldat de la Révolution presque caricatural à force d'être conforme au modèle stéréotypé qu'une certaine tradition historique nous a légué.

Jacques Jourquin, qui a assumé la dernière réédition du *Journal* de François, l'a parfaitement campé. C'est un ratapoil à la Daumier, frotté d'idéologie jacobine. Très brave, insensible à un point extrême à la douleur, sans états d'âme, il est mû par un solide bon sens. Ses idées sont fortes et courtes : un républicanisme à la romaine, la passion de la chose militaire, du goût pour le butin, des scrupules vite refoulés. L'homme a vécu dans le présent, oubliant le passé et insoucieux de l'avenir. Très porté sur le « sexe » qu'il aime « militairement ». Il abhorre le catholicisme et se gausse de ses « capucinades ».

1. Voir chapitre 11.

Son cursus est assez lent, d'abord parce qu'il ne court pas après les grades et ensuite parce que à plusieurs reprises on l'oublie dans l'ordre des promotions. François n'est pas à proprement parler sympathique, il peut même se comporter en tueur, mais ce n'est pas non plus un bourreau. Au demeurant, il appartient à cette sorte d'hommes, les gens de guerre, que les civils ont du mal à comprendre.

En garnison à Nantes en 1819-1820, François y fait la connaissance de l'imprimeur Mellinet-Malassis. Il lui confie des fragments de son journal qui paraissent en 23 livraisons, à partir de 1823, dans *le Lycée armoricain,* une feuille locale.

Cette première publication est en fait très remaniée, pour satisfaire (?) le goût des lecteurs. François lui-même songe à publier l'intégralité de ses souvenirs. Le *Lycée armoricain* ouvre une souscription pour une parution prévue en 1829. Elle sera en fait posthume. En 1903, l'érudit Charles Grolleau se procure le manuscrit intégral (acheté à la veuve de François en 1869) et en confie la publication au libraire-éditeur Carrington[2].

Très critiqué en son temps (par Arthur Chuquet), le *Journal* de François ne souffre plus aujourd'hui de la même suspicion. Les reproches qui lui avaient été faits tenaient beaucoup au caractère bâclé de l'édition de 1903. Jourquin a parfaitement montré toute la confiance que l'on pouvait faire à un homme qui fut à son rang (subalterne) un acteur attentif, avec « de l'œil », du « bon sens », le « don de la saynète et de la formule » quand il passait à l'écriture.

En suivant François, on ne raconte pas l'expédition d'Égypte, on ne considère pas ses implications stratégiques, politiques ou scientifiques, mais l'on peut découvrir la vie quotidienne d'un combattant un peu particulier, fantassin d'abord, puis « dromadaire », c'est-à-dire membre d'un corps créé pour la circonstance. L'exemple parfait de l'effort d'adaptation au théâtre d'opérations proche-oriental.

Nous avions laissé François à la veille de son embarquement. Blessé, ce vétéran de l'armée d'Italie aurait pu rester au dépôt mais il a préféré « faire partie d'une expédition

---

2. *Journal du capitaine François dit le Dromadaire d'Égypte,* d'après le texte de l'édition originale établie par Charles GROLLEAU, présenté par Jacques JOURQUIN, Tallandier, Paris, à partir de 1823.

lointaine, ayant toujours aimé les choses extraordinaires ». François embarque sur la *Dorothée* de Marseille. Fourrier, il a charge des vivres embarqués par la troupe. A Malte, la division Reynier à laquelle il appartient prend l'île de Gozzo. Peu après, il apprend que le but final est l'Égypte.

Sa première rencontre avec les mamelouks, il la fait à Chobrâkhyt. D'emblée, ces brillants cavaliers l'intriguent : « Ces démons poussaient des cris épouvantables. Ils étaient bien montés, généralement bien habillés, mais leurs costumes empruntaient toutes sortes de couleurs... » Ayant appris à les connaître, il porte sur eux une appréciation nuancée : « Ces mamelouks [...] n'ont pour règle de conduite que la violence d'une soldatesque effrénée et grossière [...] (ils) sont intrépides, braves, bon cavaliers, mais mal disciplinés, sans ordre de bataille, sans uniforme... »

Peu après Chobrâkhyt, François fait partie d'une opération de ratissage, opération qui sera répétée à satiété dans les mois suivants, ne laissant à chaque fois que cendres et sang versé. François n'en éprouvera jamais qu'un très léger remords. Il préfère ne pas « détailler l'horreur ».

Aux Pyramides, la tactique ordonnée par Bonaparte fait merveille. Mais, supportée par les combattants, elle est passablement éprouvante. Face aux mamelouks qui se livrent à une charge folle, l'ordre est de ne pas bouger. C'est en retenant sa respiration que François se prépare à tirer. Un vrai carnage ! Au soir, on détrousse les cadavres des vaincus. François, qui aime le butin, confie : « Pour ma part, je me suis approprié un beau sabre damassé, le fourreau en argent doré, une paire de pistolets aussi garnis en argent, trois turbans de cachemire et une ceinture dans laquelle il y avait 460 pièces d'or. »

L'arrivée au Caire se fait sous les tambours battant la charge, en pleine nuit. Au matin, soldats français et cairotes se frôlent déjà comme s'ils se connaissaient de longue date. François court au quartier franc et trouve un apothicaire qui lui vend café et eau-de-vie. Peu après, sa demi-brigade établit ses cantonnements à Belbeys. Presque une vie de caserne, avec pour peines des ophtalmies et des maladies de peau et, comme satisfactions, des promenades dans Le Caire. Mais la mort rôde, des hommes se font surprendre dans un village, sapeurs, boulangers, employés de l'armée ; ils sont mutilés, sodomisés et certains finissent rôtis dans les fours villageois.

Après Aboukir, la division Reynier se consacre au maintien de l'ordre. Ses colonnes mobiles parcourent le Delta. Durant la révolte du Caire, elles s'occupent de ratisser les villages des alentours, les vidant de leurs provisions, les incendiant et passant par les armes les fellahs « excepté les femmes et les enfants ».

Temps de repos : la visite des Pyramides. François, comme des centaines d'hommes du corps expéditionnaire, grave son nom. Il se souvient précisément de l'endroit : « J'ai inscrit mon nom, mon lieu de naissance, mon grade à la 9e demi-brigade, en date du 4 novembre (1798), dans la chambre du roi, à la droite du sarcophage, à la deuxième pyramide. J'ai écrit de même mes nom, grade, etc., sur une pierre extérieure, au midi, près l'angle, à la cinquantième assise de pierres accessibles... »

Le 7 novembre 1798, François est promu sergent. A la même époque il s'illustre comme un des tout premiers escrimeurs de l'armée. On le recherche pour tous les duels amicaux et l'escrime est un de ses passe-temps préférés. Mais il chasse aussi, la gazelle et l'autruche dont les plumes sont portées par presque toute l'armée.

La division Reynier fait partie de l'expédition de Syrie. Elle en forme même l'avant-garde. La campagne de Syrie marque à jamais François. Son récit du siège de Saint-Jean-d'Acre est d'une rare minutie, d'une précision quasi irréprochable. Cette campagne lui vaut de souffrir de la soif et de la faim comme jamais. Les blessures se multipliant, François en vient à souhaiter la mort : « J'étais comme mes camarades, las de souffrir, mourant de faim, sans repos, empestés par les cadavres dont l'odeur nous rendait tous malades. L'existence nous était à charge... »

A Saint-Jean-d'Acre, un de ses compagnons meurt dans ses bras, la cervelle l'éclabousse ; son meilleur ami, Noël, a les jambes arrachées par un boulet ; Larrey l'ampute et François le soigne avec affection jusqu'au retour au Caire. Lui-même manque d'être tué à plusieurs reprises : le 16 mai 1799, montant à l'assaut, il a la peau du front décollée d'un coup de sabre ; les chairs lui tombent sur l'œil et l'aveuglent ; quand il veut se relever, un éclat lui casse le bras gauche. Il est vrai qu'il a été affecté aux compagnies d'éclaireurs chargées des assauts les plus brutaux ; leur réputation est telle que leurs camarades les surnomment les « égorgeurs ». Les prouesses de François lui valent diverses récompenses (que d'ailleurs il ne touche pas) et une promotion au grade de sergent-major.

En dépit du danger, François a tenu un journal quotidien du siège de Saint-Jean-d'Acre ; il en livre un récit hallucinant. Il est de presque tous les assauts. « Dans la tranchée », on se bat au sabre, à la baïonnette, à coups de pierre s'il le faut. Les cadavres ne sont pas enlevés, les Turcs tranchent les têtes et les exhibent en trophées. L'odeur est telle qu'elle rend malades les combattants. Ainsi les Français de Bonaparte survivent-ils, comme à Verdun, parmi les morts. A tous les maux de la guerre s'ajoute la peste : « Ce terrible fléau frappa de terreur les plus courageux. Plusieurs généraux et officiers supérieurs se renfermaient [...] dans les maisons, ne voulant communiquer avec personne que par une espèce de guichet... » A l'en croire, la peste ne lui a pas fait peur, il n'a jamais pris de précautions particulières et affirme avoir toujours soutenu les pestiférés en les assistant au plus près. Ce que l'on veut bien croire lorsqu'il explique cette attitude par l'indifférence et même le fatalisme qui avaient gagné les soldats de Syrie.

La retraite ordonnée, François a hâte de retrouver l'Égypte qu'il tient pour une « seconde patrie ». Le 9 juillet 1799, il passe maréchal des logis-chef et est versé dans le régiment des dromadaires, escadron Le Brun, compagnie Rampon.

Par l'ordre du jour du 27 avril 1798, Bonaparte avait affecté des dromadaires au transport des bagages et des blessés. En janvier 1799, revenant de l'isthme de Suez où il a étudié le tracé du canal antique, il observe une caravane. Sur-le-champ, il demande à deux hommes de son état-major, Eugène de Beauharnais et le commissaire aux armées Édouard de Colbert, de bien vouloir monter ces « vaisseaux du désert ». L'essai est concluant et une course est même organisée. Bonaparte est édifié [3].

---

3. Voir RIGO, « le Régiment des Dromadaires », *in Gazette des uniformes* n° 21, 1974. Plus technique, l'étude du commandant DENIS, « Emploi des Camelins pendant la campagne d'Égypte 1798-1801 », *in Revue historique de l'armée,* août 1963, XIXe année, Paris.

L'ordre du jour du 9 janvier 1799 crée le régiment des dromadaires ; il est composé d'un état-major, de deux escadrons à quatre compagnies de 59 hommes, un trompette et trois officiers. Les personnels sont tirés de l'infanterie : chaque demi-brigade doit fournir quinze hommes choisis parmi les meilleurs. Les hommes sont assimilés à la cavalerie par l'armement et leur position administrative ; leur solde équivaut à celle des dragons. La nouvelle unité est confiée à un officier éprouvé, Jacques Cavalier. Ancien du régiment de Vieille-la-Marine, il est chef de bataillon à la 12e demi-brigade d'infanterie légère quand il débarque en Égypte. Il va commander les « dromadaires » durant toute l'expédition.

Les « dromadaires » (ainsi désigne-t-on ces soldats) sont affectés à des missions précises :

— escortes,

— transports rapides du courrier,

— éclairage et surveillance des côtes, du désert, des tribus insoumises [4].

Lorsqu'ils sont associés à une bataille, les « dromadaires » doivent mettre pied à terre, se former en carrés, les montures au centre ; ils ne les reprennent qu'en cas de déroute de l'ennemi, pour les poursuivre. Bref, les « dromadaires » doivent associer mobilité, rapidité et puissance de feu. Déjà engagé en Syrie (mais seulement pour 88 hommes), le régiment des dromadaires donne toute satisfaction. Mais, au bout du compte, ses pertes sont énormes : au 21 janvier 1802, il compte 135 hommes tués (dont 31 de la peste) pour 196 survivants.

Les « dromadaires » sont une unité d'élite. Uniformes, armes et harnachements sont l'objet de toutes les attentions. C'est le chef de l'atelier d'habillement, Bernoyer, qui dessine lui-même les uniformes. Il a raconté comment Bonaparte lui avait passé commande :

« ... Le général Bonaparte me fit appeler pour me dire qu'il venait de créer une compagnie de dromadaires pour sa correspondance. Il me dit : “ Je veux que vous me présentiez un modèle pour l'habiller, mais je veux surtout que cette tenue n'ait aucun rapport avec nos uniformes français.

4. Voir R. MICHALON et J. VERNET, article cité.

Tâchez de la rendre aussi originale que cette cavalerie l'exige. " Je promis de m'en occuper aussitôt. Le surlendemain, mon modèle était prêt [...] Avant de présenter mon modèle à Bonaparte, j'avais eu le soin de faire habiller l'un des plus jolis hommes parmi ses guides : le général put ainsi mieux juger de l'effet produit. Après l'avoir bien examiné, il me dit, chose extraordinaire de sa part, qu'il était content aussi bien de la forme que de la prompte exécution...[5] »

Bernoyer se montra enchanté de la réaction de Bonaparte. Dans son for intérieur, il persista à trouver le nouvel uniforme « insolite et même cocasse ». En fait, l'uniforme des « dromadaires » connaît bien des vicissitudes. Ainsi, la tenue de sortie change à quatre reprises, très orientale au départ (avec turban), elle retourne peu à peu aux normes européennes. Le turban est délaissé au profit d'un *cahouc* d'abord enturbanné puis sans turban ; la culotte habituelle est remplacée par le *charoual,* culotte large et bouffante avec sous-pied. Les armes comprennent le fusil, porté toujours avec sa baïonnette (car le « dromadaire » doit s'en servir comme d'une lance), le sabre et les pistolets. La lance, imposée au début, est vite abandonnée. De même renonce-t-on à monter chaque animal par deux hommes se tournant le dos ; en effet, le « dromadaire » qui doit voyager « à reculons » n'échappe que difficilement aux nausées liées au tangage[6].

François apprécie vivement sa nouvelle affectation (qu'il avait demandée). Il reconnaît à sa monture sobriété et rapidité ; grâce à elle, il parcourt toute l'Égypte française, du fin fond du Saïd aux côtes de la Méditerranée. Lors de la bataille d'Aboukir, le régiment est engagé. Il poursuit les fuyards dans la mer et les achève à la baïonnette ou en les sabrant. Après le départ de Bonaparte, François reste attaché comme ordonnance au quartier général en chef. Il est de l'escorte de Kléber dans presque toutes les cérémo-

---

5. François BERNOYER, *Dix-neuf lettres inédites,* retrouvées et présentées par Christian TORTEL, éditions Curandera, Paris, 1981, lettre X, non datée.

6. L'officier de hussards DESVERNOIS, qui estime cette unité d'élite, apporte les précisions suivantes sur le harnachement des dromadaires : « ... une double fonte (...) placée sur la partie hors montoir du bât [...] une cartouchière avec soixante cartouches, plus six paquets de cartouches de réserve (...) une cantine, une outre avec de l'eau, une besace renfermant des fèves concassées, un filet renfermant de la paille hachée, enfin un coussin d'appui », *Mémoires du général baron Desvernois...,* ouvrage cité.

nies ; il part aussi pour le Sud, porter des messages à Desaix. De très longues courses, rapides et épuisantes « à cause du trot de ma monture. L'allure de ces animaux occasionne parfois des crachements de sang et des maladies de poitrine ».

Après le drame d'el-Arich[7], François est envoyé en estafette au-delà de l'isthme. Il assiste aux négociations engagées par Kléber avec l'armée ottomane. Il apprécie d'ailleurs assez peu « l'esprit de capitulation » qui préside selon lui à la négociation d'el-Arich. Mais il retrouve toute son énergie lorsqu'il s'agit d'affronter les Turcs à Héliopolis (20 mars 1800). Une fois de plus, la victoire s'accompagne d'un butin imposant, bracelets, colliers, bagues, châles. Il veille d'autant plus sur ses gains qu'il en est à dix mois d'arriéré de solde !

L'assassinat de Kléber (14 juin 1800) rend François fou de rage. Avec ses camarades, il court sur les lieux du crime, sabrant ou perçant de la baïonnette tous ceux qui s'opposent à son passage. Les derniers mois de l'expédition, François les passe à de multiples missions ; l'une d'elles l'entraîne une nouvelle fois en Haute-Égypte dans l'escorte d'un groupe de savants. Une autre l'affecte à la protection d'une caravane qui se rend au mont Sinaï.

Le 23 juin 1801, François et plusieurs « dromadaires » escortent le capitaine Millet envoyé par le général Belliard pour négocier auprès des Anglo-Turcs. Peu après la sortie du Caire, les Français sont attaqués par un parti de janissaires ; ils n'échappent au massacre que sous l'intervention d'un officier anglais. François est prisonnier.

L'aventure égyptienne est finie, les pérégrinations asiatiques commencent. Blessé, maltraité, François est traîné jusqu'à Gaza. Ses gardes l'obligent à porter en collier deux têtes de soldats français percées par la joue. De Gaza, il repart enchaîné et à pied jusqu'à Damas. Il repasse, le cœur serré, par tous les lieux où il a combattu lors de la campagne de Syrie. De Damas, il gagne Alep où, présenté au gouverneur turc, il a la chance d'être remarqué par le gouverneur du pachalik d'Andrinople, Esseïd-Katif el-Bekir *(sic)*.

---

7. La garnison française est massacrée dans cette forteresse en décembre 1799.

Le voilà habillé à la turque, le crâne rasé, enturbanné, avec un *damas* (sabre turc), une paire de pistolets. Le pacha lui verse une solde et le range parmi ses janissaires. En octobre-novembre 1802, François accompagne son maître en Terre sainte, « content et fier » d'avoir vu les Lieux saints, lui l'incroyant. En novembre, il embarque sur un brick qui gagne Rhodes puis Athènes et Constantinople.

C'est à Constantinople qu'il retrouve sa liberté. Il profite d'une promenade solitaire pour se rendre à l'hôtel de l'ambassadeur de France, le général Sebastiani, qui l'encourage à quitter le service du pacha et à rentrer en France.

François part avec une petite caravane. Il touche les premiers postes français à Udine. Il réintègre l'armée aussitôt. Le 12 novembre 1803, à Strasbourg, François est promu au grade de sous-lieutenant. Il reçoit alors un congé de six mois avec solde entière et touche tous ses arriérés. Pour ce militaire ordonné, l'aventure égyptienne est bien derrière lui, tous comptes soldés !

17

LES COMPTES DE M. HAMELIN

« Le besoin d'argent demeurera toujours une des plaies de l'expédition... »

F. CHARLES-ROUX

En matière de fiscalité, une force d'occupation se doit de procéder avec un certain doigté. Sinon, elle risque d'accumuler les rancœurs. En Égypte, les Français ont eu la main lourde. Arrivés avec un mince trésor de guerre, décidés à vivre sur le pays, ils ont fait feu de tout bois.

En outre, ils ont introduit une fiscalité à l'européenne, c'est-à-dire bureaucratique, procédurière, qui a beaucoup surpris et même désemparé les indigènes, habitués certes à de lourdes et incessantes taxations mais effectuées dans un certain désordre. Une fois de plus, il suffit de lire Jabarti pour mieux s'en rendre compte :

A la date du jeudi 16 du mois de rabî al-thânî 1213 (27 septembre 1798), il se lance dans une énumération gémissante :

« Si l'on fait des démarches à l'occasion d'un décès, on doit payer une taxe [...] Pour ouvrir le testament, il faut obtenir l'autorisation et payer une taxe ; de même, taxe à payer pour le certificat d'identité des héritiers ; taxe encore pour entrer en possession de l'héritage [...] On ne peut voyager sans un papier, qui n'est obtenu que contre une taxe. Même processus encore pour tout nouveau-né, pour lequel il faut établir un certificat de vie. Même processus pour les salaires, les loyers...[1] »

Les auxiliaires de cette offensive fiscale, ce sont les coptes, qualifiés de tous les noms par Jabarti : serviles, avides, voleurs, parfaitement vils, ils profitent de la protection des soldats français. On les voit parcourir l'Égypte, entourés de scribes, de mamelouks et d'une nuée de domestiques « exigeant de l'argent et de lourdes impositions, et cela de force. Ils donnaient quelques heures de délai ; une fois le délai passé, si la demande n'avait pas été exécutée, arrivait ce qui arrivait : incendie, pillage, vol, prison, surtout si les cheikhs du lieu s'étaient enfuis par peur ou par faiblesse ; s'ils mettaient la main sur eux, ils les frappaient avec des bâtons ou des verges sur les jointures et les genoux et les emmenaient ensuite les mains liées pour leur faire éprouver toutes sortes de tortures[2] ».

A cette peinture, peut-être un peu forcée, il convient d'ajouter maintenant le point de vue français. Financée à son origine par une mise de fonds du Directoire, l'expédition d'Égypte « doit se continuer et s'achever par ses propres moyens. L'armée, l'administration civile doivent vivre sur le pays[3] ».

On attendait beaucoup des richesses et des ressources de l'Égypte. Il faut vite déchanter. Le pays est presque exsangue et, ne pouvant nourrir tous ses habitants, il lui est impossible de prendre à sa charge une armée entière !

La contribution foncière, le *miri*, est la principale ressource fiscale. Pour le faire rentrer, les Français tentent de mettre en place un système d'affermage. La répartition et la collecte seront à la charge de fermiers recrutés chez les coptes essentiellement. A côté du *miri*, on peut compter sur quelques autres revenus. Les biens des beys et de leurs mamelouks sont saisis. Recensés, ils deviennent des biens nationaux confiés à une administration des domaines. A charge pour elle d'en tirer profit en les affermant ou en les exploitant en régie. Il y a aussi les douanes mais le blocus britannique empêche toute reprise véritable du commerce maritime.

---

1. JABARTI, ouvrage cité.
2. *Ibid.*
3. François CHARLES-ROUX, *Bonaparte gouverneur d'Égypte*, Paris, Plon, 1935.

En attendant que le *miri* entre effectivement dans les caisses et que le domaine public fructifie, la situation financière de l'armée d'Orient est préoccupante. Des mois durant les hommes ne touchent pas leur solde et l'on manque de fonds pour l'essentiel, les chaussures, les uniformes...

Les perspectives sont tellement alarmantes que Bonaparte crée un Conseil des finances pour trouver une issue. Il y met quelques-unes des plus belles intelligences de l'expédition (Monge, Caffarelli) et des techniciens (Poussielgue, Daure, Blanc).

Mais cette commission n'a guère le loisir de réfléchir sur la mise en place d'une véritable administration financière et fiscale. Elle doit laisser faire la foule d'expédients qui suffisent au général en chef pour subvenir, presque au jour le jour, aux besoins les plus criants de l'armée.

Contributions en nature, réquisitions de toutes sortes, taxations ordinaires, extraordinaires, demandes réitérées d'avances aux adjudicataires de terres ou d'immeubles se bousculent, jusqu'à des ventes à l'encan d'objets d'art et de douteuses manipulations monétaires... Finalement, pour éteindre les dettes les plus criantes, on va jusqu'à vendre les domaines nationaux, véritable « politique financière des fils de familles, qui ont croqué ou écorné leur héritage avant de l'avoir recueilli » (F. Charles-Roux).

Tant de désarroi, tant d'insuffisance ne peuvent que convenir à des individus désireux de s'enrichir rapidement, en exécutant des tâches que d'autres jugent insupportables. Un cas de figure exemplaire est celui d'Antoine-Marie Romain Hamelin, aventurier de la finance, spéculateur international, « au travail » en Égypte durant près de deux ans.

Fils d'un premier commis aux finances et petits-fils d'un fermier général, Hamelin mène d'abord une existence désœuvrée. En 1792, il a vingt-deux ans quand il épouse une ravissante Créole, Fortunée Lormier-Lagrave, très liée à Joséphine de Beauharnais[4].

---

4. Mme Hamelin fut la maîtresse, entre autres, de Fournier-Sarlovèze et de Bonaparte. Elle a inspiré à Sardou, Caillavet et de Flers le personnage de *la Merveilleuse* créée aux Variétés en janvier 1914. Voir aussi A. MARQUISET, *Une merveilleuse,* Champion, Paris, 1909.

Après Thermidor, la protection de Joséphine vaut à Hamelin une rapide promotion. Il accompagne l'armée d'Italie comme commissaire au ravitaillement, un emploi qui attire autant les fripons que les fonctionnaires intègres. Ignorant des pratiques financières (il avoue ne pas savoir tenir une comptabilité en partie double), Hamelin a beaucoup d'entregent, de culot et peu de scrupules. A Florence, il joue les chaperons pour Joséphine et l'apprécie alors à ses justes mérites.

« Ignorante, paresseuse, indolente comme une Créole qu'elle était. Incapable de haine comme d'amitié, prodigue pour elle, avare pour tout le reste, sa bonté banale faisait illusion à ceux qui ne la connaissaient pas[5]. »

Débordant de ses fonctions, Hamelin mène en Italie des opérations spéculatives assez risquées. A Trieste, une sombre affaire de mercure lui vaut même de goûter aux cachots vénitiens.

Après Campoformio (17 octobre 1797), Hamelin cherche à profiter de la bonne fortune du général Bonaparte. A l'époque des préparatifs de l'expédition d'Égypte, il multiplie les démarches auprès de Bonaparte pour partir avec lui. Mais Bonaparte l'éconduit.

Le corps expéditionnaire parvenu en Égypte, Hamelin ne renonce pas. Associé à un autre affairiste, Livron, il cherche à affréter un navire pour le charger de tout ce qu'une armée, éloignée de ses bases, peut désirer. A Marseille, Hamelin et Livron embauchent un bon marin, le capitaine Reynier, puis ils courent les ports d'Italie à la recherche d'un navire. Pour tromper les autorités ottomanes et échapper aux croisières britanniques, les deux négociants se procurent de faux passeports, les voilà sujets de l'Empire germanique. Finalement, c'est à Trieste qu'ils trouvent leur bateau, *La-Maison-de-grâce-de-saint-Antoine-de-Padoue*. Ils l'arment en course, six canons de quatre.

Le voyage est périlleux. Des navires russes interceptent le *Saint-Antoine* mais les faux passeports font merveille. Au large de Cythère, un « chebek barbaresque » tente de l'aborder. Pour le fuir, il faut mouiller dans la rade de Navarin et

5. Hamelin avait écrit ses Mémoires vers 1828-1831. Il en reste divers fragments publiés dans la *Revue de Paris*, 1er nov.-15 déc. 1926 et 1er janv. 1927. Comme le montre ce court extrait, ils sont écrits sans fard.

supporter, des jours durant, la mauvaise humeur des janissaires locaux.

Parti en novembre 1798, le *Saint-Antoine* se présente devant Alexandrie à la fin janvier. Dernière péripétie : échapper à une frégate anglaise. Le tir d'une batterie côtière éloigne l'indésirable. A terre, l'accueil est presque triomphal. Les Français sont sans nouvelles de la métropole. Marmont, qui commande la place, presse Hamelin de rejoindre Bonaparte avec des nouvelles et des journaux vieux de plusieurs mois mais toujours bons à prendre. Quant à la cargaison, elle tombe à pic !

Se hâtant avec un détachement de la Légion nautique, Hamelin retrouve Bonaparte à Bulaq[6]. Le général en chef est enchanté de le voir. Les affaires sont vite conclues :

B. — Qu'est-ce qui vous a donné l'idée de venir en Égypte ?

H. — Général, l'espoir d'y retrouver vos anciennes bontés.

B. — Vous les aurez. Vous avez une cargaison utile à l'armée ?

H. — Oui, général.

B. — Je l'achète. Écrivez à M. de Livron de n'en pas disposer.

Au Caire, Hamelin s'informe sur tout ce qui peut être fait de profitable. Les frères Pini, négociants vénitiens, lui expliquent la situation financière du pays. Pour eux, la bonne affaire, c'est la collecte du *miri* en Haute-Égypte :

« Il n'a pas été payé, non plus que celui de l'année courante ; c'est un arriéré considérable, mais qu'il m'est impossible d'évaluer ; il faudrait être sur les lieux. Si le général Bonaparte voulait vous nommer bey du *miri* (*sic*), ce serait une affaire superbe et vous seriez maître de tout le commerce de la Haute-Égypte. »

Comme Hamelin n'a pas de fonds propres et que la cargaison achetée par Bonaparte n'est pas près d'être payée, les frères Pini lui proposent une association : au fur et à

6. Livron reste à Alexandrie, d'une part pour s'occuper de la cargaison du *Saint-Antoine*, d'autre part parce que Bonaparte ne l'apprécie guère.

mesure que parviendra au Caire le tribut de la Haute-Égypte, ils verseront dans les caisses de l'armée sa valeur estimée. Fort de cet accord, Hamelin rédige un projet pour le soumettre à Bonaparte. Il mérite d'être cité *in extenso :*

« — 1er. Je serai nommé commissaire général du *miri* pour la Haute-Égypte avec un traitement de mille francs par mois.
« — 2e. J'aurai près de moi et sous mes ordres l'écrivain cophte.
« — 3e. Je verserai l'argent dans les caisses de l'armée, et les grains dans les magasins qui me seront désignés.
« — 4e. J'achèterai au comptant les denrées ci-après désignées au prix de...
« — 5e. On me donnera deux barques canonnières bien armées, ayant chacune vingt-cinq hommes d'équipage (des Grecs), plus douze mamelouks (pris à la citadelle).
« — 6e. Tous ces hommes seront payés et nourris par moi au nom du gouvernement qui m'en tiendra compte.
« — 7e. Je n'aurai d'ordre à recevoir que du général en chef ou du général Desaix[7]. »

Bonaparte est enchanté par les propositions d'Hamelin. Il acquiesce à tout. Mais l'expédition de Syrie retarde la signature de l'arrêté nommant Hamelin commissaire des armées pour la Haute-Égypte. Il doit même accompagner l'armée en Syrie et attendre Saint-Jean-d'Acre pour arracher à Bonaparte sa nomination.

Rentré au Caire, Hamelin recrute son personnel et remonte le Nil pour retrouver Desaix à Siout. L'accueil est d'abord assez froid mais, à en croire Hamelin, Desaix finit par se laisser séduire. Ils deviennent amis. Aussitôt sur le terrain, Hamelin commence son travail.

« Voici comment je m'y pris. Je m'arrêtais tantôt sur une rive du Nil, tantôt sur l'autre. Si la contrée était paisible, si elle méritait la peine d'être vue, j'allais la parcourir à cheval avec mes mamelouks, mon drogueman, et mon cophte qui

7. En note, dans ses Mémoires, Hamelin fait le commentaire suivant : « La différence des prix que je donnais des denrées avec celui qu'elles avaient dans le commerce devait former mon bénéfice. Il a été considérable. »

faisait le décompte de chaque cheikh, et fixait de gré à gré l'époque du payement ; celui-ci jurait sur la tête du Prophète [...] et presque tous ont été exacts. Si je ne voulais pas faire la tournée moi-même, j'envoyais chercher les cheikhs, et je les recevais sous ma tente, au milieu de ma petite troupe qui avait fort bonne mine. S'il s'en trouvait de récalcitrants, je faisais enlever de force un de leurs fils, et j'ajoutais que, si la contribution n'était pas payée à l'époque que j'avais fixée, j'enverrais au papa la tête de son enfant. Je n'ai pas besoin de dire que je n'ai jamais rempli cette formalité turque, mais c'était le protocole d'usage [...]

« Craint et respecté partout, distribuant des pelisses et des caftans dont j'avais ample provision aux cheikhs dont j'étais content, approuvé par le général Desaix dont j'approvisionnais avec soin la division [...] je menais la vie la plus agréable au milieu de mœurs et d'usages si nouveaux pour moi, et j'entrevoyais les bénéfices considérables qui m'attendaient sur les marchandises dont je m'étais rendu acquéreur [...] J'en chargeais les barques que j'envoyais à MM. Pini... »

Durant plusieurs mois, Hamelin mène donc une existence mouvementée et fructueuse. Il se partage entre l'armée et des affaires tout à fait privées. En campagne, il suit Desaix dont il admire l'héroïsme et les mœurs spartiates. Il voit Belliard à Kéneh et se rend à Kosseir chez Donzelot. Son séjour à Thèbes lui vaut de fréquenter les scientifiques qui, menés par Costaz et Fourier, explorent les sites archéologiques. Les relations sont fraîches. Hamelin court surtout après les beaux objets, il rafle de très beaux papyrus, des fragments sculptés, des statuettes immédiatement expédiés au Caire[8].

A Syène, Hamelin s'associe avec un marchand local, Omar, qui est aussi le cheikh de la ville. A eux deux, ils se livrent à de fructueux trafics. De Syène, Hamelin décide de gagner la Nubie. Une courte escapade en fait. Durant quelques jours, escorté de six de ses meilleurs mamelouks, conduit par deux guides, il reconnaît plusieurs monuments antiques.

A son retour, Hamelin apprend par son ami Omar le

---

8. Dans ses Mémoires, Hamelin affirme avoir conclu un accord avec les membres de la Commission pour l'édition de leurs travaux. Mais il ne dit pas tout. Voir plus loin, au chapitre 31.

débarquement des Anglo-Turcs à Aboukir et la mort de... Bonaparte. La ville est en ébullition, les « Francs » sont menacés. Omar, qui veut sauver Hamelin, l'invite à se faire musulman et lui propose une de ses filles, « douce comme l'agneau qui vient de naître ». Un courrier spécial dépêché par Livron arrache Hamelin à son désarroi : les Français sont toujours maîtres du Delta[9].

Il décide alors de quitter la Haute-Égypte et remonte le Nil sur une canonnière escortant une vingtaine de djermes chargées de marchandises. Au Caire, Hamelin voit les frères Pini. S'il est peu bavard sur la nature de leurs transactions, tout laisse à penser que les mois passés dans le Sud lui ont rapporté gros.

Hamelin se présente à Kléber qui lui demande la reddition de ses comptes. Peu sûr de lui, il demande un délai et s'empresse de voir les uns et les autres pour les amadouer. L'ordonnateur en chef Daure lui fait un accueil encourageant et Kléber lui-même semble comprendre les embarras d'Hamelin. Malheureusement, avant de partir, Bonaparte a institué une commission qui fait office de Chambre des comptes pour l'armée d'Orient. Elle seule peut remettre un quitus définitif à Hamelin. En outre, elle est fâcheusement présidée par Tallien. Hamelin, qui s'y connaît en matière de vénalité, répugne à se soumettre aux exigences du ci-devant conventionnel. Finalement, l'intervention de Livron fait céder Tallien qui signe « sans prendre la peine d'examiner les choses ».

Pour Hamelin, l'Égypte c'est fini. Il ne cherche plus qu'à partir. En se liant avec Kléber, il croit sans doute précipiter son départ. Les deux hommes ont de longues conversations :

« Kléber offrait en lui de singuliers disparates. Bien souvent ce grand air, cet extérieur majestueux se travestissaient étrangement par des propos libres jusqu'à l'ordure, et comme il les débitait sans rien perdre de sa gravité, ils devenaient d'autant plus plaisants qu'ils étaient plus salés. Il souriait volontiers de ce qu'on lui disait, et jamais de ce qu'il avait dit. »

Après la signature de la convention d'el-Arich, Kléber

---

9. Deux méharistes payés à prix d'or par Livron (600 francs) pour qu'ils fassent le voyage en six jours. Un seul arrive jusqu'à Hamelin, « l'homme et le dromadaire avaient l'écume à la bouche ».

demande à Hamelin de reprendre la voile pour porter en France les textes du traité. Il lui confie aussi ses fonds personnels, « toute sa fortune », 75 000 francs. Alors que Livron embarque sur un navire turc pour vendre une cargaison à Constantinople, Hamelin retrouve le *Saint-Antoine*. Comme beaucoup d'autres, le retour s'annonce périlleux[10].

Que fut l'Égypte pour Hamelin ? Une bonne affaire assurément, même si les suites de son séjour en Orient ne se révélèrent pas aussi fructueuses qu'il l'avait espéré. Le personnage était fantasque et prodigue. Il vécut jusqu'en 1855, parcourant le monde en quête de spéculations nouvelles. Des pérégrinations qui finirent par le laisser sans le sou, passablement désabusé, mais sans regrets véritables.

Que les finances du corps expéditionnaire aient dépendu pour une large part d'aventuriers de l'acabit d'Hamelin en dit long sur la négligence en la matière des autorités directoriales et des chefs de l'armée. Finalement, en cette fin de siècle qui avait vu basculer l'ancienne société, une pratique au moins se maintenait, toujours aussi vivace, celle de faire vivre une armée d'invasion sur le pays. L'Italie avait livré de magnifiques butins, on pouvait croire que l'Égypte en ferait de même. On se trompa et cette erreur d'appréciation réduisit encore les chances d'implantation en Égypte. Taxés, réquisitionnés de toutes manières, les Égyptiens ne risquaient pas de s'entendre avec les Français.

Autant que la peste ou les Anglo-Turcs, c'est l'impéritie financière qui perdit l'expédition d'Égypte.

10. Voir le chapitre 32, « L'angoisse du retour ».

18

LE MAL DU PAYS

> « *Vous vous êtes imaginé trouver l'Italie partout, rencontrer chaque soir bon lit, bonne chère, et prendre, avant le départ, le chocolat avec vos maîtresses. Quand cela se présente, on en jouit ; mais il faut savoir s'en passer*[1]. »

Le cafard. C'est François Charles-Roux qui observait : « Il y aurait une curieuse étude à faire sur " le cafard dans l'armée d'Égypte ". L'on devrait d'abord usurper le rôle d'un membre de l'Académie française dans le travail du dictionnaire, pour définir ce mot, connu mais pas encore anobli, de l'argot colonial : " Cafard, substantif masculin, employé au figuré pour désigner une sorte de nostalgie et d'humeur noire, qui sévit par accès sur les Européens dans les pays exotiques[2]. " »

Le bon ou le mauvais moral d'une armée d'occupation tient à de nombreux facteurs. Le sentiment d'insécurité, l'inconfort excessif, la menace des épidémies, les us et coutumes différents des indigènes, la peur de ne pouvoir rentrer au pays sont parmi les principaux responsables de la morosité. Lorsque à l'exaltation de la conquête succède l'occupation quotidienne, les hommes trouvent tout le temps de s'appesantir sur leur état. Tout est critiqué et l'on regrette le bon vieux temps, les amis, la famille, les épouses ou les fiancées laissées en France.

---

1. Le général BELLIARD à ses officiers, *in Mémoires du comte Belliard...*, Berquet et Pétion, Paris, 1842.
2. F. CHARLES-ROUX, *Bonaparte gouverneur d'Égypte*, Paris, Plon, 1935.

Une tâche ardue s'impose alors au commandement : redonner aux soldats un meilleur moral et, pour cela, mettre en œuvre tout ce qui les arrachera à leur morosité.

Où trouver témoignage de ce cafard qui ravage les esprits et n'épargne presque personne durant trois ans de présence française en Égypte ? Inutile de chercher dans la prose officielle, *le Courrier de l'Égypte* (pour ne citer que lui) affiche des dispositions d'esprit martiales. Les Mémoires des survivants font la part restreinte aux états d'âme. En revanche, les journaux intimes et surtout la correspondance sont beaucoup plus prolixes.

L'interception par la flotte anglaise de centaines de lettres à destination de la France a constitué pour le Cabinet de George III une arme psychologique de première importance, une véritable aubaine. Lues avec circonspection, répertoriées, expurgées si nécessaire, les lettres des soldats de l'armée d'Orient font l'objet d'une publication imprimée qui scandalise en France mais divertit fort les Anglais. Curieusement, les intéressés, c'est-à-dire les auteurs de toutes ces missives, n'ont que très rarement nié les avoir écrites. Même en les considérant avec une certaine réserve, elles constituent un précieux témoignage sur l'état d'esprit de l'armée[3].

Un cri unanime d'abord : l'atroce contact avec la terre d'Égypte, lorsqu'il faut couper par le désert pour gagner le Nil et marcher sur Le Caire, a traumatisé les Français. Le commissaire des guerres Colbert à son ami Collasse : « Il m'est presque impossible de te donner une idée de ce que nous avons éprouvé ; souffrances sur souffrances, privations, mortifications, fatigues, nous avons tout éprouvé de la première main. » Le général Damas à Kléber (resté à Alexandrie) : « Tu n'as pas idée des marches fatigantes que nous avons faites pour arriver au Caire. » C'est pire pour le capitaine Guillot, il explique à sa mère que, attaqué par un parti de cavaliers, il a été désarçonné ; le cheval s'est enfui

---

3. *Copies of original letters from the army of general Bonaparte in Egypt, intercepted by the fleet, under the command of admiral lord Nelson*, London, 1798-1799-1800, 3 volumes in-octavo. Voir aussi *Correspondance de l'armée française en Égypte, interceptée par l'escadre de Nelson*, publiée à Londres. Avec une introduction et des notes de la Chancellerie anglaise, traduites en français ; suivies d'observations par E. T. SIMON, à Paris, chez Garnery, an VII. C'est la version expurgée, pour le public français, commentée de façon amère par le présentateur.

avec dans les fontes tout son « porte-manteau », ses pistolets, tous ses papiers et 24 louis d'argent d'appointements arriérés. Il a fait la suite de la route pieds nus (ses bottes ont lâché), les vêtements en lambeaux.

L'adjudant général Boyer a compté dix-sept jours sans pain. Tout le monde a jeûné, du simple soldat aux généraux. Quant à cette marche au sortir d'Alexandrie : « ... Au bout d'une heure de marche, accablé par le chaud et la pesanteur des effets qu'il porte, (le soldat) se décharge, il jette ses vivres, ne songeant qu'au présent, sans penser au lendemain. Arrive la soif, et il ne trouve pas d'eau ; la faim, pas de pain [...] L'on a vu des soldats mourir de soif, d'inanition, de chaleur; d'autres, voyant les souffrances de leurs camarades, se brûler la cervelle; d'autres, se jeter armes et bagages dans le Nil, et périr au milieu des eaux. »

Une fois arrivé au Caire, le gros du corps expéditionnaire reprend son souffle. La vie de garnison commence à s'organiser. C'est le temps des premières impressions, des premiers bilans. La déception apparaît immense. Desgenettes avoue à sa femme : « Je crois que nous nous sommes tous bien trompés sur cette entreprise si belle et si vantée; je crois même qu'en réussissant à soumettre l'Égypte, nous aurons bien de la peine à retirer de cette opération tout le fruit que l'on en attendait. »

L'aide de camp Le Turcq écrit à son père : « ... Nous avons tous été trompés dans notre attente sur le pays de l'Égypte. » Damas est franchement sarcastique : « Nous sommes enfin arrivés [...] au pays tant désiré. Qu'il est loin de ce que l'imagination même la plus raisonnable se l'était représenté ! L'horrible villasse du Caire est peuplée d'une canaille paresseuse, accroupie tout le jour devant leurs huttes infâmes, fumant, prenant du café, ou mangeant des pastic-ques (*sic*), et buvant de l'eau. »

De fait, sauf peut-être Rosette, les villes dégoûtent les Français. Alexandrie est qualifiée d' « amas de ruines » par Joubert, commissaire de la flotte, d' « amas de misère et d'horreur » par un officier homonyme de l'adjudant général Boyer. Le même parle du Caire comme d'un « grand boyau rempli de maisons entassées les unes sur les autres, sans ordre, sans distribution, sans méthode... ». Le général Dupuy, gouverneur de la capitale de l'Égypte, n'est pas plus tendre : « Cette ville est abominable. Les rues y respirent la peste par leurs immondices. Le peuple est affreux et abruti. Je prends de la peine comme un cheval et ne puis encore parvenir à me reconnaître dans cette immense cité, plus grande que Paris, mais bien différente[4]. »

Au fil des semaines le moral finit par remonter. A y regarder de plus près, l'Égypte apparaît comme plus supportable qu'on ne pouvait l'imaginer. En outre, après Aboukir, il faut faire contre mauvaise fortune bon cœur. Ce n'est pas seulement Bonaparte qui pense qu'il faut se résigner à faire de grandes choses. Cet état d'esprit transparaît dans nombre de confidences, il est associé à l'idée que la tâche est immense et même surhumaine.

Une seconde lettre du général Dupuy le dit assez bien. Elle est écrite peu après Aboukir. Une longue missive passablement décousue, rédigée par un homme débordé qui, pour un ami de Toulouse, tente de brosser un tableau de la situation des Français en Égypte. Le désastre d'Aboukir n'accable pas Dupuy qui croit même la République encore en état de rassembler une autre escadre ; visiblement, Bonaparte l'électrise, il n'est pas près d'abandonner un homme capable, en quinze jours, de conquérir « une des plus grandes provinces romaines[5] ».

L'Égypte n'est plus aussi désespérante même si Dupuy a du mal à commander à « une ville de 600 000 âmes où l'on ne peut être entendu de personne, et où nous devons faire tout par nous-même... ». Mais il trouve que les mentalités évoluent (en un mois !) : « Déjà la rudesse du caractère des habitants s'adoucit ; notre aménité leur paraît extraordinaire ; et peu à peu nous les rendrons moins farouches... »

Pauvre Dupuy, si peu perspicace et qui va finir, deux mois plus tard, d'un coup de lance, en chargeant les émeutiers. Il reste que son évolution psychologique est significative. Sauf pour les soldats partis se battre en Palestine, qui sortiront de l'aventure sérieusement secoués, sauf pour les hommes de Desaix partis conquérir le Sud et qui se griseront à la vue

---

4. Extrait d'une lettre en date du 29 juillet 1798 (11 thermidor an VI), à lire *in extenso* dans Claude PETITFRÈRE, *le Général Dupuy et sa correspondance (1792-1798)*, Société des études robespierristes, Paris, 1962. La version publiée par le libraire Garnery (note précédente) est strictement identique.

5. C. PETITFRÈRE, ouvrage cité, comme les autres citations de la lettre de Dupuy en date du 2 fructidor an VI (19 août 1798).

des vestiges antiques, la vie du corps expéditionnaire reste marquée d'un spleen persistant tournant au cafard au moindre revers.

Certains se feront philosophes comme l'aide de camp Le Turcq qui écrit à son père : « Je ne dissimulerai pas que c'est un grand avantage pour moi, déjà ancien militaire, d'avoir fait un voyage aussi important et aussi instructif [...] Maintenant que j'ai supporté la majeure partie des maux qui m'y attendaient, je suis bien aise de le faire, et veux le suivre jusqu'à la fin. » Ou encore Boyer : « Le calice est versé, je le boirai jusqu'à la lie : j'ai pour moi la constance, ma santé, un courage qui, j'espère, ne m'abandonnera pas, avec cela je pousserai jusqu'au bout. »

Jusqu'à Louis Bonaparte, le cadet neurasthénique, qui, après avoir perdu ses illusions rousseauistes — « Les Arabes, ce sont des sauvages horribles, écrit-il à Joseph Bonaparte, oh ! Jean-Jacques, que ne peut-il voir ces hommes, qu'il appelle les hommes de la nature » —, reconnaît : « Nous voyons plus en deux jours que le voyageur ordinaire en deux ans. »

De tout ce qui peut désorienter les Français, les manières de table des Égyptiens occupent une première place. Les aliments, les boissons, les excitants, rien ne leur convient. Lorsqu'on consulte, sur ce sujet, les relations de voyage des XVIIe-XVIIIe siècles, on se rend bien compte que les manières de table, les choix gustatifs ont toujours dressé une barrière entre les Européens et les Orientaux.

Tous les voyageurs s'accordent d'abord sur la tempérance des peuples du Levant. Jean Thévenot se risque même à émettre une maxime : « Ils mangent pour vivre et ne vivent point pour manger[6]. » Chardin, qui connaît surtout la Perse, renchérit : « Les peuples de l'Asie mangent beaucoup moins que ceux de l'Europe. Nous sommes des loups et des bêtes carnassières, en comparaison d'eux[7]. » Mais cet hommage est souvent tempéré par l'observation que, si les Orientaux sont sobres, cela tient à la pauvreté des pays.

---

6. Jean THÉVENOT, *Relation d'un voyage fait au Levant*, Paris, 1664, édition abrégée et mise en français moderne, par F. BILLACOIS, Calmann-Lévy, Paris, 1965.
7. Jean CHARDIN, *Description générale de l'Empire de Perse*, Londres-Amsterdam, 1686.

Quoi qu'il en soit, la cuisine orientale est simple, foncièrement différente de celle pratiquée en Europe. Ainsi, la viande n'est pas l'objet des mêmes soins, elle est souvent bouillie ou alors sectionnée en petits morceaux et enfilée sur des brochettes, surtout : « La rôtisserie est rare, ni lardée, ni bardée[8]. » Plus déplorable encore, l'absence de pain véritable. Ce qui est paradoxal puisque : « Par tout le Levant on fait du mauvais pain avec pourtant d'excellents grains[9]. » Il faut se contenter de galettes de farine non levée, indigestes à souhait. Autre déception, les fromages sont en fait des yaourts frais, des laits caillés, ils n'ont « aucune forme ni ressemblance à nos fromages d'Occident[10] ». Quant au beurre, il est rare, liquide et rance « comme ces vieux oings que l'on vend en France pour graisser les roues des charrettes[11] ».

En fait, le repas tourne autour d'un plat unique que tous les voyageurs ont consommé à satiété, le *pilau*, le riz pilaf. Ce riz gras subit d'innombrables variantes grâce aux épices et aux condiments. Pour l'Égypte, le capitaine Moiret en donne un bon aperçu ; au passage il se rappelle que les soldats l'appelaient la ratatouille :

« Le pilau, qui est le ragoût le plus ordinaire, n'est autre chose que du riz qui a bouilli un peu de temps dans de l'eau chaude ou dans un bouillon de viande avec du safran, des raisins secs, des pois et de l'oignon, jusqu'à ce qu'il soit à moitié cuit. On le retire et on le laisse bien couvert auprès du feu pour le faire enfler ; on y jette ensuite du beurre roussi avec du poivre, et quelquefois du sucre[12]. »

Le pilau ne fait pas le régal des Européens. Il est certes nourrissant mais ni « piquant » ni « succulent » (J. Chardin). En outre, la façon de le manger déconcerte : « Ils en font une pelote qu'ils tournent, virent, durcissent entre leurs doigts comme une balle de fauconnerie, la jettent si adroite-

8. Guillaume-Joseph GRELOT, *Relation nouvelle d'un voyage de Constantinople*, Paris, 1680.
9. PITTON DE TOURNEFORT, *Relation d'un voyage au Levant fait par ordre du Roy*, à Lyon, 1717.
10. RAPHAËL DU MANS, *Estat de la Perse en 1660*, publié par C. SCHEFFER, Paris, E. Leroux, 1890.
11. *Ibid.*
12. Joseph-Marie MOIRET, *Mémoires sur l'expédition d'Égypte*, Pierre Belfond, Paris, 1984.

ment dans leur bouche qui s'élargit à l'équipollent qu'il faut que leur œsophage crève ou donne passage à ce morceau[13]. »

Moins d'ailleurs que les aliments, ce sont les manières de table qui choquent. Les repas sont trop courts, pas de tables ni de chaises : « Ils mangent à terre les pieds en croix comme les tailleurs de notre païs[14]. » La fourchette est inconnue, le couteau rare, seulement des cuillers. Comme on sort du repas les doigts gras, les ablutions se font après le repas et non avant comme en Europe. L'absence de vin est évidemment mal ressentie mais ce n'est pas le pire : « Ce qui est [...] quasi insupportable à nos Français, c'est que dans les repas on ne boit qu'aprez qu'on a mangé toute la viande[15]. »

Toutes ces frustrations peuvent être condensées en un seul témoignage, celui de Vivant Denon qui festoie un jour dans un village de la Haute-Égypte. Les notables ont mis les petits plats dans les grands mais Vivant Denon n'est pas pour autant enthousiaste, qu'on en juge :

« Une maison publique, qui presque toujours avoit appartenu au Mamelouk, ci-devant seigneur et maître du village, se trouvoit en un moment meublée, à la mode du pays, en nattes, tapis, et coussins ; un nombre de serviteurs apportoit d'abord de l'eau fraîche parfumée, des pipes et du café ; une demi-heure après un tapis étoit étendu ; tout autour on formoit un bourlet de trois ou quatre especes de pain et de gâteaux, dont tout le centre étoit couvert de petits plats de fruits, de confitures, et de laitage, la plupart assez bons, surtout très parfumés. On sembloit ne faire que goûter de tout cela ; effectivement en quelques minutes ce repas étoit fini : mais deux heures après le même tapis étoit couvert de nouveau ; d'autres pains et d'immenses plats de riz au bouillon gras et au lait, de demi-moutons mal rôtis, de grands quartiers de veaux, des têtes bouillies de tous ces animaux, et de soixante autres plats tous entassés les uns sur les autres : c'étoient des ragoûts aromatisés, herbes, gelées, confitures, et miel non préparé. Point de sièges, point d'assiettes, point de cuillers ni de fourchettes, point de gobelets ni de serviettes ; à genoux sur ses talons, on prend le riz avec les doigts, on arrache la viande avec ses ongles, on

---

13. RAPHAËL DU MANS, ouvrage cité.
14. GABRIEL DE CHINON, *Relations nouvelles du Levant*, Lyon, 1671.
15. *Ibidem*.

trempe le pain dans les ragoûts, et on s'en essuie les mains et les lèvres ; on boit de l'eau au pot : celui qui fait les honneurs boit toujours le premier ; il goûte de même le premier de tous les plats, moins pour vous prouver que vous ne devez pas le soupçonner que pour vous faire voir combien il est occupé de votre sûreté, et le cas qu'il fait de votre personne. On ne vous présente une serviette qu'après le dîner, lorsqu'on apporte à laver les mains ; ensuite l'eau de rose est versée sur toute la personne ; puis la pipe et le café.

« Lorsque nous avions mangé, les gens du second ordre du pays venoient nous remplacer, et étoient eux-mêmes très rapidement relevés par d'autres : par principe de religion un pauvre mendiant étoit admis, ensuite les serviteurs, enfin tous ceux qui vouloient, jusqu'à ce que tout fût mangé. S'il manque à ces repas de la commodité et cette élégance qui aiguillonne l'appétit, on peut en admirer l'abondance, l'abandon hospitalier, et la frugalité des convives, que le nombre des plats ne retient jamais plus de dix minutes à table[16]. »

Devant le désappointement des Français, les notables égyptiens cherchent parfois à leur faire plaisir. Le commissaire Miot, qui accompagne l'ordonnateur en chef Sucy à un repas chez un riche marchand cairote, le reconnaît : le repas est servi « à la française » avec des tables et des chaises ; des liqueurs douces circulent avant de passer à table et, durant le déjeuner, les convives boivent du vin de Chypre. Plus de vingt services ! On sort de table après avoir fait force rots ! Le café, les liqueurs, les sorbets, la pipe éternisent la rencontre. Miot est harassé : « Nous rentrâmes chez nous, comparant ce dîner si long à nos repas délicieux, et la gaieté franche qui les assaisonne souvent, à la froide monotonie qui avait accompagné celui-ci[17]. »

Si, de manière générale, l'élite de l'armée est capable de se plier aux habitudes alimentaires locales (ne serait-ce que par diplomatie), il n'en est pas de même pour les hommes du rang.

Pour réconforter la troupe, le commandement s'ingénie à

---

16. Vivant DENON, *Voyage dans la basse et la haute Égypte pendant les campagnes de Bonaparte en 1798 et 1799*, à Paris, P. Didot l'aîné, an X-1802.
17. *Mémoires pour servir à l'histoire des expéditions en Égypte et en Syrie*, par J. MIOT, 2e édition, à Paris, chez Le Normant, 1814.

reconstituer sa nourriture habituelle. Un effort particulier est fait pour le pain[18]. La construction de fours, un soin particulier apporté à la meunerie permettent de fournir un pain de qualité satisfaisante. Au Caire et, dans une moindre mesure, à Rosette et à Alexandrie s'établissent des cafés à l'européenne, des gargotes qui cuisinent des plats à la française. Grâce aux chimistes de la Commission et à ses ingénieurs, de la bière est brassée sans houblon, des liqueurs et des alcools sont distillés.

Ces arrangements ramènent à de justes proportions l'ennui de manger une nourriture déconcertante. D'ailleurs, l'accoutumance se fait peu à peu et chacun reconnaît qu'à défaut d'une cuisine élaborée, l'Égypte regorge de bons produits. Beaucoup se régalent de pastèques, de raisin, de dattes, d'œufs ou de volailles. Le poisson est aussi fort apprécié. Quelques-uns des Français trouvent aussi le temps de chasser.

Il reste que les plaisirs plus martiaux — les jeux, la danse, les femmes, le vin, l'alcool — sont plus difficiles à trouver et que leur quête est souvent pressante et désespérée !

---

18. Cette question du pain est prioritaire. Il suffit de lire les Carnets du capitaine GERBAUD qui note ici : « Toujours l'armée sans pain. Cri général » et là : « Pain sans levain et pas cuit, à peine a-t-il été pétri ; ni croûte ni mie... » Le capitaine GERBAUD, 1773-1799, documents publiés et annotés par Maxime MANGEREL, Paris, Plon, 1910.

19

L'AMOUR IMPOSSIBLE

> *« La beauté chez les Égyptiens est dans l'embonpoint : plus une femme est grosse, et plus elle est belle*[1]*. »*

Dans une de ses requêtes auprès du Directoire, Bonaparte formule des exigences un peu particulières. Il réclame une troupe de comédiens, une autre de ballerines, des montreurs de marionnettes, des liquoristes et des distillateurs ; il veut voir arriver les épouses des officiers et demande un contingent d'une centaine de femmes célibataires[2].

Que le général en chef manifeste un tel souci du bien-être de ses hommes en dit long sur le malaise d'une armée coupée de ses bases et qui doit se préparer à un séjour d'une durée indéterminée sur le sol conquis[3].

La rareté des vins et des alcools dans un pays soumis aux interdits coraniques de règle en la matière constitue un premier désagrément que beaucoup acceptent mais que d'autres, sans doute très habitués à ce genre de consommation, supportent mal. La « supplique assoiffée » de Savary — le futur duc de Rovigo — fait le tour de l'Europe. Interceptée par les Bédouins qui la remettent aux Anglais, elle connaît

---

1. J. Miot, *Mémoires pour servir à l'histoire des expéditions en Égypte et en Syrie*, Paris, chez Le Normant, 1814, 2e édition.
2. *Correspondance de Napoléon Ier*, IV, 273.
3. Souci souligné par *le Courrier de l'Égypte*. Dans le numéro 11, on lit : « En même temps que l'on s'occupe avec activité d'organiser toutes les parties de l'administration, sur tous les points de l'Égypte, on ne néglige pas les moyens de procurer aux Français des délassements. »

l'honneur d'être imprimée à Londres. Les doléances de Savary sont du genre... poignant. Il supplie Donzelot (resté à Alexandrie) de lui faire parvenir, outre ses bagages, des bouteilles de vin et d'alcool :

« Nous sommes sans cuisinier ; si tu en trouves un, amène-le [...] Nous vivons ici beaucoup plus mal que nous n'avons jamais vécu de la vie. Pas une goutte de vin, ni d'eau-de-vie [...] Souviens-toi, eau-de-vie et rhum ; il y a un siècle que nous en avons le plus grand besoin. Il y en a ici peu, extrêmement mauvais, hors de prix et l'on ne peut s'en procurer [...] Adieu, nous t'attendons ; fais pour le mieux ; surtout souviens-toi que nous n'aurons de vin et d'eau-de-vie que ce que tu apporteras [...] Toute l'armée a la diarrhée, à force de boire de l'eau. Pour Dieu, du vin, de l'eau-de-vie et du rhum[4] !... »

Une demande aussi pressante, qui n'est pas isolée, suscite des vocations parmi les civils qui accompagnent l'armée. En quelques semaines s'établissent, tant au Caire qu'à Alexandrie, plusieurs distillateurs et liquoristes. *Le Courrier de l'Égypte* ne manque pas de signaler l'ouverture de leurs boutiques : « Faure, Guichard et Compagnie tiennent fabrique et magasin de toutes sortes de liqueurs, sirops, eau-de-vie étrangère, vin... Au bout de la rue Vénitienne, maison du citoyen Wolmar, médecin, il y a une fabrique de sirops et de liqueurs fines de toutes espèces, ratafia, eau-de-vie... » Le tabac se procure à la « Manufacture française, maison Mehemet Kyadieff, rue Petit-Thouars... » et les cartes à jouer « fines » à l'Imprimerie de l'armée.

Pour satisfaire aux multiples besoins des soldats, les initiatives ne manquent pas. Le quartier franc d'Alexandrie s'agrandit ; au Caire on parle même d'un « Petit Paris » tant fleurissent les commerces de toutes sortes[5] Des boutiques de passementerie, des chapelleries, des ateliers de couture

---

4. Lettre reproduite dans *Correspondance de l'armée française en Égypte, interceptée par l'escadre de Nelson*... A lire aussi dans Christopher HEROLD, ouvrage cité, qui consacre à ces aspects de l'expédition quelques pages savoureuses.

5. Même en Haute-Égypte, ces regroupements d'activités existent ; à Syène, dès le deuxième jour d'occupation, on trouve « des tailleurs, des cordonniers, des orfèvres, des barbiers français avec leur enseigne, des traiteurs et des restaurateurs à prix fixe [...] jardins, cafés et jeux publics avec des cartes faites à Syène », *in* Vivant DENON, ouvrage cité.

s'acharnent à rapiécer des uniformes qui, de plus en plus usés, tombent en lambeaux. Tanneurs, cordonniers, bottiers et bourreliers se mettent à travailler les cuirs locaux ; ils livrent des ceinturons, des bottes, des fontes, des selles... Menuisiers et ébénistes improvisent pour fournir des tables et des chaises qui manquent aux intérieurs égyptiens ; plusieurs charpentiers de marine désœuvrés depuis Aboukir trouvent là une reconversion fructueuse.

Peu à peu, commente le commissaire Miot, « l'industrie adoucissait nos privations. Des distillateurs nous faisaient des liqueurs de tout genre ; et nous eûmes, par la suite, des sirops d'orgeat, de vinaigre, etc., le vin seul était d'une grande rareté, et nous n'en étions pourvus que par les chargements de spéculateurs hardis qui échappaient à la vigilance des croisières anglaises. Des françaises fixèrent le regard de nos généraux, et l'on vit se former quelques sociétés[6]. »

Le grand souci des guerriers au repos, ce sont les femmes. Celles qui se sont jointes au corps expéditionnaire sont en tout petit nombre. En principe leur présence était proscrite par les règlements militaires, à l'exception des cantinières et des vivandières. En réalité, elles sont près de trois cents à embarquer clandestinement. Sur le nombre, quelques prostituées mais ce sont surtout des épouses ou des amies de soldats. Comme elles ne représentent pas 1 % de l'effectif total de l'expédition, elles se retrouvent passablement harcelées.

Peu de noms se dégagent sinon celui de la « générale » Verdier, une Italienne « pétulante et vive » raconte Belliard, brave et généreuse. Sa popularité est immense auprès de la troupe. Elle se distingue particulièrement lors de la retraite de Syrie, secourant les malades avec un dévouement extrême. La générale Verdier a aussi son franc-parler, lorsque Bonaparte fait promener le chirurgien Boyer (qui a tardé à soigner les pestiférés) habillé en femme, avec, au cou, un écriteau le flétrissant, elle s'indigne d'une procédure qui insulte son sexe et le fait savoir au commandement.

De la même trempe, la femme du lieutenant de vaisseau Tempié dont les mémorialistes rapportent cette réplique

6. J. Miot, ouvrage cité.

fougueuse : « Mon mari, le lieutenant de vaisseau Tempié, commande l'*Amour*, armé en flûte, percé de 36 et doublé en cuivre. »

Il faut aussi évoquer la frivole figure de Mme Fourès, surnommée par les soldats Cléopâtre ou Clioupâtre. Apprentie modiste à Carcassonne, Pauline Bellisle (ce qui lui vaut le surnom de Bellilote) avait épousé le sous-lieutenant Fourès du 22e chasseurs à cheval. Déguisée en chasseur, elle suit son mari en Égypte. Sur place, elle quitte son travesti et affiche une fort appétissante anatomie ; son incroyable chevelure blonde, ses yeux bleus et son teint frais émerveillent. Elle ne tarde pas à être remarquée par Bonaparte qui la rencontre au Tivoli.

Celui-ci vient de tâter des charmes des femmes orientales. Il en a vite été déçu. Selon Bourrienne, toujours aussi bonne langue, il s'est d'abord fait présenter une demi-douzaine de Circassiennes échappées des sérails des beys. Il les a trouvées trop « grasses » et « odorantes[7] ». Pour en finir avec l'esseulement du « sultan al-Kebir », le cheikh al-Bakri, décidément très attaché au bien-être de ses amis français, lui fournit sa propre fille. Mais la très jeune et dodue Zanab ne convient guère à Bonaparte qui ne la garde auprès de lui que quelques jours.

Avec Pauline Fourès, les relations durent plus longtemps. Cette liaison donne même beaucoup d'espoir à la jeune femme ; elle lui permet de s'afficher comme la maîtresse attitrée du général en chef. Elle mène grand train, et s'établit dans une maison voisine du palais d'al-Alfi Bey où vit son amant. Toute l'armée la connaît et tout le monde se gausse du malheureux mari, expédié en France porter des messages urgents et qui, intercepté par les Anglais, est renvoyé aussitôt en Égypte. Quand il découvre son infortune, sa colère est terrible. La campagne de Syrie tombe presque à pic pour éloigner les amants et, quand Bonaparte repart pour la France, il oublie Bellilote[8].

Loin de ces intrigues de cour, attardons-nous sur la vie

7. Le baron Thiry dit joliment qu'en la matière Bonaparte était « délicat ». En revanche, tout le monde s'accorde pour dire que ses avances auprès des femmes ne l'étaient pas vraiment !

8. Kléber semble en avoir fait sa maîtresse mais il ne tarde pas à la renvoyer en France où elle profite des libéralités de son premier amant.

sentimentale ordinaire des soldats. Mettons à part les officiers, les administrateurs et les civils importants : ils disposent de revenus suffisants pour se procurer les femmes susceptibles de leur convenir. Dans une société esclavagiste, le seul problème est celui de l'embarras du choix.

Pour les hommes du rang, le dénuement est presque total ; à moins de forcer ses goûts ou de recourir à la violence[9].

Le premier contact avec les femmes du peuple est décourageant. Les premiers à s'en affliger sont les médecins chargés par Desgenettes de rédiger des notices sur leurs lieux de garnison. Carrié, établi à Menouf dans le Delta, va jusqu'à expliquer qu'il ne peut parler de la « constitution physique et morale des femmes et des filles (car) ce sont les êtres qu'on peut et que l'on permet le moins d'observer dans ce pays[10] ». Cérisole, qui vit à Asyut en Haute-Égypte, a, semble-t-il, plus de chance ; il compare les femmes du Sud à celles du Delta : « Les traits de la femme sont plus adoucis, les formes plus arrondies (...) un sein flasque et allongé, un ventre proéminent, gâtent de bonne heure ce que leur taille pourrait avoir d'avantageux ; leurs yeux, cependant, sont expressifs, et leurs dents très blanches[11]. » A Damiette enfin, Savaresi est catégorique : « Les femmes à l'âge de trente ans sont vieilles, asthmatiques, et ont les articulations ankylosées [...] dans ce pays-ci l'espèce humaine est presque déformée[12]. »

Ces observations ethnographiques rejoignent le simple point de vue des hommes. Detroye, qui périra devant Saint-Jean-d'Acre, a vu les Égyptiennes « hideuses et dégoûtantes, cachant une figure décharnée sous des haillons puants et montrant une gorge pendante à travers les déchirures de leurs vêtements[13] ».

Il y a sans aucun doute beaucoup d'ignorance et de

---

9. Les affaires de violences sexuelles ne semblent guère nombreuses. Miot signale une tentative de viol sur les femmes d'un chef de village, mais elle tourne court car elles sont munies de ceintures de chasteté. Quant à la pédérastie, sa faible fréquence chez les Français semble avoir beaucoup dépité les Orientaux. Le propos du cinéaste Chahine *(Adieu Bonaparte)* faisant de Caffarelli un homosexuel est plutôt incongru.

10. *La Décade égyptienne*, n° 3, 1er trimestre, an VII.

11. *La Décade égyptienne*, n° 4, 1er trimestre, an VII.

12. *La Décade égyptienne*, n° 3, IIe vol., an VIII.

13. Cité par F. CHARLES-ROUX, *Bonaparte gouverneur d'Égypte*.

préjugés dans ces opinions. Mais, à la décharge des Français, il n'est pas niable que les femmes indigènes sont peu accessibles. Leur mise habituelle n'attire guère : « Longue chemise de coton ou de toile qui allait jusqu'aux pieds, *libās* de tissu grossier, vêtement de dessus en fil et en coton [...] à fond bleu et carrelé, appelé *milāya.* Un mouchoir de soie noire carré, bordé de rouge et de jaune, noué derrière la tête, était la coiffure la plus répandue. Le voile de visage noir, le *burqu'*, s'ornait souvent de fausses perles ou de pièces de monnaie[14]. » Seules les plus indigentes des femmes ne sont pas voilées, et cette inattention aux rites témoigne de leur déchéance.

Très tôt dégoûtée, la grande majorité des soldats se tient à l'écart des femmes du peuple. Il ne leur reste plus qu'à fréquenter les prostituées, nombreuses au Caire, et dont ils découvrent avec curiosité, sinon répugnance, le pubis épilé et le sexe mutilé par l'excision clitoridienne[15]. La prostitution est chose fort ancienne en Égypte. Sans remonter à la période ante-islamique, il suffit de dire qu'elle est très répandue au Moyen Âge et à l'époque des sultans mamelouks. Au XIIIe siècle, un auteur, Ainî, s'en plaint amèrement, parlant des prostituées qui « sont à l'affût de la débauche », qui « déambulent et font la chasse à l'homme ». La prostitution est d'ailleurs officiellement taxée et il existe de véritables maisons closes[16].

Quand les Français s'installent en Égypte, les « bacchantes de carrefour » ne manquent pas. Elles s'excitent par la boisson et se contentent de tarifs très bas. A cause d'elles, les maladies vénériennes se répandent. Les autorités tentent d'enrayer le fléau. En mai 1799, le diwan général rend une ordonnance interdisant la fré-

---

14. Rachel ARIE, « Notes sur le costume en Égypte dans la première moitié du XIXe siècle », *in* la *Revue des études islamiques,* année 1968, Paris, Librairie orientale P. Geuthner.

15. Encore très répandue en Égypte aujourd'hui. Une enquête menée en 1973-1974 par la faculté de médecine de l'université d'Ein-Shams parle de 97,5 % d'excisions dans les familles non instruites. Cité par Naoual el-SAADAOUI, *la Face cachée d'Ève,* Éd. des femmes, Paris, 1982.

16. Cité par Abdelwahab BOUHDIBA, *la Sexualité en Islam,* Quadrige, P.U.F., Paris, 1975.

quentation des femmes publiques « pendant un délai de trente jours, à compter de la date du présent arrêté, à tout individu français, musulman, grec, chrétien ou juif...[17] ».

Ce moratoire n'améliorant guère la situation sanitaire, le général Dugua, gouverneur du Caire, demande à Bonaparte l'ordre de disperser les prostituées. Chargé de la besogne, l'aghâ ne s'embarrasse pas de scrupules, il en fait rafler un très grand nombre (400 ?), les décapite et les expédie au Nil dans des sacs cousus. Ce massacre met un terme à la prostitution la plus voyante, mais très vite elle réapparaît, beaucoup plus furtive.

Il reste les marchés d'esclaves et en particulier celui du Caire. Ils peuvent présenter un intérêt certain pour qui cherche femme, à condition de pouvoir payer[18]. Il y a là une variété de races qui permet de comparer et de choisir. Si les soldats de Bonaparte en avaient eu connaissance, ils auraient pu se fier à cet écrivain tunisien expert en « géo-érotologie » qui commentait ainsi les différents types de femmes rencontrées dans le Proche-Orient :

« Parmi les femmes arabes des distinctions doivent être faites. Les Irakiennes sont les plus excitantes, les Syriennes les plus affectueuses, les Arabes et les Persanes les meilleures à coup sûr. Elles sont les plus fécondes, les plus aimantes et les plus fidèles. Les Nubiennes ont des vagins très chauds, des postérieurs plus fournis, des corps plus harmonieux, et elles suscitent un désir renouvelé. Les femmes turques ont le sexe froid. Elles tombent enceintes du premier coup, elles ont un sale caractère, elles sont rancunières, mais elles ont l'intelligence fort vive [...] Les Égyptiennes savent tenir les doux propos qui conviennent. Leur caractère est avenant et elles s'abandonnent aisément aux joies de l'amour. Les plus agréables à coïter parmi elles sont les femmes du haut Nil. Celles du bas Nil ont les sexes les plus gros et les paysannes sont les plus insatiables[19]. »

Assez rares sont les Français qui se décident à acquérir une esclave. En tout cas, ils sont peu à s'en vanter. L'ingé-

---

17. Cité par JABARTI, *Journal d'un notable.*

18. Ou de surmonter son dégoût, le commissaire Miot prétend n'avoir pu supporter le spectacle de « véritables animaux » recouverts de haillons.

19. Abdelwahab BOUHDIBA, ouvrage cité. Texte extrait de Suyuti al-JALALEDDÎNE, *Kitâb al îdhâh'fi 'ilmil nikâh,* Tunis, s.d.

nieur Villiers, qui entretient de mauvaises relations avec son supérieur hiérarchique Girard, se gausse même que ce dernier se soit mis en ménage avec une « Caucasienne payée 3 600 livres » et qu'il ne veuille plus maintenant rentrer en France[20].

Le chef de l'atelier d'habillement de l'armée d'Orient, Bernoyer, est beaucoup plus fier de son acquisition. Dans cette lettre adressée à un parent, il s'explique longuement. Pour sortir d'une « longue et pénible abstinence », il demande à un entremetteur arabe — « Sultan Ganache » (!) — de lui présenter plusieurs femmes. L'homme ne tarde pas à lui amener « une douzaine de femmes seulement vêtues d'une longue chemise de toile bleue descendant jusqu'aux talons » ; on dirait une théorie de pénitents[21].

Bernoyer les examine et fixe son choix sur une jeune fille de quatorze ans au plus qu'il remet à Sultan Ganache pour quelle soit baignée et habillée de neuf. Il en tire toutes les satisfactions possibles et, comble de félicité, découvre que, comme tous les Égyptiens, son esclave est d'une incroyable sobriété : un simple plat de fèves bouillies avec du beurre la satisfait.

Bernoyer appartient au petit monde des administrateurs de l'armée qui prend ses aises en Égypte. Très en rapport avec les indigènes, tirant des ressources plus ou moins licites de toutes sortes de transactions, ils n'ont pas de mal à acquérir des femmes. Bernoyer se vante même d'une vie sentimentale passablement agitée mais il faut faire évidemment la part d'une certaine hâblerie et d'un enjolivement nostalgique des faits. Une des sources de l'orientalisme tient d'ailleurs à ces évocations. Ainsi, la description des danseuses professionnelles — les *almé* — laisse courir bien des phantasmes.

Lorsque les rédacteurs de l'*Histoire scientifique et militaire de l'expédition,* qui sont des vétérans de la campagne d'Égypte, évoquent les danseuses, ils remuent des souvenirs bien piquants :

« Elles s'abandonnaient à des danses qui dessinaient leurs formes et parlaient mieux aux sens. La gorge entièrement

20. VILLIERS DU TERRAGE, ouvrage cité.

21. François BERNOYER, *19 lettres inédites,* retrouvées et présentées par Christian Tortel, éd. Curandera, Paris, 1981.

nue, les cheveux nattés, la robe transparente, ces improvisatrices reproduisaient dans leur crudité les graduations du plaisir amoureux [...]

« Le principal mérite des almés est de savoir nouer ou dénouer à propos une ceinture flottante qui dessine leurs contours [...] L'œil enflammé, ruisselantes de sueur, haletantes, elles semblent appeler le plaisir par des chansons lascives : “ Qui veut jouir, jouisse, disent-elles ; viens, cher amant, dénoue les cordons de ta ceinture et approche-toi ”[22]. »

Il reste que ces danseuses publiques constituent un groupe marginal, méprisé par les musulmans pieux et que le ton en Égypte est celui de la plus stricte austérité des mœurs. Parmi les comportements qui ont le plus choqué les Égyptiens, les relations entretenues par les Français avec les femmes, la liberté de comportement et de parole dont elles bénéficient sont à mettre au premier rang.

Le fait n'a pas été toujours perçu par les Français, même si on lit sous la plume d'Antoine Galland : « Ce qui a le plus surpris et scandalisé les Égyptiens, ç'a été de voir nos dames se promener dans les rues avec des hommes et le visage découvert... » Malheureusement, il ajoute aussitôt : « Mais ils s'habituent peu à peu à cet usage et commencent à les regarder avec plaisir[23]. » Galland nourrit là l'illusion, très répandue chez les Français d'Égypte, d'occidentaliser les musulmans en les associant à leurs plaisirs et à leurs façons de vivre.

En fait, il suffit de se reporter aux chroniqueurs orientaux pour comprendre combien la position des femmes dans les relations sociales développées par l'occupant leur paraît insupportable. Niqula al-Turk ne déclare-t-il pas, à propos de la vie au Caire après la victoire de Kléber à Héliopolis : « Le Caire devint alors comme Paris, les femmes sortaient sans pudeur avec les Français ; on vendait publiquement du vin et des liqueurs enivrantes et il se commettait des

22. *Histoire scientifique et militaire...*

23. Antoine GALLAND, *Tableau de l'Égypte pendant le séjour de l'armée française*, par A.G., Paris, Cérioux, an XI, 2 vol., in 12e.

choses que le Seigneur des cieux ne saurait approuver[24]. »

Quant au rigoriste Jabarti, il n'hésite pas à se lancer dans une de ses tirades les plus longues pour exposer que la corruption des mœurs tient au mauvais exemple donné par les Français : « Quand (ils) arrivèrent au Caire, quelques-uns avaient leur épouse. Ils sortaient dans les rues avec leurs femmes. Ces dames avaient le visage à découvert, portaient des jupes (...), des écharpes de couleur, des foulards de tête brodés en cachemire qui leur retombaient sur les épaules. Elles montaient ainsi sur les chevaux et les ânes, les conduisant sans ménagement en riant aux éclats, à gorge déployée, plaisantant avec les loueurs de monture et avec les voyous. On vit alors les femmes de bas étage et sans retenue se mêler aux Français, à cause de leur générosité et de leur complaisance pour le beau sexe[25]. »

Si on suit Jabarti, c'est seulement dans les derniers temps de l'occupation, à l'époque de Menou, que nombre de Français se décident à prendre pour concubines des femmes indigènes. Sa description des débordements qu'engendre cette intimité toute neuve prend, sous sa plume, des allures hallucinées. C'est la débauche institutionnalisée, des « beuveries de jour et de nuit » dans la fumée du haschisch. Même (!) les négresses s'en mêlent : « Dès qu'elles se rendirent compte que le souhait général était la liberté totale de la femme, elles coururent par flots après les hommes, qu'elles soient célibataires ou mariées : elles sautaient par-dessus les murs, montaient aux fenêtres...[26]. »

Quand les Français évacuent l'Égypte, nombre de femmes accusées de collaboration « horizontale » (pour reprendre la délicate formule qui qualifiait en 1944 le comportement des femmes ayant eu des liaisons avec les Allemands) paient de leur vie ces moments de « faiblesse ». Tel est le sort de la fille d'al-Bakrî, la maîtresse de quelques jours de Bonaparte. Le 4 août 1801, Jabarti consigne : des agents envoyés par le vizir se sont présentés à la maison de sa mère, au quartier al-

24. Nicolas TURC, *Chronique d'Égypte de 1798-1804*. La traduction la plus récente est celle de Gaston Wiet, parue au Caire en 1950. Sur l'idéologie des lettrés égyptiens, consulter Gilbert DELANOUE, *Moralistes et politiques musulmans dans l'Égypte au XIXe siècle*, Le Caire, I.F.A.O., 1982.
25. JABARTI, ouvrage cité.
26. *Ibid.*

Jûdariyya, après le coucher du soleil. Ils l'amenèrent avec son père. L'un et l'autre furent interrogés sur le passé. Elle répliqua : « Je regrette tout cela. » On demanda à son père : « Qu'est-ce que tu dis ? » Il répondit : « Moi, je suis innocent ! » On brisa la nuque de sa fille[27].

A la même date, et sans le moindre commentaire, Jabarti mentionne l'exécution de quatre autres « collaboratrices ».

« Louange à Dieu dont le pouvoir ni ne passe ni ne change ! »

---

27. Jabarti, ouvrage cité.

20

LA FIÈVRE PYRAMIDALE

> *« Oui, tout me dit que cette montagne de pierres n'a pas livré tous ses secrets. »*
>
> Professeur MORTIMER[1]

De tous les sites antiques, le plus familier pour les Français est celui du plateau de Giza. Les trois grandes pyramides — Khéops, Khéphren, Mykérinos — et le Sphinx, avec tout leur cortège de petites pyramides, de mastabas et de superstructures à demi ensablées ne peuvent échapper à leur curiosité.

Depuis Le Caire, il faut environ deux heures pour atteindre les pyramides[2]. De loin, remarque le comte Potocki, elles apparaissent « comme des montagnes dont la couleur bleuâtre (annonce) une grande élévation ». Ce que confirme Vivant Denon qui précise : « La grande distance d'où elles peuvent être aperçues les fait paraître diaphanes, du ton bleuâtre du ciel, et leur rend le fini et la pureté des angles que les siècles ont dévorés... ». Mais cet auteur ajoute : « Quand on approche de ces colosses, leurs formes anguleuses et inclinées les abaissent et les dissimulent à l'œil [...] ; mais dès qu'on vient à mesurer par une échelle connue

---

1. E. P. JACOBS, *le Mystère de la Grande Pyramide,* t. 1. Édition du Lombard, Bruxelles, 1972.
2. Surtout si l'on chevauche les fameux ânes égyptiens, dociles et véloces, qui pullulent au Caire.

cette gigantesque production de l'art, elle reprend toute son immensité[3]. »

Contemplées sous tous leurs angles, les pyramides écrasent l'observateur et le laissent perplexe avant de le lancer dans de volubiles réflexions « philosophiques ». Il en est de même avec le Sphinx. Vivant Denon, qui regrette de n'avoir pu lui consacrer le temps nécessaire, le dessine malgré tout, avec une équipe en train de le mesurer depuis le sommet de son crâne. Il admire cette œuvre équilibrée, puissante et gracieuse à la fois : « ... la bouche dont les lèvres sont épaisses a une mollesse dans le mouvement et un finesse d'exécution vraiment admirables, c'est de la chair et de la vie[4] ».

Ravivée par les membres de l'expédition, la fascination exercée par les pyramides et le Sphinx n'a jamais cessé. Elle a alimenté toute une littérature aux prétentions scientifiques. S'acharnant sur la Grande Pyramide, elle cherche à démontrer que Khéops est bien l'édifice emblématique de complexes savoirs ésotériques, théosophiques et même astronomiques. Tout près de nous, la « pyramidologie » a encore frappé : deux architectes (G. Dormion et J.-P. Goidin), associés à E.D.F. et à la Compagnie de prospective géophysique française, se sont livrés à une investigation endoscopique de la Grande Pyramide. En vain d'ailleurs[5].

Des symptômes de cette fièvre pyramidale se rencontrent déjà chez certains Français du corps expéditionnaire.

Tout commence avec l'inévitable excursion aux pyramides. Et d'abord celle de Bonaparte. Il s'y rend le 19 septembre 1798, en compagnie de Monge, Berthollet et d'un grand nombre de membres de l'Institut, d'officiers de son état-major. Prenant l'excursion en main, il ordonne l'ascension de Khéops et parvient le premier à son sommet. Prouesse qui tient moins à ses qualités athlétiques qu'au souci de son entourage de ne pas grimper plus vite que lui. Au sommet, Bonaparte s'attarde moins à contempler le panorama qu'à prévenir Monge qu'avec les pierres de la

3. Vivant DENON, ouvrage cité.

4. Vivant Denon n'est pas le seul à dessiner les pyramides. Cécile et Dutertre consacrent plusieurs planches de la *Description de l'Égypte* au plateau de Giza. Avec le souci de montrer les pyramides sous un jour mystérieux, masses sombres qu'éclaire un soleil levant ou couchant.

5. Dans le genre « pyramidomaniaque », lire F.-X. HERY et Thierry ENEL, *la Bible de pierre*, Robert Laffont, Paris, 1990.

Grande Pyramide on pourrait ceinturer la France d'un mur large d'un mètre et haut de trois [6]. Redescendu, il se refuse à visiter les galeries et les caveaux de Khéops, il ne veut pas y entrer à quatre pattes !

Imitant son général en chef, une bonne partie de l'armée d'Orient vient rendre visite aux pyramides. En groupes compacts d'ailleurs et sous forte escorte car il y a tout à craindre des Bédouins qui n'hésitent pas à s'attaquer aux « touristes » imprudents.

A lire les journaux et les Mémoires, on s'aperçoit que cette visite prend vite une tournure rituelle, escalade de la Grande Pyramide, bref séjour à son sommet le temps de graver son nom dans la pierre puis, accessoirement, visite de l'intérieur. A la différence du Sphinx, très sollicité en dépit de son ensablement, les deux autres pyramides sont beaucoup plus négligées.

Le chef de l'atelier d'habillement de l'armée d'Orient, Bernoyer, rapporte ainsi sa visite au plateau de Giza :

« Nous partîmes du Caire à deux heures du matin. Notre escorte se composait de cent cinquante hommes de troupe et de quelques Turcs enrôlés pour veiller à nos équipages : six chameaux en assuraient le transport. Nous dirigeâmes notre marche vers les Pyramides ; au lever du soleil, nous étions au pied de la plus grande [...] Nous restâmes en extase devant ces masses énormes de grosses pierres, entassées les unes sur les autres, sans mortier ni ciment [7]. »

Quant au capitaine Moiret, il nous éclaire sur les entrailles de Khéops :

« On pénètre dans l'intérieur de cette pyramide par une petite voûte très bien faite, dans laquelle sont des gradins, pour retenir les pieds. On descend pendant cinq minutes, après lesquelles on remonte pendant autant de temps, pour trouver la chambre dite " de la reine ". Elle a à peu près vingt pieds carrés de surface, elle est très bien construite, mais l'odeur qu'on y respire n'engage pas à y rester longtemps. On croit que c'est dans cette chambre qu'on déposait les corps des reines d'Égypte. Au sortir de là, on monte pendant sept à huit minutes par une suite de voûtes, dont

---

6. Rappelons que Bonaparte avait été élu à l'Institut dans la classe des sciences physiques et mathématiques en décembre 1797.
7. François BERNOYER, ouvrage cité.

l'accès est assez difficile, pour arriver à la chambre dite " du roi " [...] On y trouve un cercueil de pierre de granit de six pieds de long sur trois pieds de hauteur et de largeur [...] On y trouve enfin une espèce de conduit, dont on ne connaît point la profondeur. On y tira un coup de pistolet ; et le bruit qui y retentit en se prolongeant nous fit présumer que le conduit aboutissait à de vastes cavités[8]. »

L'excursion la plus pittoresque, celle en tout cas qui nous est parvenue le plus longuement narrée, est probablement celle du général baron Desvernois, alors capitaine des hussards. C'est tardivement, à l'époque du commandement de Menou, qu'il est invité par d'autres officiers — Reynier, Belliard, Lagrange — à visiter les pyramides. Ces hommes ont d'ailleurs en commun de détester Menou et de vouer un culte particulier à la cavalerie.

Leur excursion prend des allures d'expédition. Une forte escorte de soldats installe son bivouac et des postes sont établis pour surveiller les alentours. Desvernois et ses amis peuvent alors engager leur ascension. En fait, ils sont près de quarante à escalader des gradins de 28 à 30 pouces de haut. Rétrospectivement, Desvernois est très fier : « Jeune et leste, je distançai bientôt tous ceux qui montaient par le même côté que moi, et j'arrivai sur le sommet en même temps que les généraux Reynier, Belliard, Lagrange, avec Mmes Verdier et Sauvage ; ils étaient venus par la face nord. Nous échangeons force compliments ; bientôt arrivent de tous côtés les visiteurs : nous nous comptons : on est trente-neuf dont cinq jeunes et jolies femmes[9]. »

Sur l'étroite terrasse on se bouscule presque, surtout lorsqu'il s'agit de laisser trace de l'exploit. Desvernois, qui a oublié d'emporter ciseau et marteau, ne peut graver son nom. Il jure de revenir. Redescendue, la joyeuse compagnie trouve rafraîchissements et collation ; des bouteilles sont ouvertes, des toasts portés : « Aux dames françaises en Égypte ! » Puis, une vingtaine de visiteurs, presque tous du 7e hussards, manifestent leur intention de visiter l'intérieur.

8. Joseph-Marie MOIRET, ouvrage cité.

9. *Mémoires du général baron Desvernois*, ouvrage cité. Il faut se méfier de Desvernois lorsqu'il s'agit des événements politiques et militaires, ses souvenirs sont souvent défaillants. En revanche, tout ce qui a trait à la vie quotidienne est excellent.

Avant, il faut laisser en sortir tout un groupe, des employés, des administrateurs de l'armée, bref des « riz-pain-sel ». Les hussards accablent de quolibets ces civils qui sortent de la Grande Pyramide, « pâles comme des spectres ». En fait, Desvernois le reconnaît, l'exploration est éprouvante ; trois heures à parcourir les galeries dans l'envol incessant de chauves-souris « grosses comme des poules », jusqu'à l'extinction des torches.

« A six heures et demie, on chargea les tentes et toutes les cuisines sur les chameaux ; on revint en chahutant, en faisant des folies pendant la route jusqu'au Caire où l'on arriva à huit heures du soir. »

Menou ayant ordonné des fouilles à proximité des pyramides, Desvernois en profite pour y retourner. Avec trois officiers de son régiment il refait l'ascension et, cette fois, armé de ses outils, il grave :

— ses nom et prénoms,
— le lieu de sa naissance,
— son grade,
— le numéro du régiment, l'arme,
— la date de son ascension[10].

« Cela fait, on dîna sur le sommet de la pyramide, de ce qu'on avait apporté du Caire : poulets, moutons rôtis et deux bouteilles de vin de Roussillon... » Le raffinement va jusqu'au café que le boy de Desvernois, un négrillon, prépare sur un feu de palmes qu'il a portées jusqu'au sommet. Passablement excités, Desvernois et ses camarades finissent par jeter des blocs « comme des écoliers » pour voir jusqu'où ils peuvent tomber ; enfin, ils tirent des coups de pistolet et de fusil contre Khéphren.

Toutes ces pitreries d'apprentis vandales ne peuvent, à vrai dire, nous surprendre. Depuis 1798, le tourisme de masse a exercé ses ravages sur tous les monuments de la planète et répété à des millions d'exemplaires les gestes déplacés de Desvernois.

L'époque n'est pas au respect des monuments et, lorsque les soldats français se mettent à jouer les archéologues, ils ne s'embarrassent pas de précautions. Le même Desvernois

---

10. Méticulosité que l'on retrouve chez François, le « dromadaire d'Égypte ». Voir le chapitre 18.

rapporte comment, au retour de sa seconde équipée, il a exploré des tombeaux, répertoriant 14 galeries, 28 sarcophages et gravant, une fois de plus, son nom à l'entrée de la nécropole. Une fois éventrée, elle n'a plus qu'à attendre les pilleurs de tombes qui fourniront les soldats français en souvenirs antiques...

L'Institut d'Égypte et la Commission scientifique se sont intéressés au site de Giza, et l'on trouve dans la *Description de l'Égypte* une substantielle monographie consacrée aux pyramides[11]. Mais l'approche la plus singulière, la plus minutieuse aussi, est celle d'un chercheur isolé, d'un officier du corps expéditionnaire pris de passion pour les pyramides, Jacques-François-Louis Grobert.

Né à Alger en 1757, Grobert a d'abord servi comme officier d'artillerie en Toscane et en Espagne. En 1792, il rejoint la France. Deux ans plus tard, on le retrouve directeur de l'arsenal de Meulan. En Égypte, il commande l'artillerie. Inspecteur des revues en 1802, il quitte l'armée en 1811 et meurt à une date inconnue. Il laisse plusieurs études techniques sur l'artillerie et un ouvrage consacré à l'Égypte, *Description des pyramides de Ghize, de la ville du Kaire et de ses environs...*[12].

En Égypte, Grobert a bénéficié de loisirs importants. Vivant au Caire, il a eu tout le temps de se consacrer aux pyramides. Son intérêt tient en fait autant à la contrariété, à l'agacement qu'à la curiosité. Il ne supporte pas les cris d'enthousiasme de ses camarades et ne comprend pas leur admiration pour les énormes tombeaux pharaoniques. Il s'exclame : « Comme l'ami de la vérité est irrité des exclamations de ces voyageurs romanesques qui associent l'idée du beau à celle de l'énormité ! qui ont voulu deviner les efforts de l'art là où on n'aperçoit que la patience et la fatigue d'une nation asservie ; qui, dépourvus des moindres connaissances de la construction, ont appelé parfaits ces bâtiments qui seraient désavoués de nos jours par l'artiste le plus médiocre ! »

11. COUTELLE, « Observations sur les pyramides de Gizeh et sur les monuments et les constructions qui les environnent », *in Description de l'Égypte*, Antiquités et Mémoires, t. II.

12. Par J. GROBERT, chef de brigade d'artillerie, membre de l'Institut de Bologne, à Paris, chez Logerot-Petiet et Rémond, Paris, an IX.

C'est donc parce que les pyramides représentent pour lui le summum de ce que peut engendrer le despotisme et l'esclavagisme qu'il entend les étudier de la façon la plus minutieuse. Ainsi pourra-t-il mieux évaluer leur coût financier et surtout humain. Grobert est un pur esprit des Lumières, un petit clerc au service des idéaux dominants. Son initiative est d'autant plus intéressante; à voir ce M. Homais en uniforme passer des mois à mesurer les pyramides, on comprend mieux la frénésie de connaissance qui consume nombre de « scientifiques » de l'expédition et on perçoit mieux les impératifs idéologiques qui guident leurs actes.

Grobert a travaillé dans des conditions difficiles. Faute de soldats français, plus utiles ailleurs, il a dû payer son escorte de mamelouks et de janissaires. Avec ses deux « assistants », les capitaines Berge et Verrier, il a travaillé dans la chaleur excessive et les vents de sable. La soif les a harcelés.

Si Khéops ne se révèle pas particulièrement difficile à escalader, il n'en est pas de même pour Khéphren. Là, l'ascension devient périlleuse : « On ne saurait monter sur le " Chephren " sans quelque danger, écrit-il, vu la différence de l'appareil de la pierre. Les assises sont irrégulières, et ne présentent pas les faces d'un prisme rectangulaire, ainsi que celles du " Chéops ". Quelques-uns de nous ont pu monter jusqu'à la portion du revêtement que le temps a respectée, et qui s'étend à 40 pieds environ au-dessous du sommet, mais il a fallu le secours d'un Arabe pour descendre. »

Grobert peut se vanter d'avoir tout mesuré. Ainsi, pour Khéops, chaque assise a été mesurée. Total : 437 pieds deux pouces pour 205 assises, auxquelles il n'oublie pas d'ajouter trois assises enfouies sous le sable qu'il a fait déblayer pour aboutir à un total de 448 pieds 2 pouces [13]. En outre, Grobert a calculé l'élévation du plateau, mesuré la distance des pyramides au Caire.

A l'intérieur de Khéops, il a cherché à s'orienter à l'aide de la boussole. Malheureusement, l'air raréfié, peu renouvelé, altéré par la décomposition des chauves-souris, des rats et des insectes, la présence de quelques corps métalliques ont,

13. Soit 148,38 m, contre 146,60 relevés actuellement (*Atlas Universalis de l'Architecture*).

d'après lui, détraqué sa boussole. Bref, il a pesté et déploré de ne pouvoir « aborder aucun raisonnement trigonométrique vu le défaut de précision sur la valeur des angles en question ».

Après les mensurations, l'analyse des matériaux et de leur appareillage : « Toutes les pierres sont maçonnées ; le mortier qui les lie est exactement semblable à celui d'Europe ; leurs surfaces sont aussi équarries que l'état de vétusté peut le permettre... » Grobert a examiné de près les blocs, il a trouvé des traces fossiles, des empreintes en creux de crustacés, de mollusques. La présence de clovisses bien conservées et de coquilles en grande quantité justifie Hérodote qui affirmait que l'Égypte avait été envahie par la mer. Une visite aux carrières de la chaîne libyque le conforte dans cette opinion.

Inépuisable, Grobert aborde même l'étude géologique des pyramides. Khéops est bâtie en pierre calcaire, à grains fins, d'un gris blanc, facile à tailler et à scier. L'eau de pluie la pénètre facilement ; ce calcaire se délite vite mais, grâce au climat très sec, il a bien résisté. Le revêtement de Mykérinos est d'une autre nature, c'est du granit rose, en provenance de l'île Éléphantine. Consciencieux, Grobert se rend même dans la chaîne libyque pour étudier les sites des carrières antiques où les matériaux de Khéops ont été débités. Il pense même à se pencher sur le réemploi des blocs prélevés sur les monuments de Giza devenus autant de carrières « sauvages ». Il conclut sur ce sujet :

« Il est à observer que lorsque les beys ou les particuliers bâtissaient un palais ou une mosquée, ils préféraient ces pierres, qui étaient taillées, à celles du Mokattan. Ils s'abonnaient avec des Arabes ou avec les habitants des villages [...] pour faire apporter les morceaux que l'on pouvait charger à dos de chameau ; [...] Il est peu étonnant, d'après cela, que les édifices accessoires ainsi que le revêtement magnifique du Chéops aient disparu. »

Quand Grobert juge bon d'achever son étude, il ne peut s'empêcher de philosopher et de livrer à ses lecteurs cette morale... lapidaire : « Que les grands de la terre ne cumulent pas sur un point leur magnificence ! Les routes, les canaux, l'agriculture et l'instruction doivent répandre sur le rayon entier de leur domaine les sommes que plusieurs rois ont destinées aux monuments. La grandeur la plus durable est le souvenir d'une administration paternelle, qui a distribué partout et également la prospérité. »

Une prose bien laborieuse à laquelle on peut substituer la réflexion de Bernoyer, plus littéraire, mais qui abonde dans le même sens :

« Dans la réalisation de ces colossales constructions, la raison ne peut voir que les folies de tyrans orgueilleux. Soucieux d'éterniser leur nom, ils ont voulu être ensevelis dans ces monuments, devenus dès lors d'écrasants tombeaux [...] Pourtant [...] : petits et grands disparaissent au sein de la terre en devenant poussière, de la même façon que les plus petits reptiles ou les plus vils animaux... » Dont acte.

21

LE MONDE INQUIÉTANT DES BÉDOUINS

« Ma garde du corps de cinquante hommes des tribus arabes [...] est plus magnifique qu'un jardin de tulipes, et nous allons comme des fous et, avec nos Bédouins, nous fondons sur des Turcs sans méfiance et les détruisons en masse. »

T. E. LAWRENCE[1]

Durant tout leur séjour, le désert a fait peur aux Français. Ils ne s'y sont aventurés que par contrainte. Les forces cantonnées dans le Delta ont tourné le dos au désert, celles qui ont mené campagne en Syrie et en Haute-Égypte en ont beaucoup souffert.

Les soldats n'ont aperçu les Arabes du désert qu'au détour d'accrochages aussi brutaux que furtifs. Échangés ou évadés, des prisonniers français ont rapporté des récits atroces. Colportés et amplifiés, ils ont achevé de ternir la réputation des Arabes. Heureusement, à une foule de témoignages approximatifs, de jugements hâtifs et partiaux, s'opposent les enquêtes de quelques membres du corps expéditionnaire. C'est à celles-là qu'en contrepoint des appréciations dévalorisantes nous ferons référence.

Mépris, peur et ignorance caractérisent les opinions et les sentiments des Français à l'égard des nomades du désert. Rien de bien original puisqu'ils ne font que reprendre à leur compte le point de vue des Turcs, des notables

1. Lettre à AV. W. Richards, 15 juillet 1918.

égyptiens et de tous les sédentaires de la vallée du Nil.

Jabarti, qui parle pour les notables cairotes, ne manque jamais dans son Journal de mentionner les méfaits des Bédouins. Il les signale en maintes circonstances décidés à tuer et à piller ; prêts à dépouiller les femmes de leurs vêtements et à les déshonorer : on les remarque dans les villes les jours d'agitation quand ils s'infiltrent pour rejoindre la « pègre » et les « voyous ».

Parmi les soldats et même les officiers français, la cause est entendue : les Arabes forment la pire engeance de l'Égypte. Le canonnier Bricard, qui parle haut et fort sans trop raisonner, ne sait d'eux qu'une chose : ils assouvissent sur les prisonniers « une passion criminelle qui, dans tout autre pays, révolte la nature ». En langage moins voilé, disons que les Arabes aiment à sodomiser leurs captifs ! D'ailleurs, Bricard a rencontré plusieurs de leurs malheureuses victimes, qui avaient réussi à leur échapper. Ils étaient « dans l'état le plus effroyable, ayant pendant plusieurs jours satisfait à la cruelle passion de ces monstres... ». On rapporte même que ce vice leur tient tant à cœur qu'une femme égarée chez eux ne risque rien[2] !

La perversion sexuelle rend encore plus désespérant l'état de barbarie, de férocité, dans lequel se complaisent les hommes du désert. Le capitaine Gerbaud, qui tient à distinguer les « Bédouins fixes » (en fait les fellahs) des « Bédouins errants », accable ces derniers :

« Ce sont eux qui inquiètent les voyageurs, interceptent toutes les communications et ne respectent personne. Ils sont tous montés sur de bons chevaux, mènent leurs femmes et enfants avec eux et vont dans tous les villages pour y enlever ce qui peut leur être utile. Ils sont campés tantôt par-ci, et tantôt par-là ; n'ont aucune discipline ; sont armés sans uniformité, mais sont extrêmement redoutables par la vélocité de leurs chevaux et leur facilité à décamper. Ils sont presque tous barbares...[3] »

Comment le général en chef ne partagerait-il pas les préjugés de ses hommes ? Dans une lettre, Bonaparte livre son sentiment :

---

2. *Journal du canonnier Bricard*, Delagrave, Paris, 1891.

3. *Le capitaine Gerbaud, 1773-1799*, documents publiés et annotés par Maxime MANGEREL, Plon, Paris, 1910.

« Les Arabes sont à l'Égypte ce que les Barbets sont au comté de Nice, avec cette grande différence qu'au lieu de vivre dans les montagnes ils sont tous à cheval et vivent au milieu des déserts. Ils pillent également les Turcs, les Égyptiens et les Européens. Leur férocité est égale à la vie misérable qu'ils mènent, exposés des jours entiers, dans des sables brûlants, à l'ardeur du soleil, sans eau pour s'abreuver. Ils sont sans pitié et sans foi. C'est le spectacle de l'homme sauvage le plus hideux qu'il soit possible de se figurer[4]. »

Jugement abrupt qui, sur le terrain, se modifie quelque peu. Ne connaissant les Arabes qu'au travers de députations venues l'implorer, Bonaparte cherche à les approcher de plus près. Parce qu'ils représentent une force militaire non négligeable, il décide de confier au capitaine Desvernois une mission de reconnaissance auprès des principales tribus. L'objectif est d'obtenir leur alliance. A l'automne de 1798, Desvernois s'enfonce dans le désert. Il est accompagné de deux hussards et de deux chefs bédouins qui lui servent à la fois d'otages et d'interprètes.

Durant une vingtaine de jours, Desvernois parcourt les provinces de Beni-Souef (Banî Suwayf) et de Minieh (al-Minyâ). A son retour, Bonaparte le reçoit. Partout Desvernois a reçu bon accueil, il a goûté l'hospitalité des Bédouins, dans toutes les tribus il a dormi dans un coin réservé de la tente du chef. Il a découvert des mœurs rudes, patriarcales et chaleureuses à la fois :

« Les femmes et les filles s'occupent de traire les brebis, faire les fromages, préparer le pain azyme ; elles s'occupent de la cuisine et des repas. Une simple couverture en poils de chèvres ou de chameaux sépare l'habitation des femmes de celle des hommes, pendant le jour ; la nuit, cette couverture disparaît, les sexes sont alors confondus, mais seulement dans la même famille[5]. »

Les femmes ont plu à Desvernois. Elles ont fait preuve de

---

4. Lettre citée par François CHARLES-ROUX, *Bonaparte gouverneur d'Égypte*, Paris, 1936.

5. *Mémoires du général baron Desvernois*, ouvrage cité. La mission de Desvernois ne conduit pas à un rapprochement entre Français et Bédouins. Mais une tribu au moins se laisse amadouer, ce sont les Henadi, surnommés d'ailleurs les « Bédouins français ».

la plus grande curiosité à l'égard des Français, les examinant sous toutes les coutures : « Elles voulaient absolument nous épiler l'estomac et [...] ailleurs encore où les Occidentaux n'ont pas coutume de le faire, au contraire de ce qui se pratique en Orient. Je dois ajouter qu'elles sont parfois très jolies, généralement bien faites et qu'elles ont de fort beaux yeux. »

Fort des alliances obtenues et de toutes sortes de promesses, Desvernois rentre débarrassé d'une bonne part de ses préjugés. Ce qui semble avoir été le cas des hommes constituant la mission Andréossy. En moins d'une semaine, ce général, accompagné de plusieurs membres de la Commission scientifique, Berthollet, Fourier, Redouté jeune, a parcouru la vallée des « lacs de Natron » (Wadi an-Natrun) et celle du « fleuve sans eau » (un lit fossile du Delta). Leurs investigations ont mis les Français en contact avec les Arabes Geouâby.

Andréossy les qualifie de pasteurs « aux mœurs douces » et il s'emploie à les décrire telle une peuplade paisible et hospitalière. Il apprécie leur frugalité, leur relative liberté de mœurs (ainsi les femmes ne sont pas voilées), leur tolérance religieuse. De façon inattendue, Andréossy voit dans leur système tribal une forme de gouvernement tempéré presque démocratique. Leurs cheikhs exercent une autorité « ni sévère, ni absolue » qui « se montre sous le caractère d'une intervention bienveillante et persuasive[6] ».

L'adaptation au désert frappe Andréossy qui note aussi l'habileté des Bédouins à maîtriser le temps. Ainsi calculent-ils de la façon la plus empirique les solstices et les équinoxes et leurs « mesures se trouvent exactement conformes à la latitude de la contrée ».

Mais Andréossy ne peut s'empêcher de conclure son rapport en flétrissant le comportement à la guerre des Bédouins :

« Un combat où il périt vingt à vingt-cinq hommes est regardé comme une bataille sanglante dont l'époque est consignée dans la chronique [...] On doit se défier des Arabes

---

6. « Mémoire sur la vallée des lacs de Natron, et celle du fleuve sans eau [...] par le général Andréossy », *in la Décade...*, n° 4, IIe volume, An VIII. Voir aussi *Histoire scientifique et militaire...*, tome IV, qui reprend pour l'essentiel le mémoire d'Andréossy.

de la même manière qu'on se défie des voleurs et des assassins ; ils ne sont point à craindre comme troupe armée... »

En fait, un seul homme s'est livré à une approche véritablement scientifique des Bédouins. Lorsque Jean-Marie-Joseph Aimé Dubois dit Dubois-Aymé débarque en Égypte, il n'a pas vingt ans. Né en 1779 dans l'Isère, il est entré à l'École polytechnique en 1796. Recruté par Berthollet, il embarque pour l'Égypte sans avoir terminé ses études. Il passe ses examens au Caire et est reçu ingénieur des Ponts-et-Chaussées. A ce titre, il parcourt le pays, exécutant divers relevés topographiques. De toutes ces pérégrinations, il tire beaucoup plus tard la matière de plusieurs études[7].

Comme il l'affirme à plusieurs reprises, Dubois-Aymé ne parle que des tribus effectivement rencontrées, une vingtaine environ. Au total 30 000 à 40 000 guerriers qui rôdent autour de l'Égypte comme des « animaux affamés autour d'une riche proie ». Ils ont fait du désert une « forteresse inexpugnable » mais « outre le désert qui est à eux en toute propriété, les Bédouins se regardent encore comme les souverains légitimes de l'Égypte, et traitent d'usurpateurs les mamelouks et les Turcs ».

Lorsqu'il veut décrire les Arabes, Dubois-Aymé retient surtout l'homogénéité de leur type physique : « On ne voit point, comme parmi nous, de pygmées à côté de géants, d'avortons à côté d'athlètes, on ne rencontre point d'estropiés de naissance ; les forces physiques, comme les forces morales et politiques, ne se rapprochent nulle part autant de l'égalité. »

Il s'attarde à décrire les femmes, de belle stature avec des seins superbes, mais qui s'affaissent vite, des traits peu mobiles à l'exception des yeux...

Comme Andréossy, Dubois-Aymé est favorablement impressionné par l'organisation sociale et politique des Arabes. Il voit dans les cheikhs autant de patriarches, semblables à ceux de la Grèce homérique ou des temps

---

7. *Mémoire sur les tribus arabes des déserts de l'Égypte*, par Aimé du BOIS-AYMÉ, à Livourne, 1814. *Mémoire sur la ville et la vallée de Qoceir*, à Livourne, 1812. Consulter la notice de J.-E. GOBY *in Dictionnaire Napoléon*. Goby avait donné une étude biographique sur Dubois-Aymé, parue dans les *Cahiers d'histoire égyptienne*, en 1951.

bibliques. La justice rendue par un cheikh est plutôt un arbitrage. Assemblés devant lui, les plaideurs « ont l'air d'amis caressants qui veulent obtenir par la douceur ce que la sage vieillesse a décidé ».

Si les délits mineurs n'entraînent que de cuisantes bastonnades sur la plante des pieds, les crimes de sang provoquent de véritables « vendettas ». La seule loi connue est celle du talion.

A la guerre, le Bédouin ne combat qu'à cheval, armé d'un sabre très courbe, du poignard, de la lance, des javelots et de sa masse d'arme. Il a souvent un grand fusil « dont il se sert avec adresse, même au galop, en relevant la main gauche sans abandonner les rênes, de façon à appuyer son arme et à mettre en joue comme un fantassin ». Souvent les femmes assistent aux combats et encouragent leurs maris et leurs fils en frappant sur des tambourins, « elles n'ont rien à craindre ; tout le monde respecte leur faiblesse ». Le Bédouin ne rougit pas de fuir. Pour lui, l'essentiel c'est le butin ; dès qu'il s'en est saisi il se considère comme satisfait.

Très portés à la guerre, les Bédouins sont aussi d'habiles diplomates et, au passage, Dubois-Aymé déplore que l'on ait été trop souvent maladroit avec eux. Lorsque la paix est décidée, elle est scellée par des échanges de cadeaux et des repas en commun appelés alliances du pain et du sel. La parole donnée, l'hospitalité accordée sont sacrées, inviolables :

« De pareils traits honorent l'humanité, et nous ne devrions pas autant médire d'une nation qui compte des hommes si généreux parmi ses citoyens. »

L'enquête de Dubois-Aymé prend vite une tournure ethnographique. Ainsi, quand il inventorie le mobilier, les costumes, les habitudes alimentaires. Sur le mariage et la sexualité, il fait un louable effort pour taire ses préjugés. Certes, il passe en revue les « perversions » des Arabes (pédérastie, zoophilie...) mais reconnaît que « le mariage fait disparaître ou calme du moins ces goûts monstrueux ».

Ce qui régit le plus la vie sociale des Bédouins, c'est le respect rigide des usages, de la tradition : « On faisait ainsi du temps de nos pères, disent les Arabes, nous devons faire comme eux. »

Pour Dubois-Aymé, les Bédouins ne sont « mahométans que de nom ». Ils se bornent à deux prières par jour et ne répugnent pas à attaquer les pèlerins ; ils se montrent très tolérants à l'égard des autres religions. En revanche, leur superstition est immense ; lorsqu'ils engagent leur parole, les Bédouins se prennent la barbe et jurent par elle. Mais le plus saint des serments « se prononce en levant sa robe et saisissant son phallus ». Tous portent des talismans autour du cou, souvent un sachet qui enferme un papier couvert de « signes cabalistiques » écrits par « quelque derviche ». Des arbres peuvent servir de totems ; on y attache des cheveux, du poil, des morceaux d'étoffe ou de papier :

« J'ai vu, au milieu du désert (...) un énorme acacia couvert de lambeaux d'étoffe, près duquel campe la grande caravane qui se rend tous les ans à La Mecque. »

La langue des Arabes ignore l'abstraction, elle ne s'exprime que par images, c'est « la langue des peuples dans l'enfance ». La poésie les fascine et les « bardes » (*sic*) sont chez eux des enfants chéris :

« Que l'on se représente tous ces hommes drapés de la manière la plus pittoresque, leur barbe noire, leurs dents blanches comme l'ivoire, leurs yeux noirs et vifs [...] auprès d'eux sont leurs armes ; le désert morne et silencieux les environne [...] (le barde) les yeux tantôt fixés vers le ciel, tantôt ramenés vers la terre, dans le recueillement de l'homme qui cherche à se rappeler les faits des temps passés, chante les victoires de sa tribu, les exploits d'un brave, ou les malheurs de deux jeunes amants [...] Lorsque les chants sont suspendus, on rallume sa pipe au foyer qui est placé au milieu du cercle ; c'est là que dans une grande cafetière le café est préparé... »

Lorsque Dubois-Aymé compose ses relations, plus de dix ans se sont écoulés ; il semble marqué à jamais par la nostalgie du désert. Sans doute est-ce à cette nostalgie que nous devons la description passablement rousseauiste des Bédouins. Ethnographe improvisé, Dubois-Aymé a privilégié les aspects attractifs de la civilisation du désert ; mais son approche est sincère, originale ; elle s'inscrit à rebours d'une tradition européocentriste dévaluante pour les peuples réputés sauvages. A ce titre, le jeune polytechnicien a vécu son aventure chez les Bédouins comme un précurseur de tout un courant arabophile qui se poursuivra jusqu'à Lawrence et Lyautey.

Il est même arrivé à Dubois-Aymé d'hésiter sur la route à

suivre. Ainsi, lorsque les Abadêh (*sic*) lui demandent de vivre avec eux :

« Reste avec nous, me dirent-ils plusieurs fois, tu sais manier le sabre, jeter le javelot, et t'élancer sur un dromadaire [...] reste avec nous, nous te donnerons pour épouse une jeune fille gracieuse et timide comme la gazelle du désert, belle et douce comme le palmier des bords du Nil lorsque le vent agite légèrement ses feuilles, et porte au loin l'odeur de ses fruits savoureux ; tu auras des chameaux, tu combattras avec nous, nous te ferons part des dépouilles de l'ennemi. »

Ce jour-là, Dubois-Aymé a dû être pris de vertige. Lui, le jeune polytechnicien, vivre sous la tente, courir le désert ! Il s'est ressaisi et est reparti en France pour végéter dans d'assez ternes fonctions administratives...

22

LES MÉDECINS DE LA RÉPUBLIQUE

> *« L'expédition égyptienne de Napoléon : de brillantes victoires militaires et un désastre final en raison des maladies. »*
>
> H. P. N. BAYON

Des armes blanches qui coupent comme des rasoirs et qui débitent en tranches les soldats ; des scorpions qui hantent les sables ; des sangsues avalées avec l'eau du Nil : elles s'attachent au palais et il faut les arracher à l'aide de pinces ; le trachome qui mène à la cécité ; la dysenterie, les fièvres, la lèpre, le scorbut, la peste surtout, voilà ce qui attend le corps expéditionnaire. Et encore cette liste de fléaux n'est-elle pas exhaustive ! Pour y parer, un corps médical d'une importance exceptionnelle, la santé de tous lui incombe. L'histoire au quotidien des soldats français, c'est avant tout le récit de leurs souffrances.

Contrairement à l'habitude du temps, et sans doute parce qu'il s'agit d'un théâtre d'opérations lointain et exotique, les préparatifs médicaux et sanitaires de l'expédition sont l'objet des plus grands soins.

Le Conseil supérieur de santé confie à trois hommes la direction du service de santé :

— le médecin en chef Desgenettes,
— le chirurgien en chef Larrey,
— le pharmacien en chef Royer.

S'il est peu utile de s'attarder ici sur Claude Royer, personnage assez falot et dont l'histoire a du mal à retrouver la trace exacte[1], force est de s'arrêter devant Desgenettes et Larrey. Admirés de leur vivant, immortalisés dès le XIXe siècle — leurs noms sont gravés sur l'Arc de triomphe — les deux hommes sont de fortes personnalités.

René Nicolas Desgenettes a trente-six ans lorsqu'il embarque pour l'Égypte. De souche normande, il a profité d'une certaine aisance familiale pour mener un cursus universitaire sans accroc. Reçu médecin à Montpellier en 1789, il décide de se consacrer à la médecine militaire. Affecté à l'armée d'Italie, il se lie avec Bonaparte. Celui-ci ne l'oublie pas lorsqu'il s'agit de former l'armée d'Orient.

D'une culture classique très étendue, prolongée dans les salons parisiens par la fréquentation de plusieurs des grands hommes du temps, Desgenettes est un excellent praticien. Ses talents de gestionnaire le disputent à la sagacité de ses opinions en matière d'hygiène et de prophylaxie. Le verbe haut, entier, colérique parfois, il n'est pas d'un commerce facile. En Égypte, Bonaparte l'apprendra assez vite, quelquefois à ses dépens[2].

Jean-Dominique Larrey, baron d'Empire, est entré vivant dans la légende. Il circule sur ce chirurgien un nombre incroyable d'anecdotes, plus ou moins crédibles, qui en disent long sur la vénération l'entourant. Larrey a trente-deux ans en 1798. Il a fait ses apprentissages dans la Royale à bord d'une frégate. En 1792, il demande à être versé dans l'armée de terre. Il sert dans l'armée du Rhin et connaît une rapide promotion. Réputé pour son dévouement, sa hardiesse et, plus encore, pour la rapidité avec laquelle il effectue, presque à même les champs de bataille, les opérations les plus délicates. Républicain bon teint, Larrey s'attache pourtant à la fortune de Bonaparte qu'il servira sans défaillance[3].

Le 30 mars 1798, Bonaparte spécifie ses intentions en

---

1. Sur Claude Royer, voir plus loin au chapitre 26 son rôle exact dans l'affaire des pestiférés de Jaffa.

2. Il manque à Desgenettes un biographe. Consulter l'article de J.-F. LEMAIRE, *in Dictionnaire Napoléon*. De Desgenettes lui-même, *Histoire médicale de l'armée d'Orient*, Paris, Firmin Didot frères, 2e édition, augmentée de notes, 1830.

3. D. J. LARREY, *Mémoires de chirurgie militaire, et campagnes*, 3 tomes, Paris, 1812. « L'homme le plus vertueux que j'ai connu », dira Napoléon à Longwood.

matière de service de santé; il en informe l'ordonnateur Sucy (qui a la haute main sur l'organisation administrative du corps expéditionnaire) :

« Dix-huit chirurgiens et médecins doivent être partis et, à l'heure qu'il est, être rendus à Toulon. Indépendamment de cela, vous prendrez le plus de chirurgiens et de médecins que vous pourrez [...] Vous n'en aurez jamais de trop. Vous organiserez aussi une pharmacie que vous prendrez dans les hôpitaux de Marseille et de Toulon. Chaque vaisseau de guerre ou de transport doit avoir sa pharmacie [...] et vous devrez aussi embarquer une quantité de médicaments proportionnés à la force de l'armée qui se trouve être de 30000 hommes...[4] »

Les exigences du général en chef ne tardent pas à être contrariées. Le manque de temps, les lourdeurs administratives rendent la mise en œuvre difficile. Desgenettes recrute surtout à Montpellier où il s'efforce d'écarter les candidatures suspectes. Larrey cherche ses chirurgiens à Montpellier et à Toulouse. Il les veut « instruits, courageux, capables de supporter des campagnes pénibles et de long cours ». Pour le matériel, Larrey se montre très exigeant : il lui faut des collections complètes d'instruments, des brancards flexibles et aussi « trente caisses » d'appareils à pansements, propres à être portées avec facilité sur des montures. Tout est prévu puisqu'on n'hésite pas à emporter des forceps qui peuvent effectivement servir, compte tenu des quelques dizaines de blanchisseuses, couturières, infirmières embarquées et de toutes les clandestines que l'on retrouve même dans l'état-major.

L'effectif du service de santé ne compte pas moins de 168 officiers de santé et de 160 administratifs[5] Mais quelle est sa compétence effective? Sa composition semble bien avoir reflété l'état des connaissances et des aptitudes médicales du temps, peut-être même se hisse-t-il à un niveau supérieur (qui ne tient pas aux seuls Desgenettes et Larrey).

---

4. Lettre en date du 10 germinal an VI (30 mars 1798) citée par le docteur A. GÉRARD, « Bonaparte et le service de santé au cours de la campagne d'Égypte », *in Revue d'histoire des sciences médicales...*, importante bibliographie *in fine*.

5. Sans parler de 9 employés de lazarets et 9 officiers de santé détachés dans le cadre de la Commission sicentifique.

Mais pour mieux apprécier le travail effectué en Égypte par ce personnel de santé, sans doute est-il préférable de rappeler, brièvement, l'état de la médecine française en cette fin de période révolutionnaire.

Depuis 1793-1794, les institutions médicales ont subi une profonde mutation. L'enseignement médical traditionnel, purement théorique et irrémédiablement frappé d'immobilisme, a disparu. Négligeant la médecine civile, la Convention a suivi le programme du chimiste Fourcroy ; trois écoles de santé, à Montpellier, Paris et Strasbourg, sont chargées de former des officiers de santé. Par ailleurs, la réforme de 1794 a mis la chirurgie sur un pied d'égalité avec la médecine[6].

Les médecins français sont probablement parmi les meilleurs d'Europe. Mais leurs démarches sont très diverses. En l'absence d'un corpus doctrinal reconnu par tous, on voit coexister des savoirs anciens, souvent caducs, et des démarches nouvelles parfois novatrices. Les derniers adeptes du savoir antique (Hippocrate et Gallien) se heurtent aux « vitalistes » et aux expérimentalistes. Parfois le même « patron » associe dans sa démarche plusieurs conceptualisations. Ainsi Bichat (1771-1802) qui énonce une intéressante théorie histologique (selon laquelle les tissus sont le siège de la maladie) est-il très attaché à démontrer que les « propriétés vitales » survivent après la mort. Corvisart, médecin de Napoléon Ier, est plus cohérent : très attaché au diagnostic, aboutissement d'un « faisceau de signes tactiles, visuels et auditifs », il ouvre la voie à la médecine expérimentale[7].

Même avec ses insuffisances, ses égarements, la médecine française ne peut que faire bonne impression, comparée à la médecine arabo-musulmane telle qu'elle perdure dans l'égypte ottomane.

Elle a cessé de briller de tous ses feux depuis longtemps. Son âge d'or, ce sont les VIIe et IXe siècles sous le califat

---

6. Consulter J.-C. SOURNIA, *la Médecine révolutionnaire, 1789-1799*, Paris, Payot, 1989. La plus récente synthèse sur les origines de la médecine anatomo-clinique.

7. Charles LICHTENTHAELER, *Histoire de la médecine*, trad. de l'allemand, Fayard, Paris, 1978. Pour cet auteur, la médecine scientifique ne commence qu'avec F. Magendie qui livre ses premières études sous le Consulat.

abbasside ! En 987, le *Fihrist* ou *Index des ouvrages médicaux* en recense près de mille. Pas un ne nous est parvenu. Le responsable ? Principalement le sac de Bagdad par les Mongols en 1258. Une somme exceptionnelle de connaissances a alors disparu. Un seul exemple : l'ophtalmologie ; au XIe siècle, un médecin égyptien rédige un traité des maladies de l'œil dans lequel il présente une technique opératoire de la cataracte par aspiration du cristallin[8].

De toute cette science, il ne reste plus rien au XVIIIe siècle. Une décadence irrémédiable a réduit les pratiques médicales au seul savoir des empiristes. Lorsqu'ils découvrent cette situation, les médecins français réagissent avec une grande sévérité. A quelques nuances près toutefois. Le médecin ordinaire de l'armée Renati résume assez bien l'opinion de ses collègues.

« La médecine [...] n'est en Égypte qu'un empirisme aveugle et brutal, confié à des barbiers ignorants, et, par conséquent présomptueux ; tout ce que savent et ce qu'ont retenu ces bâtards de la science des Avicenne, des Rhuzès, des Aly-Abbas, et de tant d'autres illustres médecins, se réduit à quelques opérations chirurgicales, telles que des saignées locales, dont ils abusent souvent [...] Ils font un grand usage du feu, qu'ils appliquent sur la tête et sur toutes les parties du corps, souvent avec avantage...[9] »

En écho, son confrère Salze est plus laconique mais tout aussi méprisant : « Leur médecine est un composé de superstitions et de remèdes sans action bien déterminée, ou trop violents[10]. »

Desgenettes a l'occasion d'approcher quelques-uns de ses collègues musulmans. L'un d'eux, venu de Constantinople pour soigner les blessés de Jaffa, est capturé par les Français. Desgenettes examine sa trousse médicale : « Ses instru-

---

8. Sur l'âge d'or de la médecine musulmane, Edward G. BROWNE, *la Médecine arabe*, trad. de l'anglais par H. P. J. Renaud, Larose, Paris, 1933. D. JACQUART et F. MICHEAU, *la Médecine arabe et l'Occident médiéval*, Maisonneuve et Larose, Paris, 1990. A propos d'ophtalmologie, IBN IYÂS, *Journal d'un bourgeois du Caire (1501-1516)* (traduit et annoté par G. WIET, Colin, Paris, 1961), signale une délicate intervention chirurgicale sur les paupières, le malade souffrant d'une ptôsis — une chute — de paupières, on les lui excise et on les recoud. Il guérit.

9. Cité par DESGENETTES, *Histoire médicale*.

10. *Ibidem*.

ments et ses emplâtres, dont il était très satisfait, appartenaient, pour les classer dans l'histoire de l'art, au XVIe siècle. » Encore s'agit-il d'un médecin de cour[11] !

Curieusement, c'est la médecine populaire qui trouve le plus grâce auprès des praticiens français. Cette compréhension est délibérée. En arrivant en Égypte, Desgenettes avait prévenu ses collègues : « Soyons aussi bien convaincus que dans un climat nouveau, et même partout, les moins instruits peuvent nous apprendre des choses utiles[12]. »

Sur le terrain, Larrey reconnaît quelques mérites à la pratique locale. Il assure avoir rencontré plusieurs médecins égyptiens qui appliquaient des « préceptes judicieux ». Chez les gens du peuple, il a observé avec intérêt les pratiques empiriques. Contre les affections gastriques et « putrides », les Égyptiens se servent « de tamarins sucrés et en infusion », de casse et de séné ; ils luttent contre l'asthénie, grâce à l'opium, par l'exercice et des bains chauds ; ils se purgent avec l'eau du Nil qu'ils laissent plusieurs heures dans une coloquinte ; les lavements se font grâce à une vessie de bœuf munie d'une canule.

Si les Égyptiens restent sans réaction lorsque se propagent de grandes maladies infectieuses, la peste notamment, en revanche ils n'hésitent pas à recourir à une inoculation empirique (et d'ailleurs dangereuse) contre la variole. Confirmant les observations du voyageur britannique Bruce, Larrey témoigne : « Des femmes matrones [...] prennent une petite bandelettte de coton qu'elles appliquent sur les boutons de la petite vérole en suppuration ; ensuite elles la posent sur le bras de l'enfant qu'elles veulent inoculer, après l'avoir bien lavé et essuyé. Ce procédé réussit généralement...[13] »

Cet hommage, très mesuré et très partiel, rendu au savoir-faire des Égyptiens, le corps médical français doit vite se faire à l'idée qu'il est seul à pouvoir soigner les soldats, qu'il ne faut guère compter sur un soutien local.

Or, justement, préparé avec soin, l'encadrement médical

---

11. DESGENETTES, *Histoire médicale.*
12. DESGENETTES, *in la Décade égyptienne,* n° 1, Au Kaire, de l'Imprimerie nationale.
13. D. J. LARREY, ouvrage cité.

de l'expédition perd une partie de sa logistique dans le désastre d'Aboukir. Privé d'une bonne part de son matériel, le service de santé doit improviser en toute hâte.

A peine débarqués, les médecins ont dû installer un hôpital à Alexandrie doublé d'un lazaret soumis à la réglementation habituelle en matière de quarantaine [14]. Puis c'est le tour de Rosette qui reçoit un hôpital de trois cents lits. Successivement, Giza, Bulaq, le Vieux Caire et Le Caire sont dotés d'établissements hospitaliers. Celui du Caire se révèle vite exigu et il faut installer une annexe dans l'une des maisons de campagne de Mourad Bey. Les problèmes matériels sont immenses, l'inadéquation des locaux affectés rend le confort des malades très aléatoire. Un rapport consacré à l'hôpital de Damiette décrit en ces termes son délabrement :

« Le local [...] n'a été consacré à un hospice que parce qu'il a été impossible d'en trouver un moins défectueux. Le médecin voit à peine son malade qu'il ne lui est permis d'explorer qu'imparfaitement, ne pouvant l'approcher alternativement des deux côtés de son lit. Que la partie constituante de l'air atmosphérique essentielle à la respiration, le gaz oxygène, devient rare, tandis que l'azote et le gaz carbonique surabondent. Que pour pourvoir à leurs besoins les malades sont contraints de se servir de vases de terre et comme ces vases sont très poreux, les déjections transsudent [15]. »

Le personnel subalterne pose, lui aussi, problème. Les infirmiers, recrutés sans trop d'attention, sont négligents, souvent vénaux et parfois même criminels. Le commissaire Miot rapporte qu'en Palestine, à Jaffa, un chirurgien de troisième classe, en proie à une fièvre violente, s'est vu détroussé de sa montre et de son argent placés sous l'oreiller. Rétabli, il a pu faire punir les fautifs [16]. Ces affaires sont

---

14. On le confie à l'ancien conservateur du lazaret de Marseille qui passait pour l'un des mieux tenus de la Méditerranée. Sur les lazarets, intéressante brochure : Jean Hossard, *Histoire des principaux lazarets de l'Europe*, chez Delalain fils, Paris an IX, 1801.

15. Dr A. Gérard, article cité.

16. J. Miot, *Mémoires pour servir à l'histoire des expéditions en Égypte et en Syrie*, 2e édition revue, corrigée et augmentée, à Paris, chez Le Normant, 1814.

légion. Paradoxalement, les indigènes réquisitionnés se montrent beaucoup plus dévoués [17].

En campagne, le service d'ambulances et d'hôpitaux est très difficile à assurer. Pour pallier la perte des équipages d'ambulance envoyés par le fond à Aboukir, il faut se servir des ressources locales. Larrey imagine un type d'attelage original : des dromadaires sont dotés de deux « paniers ». Chacun est fait d'une ossature en bois recouverte d'osier, de cuir et de toile, avec un matelas sur lequel on installe le blessé. Pour le protéger du soleil, le panier est recouvert d'une sorte de toit à l'ouverture réglable. Plus de 220 dromadaires sont équipés de cette sorte et ces nouveaux attelages ne tardent pas à donner toute satisfaction.

La prophylaxie, les conseils d'hygiène sont un souci constant du service de santé. Un bureau de santé et de salubrité est créé, il reçoit pour mission d'édicter et de diffuser une réglementation générale. Desgenettes met un soin particulier à informer les soldats et les autorités égyptiennes. A de nombreuses reprises, il fait connaître ses « avis relatifs à la conservation de la santé ». Leur répétition atteste d'ailleurs de la difficulté de se faire entendre auprès des intéressés [18].

La mise en garde la plus courante porte sur les écarts de température :

« Nous croyons dans ce moment devoir prévenir l'armée de nouveau qu'il est essentiel, pour éviter les ophtalmies, de dormir la tête et surtout les yeux couverts : le soin de se couvrir la nuit, et de passer le moins brusquement possible d'une température extrême à une autre, peut quelquefois seul garantir des diarrhées et des dysenteries si redoutables dans les armées [19]. »

La fraîcheur des nuits préoccupe tant le médecin en chef qu'il va jusqu'à prôner le port d'une « capote » tissée en laine. Le général en chef ordonne leur fabrication.

« [...] Tous les individus composant l'armée seront pour-

17. Pour stimuler ce dévouement, le commandement français fait distribuer un début d'uniforme aux brancardiers égyptiens.

18. Certains avis sont imprimés, ainsi celui sur la petite vérole. Il est diffusé auprès des autorités militaires et civiles à près de deux mille exemplaires.

19. DESGENETTES, ouvrage cité.

vus d'une capote, faite avec l'étoffe de laine brune dont se servent ordinairement les Arabes. Tous les corps de l'armée seront chargés de l'achat des étoffes et de la confection des capotes[20]. »

Mais il faut aussi mettre en garde contre l'intempérance :

« Les chaleurs de la saison affaiblissent elles seules les forces digestives. Nous avons dit (...) que les spiritueux pris modérément relevaient ces forces, et que leur abus les détruisait, et finissait par les anéantir. Il est démontré, par une expérience trop journalière, que presque tous les hommes adonnés à l'excès des liqueurs spiritueuses, et qui ont été attaqués de fièvres contagieuses, ont péri...[21] »

Les avis, les lettres circulaires cherchent aussi à rassurer : non, les piqûres de scorpion ne sont pas très graves ; il faut brûler la piqûre au feu rouge puis la traiter à l'ammoniaque ou au nitrate d'argent fondu... Non, les fièvres ne sont pas toutes malignes : « Elles ne doivent point alarmer ceux qui en sont attaqués ; une légère purgation ou deux suffisent pour rétablir la santé...[22] »

Pour soigner les maladies courantes, Desgenettes recommande la modération. Il dénonce l'abus de médicaments :

« Nous ne craignons pas de dire qu'on abuse des remèdes : il est un peu dans le goût des militaires d'en désirer et même de violents ; mais il est du devoir de ceux qui sont chargés de veiller à leur conservation de les leur refuser quand ils sont inutiles : les remèdes héroïques ne doivent être employés que dans les circonstances difficiles[23]. »

Pour mieux contrôler l'état sanitaire de la troupe, les médecins procèdent à des inspections systématiques. Ainsi, lorsqu'il s'agit de choisir les unités destinées à combattre en Syrie, la 2e demi-brigade d'infanterie légère de Desnoyers, qui passe pour mal en point, est-elle passée en revue, homme par homme. Au vu des rapports du médecin Barbès et du chirurgien Millioz, elle est déclarée bonne pour partir. Ces inspections semblent répondre à l'indignation de Bonaparte qui s'est plaint à plusieurs reprises de la

---

20. DESGENETTES, ouvrage cité.
21. *Ibidem.*
22. *Ibidem.*
23. *Ibidem.*

complaisance de médecins délivrant des certificats d'inaptitude à des hommes désireux de rentrer en France par n'importe quel moyen.

Le Courrier de l'Égypte, n° 21, publie une lettre du général en chef qui qualifie les médecins complaisants de « lâches, inconstants, n'aimant pas l'armée ».

En privé comme en public, Bonaparte ne cache pas son dépit, il est même intarissable[24].

Le temps passe vite pour le service de santé toujours sur la brèche. Mais l'inépuisable Desgenettes pense, malgré tout, à meubler les rares moments d'inaction de ses collègues. Ainsi leur ordonne-t-il de dresser des notices topographiques, humaines et médicales des lieux où ils sont en poste. Carrié, établi à Ménouf, s'exécute, tout comme Cérisole lorsqu'il remonte le Nil sur la rive gauche, de Syout au Caire. Savaresi travaille sur Damiette, Renati sur le Vieux Caire. Barbès, Carrié et Pugnet font ensemble le même travail sur Le Caire. Tous ces travaux complètent les enquêtes menées par l'Institut d'Égypte et ils contribueront à l'information de la méticuleuse description de l'Égypte[25].

Larrey n'est pas en reste. Lorsqu'il en a le temps, il visite les malades indigènes. Il recherche surtout les monstruosités pathologiques et se réjouit d'intervenir sur quelques cas « superbes » d'éléphantiasis, de sarcocèle ou de tumeur vaginale. Dès qu'il le peut, il organise un enseignement médico-chirurgical et fonde au Caire une école de chirurgie pratique. Sur l'île de Rawda « l'artiste vétérinaire » Loir donne des cours de zootomie.

Les Égyptiens ne sont pas oubliés. Si Desgenettes interdit qu'on les soigne dans les hôpitaux militaires, il se livre aussi à une méticuleuse enquête sur l'état des établissements hospitaliers du Caire. Il remet à Bonaparte (qui en a fait la demande) le « plan d'organisation d'un hospice civil au Kaire » ; il veut pouvoir soigner 300 à 400 malades, former des infirmiers et des médecins égyptiens, pratiquer l'inocu-

---

24. Le Dr A. GÉRARD, article cité, évoque la polémique qui a éclaté entre Bonaparte et son service de santé sur ce sujet.

25. « Recension des mémoires médicaux », *in* Nicole et Jean DHOMBRES, *Naissance d'un nouveau pouvoir : sciences et savants en France - 1793-1824*, Payot, Paris, 1989.

lation. Vaste projet qu'une présence trop courte des Français ne permettra pas de réaliser[26].

Mais n'est-ce pas là toute la tragédie de l'aventure française en Orient ? Alors que les chefs projettent d'ambitieuses réalisations, ne doivent-ils pas se limiter à gérer le quotidien afin que le corps expéditionnaire survive ?

---

26. Voir *la Décade égyptienne*, n° 1, volume II, au Kaire, de l'Imprimerie nationale, an VIII. Sur l'influence des médecins français de l'expédition, consulter Serge JAGAILLOUX, *La Médicalisation de l'Égypte au XIXe siècle, 1798-1918*, Éd. Recherches sur les civilisations, 9, rue A. de la Forge, Paris, s. d.

23

MILLE ET UNE SOUFFRANCES

Lorsque le fantassin Jean-Charles Vaxelaire est blessé en Syrie, il est aussitôt transporté à l'hôpital. Il n'en mène pas large : « Aussitôt qu'il fit jour, les bouchers de l'armée se mirent à charcuter, c'est-à-dire à couper des membres, j'appelle ainsi les chirurgiens, car ils faisaient presque la même opération...[1] »

Pourtant, Vaxelaire sera bien soigné. Amputé d'une jambe, il retrouvera la France et son village. La mauvaise réputation des chirurgiens est normale, elle s'explique par la mortalité effarante qui suit leurs interventions. Ils opèrent sans anesthésiants et sans désinfectants véritables ; leur matériel demeure assez rudimentaire, les conceptions et les méthodes sont souvent discutables.

Que sait faire la chirurgie en cette fin du XVIIIe siècle ? Des trépanations assez hasardeuses, au cou des ligatures des carotides, sur le thorax et l'abdomen la fermeture des plaies. Les fractures sont souvent traitées par amputation, les résections articulaires menées avec plus ou moins de bonheur. Suivant l'enseignement de Boucher de Lille (mort en 1790), Larrey est partisan d'amputations immédiates, avant le début de l'infection, dans le cas de fractures compliquées. Pour les simples lésions ostéo-articulaires, il préfère le nettoyage minutieux des esquilles et des corps étrangers, ouvrant ainsi une voie prometteuse à la chirurgie. Son habileté lui permet de réussir 75 à 80 pour cent des

1. J.-C. VAXELAIRE, *Mémoires d'un vétéran (1791-1800)*, annotés par H. Gauthier-Villars, Ch. Delagrave, Paris, s.d.

désarticulations de l'épaule, en revanche il échoue sur le pied et la hanche.

A peine convenables dans les hôpitaux établis en Égypte, les conditions de travail deviennent épouvantables à proximité des champs de bataille. C'est particulièrement le cas en Syrie où il faut improviser des installations médicales condamnées à durer. A Saint-Jean-d'Acre, l'ambulance qui voit passer des centaines de blessés[2] est placée près d'un marais ; cette insalubrité est encore aggravée par le fait qu'elle se trouve entourée de cadavres plus ou moins profondément ensevelis ; des monceaux d'ordures et de fumier l'encerclent. Des nuées de mouches assaillent malades et blessés et déposent un peu partout leurs larves. Larrey s'en console en affirmant qu'elles accélèrent « la cicatrisation des plaies, en abrégeant le travail de la nature, et en provoquant la chute des escarres celluleuses qu'elles dévoraient[3] ».

Ce sont donc moins les blessures qui risquent de tuer les soldats que l'hygiène insuffisante présidant à leurs soins et à leur convalescence. Le tétanos traumatique commet des ravages irréparables. Larrey lui consacre un mémoire qui décrit avec un grand souci analytique ses divers symptômes. Il cite le cas du général Dommartin, atteint par quatre coups de feu (des blessures assez légères) mais qui est resté cinq jours sans soins. Neuf jours après avoir extrait les projectiles et fermé les plaies, le tétanos se déclare ; deux semaines plus tard, il meurt. Aussi, « lorsqu'il est reconnu que le tétanos est déterminé par la blessure », Larrey estime « qu'il ne faut pas hésiter de faire l'amputation dès l'apparition des accidents[4] ». Ainsi a-t-il sauvé la vie de Bonichon, lieutenant au premier bataillon de la 21e demi-brigade d'infanterie légère, atteint au pied gauche par une balle ; ainsi est-il intervenu sur le bras droit du général Destaing : la plaie avait été pansée et fermée, le tétanos s'était déclaré, Larrey a rouvert la blessure et incisé. Si Destaing conserve avant-bras et main paralysés, du moins est-il sauvé. Même issue heureuse pour le mamelouk Mustapha, de la maison de Mourad Bey.

---

2. Larrey parle de 2 000 blessés et affirme avoir procédé à 70 amputations.
3. D. J. LARREY, ouvrage cité.
4. *Ibid.*

On l'a amené une main fracassée par un coup de feu. Larrey revisite la plaie, constate le tétanos ; il débride la blessure, extrait les esquilles et administre à son patient des doses de plus en plus fortes de camphre et d'opium. Mustapha guérit.

C'est encore à Larrey qu'il faut emprunter les récits les plus précis des soins administrés aux blessés. Au nombre de ses patients, de nombreux gradés. Certains sont morts dans ses bras, tels Croisier, aide de camp de Bonaparte, le général Dupuy mortellement blessé lors du soulèvement du Caire. Pour Dupuy, Larrey n'a pu intervenir : le fer de lance avait ouvert l'aisselle gauche, traversé la poitrine et sectionné l'artère axillaire. A Saint-Jean-d'Acre, Larrey intervient une ultime fois sur Caffarelli du Falga. Recousu de partout, amputé déjà d'une jambe, il est cette fois atteint au bras. Il faut amputer :

« Le général réclama lui-même (l'amputation) ; aussi la supporta-t-il avec un extrême courage, et peut-être avec trop de concentration ; car il ne proféra pas une seule parole. » Il meurt dix-neuf jours après l'opération. Larrey l'autopsie en présence de Desgenettes. Perte immense pour l'armée, le service de santé et Larrey en particulier : « Il m'honorait de son estime et de son amitié ; il avait même conçu le projet de faire améliorer le sort de la chirurgie militaire[5]. »

Parmi les autres blessés illustres qui, cette fois, échappent à la mort, Duroc, atteint d'une « blessure énorme à la cuisse droite », Eugène de Beauharnais légèrement touché, Lannes blessé à l'oreille...

Les blessures occasionnées par les armes ottomanes sont redoutables. Les lames — les *damas* — sont capables de trancher des membres entiers, d'ouvrir des crânes. Les médecins français en sont effarés[6]. Les blessures par balles sont plus graves qu'en Europe car souvent les balles sont « armées d'un pédicule de fer ou de cuivre qu'on fait identifier avec le plomb au moment de la fonte » (Larrey). D'un calibre supérieur à leurs homologues européennes, elles déchirent les parties molles et s'enclavent profondé-

5. D. J. Larrey, ouvrage cité.
6. Larrey soigne Destrés, chef de brigade du 7e régiment de hussards, il a reçu sept coups de sabre très profonds.

ment dans les os qu'elles déchirent par leurs surfaces raboteuses. Pour les extraire, il faut fabriquer un type de pince approprié.

Certains blessés présentent des plaies surprenantes qui décourageraient tout autre que Larrey.

Un grenadier de la 9e demi-brigade, Fournier, conserve pendant six semaines un fragment de baïonnette, trois centimètres, fiché « dans le fond du gosier, du côté gauche, sous les piliers du voile du palais ». Il ne peut plus parler. Larrey le lui retire et le soldat retrouve peu à peu l'usage de la parole. Diagnostic de Larrey : le corps étranger « comprimait le nerf laryngé de la huitième paire, essentiel à l'organe de la voix ».

Plus étonnant : le cas du soldat Michel, de la 32e demi-brigade. A la seconde bataille d'Aboukir, le 21 mars 1801, une balle lui a traversé obliquement la gorge ; la base de la langue a été « sillonnée » et l'épiglotte emportée. Michel ne peut plus boire et s'alimenter. Pour le sauver, Larrey le nourrit avec une sonde oesophagienne en gomme élastique. Peu à peu, le blessé retrouve ses fonctions de la parole et de la déglutition, « sans doute parce que les cartilages aryténoïdes auront en partie suppléé à la présence de l'épiglotte, par leur développement et l'expansion du point de la base de la langue, correspondant à la glotte[7] ».

Larrey et ses chirurgiens professent une maxime intangible : « Quelque cruelle que puisse être une opération, elle est un acte d'humanité entre les mains du chirurgien, dès qu'elle peut sauver les jours d'un blessé, qui sont en danger... » En maintes occasions, Larrey tente l'impossible. Le plus souvent c'est l'échec, mais quelquefois aussi le malade est sauvé, de la façon la plus inespérée.

Bonhomme, officier de la 18e demi-brigade, a été atteint par un éclat de bombe qui lui a ouvert la cuisse droite : « Les muscles étaient dilacérés ou emportés dans une grande partie de la circonférence de la cuisse ; l'artère fémorale avait été rompue à cinq ou six travers du doigt de l'artère crurale, et le fémur se trouva fracassé jusqu'au grand trochanter. L'officier avait perdu beaucoup de sang, il était

---

7. D. J. LARREY, ouvrage cité.

considérablement affaibli... » Larrey ligature, désarticule et constitue le moignon en recousant les lambeaux de chair. Six jours plus tard, alors qu'il guérissait de son amputation, Bonhomme contracte la peste et en meurt.

Louis Vauté, caporal de la 88e demi-brigade d'infanterie de ligne, a la mâchoire fracassée par un éclat et la langue coupée en deux dans le sens longitudinal. Larrey suture la mâchoire et recoud la langue ; il le fait nourrir à la sonde, puis au biberon et enfin à la cuillère. Vauté finira aux Invalides, l'usage de la parole en partie retrouvé.

Arrighi, aide de camp de Berthier, a la carotide externe tranchée par une balle : « La chute du blessé et un jet de sang considérable qui se faisait par ces deux ouvertures appelèrent l'attention des canonniers. L'un d'eux, fort intelligent, eut la présence d'esprit de porter promptement ses doigts dans ces mêmes ouvertures, et il arrêta ainsi l'hémorragie. On me fit appeler aussitôt ; je courus lui porter des secours au milieu des balles et des boulets. Un bandage compressif et méthodiquement fait arrêta, à mon grand étonnement, la marche rapide de la mort, et sauva cet officier[8]. »

Mais, si nombreuses soient-elles, les blessures de guerre n'occupent pas tout le temps des médecins. Le plus gros de leurs soins va aux malades.

Curieusement, les « fièvres » souvent redoutables en climat chaud préoccupent assez peu les médecins français. Endémiques à Alexandrie, les fièvres se produisent au Caire lorsque les eaux du Nil débordent ; qualifiées d' « éphémères, catharales et bénignes », elles s'arrêtent d'elles-mêmes lorsque les eaux du fleuve décroissent.

Plus inquiétantes sont les dysenteries et les diarrhées car, cette fois, il s'agit de « maladies généralement inhérentes aux armées, et particulières au climat de l'Égypte[9]. » Pour les guérir, il faut user de toutes les ressources de la pharmacopée et surtout veiller à l'hygiène et à la diététique des malades. Desgenettes prescrit le simarouba, la rhubarbe, le diascordium, le laudanum et « l'eau-de-vie même

8. D. J. LARREY, ouvrage cité.
9. DESGENETTES, ouvrage cité.

en petite quantité[10] ». Son collègue Franck « a relevé deux grands obstacles à la guérison; le premier, c'est que les malades se lèvent fréquemment pour aller aux latrines pendant le froid de la nuit, et sans capotes; le second, c'est qu'ils sont astreints, sans qu'on ait pu le changer, à un régime contraire. L'expérience prouve, selon lui, dans ce pays, qu'il faut dans les dysenteries s'abstenir de la viande et des œufs; qu'il est avantageux de donner du riz simplement cuit à l'eau et un peu de pain...[11] ». Pour Desgenettes, le mérite de Frank, c'est de guérir ses malades sans recourir aux habituels vomitifs et purgatifs.

Les maladies vénériennes ne semblent pas avoir ravagé outre mesure le corps expéditionnaire. Le lot des « malades vénériens » reste assez raisonnable. Selon l'enseignement du temps, les médecins font de la « pisse chaulde » et de la syphilis une seule et même maladie. Ils la traitent par des applications de mercure dont les effets toxiques l'emportent sur l'intérêt thérapeutique. Mais les activités sexuelles des soldats ne sont pas toujours débordantes, faute de ressources locales accessibles. La présence française se prolongeant, les occasions de contracter la syphilis se multiplient. Les derniers temps, sous Menou, le nombre de malades est devenu tel qu'on procède à leur regroupement. Larrey les confie à son adjoint direct, Casabianca.

Parmi les maladies propres à l'Orient, la lèpre. Elle est contractée par quelques soldats. On les isole et on obtient assez rapidement leur guérison, du moins si l'on en croit Larrey qui prétend en avoir délivré le guide à pied Charles Fourat.

La malaria (paludisme), la fièvre jaune et l'hépatite virale sont autrement inquiétantes. Seulement, à cette époque, les médecins ont beaucoup de mal à les distinguer les unes des

---

10. La science pharmaceutique est à ses débuts; on vit toujours sur des sommes théoriques constituées au XVIIe siècle comme le *Codex medicamentarius...* de 1638, régulièrement réédité et mis à jour. Plus novateurs, *les Elemens de pharmacie théorique et pratique* d'Antoine Baumé, 9 éditions de 1762 à 1818; vademecum de la profession. En 1818, la *Pharmacopée nationale* recensera plus de 900 drogues dont près de 90 % d'origine végétale.

11. DESGENETTES, ouvrage cité. Les statistiques étudiées par Daniel PANZAC attribuent 68,7 % des décès aux maladies gastro-intestinales (Le Caire). Colloque « l'Égypte au XIXe siècle », actes publiés en 1982, Editions du C.N.R.S., Paris.

autres tant leur symptomatologie est voisine. Larrey parle d'*hepatitis,* de fièvre jaune. Très rare au Caire même, la malaria a sévi durant tout le XIXe siècle sur les zones littorales bordées de lagunes[12]. Durant l'expédition, elle a surtout frappé après la bataille d'Héliopolis (20 mars 1800). Elle a contaminé plusieurs centaines de soldats. Pour les soigner, rien de bien original et d'efficace : des ventouses scarifiées, des saignées, des émétiques, de l'opium, du quinquina, du café...

Mais la maladie la plus invalidante, celle qui est de loin la plus répandue, la plus tenace, c'est l' « ophtalmie », comprenons les affections tumorales et les abcès sur les paupières, les diverses formes de conjonctivite dont la plus grave, le trachome, qui s'achève trop souvent par la cécité totale.

Confrontée à ce fléau, la thérapeutique ophtalmologique des Européens est notoirement insuffisante. C'est seulement après 1850 que la découverte des alcaloïdes végétaux lui permettra de progresser. En attendant, il lui faut avancer par tâtonnements et même s'inspirer des « remèdes » employés par les empiriques locaux. Le service de santé déploie pourtant tous ses efforts et, hormis la peste, ce sont bien les troubles ophtalmiques qui retiennent le plus son attention.

Dans un premier temps, les médecins s'efforcent de bien déterminer la symptomatologie de l'ophtalmie. Le « médecin ordinaire » J.-P. Bruant rédige une notice qui est ensuite largement diffusée. Il attribue les troubles de la vue à la chaleur excessive, à la luminosité intense et à la sécheresse extrême de l'atmosphère. S'ajoute « cette poussière brûlante, nitreuse que le vent soulève sans cesse dans l'atmosphère ».

La crise ophtalmique survient brutalement. Elle est douloureuse, affectant provisoirement les capacités visuelles. Mais il est difficile de généraliser : « La durée de l'ophtalmie varie depuis huit jusqu'à trente jours ; ce qui dépend des complications qu'elle subit et des accidents qui peuvent en être la suite. Les plus ordinaires sont la faiblesse et le trouble de la vue, et quelquefois de petits ulcères sur toute

---

12. Une table de mortalité établie pour Le Caire et Alexandrie attribue aux fièvres paludéennes 4,1 % des décès à Alexandrie et 0,3 % au Caire. Daniel PANZAC, contribution au colloque « l'Égypte au XIXe siècle... ».

l'étendue de la cornée opaque[13]. » En fait, certains malades souffrent des mois durant, tel le général Belliard qui accompagne Desaix dans le Sud.

Que faire pour soigner l'ophtalmie ?

« La maladie [...] guérit assez souvent par les seules forces de la nature et sans le secours de l'art ; on peut même dire avec vérité que rien ne s'oppose plus à sa guérison que le trop grand nombre de remèdes, principalement d'applications externes » (J.-B. Bruant). Une attitude raisonnée que ne partagent pas vraiment Desgenettes et Larrey. Le premier conseille de s'en remettre aux médications d'un botaniste padouan du XVIe siècle[14] ! Le second qui a, lui aussi, rédigé un *Mémoire sur l'ophtalmie endémique* propose de diversifier à l'extrême les soins. Il conseille selon les cas :

— des saignées, aux veines du cou, du bras, du pied ;

— des sangsues sur les tempes, le plus près de l'œil ;

— des vapeurs de décoction bouillante de « substances émollientes et anodines » ;

— des collyres ;

— des pommades ;

— des « mouchetures » ;

— des « étoupades » de blancs d'œufs battus avec quelques gouttes d'eau de rose, des grains de sulfate d'alumine et de camphre.

Surtout, Larrey s'attache à la prévention. Il donne des conseils précis :

« Pour se garantir de l'ophtalmie en Égypte, il faut éviter l'impression directe de la lumière et de la poussière sur les yeux, s'éloigner autant que possible des endroits humides et marécageux, entretenir la transpiration et la sueur par les bains égyptiens, dans la bonne saison, et par l'exercice. Il faut éviter l'usage déréglé du vin et des liqueurs spiritueuses, s'abstenir des aliments échauffans...[15] »

Mal soignée, l'ophtalmie frappe des milliers d'hommes, plusieurs centaines tombent aveugles ou presque. Plusieurs

---

13. Notice sur l'ophtalmie régnante par J.-B. BRUANT, médecin ordinaire de l'armée.

14. Prosper ALPIN, *Prosperi Alpini Medicina Aegyptiorum*, Lugduni, apud GÉRARD, éd. de 1745. Cet Italien avait visité l'Égypte dans le dernier quart du XVIe siècle.

15. D. J. LARREY, ouvrage cité.

bateaux sanitaires sont réservés pour leur rapatriement en France. C'est d'ailleurs le retour de ces malheureux qui introduit en France le trachome [16].

Mais la plus grave des maladies rencontrées par le corps expéditionnaire n'est pas au nombre de celles que nous venons d'évoquer. La peste est le fléau le plus redouté, celui qui, à sa manière, a fait reculer Bonaparte en Syrie.

---

16. Où il ne se développe pas, l'agent pathogène, un micro-organisme, proliférant surtout dans un contexte de climat chaud et de manque total d'hygiène.

24

LE CHÂTIMENT D'ALLAH

De toutes les pandémies, la peste est de loin la plus fâcheusement connue. L'effroi qu'elle a suscité alimente encore aujourd'hui les récits de fiction. En ce qui regarde l'expédition de Bonaparte, elle a joué un rôle important. Au point que certains auteurs ont cru pouvoir affirmer qu'à elle seule elle expliquait l'échec du corps expéditionnaire. Telle est l'opinion de J. Ruffié et J.-C. Sournia qui affirment : « ... Le commandement dut se rendre à l'évidence et décida la retraite : ce fut encore une victoire à mettre au compte de la peste, victoire que les Anglais attribuèrent à Dieu punissant les Français révolutionnaires régicides et conquérants. Déçu et vaincu, Bonaparte rentra en France et se précipita à Paris [1]... »

Un point de vue réductionniste qui va trop vite en besogne. La peste n'est pas la cause majeure du fiasco français en Orient. D'autres facteurs ont joué un rôle aussi important. Mais il faut bien admettre que cette maladie a terriblement compliqué la tâche du service de santé et, surtout, elle a infligé une ponction supplémentaire à une armée agressée et affaiblie de toutes les manières.

C'est seulement à l'extrême fin du XIXe siècle que Yersin a isolé le bacille pesteux. Un peu plus tard, la puce fut identifiée comme le vecteur qui déclenchait l'épizootie dans les populations animales, les rongeurs en général, les rats en particulier. Avant Yersin, personne n'avait pu établir correc-

1. J. Ruffié et J.-C. Sournia, *les Épidémies dans l'histoire de l'homme*, Flammarion, Paris, 1984.

tement les sources et les modes de transmission de la peste.

Après l'Antiquité la plus haute, tout le Moyen Age subit le joug de la peste. La peste noire de 1346 tue 24 à 50 pour cent de la population européenne en une décennie seulement. L'endémie s'installe ensuite, avec des réveils brutaux qui exterminent surtout la population des grandes cités marchandes et cosmopolites, Venise (1575), Londres (1655), Marseille (1720).

Au XVIIIe siècle, l'Égypte passe, à juste titre, pour un des foyers constants de la peste. Le médecin britannique Richard Mead expose :

« Le Caire est très peuplé. Ses habitants sont misérables et malpropres. Ses rues sont étroites et resserrées. La ville est située dans une plaine sablonneuse, au déclin d'une montagne qui la préserve des vents, et l'expose aux ardeurs brûlantes du soleil. Elle est traversée par un grand canal [...] Le peuple [y] jette toutes sortes d'immondices, d'où résulte un limon d'une puanteur extraordinaire, et très nuisible à la santé. Aussi la peste s'y fait sentir régulièrement. » Mead conclut en affirmant qu'avec l'Éthiopie l'Égypte est la « plus fameuse pépinière de la peste[2] ».

Lorsque le comte Potocki passe en Égypte, en 1784, la peste y fait rage. Venant de Constantinople, il l'a déjà rencontrée à Cos et à Rhodes. Au Caire, le spectacle est terrifiant : « ... Les rues sont jonchées de vieillards, de femmes et d'enfants nus, exténués par la faim et défigurés par une maigreur effrayante. » Courageux mais point téméraire, Potocki, nous l'avons déjà dit, quitte précipitamment l'Égypte.

Quatorze ans plus tard, la peste infecte toujours l'Égypte. C'est à Damiette qu'elle semble la plus virulente. Deux ou trois semaines après le débarquement, Desgenettes est informé des premiers cas. Le juif Raphaël est « mort subitement [...] un large bubon ecchymosé à la partie supérieure de l'avant-bras », avant lui, sa femme, ses trois enfants, sa belle-sœur et un domestique ont été emportés. Puis c'est le décès de la fille et du fils d'un nommé

---

2. Richard MEAD, *Traité sur la peste*, trad. par T.-P. Bertin, chez Delalain fils libraire, Paris, an IX, 1801.

Campagnini, bien « connu dans la ville pour acheter les hardes des pestiférés[3] ».

Le premier membre du corps expéditionnaire à mourir de la peste est, semble-t-il, un magasinier en poste à Damiette. Il décède, après trois jours de maladie, le 9 octobre 1798.

Les hôpitaux ne tardent pas à devenir les lieux d'élection de l'épidémie. L'hôpital de la marine à Alexandrie est gravement contaminé. Le général Marmont ordonne l'installation dans la mosquée d'un hôpital d'observation et ouvre un établissement spécialisé pour les pestiférés. Au lazaret, la quarantaine est renforcée. En dépit de ces mesures draconiennes, la situation empire ; l'hôpital d'Alexandrie perd une trentaine de ses malades en deux semaines ; le personnel soignant du lazaret est touché, un chirurgien de première classe, plusieurs officiers de santé contractent la peste et en meurent.

En mars 1799, la peste étend ses ravages à l'agglomération cairote, elle ne cessera pas avant le départ des Français. Mais c'est en Haute-Égypte que l'épidémie est la plus grave. En mai 1800, le cheikh Husayn écrit à Jabarti : « Il est survenu dans la Haute-Égypte une épidémie de peste comme on n'en a pas connu dans le passé, surtout à Assiout. Le mal s'est répandu [...] Il a frappé la plus grande partie de la population, surtout les hommes, et parmi eux, principalement les jeunes gens et les gens importants, ceux qui avaient le plus de qualités et de vertus.

« Fermés les souks, les linceuls hors de prix. Les gens, pour la plupart, allaient d'enterrement en enterrement, d'un malade à un autre [...] Les morts étaient bloqués chez eux faute du nécessaire : on ne trouvait brancard funéraire, laveurs et porteurs qu'avec la plus grande difficulté [...] Approximativement, le tiers de la population est décédé[4]. »

Confrontés à la peste, les médecins français sont à la fois hésitants et impuissants. Il leur faut d'abord écarter les « remèdes de bonne femme ». Les propositions ne manquent pas. Le second maître canonnier François Ygré, en poste sur la galiote l'*Hercule* croit posséder un élixir miracle ; il va jusqu'à en informer Bonaparte. Désabusé, Desgenettes le

3. Desgenettes, ouvrage cité.
4. Jabarti, ouvrage cité.

laisse approcher les pestiférés, si l'élixir ne guérit pas, le dévouement et le désintéressement du maître canonnier sont indéniables. Ce qui n'est pas le cas d'un empirique vénitien qui, après s'être vanté de pouvoirs miraculeux, refuse d'approcher les malades à l'hôpital d'Alexandrie.

La peste égyptienne appartient à la variété des pestes buboniques. Après une courte incubation, elle se déclare brutalement, réalisant « d'emblée un syndrome toxi-infectieux extrêmement grave », avec apparition de bubons à l'aine ou à l'aisselle. Sans traitement approprié, l'infection aboutit à la mort par septicémie terminale, cinq à huit jours après le début de la maladie. Ce processus qui affecte essentiellement le système lymphatique n'échappe pas à la perspicacité de Desgenettes :

« Les bubons pestilentiels sont des engorgements des glandes lymphatiques et du tissu ambiant, qui s'opère évidemment par un mouvement inverse du système absorbant [5]. »

Ignorant l'agent infectieux qui contamine ses patients, Desgenettes est bien incapable de limiter la contagion. Pourtant, il ordonne un renforcement drastique de l'hygiène ; il écarte le simple lavage des effets des pestiférés et exige qu'on les brûle.

Tout se gâte lorsqu'il faut arrêter l'attitude à prendre vis-à-vis des soldats. Le dilemme est simple : faut-il taire le fléau ou faut-il en parler ouvertement ? Desgenettes veut taire l'existence de la peste, d'autres médecins (Larrey en tête) pensent le contraire. Avec l'appui de l'état-major, Desgenettes décide de seulement parler d' « épidémie », ou encore de « fièvre pestilentielle », d' « affections pestilentielles ». Pour se justifier, Desgenettes avance l'explication suivante :

« ... Comme j'espérais beaucoup du progrès de la belle saison, dans laquelle nous entrions, de la diversion des marches, des meilleurs campements, de l'abondance et de la qualité des vivres, et que je n'étais pas du tout convaincu de la communication très facile de la maladie, sur laquelle on se livrait à toutes les exagérations de la frayeur, je pris un parti. Sachant combien le prestige des dénominations influe

5. DESGENETTES, ouvrage cité.

souvent vicieusement sur les têtes humaines, je me refusai à jamais prononcer le mot de " peste ". Je crus devoir, dans cette circonstance, traiter l'armée entière comme un malade qu'il est presque toujours inutile et souvent fort dangereux d'éclairer sur sa maladie quand elle est très critique. »

Larrey, qui se soumet à l'injonction de son collègue, regrette qu'on ne mette pas les soldats en garde contre la peste : en les prévenant, il aurait été plus facile de lutter contre la maladie. De toute façon, chacun sait que l' « épidémie » n'est autre que la peste. Comme en témoigne le commissaire Miot :

« ... Les officiers de santé s'efforçaient de persuader que la maladie qui nous emportait tant de monde n'était point la peste, mais personne ne croyait à leurs assertions, et tout homme attaqué d'un mal de tête ou d'une légère douleur à l'aine, pensait être pestiféré... [6] »

Vis-à-vis des Égyptiens, l'autorité occupante ne fait pas mystère de la peste. Il lui est difficile de faire autrement car la maladie est familière aux indigènes. Jabarti fait état de plusieurs ordonnances placardées dans les souks sur ordre des autorités françaises. On ne s'y embarrasse pas de précautions oratoires.

« ... Sera poursuivie avec la plus grande sévérité, y compris la peine capitale, toute infraction aux mesures concernant la protection contre l'épidémie de peste.

« Quiconque a la certitude ou des doutes, ou simplement des soupçons d'être atteint de la peste dans quelque lieu que ce soit (...) doit de toute nécessité être mis en quarantaine. »

Suit une énumération de contraventions entraînant la bastonnade et, surtout, la peine de mort [7].

Comme on reste dans l'ignorance des origines de la peste et de ses cheminements (que l'on attribue tantôt à l'air, tantôt à l'eau, ou encore aux charognes, aux ordures, à la salive...), on estime préférable de combattre la peur panique qu'elle peut inspirer plutôt que de l'affronter directement.

---

6. J. MIOT, ouvrage cité.
7. JABARTI, 24 mars 1799, ouvragé cité.

C'est donc à l'action psychologique que les chefs décident de s'en remettre[8].

Deux épisodes mémorables témoignent de cette option. Ils ont tous deux pour théâtre la campagne de Syrie. Le premier met en scène Bonaparte visitant l'hôpital des pestiférés à Jaffa. Si Gros a immortalisé et même travesti la scène, il n'a pas pour autant fait œuvre de pure fiction. Mais, plutôt que d'imaginer le général en chef renouant avec la millénaire tradition capétienne : « Le Roi te touche, Dieu te guérit ! », il faut camper Bonaparte dans un contexte plus prosaïque et moins thaumaturgique ! Desgenettes (qui a toujours éprouvé quelque réserve à l'égard de Bonaparte) rapporte qu'à Jaffa :

« Le général parcourut les deux hôpitaux, parla à presque tous les militaires, et s'occupa plus d'une heure et demie de tous les détails d'organisation ; se trouvant dans une chambre étroite et très encombrée, il aida à soulever le cadavre hideux d'un soldat dont les habits en lambeaux étaient souillés par l'ouverture d'un bubon abscédé. Après avoir essayé sans affectation de reconduire le général en chef vers la porte, je lui fis entendre qu'un plus long séjour devenait beaucoup plus qu'inutile. Cette conduite n'a pas empêché que l'on ait souvent murmuré dans l'armée sur ce que je ne m'étais pas opposé plus formellement à la visite prolongée du général en chef : ceux-là le connaissent bien peu, qui croient qu'il est des moyens faciles pour changer ses résolutions, ou l'intimider par quelques dangers. »

Mais si Desgenettes tient à préserver la vie de son chef, lui-même n'hésite pas à commettre un acte d'une audace suicidaire. Pour prouver que la contagion n'est pas fatale, il décide de s'inoculer la peste ! Voici comment lui-même raconte son geste :

« Ce fut pour rassurer les imaginations et le courage ébranlé de l'armée, qu'au milieu de l'hôpital je trempai une lancette dans le pus d'un bubon, appartenant à un convalescent de la maladie au premier degré, et que je me fis une légère piqûre dans l'aine et au voisinage de l'aisselle, sans prendre d'autres précautions que celles de me laver avec de l'eau et du savon [...] J'eus pendant plus de trois semaines

8. Peur panique qui peut toucher les officiers. Tous les mémorialistes de l'expédition mentionnent le cas de l'adjudant général Grézieux qui, en Syrie, s'était barricadé dans un réduit et mourut littéralement de peur, quarante-huit heures après !

deux petits points d'inflammation correspondants aux deux piqûres, et ils étaient encore très sensibles lorsqu'au retour d'Acre je me baignai en présence d'une partie de l'armée dans la baie de Césarée[9]. »

Desgenettes reconnaît d'ailleurs que, contrairement à ce qu'on a pu faire croire, il n'a pas cherché à faire une démonstration scientifique (ce que Larrey, un peu agacé, avait laissé entendre) mais qu'il a voulu rassurer les hommes autour de lui.

La campagne de Syrie s'est déroulée tout entière sous l'emprise de la peste. Dès la prise d'el-Arich, le service de santé est fixé sur ce qui l'attend. En visitant le fort ennemi, les médecins découvrent plusieurs pestiférés qu'ils s'empressent d'isoler. Ils nettoient le fort, le vident de ses cadavres d'hommes et d'animaux ; ils brûlent tous les effets et allument de grands feux pour faire disparaître la vermine ; les murs sont ensuite blanchis au lait de chaux. Enfin, on installe une infirmerie.

A Jaffa, la peste est installée depuis longtemps. Ne cédant à aucune répugnance, bravant le risque, Larrey et plusieurs autres praticiens autopsient des pestiférés. Opération rendue encore plus insupportable par la chaleur :

« Une odeur nauséabonde que je ne supportais qu'avec la plus grande peine. Le bas-ventre était météorisé ; le grand épiglon jaunâtre et marqueté de taches gangréneuses ; les intestins étaient boursouflés et de couleur brunâtre ; l'estomac affaissé et gangrené [...] ; le foie d'un volume plus considérable que dans l'état ordinaire ; la vésicule pleine d'une bile noire et fétide ; les poumons, d'un blanc terne, entrecoupés de lignes noirâtres ; les bronches remplies d'une liqueur roussâtre et écumeuse... [10] »

A Saint-Jean-d'Acre, c'est l'enfer, Desgenettes raconte :

« Je me trouvais [...] fréquemment obligé de nettoyer l'espèce de souterrain fangeux où les malades étaient étendus sur des joncs, c'est-à-dire de ramasser les haillons, les sacs, les baudriers, les casquettes, les chapeaux ou les bonnets à poil des morts, pour les jeter moi-même au feu, que je faisais allumer à cet effet derrière l'hôpital[11]. »

---

9. DESGENETTES, ouvrage cité.
10. D. J. LARREY, ouvrage cité.
11. DESGENETTES, ouvrage cité.

Aux bandes de chiens errants qui se repaissent de cadavres, d'ordures et même de pansements souillés, s'ajoutent d'autres charognards, ceux que l'armée génère, faute de personnel approprié :

« Vers la fin du siège nous n'avions plus d'infirmiers ; ils étaient malades ou morts. C'était au reste le rebut de la société : presque tous étaient des étrangers échappés des bagnes de Gênes, de Civitavecchia ou de Malte, qui n'étaient attirés dans les hôpitaux que par la soif de l'argent dont ils dépouillaient les malades[12]. »

Lorsque Bonaparte décide de rentrer en Égypte avec un corps expéditionnaire accablé de blessés et de malades, il se trouve confronté à un problème terrible : comment les rapatrier ? Tout au long de leur trajet, les Français ont égrené des installations hospitalières. L'établissement du Mont-Carmel compte plusieurs centaines de patients, blessés et fiévreux, beaucoup incurables ou intransportables. Jaffa croule sous les pestiférés, Gaza aussi.

Si au Mont-Carmel l'évacuation des malades se passe plutôt bien, même si on demande aux plus valides d'assurer eux-mêmes leur transfert, le drame éclate à Jaffa. A la différence de Larrey qui voile quelque peu les circonstances de l'évacuation de l'hôpital de Jaffa, Desgenettes s'est assez crûment expliqué. Il expose d'abord :

« ... Sur deux cents malades existants dans l'hôpital, cinquante seulement pouvaient être évacués sur des montures ; le reste ne pouvait l'être que sur des voitures ou des brancards. Parmi ces derniers, un grand nombre était sans aucun espoir de guérison [...] Je fis sentir à l'autorité supérieure l'inutilité et les dangers d'une évacuation de malades réduits à cette extrémité. »

Peu après, Bonaparte convoque le médecin en chef. Il le trouve sous sa tente en compagnie du seul Berthier :

« Après un court préambule sur notre situation sanitaire, il me dit : A votre place, je terminerais à la fois les souffrances de nos pestiférés, et je ferais cesser les dangers dont ils nous menacent, en leur donnant de l'opium. Je répondis simplement, mon devoir à moi, c'est de conserver. Alors le général développa sa pensée avec le plus grand

12. DESGENETTES, ouvrage cité.

calme, en disant qu'il conseillait, pour les autres, ce qu'en pareil cas, il demanderait pour lui-même. Il me pria d'observer aussi qu'il était, avant qui que ce fût, chargé de la conservation de l'armée, et par *conséquence* d'empêcher nos malades délaissés de tomber, vivants, sous le cimeterre des Turcs. Je ne cherche pas, continua-t-il, à vaincre vos répugnances, mais je crois que je trouverai des personnes qui apprécieront mieux mes intentions[13]. »

A cet ordre brutal d'euthanasie, Desgenettes a donc refusé de se plier. Mais, comme Bonaparte le lui avait fait comprendre, le général en chef ne tarde pas à trouver des oreilles plus complaisantes. Le pharmacien en chef Claude Royer administre une dose mortelle d'opium à quelques dizaines de soldats, tous atteints de la peste et se trouvant dans un état désespéré. Le nombre de victimes de cette euthanasie collective est toujours resté sujet à polémiques. Les publicistes anglais avancent plusieurs centaines de cas. Desgenettes (qui parle de laudanum, suc d'opium purifié) n'atteste que 25 à 30 cas. D'autres témoins (Miot) s'en tiennent à cet ordre de grandeur[14].

Le 10 frimaire an IX, l'ordonnateur en chef Sartelon certifie conforme l'état nécrologique du corps expéditionnaire :

Tués dans les combats	3 614
Blessés, morts	854
Tués par accidents	290
Morts par maladies ordinaires	2 468
Morts de la fièvre pestilentielle	1 689
Total des morts :	8 915

13. DESGENETTES, ouvrage cité.

14. La figure de Claude Royer a été restituée par Jacques NAUROY, « A propos de Royer, pharmacien en chef de l'armée d'Orient », *Revue d'histoire de la pharmacie,* n° 207, décembre 1970. Le personnage semble avoir été passablement véreux. Compromis dans une affaire qui concerne cette fois du sucre trafiqué, Royer est destitué dans les derniers temps de l'expédition. Menacé d'un conseil de guerre, il disparaît. Sa fin est mystérieuse, est-il mort au Caire en 1804, ou en 1818, assassiné ou victime d'une chute de cheval ? Certains auteurs le présentent comme médecin de Muhammad Ali.

Avec un total qui frôle les 9 000 morts, soit, approximativement, un quart des effectifs engagés, on voit que les chiffres, parfois, parlent plus que les mots.

25

LA RÉPUBLIQUE DES SAVANTS

En juillet 1798, la marine française perd le premier navire scientifique de son histoire. Les faits sont simples. L'entrée du port d'Alexandrie est d'un accès dangereux, les gros navires doivent s'y risquer un à un. L'un d'eux, un trois-mâts civil, le *Patriote,* se révèle particulièrement maladroit. Il talonne un récif, perd son gouvernail et se brise. A terre, c'est l'affolement, le *Patriote* détient dans ses cales l'essentiel du matériel scientifique de l'expédition, des outillages et des instruments de toutes natures, jusqu'à l'équipement permettant de gonfler à l'hydrogène les ballons d'aérostation. L'ingénieur Conté organise le sauvetage. Après des heures d'effort, il constate, épuisé : « Nous avons retiré de la mer une partie des objets, mais il nous manque beaucoup de choses...[1]. »

Deux siècles après ce naufrage, l'archéologie sous-marine s'emploie à soutirer ce qui peut rester d'objets scientifiques de l'épave démantelée du *Patriote.* Les traitements électrolytiques des pièces retrouvées leur restituent presque l'éclat du neuf[2].

Qu'un des premiers soucis des Français débarquant en Égypte ait été de préserver le matériel scientifique minutieusement constitué par le général Caffarelli du Falga en dit long sur la nature exacte de leur intervention. Non pas une

1. Patrice BRET, « Opération *Patriote* », *l'Histoire,* n° 105, novembre 1987. Voir aussi, article sans signature, *Expression,* 1er trimestre 1987.

2. Fouilles décevantes sur le *Patriote,* mais l'*Orient,* le navire amiral, a livré une variété exceptionnelle d'objets. Voir Jacques DUMAS, « Les canons de Bonaparte », *GÉO,* avril 1985.

simple expédition militaire, mais une aventure scientifique et culturelle unique dans les annales de l'humanité. Les « savants de Bonaparte » relèvent de cette imagerie qui a transfiguré l'époque napoléonienne pour lui donner les dimensions d'une épopée. Toute histoire de la campagne d'Égypte se doit de consacrer de longs développements aux travaux scientifiques qui l'accompagnèrent. Dans l'ensemble, les hommes sont bien connus, leur action aussi. Toutefois, il subsiste des poches d'ombre, des points controversés ou minorés, et c'est à eux que nous avons pensé en abordant ce versant de l'expédition[3].

Mais, avant même de suivre la Commission scientifique sur la terre des pharaons, résumons l'état des sciences et des techniques à l'époque révolutionnaire. En dix ans, le paysage scientifique français a été profondément modifié : des sommités ont disparu, d'autres se sont imposées ; des institutions vénérables ont laissé la place à de nouvelles, marquées par l'idéologie révolutionnaire[4]. Ainsi l'Académie des sciences — une cinquantaine de personnages —, qui avait la haute main sur tout ce qui relevait de l' « invention »,

3. Des études particulières ont été consacrées aux aspects scientifiques de l'expédition : Yves LAISSSUS, *les Savants dans l'expédition française d'Égypte (1798-1801)*, thèse de l'École des chartes, 1954 ; travail essentiel mais non consultable. C. C. GILLIPSIE, *Monuments de l'Égypte, Introduction historique*, Hazan, Paris, 1988 ; Collectif, *l'Expédition d'Égypte ;* C. C. GILLIPSIE, *Aspects scientifiques*, Armand Colin, Paris, 1989. J. TRANIE et J.-C. CARMIGNIANI, *Bonaparte, la campagne d'Égypte ;* Alain PIGEARD, *la Commission des sciences et des arts et l'Institut d'Égypte*, Pygmalion/Watelet, Paris, 1988. N. et J. DHOMBRES, *Naissance d'un nouveau pouvoir : sciences et savants en France 1793-1824 ; le laboratoire d'Égypte (1798-1801)*, Payot, Paris, 1989. Plus rapide, mais avec illustrations, Nicole DHOMBRES, *les Savants en Révolution 1789-1799*, Cité des sciences et de l'industrie, Paris, 1989.

4. Les fastes du Bicentenaire et les panthéonisations répétées ont peut-être faussé les perspectives. C'est Roshdi RASHED qui observe : « A moins d'user de quelque artifice pour aborder l'histoire des sciences sous la Révolution française, et de céder à la ferveur d'une commémoration en découpant arbitrairement la diachronie de la science calquée sur l'histoire politique, et en isolant pour la circonstance ce qui de fait ne l'a jamais été, il faut au contraire embrasser du regard l'activité scientifique, durant la seconde moitié du XVIIIe siècle. Les sciences du temps de la Révolution, et tout particulièrement les sciences exactes, relèvent en effet d'une période qui couvre bien un siècle et demi », « Sciences à l'époque de la Révolution française », travaux de l'équipe Rehseis, Lib. Blanchard, Paris, 1988. Ainsi « 1789 » n'a-t-il aucune signification épistémologique, en revanche la Révolution favorise une mutation importante dans le statut social des sciences et des techniques.

disparaît-elle en 1793. C'est l'abbé Grégoire qui l'achève lorsqu'il l'inclut, à regret semble-t-il, dans le décret supprimant toutes les académies.

Sous la Terreur, les scientifiques sont soumis à rude épreuve. Loin de former une communauté, un « milieu socialement spécifié », ils se comportent de la façon la plus individualiste. Alors que très peu ont pris le chemin de l'émigration, plusieurs se sont engagés dans le combat politique. Ils le payent parfois de leur vie. Lavoisier, Bailly et Condorcet bien sûr, mais aussi l'astronome Bochard de Saron, Lamoignon de Malesherbes — l'avocat de Louis XVI mais surtout éminent botaniste —, le maire de Strasbourg, le chimiste de Dietrich. Aussi la guillotine a-t-elle fauché « des savants dont le génie était en pleine maturité ». A l'opposé, d'autres ont accepté, souvent avec enthousiasme, de servir la République même dans ses manifestations les plus intransigeantes. Aux levées en masse de mars et de juillet 1793, s'ajoute un appel aux savants dont on ne connaît pas d'équivalent pour cette époque.

C'est le chimiste Fourcroy, suppléant de Marat à la Convention, qui recrute : « La nation a besoin d'ingénieurs civils pour la construction de ses routes, ponts, canaux, d'ingénieurs militaires pour la défense de ses places [...], d'astronomes, de mécaniciens et de géomètres [...] pour tirer un grand parti des phénomènes et des forces mêmes de la nature [...]. Il lui faut des médecins et des chirurgiens [...] ; des botanistes, des minéralogistes, des physiciens, des zoologistes, des chimistes [...] Toutes ces connaissances immédiatement utiles à un grand peuple, qui les a déjà portées plus loin que toutes les autres nations de l'Europe, ne doivent point être négligées dans la plus belle des républiques [5]. »

Ainsi s'affichent une conception utilitariste des savoirs scientifiques et une volonté de captation par l'État révolutionnaire de tous leurs personnels. Bonaparte retiendra la leçon et, après lui, tous les régimes totalitaires qui ont voulu se donner des allures scientifiques. Si, de Fourcroy à Lyssenko (le biologiste préféré de Staline qui récusait les lois de Mendel et pliait l'hérédité aux « desiderata » du matéria-

---

5. *In* N. et J. DHOMBRES, ouvrage cité. Fourcroy avait collaboré à la *Méthode de nomenclature chimique* de Lavoisier. Il n'a pas levé le petit doigt pour défendre son confrère.

lisme dialectique), il y a plus qu'un hiatus, force est de constater qu'en 1793 on agite des idées qui ne rassurent pas tout à fait. Ainsi un plumitif parisien se répand-il sur la « science sansculottisée »! Il dénonce les connaissances « inutiles », proscrit les mathématiques, attaque ceux qui ont besoin de l'algèbre ou des langues étrangères pour s'exprimer et demande à ce que les sciences soient mises à la portée de tous. Difficile de régresser davantage[6] !

L'après-Thermidor est finalement beaucoup plus fécond. Les scientifiques qui s'étaient mobilisés pour défendre la République — à leur tête Monge, Berthollet et Lakanal — se consacrent maintenant à la mise en place d'institutions, d'écoles capables de donner à la nation les savants qu'elle mérite.

Le 25 octobre 1795 est créé l'Institut national. Une première classe rassemble toutes les sciences qui dérivent ou gravitent autour de la physique et des mathématiques; une seconde classe réunit les sciences morales et politiques. Très vite, l'Institut s'érige en lieu d'expertise de l'activité scientifique, il couronne, sanctionne ou écarte. Au fond, il se substitue à l'Académie royale des sciences mais se montre beaucoup plus systématique dans ses visées.

Le Jardin du Roi a connu une mue assez semblable. Depuis le décret du 10 juin 1793, il est devenu Muséum d'histoire naturelle. Même transformation de l'Observatoire. Mais alors que ce dernier souffre d'un certain désintérêt, le Muséum s'impose par ses activités d'enseignement et la notoriété de ses détenteurs de chaire, Daubenton en minéralogie, Jussieu en botanique, Cuvier en anatomie animale, Geoffroy Saint-Hilaire en zoologie des mammifères et des oiseaux, Lamarck en zoologie des insectes, vers et animaux microscopiques...

L'importance accordée à l'enseignement supérieur conduit à la création de « grandes écoles » dont la plus remarquable est l'École polytechnique créée par la loi du 28 septembre 1794[7]. Voulue par Fourcroy, prise en charge par Monge, l'École se fixe pour but de former les meilleurs ingénieurs civils et militaires d'Europe. Ses programmes, sa

6. *In* N. et J. DHOMBRES, ouvrage cité. Pareille démarche fait irrésistiblement penser aux pires moments de la révolution culturelle maoïste.
7. Son premier nom est École centrale des travaux publics.

pédagogie innovent en profondeur. S'appuyant aussi bien sur les mathématiques que sur la nouvelle chimie, l'École prétend former ses élèves de façon accélérée. On compte sur leur ardeur révolutionnaire et leur capacité à assimiler des savoirs nouveaux « considérés comme simples par nature ». Les examens sont réduits à des oraux. Le Danois Bugge, observateur qualifié qui fait le tour des institutions scientifiques françaises, se dit à la fois impressionné et intrigué. S'il critique certaines orientations, il apprécie l'efficacité des enseignements dispensés.

Ce climat, à la fois survolté et studieux, est aussi celui des autres grandes écoles, Mines, Ponts-et-Chaussées, écoles militaires d'artillerie, de marine, de fortifications. Partout, de très jeunes gens se préparent à investir la vie scientifique et technique du pays. Ils allient à leurs connaissances un patriotisme exalté. Armés du calcul différentiel et intégral, des nouvelles nomenclatures et taxinomies, des probabilités, de la géométrie et même de la stéréotomie[8], ils sont à l'origine d'une mutation considérable. Désormais, sciences et techniques ont partie liée dans des corps constitués au service de l'État, et c'est dans ce vivier que Bonaparte va puiser pour constituer sa Commission scientifique.

En matière scientifique, comme dans beaucoup d'autres, Bonaparte adopte très tôt des positions tranchées. Très réticent à l'égard de la médecine, des sciences sociales et humaines et encore plus de la philosophie, il hiérarchise l'importance et la qualité des savoirs[9]. Au pinacle, les mathématiques, puis toutes les « sciences exactes qui sont des sciences de faits, d'observations et de comparaisons[10] ». Déterminé à séparer la « vraie » science de la « fausse », Bonaparte est convaincu que seule l'accumulation des connaissances pourvoit au bonheur des peuples. Même si, fidèle en cela à J.-J. Rousseau, il ne s'interdit pas de penser que l'on puisse vivre heureux « sans Euclide ». D'ailleurs, il tient

8. La stéréotomie, ou science de la taille et de la coupe des solides, n'était enseignée nulle part en Europe. Elle habituait les élèves à la projection des volumes dans l'espace.

9. En 1802, le Premier consul remanie l'Institut de France et en profite pour supprimer la classe des sciences morales et politiques.

10. L'appréciation est de Napoléon, extraite des *Observations dictées par l'Empereur au château de Finkenstein,* le 10 avril 1807. Cité par N. et J. DHOMBRES.

à limiter les formations scientifiques supérieures à une élite restreinte[11].

Élu membre de l'Institut dans la section des arts mécaniques (en remplacement de Lazare Carnot), Bonaparte tire une satisfaction extrême de ses relations privilégiées, d'égal à égal, avec les plus grands savants du pays. Son amitié pour Monge est indéfectible. La figure de Gaspard Monge est à tous points de vue exemplaire. La tournure scientifique donnée à l'aventure égyptienne tient autant à ses suggestions qu'à la volonté impérieuse du général en chef.

Bien avant de rencontrer Bonaparte, Monge occupe l'avant-scène de la vie scientifique. Ce fils d'un marchand ambulant a été formé par les oratoriens de Beaune ; entré dans l'armée, ses aptitudes scientifiques l'ont voué aux armes techniques, le génie et l'artillerie. Devenu professeur de mathématiques à l'École du génie de Mézières, Monge ne tarde pas à gagner Paris. Assistant de Jean d'Arcet au Collège de France, il rencontre Lavoisier et trois futurs « Égyptiens », Berthollet, Caffarelli et Horace Say. En 1780, Monge est élu à l'Académie des sciences. Son rôle durant la Révolution est connu : après avoir été ministre de la Marine d'août 1792 à avril 1793, il reçoit la responsabilité des fabrications de guerre, des poudres et salpêtres. Il penche alors du côté des hébertistes et Mme Roland, qui lui reproche de s'être laissé « maratiser », va jusqu'à en faire le pantin du ministre Pache[12]. Inquiété après Thermidor, Monge se disculpe assez vite. En mai 1796, le Directoire l'envoie en Italie au titre de commissaire. Mission : inventorier et prélever les œuvres d'art, les curiosités scientifiques, les livres rares détenus par le souverain pontife dont les États viennent d'être occupés.

---

11. A rebours de l'écrasante majorité des historiens de Napoléon Bonaparte, André SUARÈS, *Vues sur Napoléon*, Paris, Grasset, 1933, met en cause son intérêt pour les sciences et les techniques. Il écrit : « Il n'a aucune originalité dans l'esprit ; au fond, il déteste la nouveauté, même en science. Il n'a compris ni Lamarck, ni Bichat, ni Philippe Lebon, ni Fulton... » Mais Suarès est d'abord un polémiste...

12. Sur Monge, homme public, consulter P. V. AUBRY, *Monge, le savant ami de Bonaparte*, Paris, 1954 ; Louis de LAUNAY, *Monge fondateur de l'École polytechnique*, Éditions P. Roger, Paris, 1933. L'article « Monge » du *Dictionnaire Napoléon* est bien cursif et la communication de J.-R. SURATTEAU, « Monge en Égypte », *in Bulletin de la Société d'histoire moderne*, 16e série, n° 28, 1985, superficielle et plusieurs fois fautive.

C'est alors que Monge fait la connaissance de Bonaparte. Il passe de longues journées avec lui, à Passariano notamment, où s'échafaude déjà le projet d'intervention en Égypte. Rentré en France, Monge est nommé directeur de Polytechnique. Dès février 1798, il repart en mission pour Rome. Lorsque Bonaparte lui demande de l'accompagner en Égypte, il hésite. Au général qui se fait suppliant, il répond assez platement : « Vous voulez donc absolument, mon cher général, qu'à mon âge je coure les aventures. Si j'étais plus jeune [13], aucune proposition ne m'aurait été plus agréable [...] Mais je suis nécessaire à Paris [...] Laissez-moi parmi les mortels admirer vos talents, apprécier vos services et chanter votre gloire ! » Finalement, Bonaparte s'adresse directement à Mme Monge qui veut retenir son mari. Il lui arrache son accord et le « vieux » savant s'exécute [14].

Si Monge est bien une des figures scientifiques majeures de son temps, il est moins sûr que l'homme public ait autant de consistance [15]. Son sectarisme idéologique fraie avec un opportunisme navrant. L'homme n'a pas d'égal pour aduler les puissants. A l'égard de Bonaparte, il fait mieux ou pire que le grand maître de l'Université, Fontanes. Ainsi, le 16 novembre 1797, le recevant à l'Institut, il s'écrie devant les Directeurs : « Ô mânes révérées de Vercingétorix, vous êtes bien vengées ! Soyez accessibles à la consolation ! Il a fallu deux mille ans à la nature pour vous produire un successeur... [16]. » L'attitude de Monge en Égypte montrera assez qu'il s'y est rendu moins pour découvrir un monde nouveau que pour rester attaché à l'homme providentiel auquel il voue déjà un culte.

Mais, au-delà de Monge, il y a tous les membres de la Commission scientifique que Bonaparte emmène avec lui. Leur recrutement, leurs spécialités respectives, la personna-

---

13. Monge a 52 ans en 1798.

14. Contactés, Laplace, Cuvier, Lacépède, Desfontaines déclinent les propositions de Bonaparte. Autant de sommités qui se dérobent.

15. R. Taton, *l'Œuvre scientifique de Gaspard Monge*, Paris, 1951. Dans *le Monde de la Révolution*, 1989, J. Dhombres rend surtout hommage au pédagogue ; en matière d'enseignement, il lui impute d'avoir « instauré un système méritocratique ». Rappelons que Monge est entré au Panthéon en 1989.

16. Cité par M. de Launay, ouvrage cité. Il est vrai que Monge s'exprime un mois après le traité de Campoformio signé avec l'Autriche.

lité des plus notables doivent être maintenant évoqués. Elle est dirigée par le général Caffarelli du Falga qui tire ses pouvoirs de l'arrêté directorial du 16 mars 1798 prescrivant au ministre de l'Intérieur de tout mettre en œuvre pour favoriser la constitution de ladite Commission.

Né en 1756, Louis-Marie Caffarelli du Falga a été formé à l'École du génie de Mézières où il a suivi les cours de Monge. Lieutenant en 1781, capitaine dix ans plus tard, il voit sa carrière interrompue par la Terreur. En 1795, il réintègre l'armée. La perte d'une jambe ne le prive pas pour autant du service actif. Il est même promu général de brigade. En février 1796, Caffarelli est élu membre associé de l'Institut dans la classe des sciences morales et politiques. En janvier 1798, Bonaparte le choisit pour commander le génie de l'armée d'Angleterre. Deux mois plus tard, il est transféré à l'armée d'Orient. En Égypte, il cumulera les responsabilités civiles et militaires. Affichant des idées sociales avancées (Christopher Herold n'hésite pas à le qualifier de « communiste »), enthousiaste, Caffarelli ne laisse pas indifférent. Sa mémorable jambe de bois fait le reste et l'on comprend assez bien que le cinéaste Chahine ait fait de lui le personnage central du film *Adieu Bonaparte.* Malheureusement, la composition imposée à l'acteur Michel Piccoli n'emporte pas l'adhésion car elle repose sur trop de malentendus et même de contresens.

Les effectifs exacts de la Commission ont longtemps été sujet de contestation. Pour les établir avec précision, il a fallu la patiente érudition d'un chercheur isolé : Jean-Édouard Goby [17]. Jusqu'à 216 personnes avaient été comptabilisées ; d'autres chiffres existent, 197 au 15 avril 1797, 187 à la clôture définitive de la liste, 167 selon un état dressé en mer, entre Toulon et Malte, par le payeur général Estève. Alain Pigeard en reste à cet effectif, ce qui donne par spécialité :

Architectes : Balzac, Le Père J. B., Norry, Protain. *Artistes et compositeurs :* Castex, Caquet, Denon, Dutertre, Fouquet, Joly, Rigel, Rigo, Villoteau. *Astronomes :* Beauchamp,

17. Jean-Édouard GOBY ramenait cet effectif à 151 membres. Les recherches approfondies d'Alain PIGEARD lui ont permis d'étoffer cet effectif. Consulter ses courtes notices biographiques dans J. TRANIE et J.-C. CARMIGNIANI, ouvrage cité.

Méchain, Nouet, Quenot. *Botanistes :* Coquebert, Marie, Milbert, Nectoux, Raffenau Alyre. *Chimistes et physiciens :* Bernard, Berthollet, Champy, Champy, Descotils, Picquet, Pottier, Regnault. *Chirurgiens et médecins :* Bessières, Bidou, Daburon, Desgenettes, Desvesvres, Dubois, Dubois, Labate, Lacipierre, Larrey, Pouqueville, Réal. *Géomètres :* Andréossy, Bonaparte, Bringuier, Charbaud, Corancez, Costaz, Fourier, Fuseau, Le Roy, Malus, Moret, Say, Viard, Villiers du Terrage, Vincent L. F. *Imprimeurs :* Beauduin, Besson, Galland, Laporte, Marcel, Puntis. *Ingénieurs constructeurs de vaisseaux :* Bonjean, Boucher, Chaumont, Greslé, Vincent. *Ingénieurs géographes :* Bertre, Bourgeois, Coraboeuf, Dulion, Faurie, Jacotin, Jomard E. F., Jomard J. B., Lafeuillade, Laroche, Lecesne, Leduc, Levêque, Simonel, Testevuide. *Ingénieurs des ponts et chaussées :* Alibert, Arnollet, Bodard, Caristie, Chabrol, Duval, Faye, Fèvre, Girard, Jollois, Lancret, Le Père J. M., Le Père G., Martin, Moline, Raffenau Adrien, Saint-Genis, Thévenod. *Littérateurs, économistes et antiquaires :* Bourrienne, Caffarelli, Desaix, Dugua, Gloutier, Lerouge, Parseval, Pourlier, Poussielgue, Reynier, Ripault, Saint-Simon, Sucy, Sulkowski, Tallien. *Mécaniciens :* Adnès, Adnès, Aimé, Cassard, Cécile, Cirot, Collin, Conté, Coutelle, Couvreur, Du Bois Aymé, Favier, Fouquet, Hassenfratz, Hérault, Hochu, Lemaître, Lenoir, Lhomond, Monge, Plazanet. *Minéralogistes :* Cordier, Dolomieu, Dupuy, Rozières. *Non classés :* Brunet-Denon, Burel, Colin, Julien, Kléber, Lafon, Legentil, Maillot. *Orientalistes :* Belleteste, Bracevich, Delaporte, Jaubert, Lhomaca, Magallon, Monachis, Panhusen, Raige, Venture. *Pharmaciens :* Boudet, Roguin, Rouyer. *Zoologistes :* Duchanoy, Geoffroy, Gérard, Redouté, Savigny.

A cette liste il faut ajouter deux dizaines de membres du corps expéditionnaire qui ont participé à certains travaux de la Commission, sans en faire partie pour autant. Enfin, on peut faire état d'une « quinzaine de personnages mineurs (qui) ont pu éventuellement passer pour en être membres » (C. C. Gillipsie). Ce qui frappe, c'est l'importance des ingénieurs et des techniciens, ils représentent 58 % du total. Autre élément remarquable, la jeunesse : l'âge moyen est seulement de vingt-cinq ans.

Quelques savants de haute renommée se détachent. Bornons-nous ici à évoquer ceux sur lesquels nous aurons plus longuement à revenir. Le chimiste Claude-Louis Berthollet fait figure d'*alter ego* de Monge. De trois ans son cadet — quarante-neuf ans en 1798 —, Berthollet a d'abord exercé la médecine à Turin. Sur recommandation, il devient le chimiste attitré du duc d'Orléans. Directeur de la manufacture des Gobelins, il se consacre à des travaux sur les teintures industrielles. Avec Fourcroy et Suyton de Morveau, il assiste Lavoisier dans la rédaction de la *Nomenclature*. Membre de toutes les commissions scientifiques créées par la Convention, Berthollet enseigne la chimie à l'École polytechnique. Comme Monge, il rencontre Bonaparte en Italie. Avec lui, il s'emploie à piller les palais et les églises de la péninsule. Ces malversations lui valent la reconnaissance du Directoire et l'affection de Bonaparte qui le retient pour l'Égypte.

Avec un « cursus » très semblable à celui de Monge, il s'en éloigne par le tempérament et les convictions. Froid, sceptique, il frôle le matérialisme et l'athéisme, alors que Monge n'a jamais pu se défaire d'une religiosité empruntée à Rousseau. Moins soucieux de distinctions que Monge (fait par Napoléon comte de Péluse), Berthollet a pu passer pour « un savant sans ambition politique » (Michèle Goupil). Il est aussi moins fidèle : en 1814, il sera des sénateurs, influencés par Talleyrand, qui voteront la déchéance de l'usurpateur.

Reste à évoquer Fourier et Costaz. Issu d'un milieu plutôt modeste, Jean-Baptiste Joseph Fourier a participé de près à la Révolution. Ardent jacobin, il a pourtant fini par être suspecté de « modérantisme » et a passé plusieurs semaines en prison jusqu'au 9 thermidor. Brillant mathématicien, enseignant virtuose, Fourier n'échappe à sa province (la Bourgogne) que tardivement lorsqu'il entre à l'École polytechnique. Il devient alors le bras droit de Monge pour tout ce qui regarde l'administration de l'établissement. A ce titre, il sélectionne les meilleurs des élèves pour l'Égypte. Une fois sur place, Fourier se passionnera pour le pays et débordera de ses attributions en remplissant un rôle politique et administratif très apprécié du commandement.

Quant à Louis Costaz (1767-1842), ses travaux comptent sans doute moins que ses fonctions. Ce géomètre et mathématicien est un des fondateurs du Conservatoire des arts et métiers. Son attachement à Bonaparte lui vaudra une brillante carrière préfectorale (dans la Manche) qu'il associera à ses activités d'enseignant. A son sujet, Nicole et Jean Dhombres observent : « On peut se demander si Costaz ne représentait pas le profil type du collaborateur que Napoléon appréciait. » Zélé mais raisonnable, probe et rigide sur ses principes, mais disponible pour une carrière au service de l'État, Costaz est le scientifique tel que l'aime Bonaparte !

Tel est donc l' « étonnant renfort » qu'amène avec elle l'armée d'Orient. A la Commission d'occidentaliser l'Égypte et, ce faisant, de la régénérer. Ses activités débordantes vont surprendre les Égyptiens mais plus encore les militaires. Son existence va se révéler des plus mouvementées.

26

ARRIÈRE-PENSÉES
ET GRISERIE SCIENTIFIQUES

Les motifs qui déterminent près de deux cents scientifiques à partir pour une destination méditerranéenne qui ne leur est même pas spécifiée au départ sont de plusieurs ordres. Il faut faire la part du clientélisme, des gains escomptés tant matériels que professionnels, mais aussi invoquer l'esprit d'ouverture, de curiosité scientifique et même d'aventure d'un grand nombre de membres de la Commission. Les arrière-pensées politiques ne sont pas non plus absentes. En s'attachant à Bonaparte, le plus prestigieux de tous les hommes de guerre de la République, certains espèrent profiter de son ascension irrésistible. Il exerce d'ailleurs un pouvoir de séduction indiscutable, aussi bien sur Monge que sur un homme comme Vivant Denon qui, plus tard, reconnaît : « Un mot du héros qui commandait l'expédition décida de mon départ; il promit de me ramener avec lui et je ne doutai pas de mon retour[1]. »

Une fois les « patrons » décidés à partir (Monge, Berthollet, Fourier, Costaz), les élèves suivent. A Polytechnique, on a bien cru que toute l'école allait partir. Il faut dire que l'état d'esprit est ici particulier, c'est celui d'une science sûre d'elle-même, qui piaffe de donner des preuves de ses aptitudes : « Armés des mathématiques et de l'analyse chimique nouvelle, les jeunes ingénieurs ne séparaient pas la connaissance pure issue de la curiosité scientifique des chantiers, liés aux constructions des routes, de canaux ou de ponts,

1. Cité par Nicole et Jean DHOMBRES. Il faut d'ailleurs adjoindre à cet aveu la courtisanerie propre à Vivant Denon. Voir plus loin.

voire de travaux sur l'alimentation, ou sur l'adduction d'eau. L'expédition d'Égypte permettait l'application rapide de cet esprit de double compétence théorique et pratique, alors qu'en France même il aurait fallu dépenser beaucoup d'énergie pour convaincre du bien-fondé de telle ou telle entreprise nouvelle[2]. »

Un cas symptomatique : celui de Jean-Baptiste-Prosper Jollois, vingt-deux ans à l'époque où il embarque pour l'Égypte. Ancien élève de Polytechnique et de l'École des ponts-et-chaussées, il part en Égypte comme ingénieur. Ses notes de voyage et sa correspondance sont d'un vif intérêt. Voici comment il annonce à son père sa décision de partir et comment il s'en justifie :

« Vous avez peut-être, écrivait-il, ouï parler d'une expédition secrète dont le public ignore complètement le but, et dont je ne sais que la moindre partie. Il est question d'un très grand voyage scientifique, politique et militaire. Les uns lui donnent pour terme les îles de l'Archipel nouvellement acquises à la République, d'autres Constantinople, d'autres enfin l'Italie. Toujours est-il constant qu'il part pour ce voyage un grand nombre de savants, les plus distingués dans les diverses branches de la philosophie, tels que mathématiciens, minéralogistes, chimistes, naturalistes, astronomes, ingénieurs géographes, ingénieurs des ponts-et-chaussées, des mines, ingénieurs militaires, etc.

« Je pars avec quatre de mes collègues à l'École des ponts-et-chaussées, deux ingénieurs ordinaires, deux ingénieurs en chef et un inspecteur général. Mes appointements me seront toujours payés à l'école ; mes frais de voyage me le seront aussi, et, outre cela, je recevrai un supplément d'appointements, eu égard à la besogne extraordinaire dont je serai chargé. Mon grade d'ingénieur datera du moment de mon départ de l'École, de manière qu'au retour du voyage, j'aurai droit à des places dans l'intérieur de la République. On ne sait rien de positif sur sa durée, qui probablement dépendra de la réussite ou de la non-réussite de l'expédition. On croit qu'il pourra durer deux ou trois ans. Tout cela, au reste, n'est que conjecture.

« Il faut maintenant que je vous dise quelles sont les

2. Nicole et Jean DHOMBRES, ouvrage cité.

raisons qui m'ont déterminé à faire une pareille folie, si toutefois c'en est une. D'abord, c'est un désir de voyager que je nourris depuis longtemps, et que, dans aucune circonstance, je ne pourrais, à coup sûr, réaliser aussi avantageusement ; ensuite l'ardent désir d'acquérir de l'instruction, de l'expérience, enfin, la conviction intime que j'ai, que ce voyage ne peut que m'être utile.

« J'ai été encore déterminé par l'exemple de beaucoup de personnes qui abandonnent fortune, femme, enfants, et des places brillantes, et par le conseil de personnes qui s'intéressent réellement à moi, que je crois assez mes amies, pour ne pas me proposer un pareil voyage, s'il pouvait m'être préjudiciable...[3] »

Chez Jollois se combinent rêves, ambitions et calculs. Sur le terrain il se révèlera un des pionniers de la quête égyptologique.

En attendant les moments d'exaltation, la fièvre créatrice, les conditions d'installation des membres de la Commission se révèlent passablement éprouvantes. Débarqués juste après les troupes d'assaut, ils s'égaillent dans Alexandrie où ils ne trouvent ni gîte ni couvert. Si les membres les plus distingués bénéficient de l'attention des officiers supérieurs (mais pas de tous), le gros des effectifs est livré à lui-même. Au point qu'il faut protester avec la plus vive énergie. Le géologue Dolomieu, un ancien et qui a son franc-parler, se fait le porte-parole de cette « foule de jeunes gens que l'on avait arrachés à leur patrie, à leurs parents, à leurs amis, et auxquels on avait promis monts et merveilles[4] ». Au bout de cinq jours, le commandement accorde quelques rations et procure plusieurs « galetas » où s'entassent les scientifiques.

Puis la Commission éclate, une partie reste à Alexandrie, une autre suit le gros de l'armée en marche sur Le Caire, un groupe enfin reçoit l'ordre de gagner Rosette. Jollois est de ceux-là avec quelques élèves-ingénieurs dont son ami Villiers du Terrage, de quatre ans son cadet, et qui l'accompa-

---

3. Lettre du 21 germinal (10 avril 1798), *in* Jean-Baptiste JOLLOIS, *Journal d'un ingénieur attaché à l'expédition d'Égypte (1798-1802)*, publié par P. Lefèvre-Pontalis avec des fragments tirés des journaux de Fourier, Jomard, Delille, Saint-Genis, Descotils, Balzac et Coraboeuf, Paris, Leroux, 1904.

4. JOLLOIS, ouvrage cité.

gnera en Haute-Égypte[5]. A Rosette, place commandée par Menou, l'installation est décourageante. La maison abandonnée d'un négociant français sert de logement, elle est remplie d'ordures qu'il faut évacuer, puis on asperge les murs de vinaigre par crainte de la peste. Pour manger, les jeunes gens forment une « gamelle » : chacun apporte sa contribution financière et sa débrouillardise. Finalement, avec l'aide de domestiques, ci-devant esclaves maltais, on finit par s'installer : une batterie de cuisine, des meubles, une literie acceptable et on réussit à réunir de quoi faire des repas copieux.

Comparée à ces embarras domestiques, la marche sur Le Caire est autrement risquée. Monge, Berthollet et plusieurs membres de la Commission ont embarqué sur le chebek *Le Cerf* qui arbore la marque de Perrée, le commandant de la flottille fluviale. Lors du combat de Chobrâkhyt (13 juillet 1798), il faut faire le coup de feu et défendre chèrement sa vie. *Le Cerf* est menacé d'abordage, mitraillé, canonné. Monge aide à recharger l'artillerie du bord, Berthollet s'est saisi d'un fusil. Il se prépare à mourir et remplit ses poches de poids pour couler à pic !

Après la victoire des Pyramides, le plus gros de la Commission se retrouve au Caire, inemployé et oisif. Dans l'attente des matériels laissés sur les bateaux (et qui vont couler) ou entreposés à Alexandrie, les scientifiques découvrent combien ils sont peu estimés des militaires. Aussi bien chez les gradés que parmi les hommes de troupe. Les simples soldats n'apprécient guère la présence de ces civils à leurs côtés. Ils leur imputent la responsabilité de l'expédition et, lorsque les choses tournent mal, ils les injurient. Ils les qualifient d' « ânes de l'armée[6] ». En quelques circonstances, les soldats deviennent menaçants. A en croire Vil-

---

5. E. de VILLIERS DU TERRAGE, *Journal et Souvenirs de l'Expédition d'Égypte (1797-1801)*, mis en ordre par le baron Marc de Villiers du Terrage, paris, Plon, 1899. Un autre témoin essentiel (souvent orthographié Devilliers). Il passe son examen de sortie de Polytechnique, au Caire, le 6 octobre 1798. Reçu, il rejoint le corps civil des Ponts-et-Chaussées.

6. Les soldats les qualifient d'ânes pour deux raisons : ils sont souvent montés sur des bourricots ; d'autre part, formant les carrés, il arrive que les officiers crient : « Au centre, les ânes ! », indiquant par là que les civils et les montures doivent se placer au milieu des carrés pour mieux se protéger. Toujours par dérision, les ânes sont appelés « demi-savants ».

liers du Terrage, un soldat lance même à l'ingénieur Edme-François Jomard qui s'est embourbé dans un marais et qui demande de l'aide : « Ah ! t'y voilà, chien de savant ; vous avez voulu nous mettre dedans ; eh bien ! tire ton plan à présent ! » Invérifiable, l'anecdote résume un état d'esprit assez répandu.

Avec les officiers, les relations sont meilleures. Si une majorité se montre réfractaire à tout contact intellectuel avec les scientifiques, une minorité (mais qui compte les généraux les plus notables) se déclare enchantée de partager ses loisirs avec eux. Commandant la ville de Rosette, Menou fait tout pour garder auprès de lui une petite équipe de savants. Lorsque Caffarelli bat le rappel pour regrouper tout le monde au Caire, il lui écrit : « J'ai ici pour fidèles compagnons de mes courses [...] les citoyens Denon, Nectoux et Villoteau [..] Je sais que vous désirez que tout ce qui tient à la Commission des arts vous rejoigne au Caire ; mais, général, ayez pitié d'un homme qui a besoin de trouver quelqu'un qui entende le français et avec lequel il puisse causer raison le soir, quand il a fatigué toute la journée[7]. »

A Alexandrie, Kléber tire des satisfactions identiques de la fréquentation des membres de la Commission, en particulier de celle de Conté et de ses artistes mécaniciens, des ingénieurs civils et militaires, des astronomes et cartographes. C'est à regret qu'il doit laisser partir la plupart d'entre eux pour Le Caire. Évoquant le départ de Conté et de l'ingénieur Cécile, il confie à Bonaparte : « Je regrette infiniment ces artistes, ils ont souvent contribué à éclaircir mes idées trop rembrunies[8]. »

Le même Bonaparte, qui admire ceux qu'il tient déjà pour « ses savants », peut se montrer agacé par certains de leurs comportements. Il ne goûte pas vraiment leurs petites querelles intestines, qui montrent à l'évidence que la Commission ne forme pas un corps parfaitement homogène et soudé. A ce propos, Desgenettes rapporte le dialogue suivant :

« B. — Ils ressemblent beaucoup aux femmes, n'est-ce pas ?

7. La Jonquière, ouvrage cité, tome III.
8. *Kléber en Égypte 1798-1800*, étude historique, présentation et notes par Henry Laurens.

« D. — Général, on s'amuserait un peu mieux avec les femmes !

« B. — Oh ! mais c'est pour le chuchotage que j'en parle, et pour les rivalités et les prétentions[9] ! »

Curieusement, la vie en vase clos de cette poignée de savants, d'érudits et de techniciens de haut niveau reconstitue le clivage d'Ancien Régime entre basse et haute cléricature. D'un côté, un tout petit nombre de savants honorés et gratifiés de toutes les façons, de l'autre une « plèbe » scientifique regroupant les plus jeunes, élèves encore, ou juste en possession de leurs grades et diplômes.

Les aînés sont surtout disponibles pour une observation académique du pays conquis. Ils comptent rédiger des mémoires ou encore présenter des comptes rendus qui, lus en bonne compagnie, les gratifieront des recherches menées sur le terrain. Il faut d'ailleurs reconnaître que presque tous les membres de la Commission ont payé de leur personne, les plus en vue les premiers. Monge et Berthollet sont allés à Suez, mais aussi en Palestine avec Costaz et Malus. En Haute-Égypte, Girard, Costaz et Fourier ont pris la tête des trois commissions chargées de son exploration.

En fait, les tensions sont surtout nées de l'enthousiasme débordant des plus jeunes qui, dès leur arrivée, fascinés par tout ce qu'ils voyaient, ont voulu se mêler de tout et s'astreindre à des travaux qui ne relevaient pas toujours de leurs compétences. Prenons l'exemple de Villiers du Terrage. Nous l'avons dit, ce très jeune homme a choisi la carrière civile d'ingénieur des ponts-et-chaussées. Mais le commandement ne tient pas compte de son choix et l'assimile au grade de sous-lieutenant du génie, cela pour l'employer à des fins militaires. Assez mécontent de son sort, Villiers tient sa revanche. Quand il part en Haute-Égypte c'est pour exécuter des relevés topographiques ; une fois sur place, il passera son temps (avec Jollois) à relever les temples antiques ! Girard est furieux et se plaint au Caire. Desgenettes a lui aussi fort à faire avec ses jeunes médecins. Lorsque l'un d'eux, Cerisole, meurt de la peste, il prononce son éloge funèbre avec cette restriction : « Ce jeune médecin aurait un jour réalisé les grandes espérances qu'il donnait,

9. DESGENETTES, *Journal d'un médecin de l'expédition d'Égypte.*

s'il eût pu concentrer son esprit qui embrassait trop d'objets de l'étude déjà si étendue de la médecine[10]. »

S'ajoutent à ces malentendus d'inévitables « combats des chefs », le clientélisme et le favoritisme. Geoffroy Saint-Hilaire, qui n'en est alors qu'au début de sa carrière scientifique, rapporte que le mathématicien Fourier profère des « sarcasmes injurieux » à l'égard de ses collègues et essaie de placer ses élèves. Même comportement avec Caffarelli qui privilégie, affirme Jollois, les ingénieurs militaires et tient à l'écart ceux des ponts-et-chaussées. Si la concorde ne règne pas parmi la petite société scientifique, du moins retrouve-t-elle une solidarité élémentaire lorsque le danger surgit. Quand éclate la première insurrection du Caire, les scientifiques sont parmi les plus exposés mais leur détermination et leur altruisme les sauvent. Retranchés dans les maisons qui leur ont été affectées, ils se battent avec héroïsme. Monge galvanise ses collègues et montre un sang-froid incroyable.

De façon générale, les jeunes gens supportent assez mal l'autorité hiérarchique. Ils redoutent d'être employés à des tâches ingrates. Lorsque l'ingénieur Lancret se voit confier le curage du canal d'Alexandrie, Jollois fait ce commentaire acide : « Cette commission désagréable le contraria beaucoup. Monge et Berthollet cherchèrent à lui persuader qu'il allait faire là une opération qui le mènerait à l'immortalité, mais il était trop facile de voir quelles étaient les intentions des personnes qui lui tenaient ce langage, ayant pour principe de ne pas se mettre en opposition avec aucun des généraux, et à plus forte raison, avec ceux qui ont la haute main, ils ne veulent rien faire pour lui, bien qu'ils lui témoignent de l'amitié[11]. »

La création de l'Institut d'Égypte opère le tri définitif entre les notables des sciences et des lettres et les simples exécutants. C'est un acte délibéré de la part de Bonaparte qui y a longuement réfléchi en France, durant les préparatifs

---

10. Le fait est rapporté par VILLIERS DU TERRAGE, ouvrage cité. Le même Desgenettes a d'ailleurs demandé à ses médecins en poste dans le Delta ou dans le Sud de lui rédiger des « topographies physiques et médicales » qui débordent assez vite du cadre de leur travail courant. N. et J. DHOMBRES, ouvrage cité, en donnent la liste en annexe, p. 818-819.

11. Jean-Baptiste JOLLOIS, ouvrage cité.

et pendant la traversée. Deux ordres du général en chef, en date du quartier général du Caire les 20 et 22 août 1798, organisent l'Institut. Vingt-six articles stipulent sa composition, son fonctionnement et ses objectifs. Il comporte quatre sections, de mathématiques, de physique, d'économie politique, de littérature et des arts, chaque section devant comporter douze membres [12].

Seule la section de mathématiques a ses effectifs au complet, Andréossy, Bonaparte, Costaz, Fourier, Girard, Le Père J. M., Le Roy, Malus, Monge, Nouet, Quenot et Say. En physique, dix membres seulement, Berthollet, Champy (père), Conté, Descotils, Desgenettes, Dolomieu, Dubois, Geoffroy Saint-Hilaire, Raffenau de Lile, Savigny. En économie, ils sont six, Caffarelli, Gloutier, Poussielgue, Sucy, Sulkowski et Tallien. La dernière section compte huit représentants, Vivant Denon, Dutertre, Don Raphaël de Monachis, Norry, Parseval-Grandmaison, Redouté, Rigel et Venture de Paradis.

Pour abriter les membres de l'Institut, un palais est réquisitionné, celui du Kâshif Hasan Jarkis, un haut fonctionnaire ottoman. Avec ses dépendances, il est enfoui dans des jardins très étendus. En outre, le palais est proche du quartier général. Le lieu plaît beaucoup aux savants, Vivant Denon déclare qu'il y profite d'une « paix délicieuse » et Geoffroy Saint-Hilaire prétend qu'il y a rencontré « peut-être plus de commodité et au moins autant de magnificence qu'on en trouve au Louvre ».

La grande salle du harem (!) sert aux séances, elle est agrémentée de meubles, de pendules et de vases chinois. Dans les pièces adjacentes sont rangés les instruments de physique, d'astronomie et de chimie, les collections d'archéologie. Les jardins sont aménagés, une volière, une section botanique. Les pavillons abritent des ateliers mécaniques. Chacun s'est installé, a apporté ses instruments. Même les astronomes : Nouet met en place un cadran solaire qui impressionne Jabarti, et ses collègues profitent d'un vaste corridor du palais pour tracer sur le sol une méridienne.

---

12. L'arrêté du 22 août est à lire *in extenso* dans J. TRANIE et J. C. CARMIGNIANI : contribution d'Alain PIGEARD qui fournit le résumé des 48 séances effectives de l'Institut. Un travail remarquable.

Bonaparte avait prévu deux séances par décade. De deux heures chacune, à sept heures du matin. L'expédition de Syrie, l'éloignement d'un grand nombre de membres nuisent à la périodicité des séances. D'août 1798 à mars 1801, leur nombre exact semble bien avoir été de quarante-huit[13]. La première séance est restée mémorable car elle porte l'empreinte de Bonaparte et son déroulement en dit assez sur les objectifs très utilitaires qu'il assigne à l'Institut d'Égypte.

Le 23 août 1798, Bonaparte demande à ses collègues de réfléchir sur les points suivants :

— Comment peut-on améliorer la construction des fours pour cuire le pain de l'armée ?

— Quelle est la production qui pourrait remplacer le houblon pour faire la bière ?

— Comment pourrait-on clarifier et rafraîchir l'eau du Nil ?

— Faut-il des moulins à eau ou à vent ?

— Quelles sont les ressources pour se procurer de la poudre ?

— Quel est l'état de la législation de l'Égypte et comment peut-on l'améliorer ?

Pour Bonaparte, l'Institut d'Égypte est à la fois un lieu d'exposition académique et un centre opératoire d'où partent des investigations précises qui rapportent des faits, proposent des solutions qu'il ne reste plus qu'à appliquer. Pour le plus grand bien de l'armée et du pays occupé.

Le plus remarquable est peut-être que l'Institut ait résisté au départ de Bonaparte et de deux autres de ses membres les plus prestigieux, Monge et Berthollet. Mais l'Institut avait déjà sa vie propre quand Bonaparte quitta l'Égypte le 22 août 1799. Il pouvait poursuivre ses travaux ; reste que le départ inopiné des têtes pensantes de l'Institut laissa sur le moment ceux qui restaient dans la consternation.

---

13. Point de détail à signaler tout de même : le nombre des séances donné par C. C. Gillispie et différent de celui d'Alain Pigeard qui a sans doute approché de plus près cette question. Voir E. Goby, Restitution des comptes rendus des séances du premier Institut d'Égypte, Mémoire de l'Acad. des Inscriptions et Belles Lettres VII, 1987.

Les faits sont connus. Ils ont été rapportés de diverses sources. Laissons un des témoins, Villiers du Terrage, les évoquer. Dès le 16 juillet, un bruit court, confusément, que certains personnages importants du corps expéditionnaire, civils et militaires, vont tenter de regagner la France en forçant le blocus. Geoffroy Saint-Hilaire est parmi les premiers à signaler qu'il se passe quelque chose.

Le 18 juillet, écrit Villiers (il se trompe, la trentième séance a eu lieu le 19), le jour même où l'Institut apprend que le capitaine Bouchard, officier du génie et membre correspondant de l'Institut, a découvert dans la ville de Rosette une pierre noire portant une triple inscription en grec, en démotique et en hiéroglyphes, ce jour-là Monge et Berthollet sont pressés de questions. Visiblement, ils sont très gênés. Costaz interpelle Monge :

— Eh bien, citoyen Monge, tiendrons-nous séance sur les ruines de Thèbes ?

Monge, très troublé, balbutie :

— Oui, nous tiendrons séance à Denderah... sous... dessus... Denderah.

Costaz :

— Passerez-vous par Damiette ?

Monge :

— Je ne sais rien. Je crois que nous allons dans la Basse-Égypte. Le général va trop vite dans ses expériences.

A onze heures du soir, Monge et Berthollet saluent la compagnie ; ils parlent d'une absence de quatre mois, d'un voyage scientifique aux lacs de Natron et au Fayoum. Au moment où ils montent en voiture, Fourier tente une dernière démarche : « La Commission est alarmée de votre départ subit ; que faut-il dire pour la rassurer ? » Alors, Monge avoue : « Mes amis, si nous partons pour la France, nous n'en savions rien aujourd'hui avant midi. »

L'évasion de Bonaparte, de ses aides de camp et de ses deux commensaux scientifiques, marque surtout une rupture politique et militaire. Sur le plan scientifique, la Commission en général et l'Institut en particulier vont continuer leur route. L'œuvre entamée et qui va se poursuivre se révélera considérable.

27

L'IRRUPTION DE GUTENBERG

A la fin du XVIIIe siècle, le monde arabo-musulman ignore toujours l'imprimerie. L'absence d'une culture imprimée explique largement le retard scientifique et technique pris par l'Orient.

Seule, à l'instigation de la France, Constantinople possède une imprimerie. Établie à l'époque de l'ambassade de Choiseul-Gouffier, l'imprimerie française de Constantinople connaît des hauts et des bas. Sous la Convention, un effort particulier est fait pour doter la légation d'une nouvelle imprimerie. Depuis Marseille, deux presses sont expédiées ; débarquent aussi un imprimeur, un prote et deux « ouvriers de presse et de casse [1] ».

Résultat : le premier journal de l'Empire ottoman sort imprimé en français, c'est le *Bulletin de nouvelles,* un bimensuel de 6 à 8 pages in-8°. Sous l'ambassade d'Aubert-Dubayet (automne 1796) paraît même une éphémère et épisodique *Gazette française de Constantinople* [2].

Dans le reste des possessions turques, aucune parution de textes imprimés. Avant l'arrivée des Français, l'Égypte ignore tout de Gutenberg, quand ils repartent elle est (modestement) initiée.

Dans l'histoire de la presse et de l'édition, l'époque napoléonienne passe pour une période de régression. Le nombre des périodiques diminue, leur contenu s'appauvrit, censure oblige. Comme tous les dictateurs, Bonaparte ne

1. Un prote est le chef d'un atelier de composition typographique.
2. « Note sur les journaux français de Constantinople à l'époque révolutionnaire », par L. Lagarde, extrait du *Journal asiatique* (année 1948).

manifeste de l'intérêt pour la presse que dans la mesure où elle le sert[3]. En garnison à Valence, il a pris très tôt l'habitude de lire les journaux ; il se rend chez le libraire-imprimeur Aurel dont le fils, imprimeur lui-même, l'accompagnera en Égypte.

Durant la campagne d'Italie, Bonaparte n'hésite pas à fonder deux journaux, *le Courrier de l'armée d'Italie* et *la France vue de l'armée d'Italie*, deux publications qui, avec une certaine continuité, exaltent l'intervention française dans la péninsule et valorisent le commandant en chef. Cette première expérience journalistique conforte la bonne opinion que Bonaparte a de la presse « aux ordres ».

Lors des préparatifs de l'expédition d'Égypte, il songe tout de suite à emmener une imprimerie. Il s'en confie à Monge qui, au Vatican, fait aussitôt main basse sur les presses pontificales. Leurs casses qui débordent de caractères orientaux sont une aubaine pour les Français. A Paris, Bonaparte s'en remet à un de ses conseillers, Regnaud de Saint-Jean-d'Angély[4]. L'imprimerie nationale, assez réticente, doit satisfaire à toutes ses exigences. En outre, Bonaparte n'oublie pas de demander au jeune Marc Aurel, devenu imprimeur aux armées, de l'accompagner[5].

C'est donc une petite armée d'imprimeurs qui débarque en Égypte. Elle se compose de trois groupes. A Paris, Regnaud a recruté l'orientaliste J.-J. Marcel, un sous-prote, trois correcteurs et dix-huit ouvriers imprimeurs. A Rome, Monge a débauché neuf spécialistes empruntés aux ci-devant imprimeries pontificales. Enfin, Marc Aurel a amené son propre personnel sans qu'on en sache l'effectif exact. Si l'on connaît assez mal ce dernier personnage, au demeurant plus commerçant que lettré, en revanche la personnalité de

---

3. A. PERIVIER, *Napoléon journaliste*, Paris, 1918.

4. Regnaud avait collaboré à deux publications d'André Chénier. Il partit pour l'Égypte mais, malade, ne dépassa pas Malte.

5. Sur ces détails, comme sur beaucoup d'autres, nous suivons Rouchdi FAKKAR, *l'Influence française sur la formation de la presse littéraire en Égypte au XIXe siècle. Aux origines des relations culturelles contemporaines entre la France et le monde arabe*, Geuthner, Paris, 1973. La thèse d'Amin WASSET, *l'Information et la presse officielle en Égypte jusqu'à la fin de l'occupation française*, Paris, 1952, Le Caire I.F.A.O., 1975, est l'autre étude importante sur la question. Ce qui ne rend pas inutile la consultation d'A. GEISS, « Histoire de l'imprimerie en Égypte » *in Bulletin de l'Institut égyptien*, 1907-1908.

J.-J. Marcel nous est bien restituée. A parcourir sa vie, on se rend compte qu'il appartient à l'élite des orientalistes français.

Né en 1776, Jean-Joseph Marcel avait pour grand-oncle un consul de France en Égypte. Très doué, il avait fait de précoces études de mathématiques et de géographie, puis il s'était initié aux langues orientales. A vingt-deux ans, il embarque pour l'Égypte et rejoint la petite équipe d'arabisants constituée autour de Venture de Paradis. Sa formation de sténographe et sa connaissance de l'imprimerie lui valent la direction de l'imprimerie du corps expéditionnaire.

J.-J. Marcel reste jusqu'à la fin en Égypte. Directeur de l'Imprimerie impériale jusqu'aux Cent-Jours, rédacteur de la *Description de l'Égypte*, de l'*Histoire scientifique et militaire*, auteur d'un nombre impressionnant d'ouvrages de linguistique, fondateur enfin de la Société asiatique de Paris, il meurt en 1854. L'ingéniosité, l'ardeur au travail, l'enthousiasme et la probité caractérisent au mieux ce personnage hors du commun[6].

En Égypte, il ne se borne pas à assurer le bon fonctionnement de l'Imprimerie nationale, il recueille les inscriptions antiques qu'il transfère, en les couvrant d'encre, sur des feuilles de papier. Ainsi procède-t-il pour l'inscription trilingue de la pierre de Rosette. Il apprend l'arabe dialectal, fréquente les lettrés du Caire, collecte des manuscrits par centaines qu'il lui arrive de sauver de la destruction par les soldats. Plus tard, il fera de l'Imprimerie impériale la plus moderne d'Europe, capable d'offrir au pape une oraison dominicale traduite en 150 langues et imprimée en deux heures !

Malte est à peine prise que le travail des imprimeurs commence déjà. Embarqué sur l'*Orient*, J.-J. Marcel reçoit l'ordre d'imprimer la proclamation et l'ordre du jour du général en chef. Un premier incident menace de différer l'opération :

« On ouvrit les caisses contenant les " casses " où les

6. A. Taillefer, « Notice historique et bibliographique sur M. J.-J. Marcel », *in Revue de l'Orient, de l'Algérie et des colonies*, t. XVI, 1854. Long article de J.-E. Goby, *in Dictionnaire Napoléon*, Paris, 1987. Sur les orientalistes, études de C. Guémard, « Les orientalistes de l'armée d'Orient », *in Revue de l'Histoire des colonies françaises*, Paris, 1928.

caractères devaient se trouver classés et prêts à servir. Malheureusement, comme on avait oublié d'indiquer le haut de ces caisses, elles avaient été retournées, en sorte qu'on n'y trouva qu'une quantité considérable de caractères divers réunis pêle-mêle en un monceau. Il semblait impossible d'exécuter l'impression demandée. M. Marcel en jugea autrement : il se fit donner un grand nombre de soldats qu'il dressa au triage de " la lettre ". Bientôt muni d'un nombre suffisant de caractères, il composa lui-même la proclamation[7]. »

Moins de huit jours après la prise d'Alexandrie, les presses de Marcel sont en état de tirer 4 000 exemplaires, rédigés en arabe, de la proclamation. Dès le 6 juillet 1798, soit quatre jours seulement après le débarquement, sort un « tarif des monnaies » destiné à parer au plus pressé. Avant de quitter Alexandrie, Bonaparte donne l'ordre d'établir les « imprimeries française et arabe [...] dans la maison du consul de Venise ». En fait, l'impatient Marcel n'a pas attendu cet ordre pour s'établir dans un local de fortune et commencer ses tirages. De son initiative date la naissance de l'imprimerie en Égypte.

De son côté, Marc Aurel suit l'armée en route pour Le Caire. Il n'a probablement encore rien imprimé, sinon, en mer, quelques pièces administratives. Mais, le 15 août 1798, Marc Aurel est en état de tirer le premier ordre du jour de l'armée d'occupation. A l'en croire, les plus éminents membres de la Commission scientifique — Berthollet, Fourier, Monge, Dolomieu — assistent à l'événement. Ils lui arrachent la première épreuve et, les yeux embués de larmes, sortent dans la rue en brandissant les feuilles aux cris de « Vive la France » ! Cette fois, « l'art merveilleux de Gutenberg » est bien « révélé à l'antique civilisation de Sésostris[8] ».

Dans les mois qui suivent, les deux imprimeries connaissent quelques vicissitudes. Assez vite, le commandement se rend compte de l'inconvénient d'avoir laissé Marcel à Alexandrie, à près de 300 km du quartier général. Seul il est en mesure d'effectuer l'impression en caractères arabes, en

---

7. A. TAILLEFER, article cité.
8. François CHARLES-ROUX, *Bonaparte gouverneur d'Égypte.*

outre ses ouvriers travaillent beaucoup mieux que ceux de l'atelier de Marc Aurel. Bonaparte décide donc son rapatriement. Quant à Marc Aurel, il semble manifester quelque dépit puisqu'on le voit vendre son matériel à l'armée et rentrer en France, probablement à la même époque que Bonaparte.

Dès lors, il n'existe plus qu'une Imprimerie nationale établie au Caire, place de l'Azbakiyya.

Une des premières initiatives de Bonaparte est la création d'un journal. Pour lui, l'objectif est simple, il « désirait que son expédition portât aussi des fruits dans le domaine des sciences et des lettres. Il voulait que ses relations avec le peuple égyptien fussent continues et, si l'on peut dire, de bouche à oreille. Enfin, il tenait à ce que ses amis et ses ennemis laissés en France pussent se rendre compte de ses exploits et suivre l'évolution de sa carrière de grand homme. Il voulait également maintenir un contact permanent avec son armée » (R. Fakkar).

Le premier numéro du *Courrier de l'Égypte* sort le 28 août 1798. C'est un journal format in-8°, de 4 pages, qui paraît tous les cinq jours, en principe chaque quindidi et chaque décadi ; chaque numéro est vendu six médins, l'abonnement de trente numéros coûte 150 médins. Au début, l'impression du journal est confiée à Marc Aurel puis, à compter du trente et unième numéro, elle passe à l'Imprimerie nationale. Jusqu'au réembarquement de juin 1801, il sortira 116 numéros du *Courrier*.

La direction du journal est confiée à des journalistes improvisés, d'abord Costaz, simple intérim de Fourier nommé d'office, puis Desgenettes à partir du numéro 37. Les rédacteurs principaux semblent avoir été Bourrienne, le secrétaire de Bonaparte, et Venture de Paradis jusqu'à son départ en Syrie.

Le Courrier n'est en aucune manière une feuille littéraire. Ses prétentions savantes sont des plus modestes. Ainsi se borne-t-il à signaler les rares manifestations artistiques qui ponctuent la vie du corps expéditionnaire, ou encore mentionne-t-il quelques opuscules. En revanche, *le Courrier* est très disert dès lors qu'il s'agit d'exposer la situation en Europe, les menus plaisirs et distractions du corps expéditionnaire, les victoires remportées sur les mamelouks ou les Turcs. C'est avant tout un instrument de propagande.

L'analyse d'un seul numéro traduit bien cette conception de l'information. Soit le numéro 13 en date du 30 vendémiaire, VIIe année de la République :

Nouvelles étrangères : on y parle de la Russie et du sultan, sur un ton rassurant.

Égypte : les mamelouks d'Ibrahim Bey désertent en masse.

De Damiette, le général Andréossy fait construire des canonnières pour le lac Menzalée (*sic*).

D'Alexandrie, les citernes sont pleines, il y a de l'eau potable pour deux ans.

Du Caire, des travaux de fortifications sont commencés.

Du sud, Desaix vient de remporter une nouvelle victoire sur Mourad Bey.

Le numéro 13 insère encore un prospectus du citoyen Dargeavel (*sic*) qui veut ouvrir un lieu de réunion et de loisirs au Caire, un Tivoli égyptien. Il propose des abonnements et promet jardin « à la française », ombre, fleurs et eau vive, salons de lecture, rafraîchissements, repas... En dernier, la pilule amère pour les Égyptiens : les tarifs et les modalités de recouvrement des droits d'enregistrement nouvellement institués sur les oquelles (*sic*), bains, moulins, cafés, boutiques, fours et maisons[9].

Le Courrier d'Égypte ne suffit pas à Bonaparte. Il lui faut un second périodique, plus ambitieux dans ses objectifs, qui traitera de tous les aspects culturels de l'expédition. Le premier numéro de *la Décade égyptienne, journal littéraire et d'économie politique,* est daté du 1er octobre 1798. Le dernier paraîtra en mars 1801. Chaque numéro est composé de deux feuillets et demi ou trois in-8°. L'imprimeur précise : Abonnements, 9 livres par trimestre (9 numéros) ; chaque numéro séparé 28 médins ou 1 livre. A prendre chez le Directeur de l'Imprimerie nationale, au Kaire, place Ezbekyeh.

Les quatre premiers numéros sortent des presses de Marc Aurel, puis Bonaparte, contrarié par leur allure défectueuse,

9. *Le Courrier* publie des « avis divers », telle cette mise à l'enchère d'une « superbe pendule à quantième » par Favre, horloger de l'armée, ou encore l'avis des « chapeliers français » qui ont ouvert une fabrique, la mise en vente des effets d'un officier partant pour la France, l'ouverture de maisons détaillant l'eau-de-vie, les liqueurs, le tafia et des sirops, la fabrication de cartes fines à l'Imprimerie de l'armée...

lui retire l'impression et la confie à J.-J. Marcel, beaucoup plus compétent pour une publication que le commandement veut irréprochable tant du point de vue factuel que dans son contenu.

La Décade égyptienne, qui se veut l'émanation de *la Décade philosophique, littéraire et politique de Paris,* affiche de grandes ambitions. C'est Tallien qui les expose dans le premier numéro : « La conquête de l'Égypte ne doit pas être utile à la France, seulement sous les rapports politiques et commerciaux ; il faut encore que les sciences et les arts en profitent. Nous ne vivons plus dans ces temps où les conquérants ne savaient que détruire là où ils portaient leurs armes : la soif de l'or dirigeait toutes leurs actions ; la dévastation, les persécutions, l'intolérance les accompagnaient partout. Aujourd'hui, au contraire, le Français respecte non seulement les lois, les usages, les habitudes, mais même les préjugés des peuples dont il occupe le territoire. Il laisse au temps, à la raison, à l'instruction, à opérer les changements que la philosophie, les lumières du siècle ont préparés, et dont l'application devient chaque jour plus prochaine. »

Didactique et encyclopédique, *la Décade* aborde tous les domaines ; elle est le porte-parole de l'Institut d'Égypte et de la Commission scientifique : elle livre en raccourci le contenu de leurs travaux. Dès le premier numéro, le lecteur est avisé de ce souci principal :

« Nous continuerons à rendre compte des travaux de l'Institut, et nous ne négligerons rien pour nous en procurer une connaissance exacte [...] Ceux qui sont en Égypte doivent nécessairement prendre un grand intérêt aux recherches de (cette) campagne [...] et l'Europe savante ne saurait voir avec indifférence la puissance des sciences appliquée à un pays où elles sont ramenées par la sagesse armée et l'amour de l'humanité, après avoir été longtemps exilées par la barbarie et la fureur religieuse. »

Dans l'attente de la publication chez Didot en l'an VIII et en l'an IX des *Mémoires sur l'Égypte,* la collection complète de *la Décade égyptienne* a constitué la seule référence imprimée des travaux scientifiques du corps expéditionnaire. Même si on peut lui reprocher, à juste titre, son « indigence littéraire » (R. Fakkar), force est de reconnaître qu'elle fut la première publication scientifique du monde arabo-musulman. De ce point de vue, elle constituait bien une « innovation extraordinaire ».

L'infatigable J.-J. Marcel ne s'est pas borné à l'impression du *Courrier* et de *la Décade*. Il a imprimé une foule de documents destinés à l'administration militaire : ordres du jour, rapports, proclamations, circulaires. Surtout, il a pu trouver le temps de sortir une vingtaine d'opuscules qui sont les premiers livres jamais imprimés en Égypte. Mentionnons pêle-mêle une traduction par ses soins des *Fables* de Loqman surnommé le Sage, une grammaire d'arabe dialectal, l'*Annuaire de la République* calculé sur le méridien du Caire, un *Avis sur la petite vérole régnante* de Desgenettes...[10]

Il faut enfin évoquer la possible parution, sous Menou, d'un journal imprimé en arabe. Selon Geiss, « le journal aurait eu pour titre *l'Avertissement* et pour rédacteur al-Hassab, homme de lettres égyptien. Il aurait été divisé en quatre parties : affaires du gouvernement français, affaires du *diwan,* informations et nouvelles, lettres et arts. Le premier numéro en serait paru le 6 décembre 1800 ». Comme il ne reste aucune trace de cette publication, l'affirmation de Geiss a été combattue par divers spécialistes alors que quelques historiens se rangeaient du point de vue de Geiss. Une controverse qui n'est pas dénuée d'arrière-pensées puisqu'il s'agit au fond d'identifier la naissance du premier journal arabe.

En définitive, de toutes les technologies apportées par le corps expéditionnaire, c'est véritablement l'imprimerie qui a le plus intrigué les élites égyptiennes. *Le Courrier de l'Égypte* rapporte une des nombreuses visites effectuées par les membres du *diwan* à l'Imprimerie nationale, il commente : « De tout ce qui a excité l'étonnement et l'admiration des habitants de l'Égypte, depuis notre arrivée dans leur pays, une des choses qui les a le plus frappés et qui a d'autant plus fait d'impression sur eux qu'elle leur était totalement nouvelle, est l'art de l'imprimerie[11]. »

---

10. Le premier livre imprimé en Égypte semble bien être l'*Alphabet arabe, turk et persan, à l'usage de l'Imprimerie orientale et française,* A. Alexandrie, de l'Imprimerie orientale et française An VI. Pour les bibliophiles, la librairie Chamonal (Paris) en a proposé un exemplaire dans son catalogue 1989.

11. *Courrier de l'Égypte,* n° 102.

La suite des étonnements et des questions posées par le cheikh al-Bakri montre assez bien à quelle vitesse évoluent les mentalités et à quel point la friction de cultures qui jusque-là s'ignoraient peut être bénéfique :

« Entre autres questions, il demanda si la France renfermait beaucoup d'imprimeries, s'il en existait un grand nombre dans les autres portions de l'Europe, en quels pays elles étaient le plus multipliées, etc. Lorsqu'on eut satisfait à toutes ces demandes (...) il demanda alors quelle influence pouvait avoir l'imprimerie sur la civilisation d'un peuple, et parut comprendre et goûter les raisons qu'on lui en donna (...). Il dit [...] qu'il existait un grand nombre de bons livres arabes dont la publication serait infiniment utile dans ce pays ; qu'ils étaient ignorés du plus grand nombre et qu'il désirait sincèrement qu'ils puissent être répandus par la voie de l'imprimerie[12]. »

L'imprimerie, la presse et l'édition quittent l'Égypte en 1801. Il faut attendre la fin des années 1820 pour voir réapparaître un journal, *l'Écho des pyramides,* du pamphlétaire Bousquet-Deschamps ; une fois son journal interdit, Muhammad Ali lui substitue *le Moniteur égyptien* qui paraît à partir de 1833[13].

Tout au long du XIXe siècle, l'influence française prédomine dans l'édition et la presse égyptiennes. Après la mainmise britannique en 1882, les lettrés égyptiens mettent un point d'honneur à négliger la culture de l'occupant et persistent à privilégier les idées et les auteurs français. Il est vrai que beaucoup d'écrivains, de Rousseau à Zola, véhiculent des idées réformistes et émancipatrices qui rejoignent leurs positions anticolonialistes.

A bien y regarder, l'imprimerie peut être tenue comme la contribution la plus substantielle de la France au renouveau égyptien.

---

12. *Courrier de l'Égypte,* 13 février 1801. Ce texte est cité par Henry Laurens, *l'Expédition d'Égypte 1798-1801*, ouvrage cité. Cet auteur ajoute : « C'est par l'introduction lente de ce type d'idées [...] que se prépare la renaissance culturelle du XIXe siècle. »

13. Le retour de l'imprimerie en Égypte est l'œuvre de Don Raphaël, un Grec catholique qui est aussi le seul membre oriental du premier Institut d'Égypte. Don Raphaël revient en égypte en 1803 et installe ses presses à Bulaq.

28

LES CRAYONS DE M. CONTÉ

> « *Les vraies conquêtes, les seules qui ne donnent aucun regret, sont celles qu'on fait sur l'ignorance.* »
>
> Bonaparte, lettre du 26 décembre 1797, adressée à Camus, président de l'Institut.

A sa manière, la Révolution a commencé à compartimenter les savoirs et les compétences. Ses grandes écoles prétendaient confiner ceux qui en sortaient dans des domaines strictement délimités. La spécialisation et même le cloisonnement étaient en marche. En Égypte, le commandement n'attendait des scientifiques que l'exécution de tâches particulières. Seulement, après Aboukir, les perspectives n'étaient plus les mêmes. Confinée dans sa conquête, l'armée d'Orient risquait d'être rapidement démunie de tout. Pour survivre, il lui fallut s'en remettre à l'ingéniosité de ces « ânes » tant décriés.

A peine débarqués, la plupart des membres de la Commission retrouvent d'instinct la vieille polyvalence, tout l'esprit de la Renaissance et des Lumières. Bons à tout faire, rien ou presque ne les rebute, leur disponibilité est extraordinaire. Un des pionniers de la géologie, Dolomieu, illustre assez bien cette exaltation créatrice. Plus remarquables encore, Conté, véritable homme-protée de l'expédition et dans son sillage les « artistes mécaniciens ». Des figures trop peu connues de la Commission scientifique et qui pourtant donnent toute son ampleur à l'aventure des Français en Égypte.

Déodat de Gratet de Dolomieu a quarante-huit ans lorsqu'il embarque pour l'Égypte. Ce cadet d'une phratrie de onze enfants descend d'une vieille famille dauphinoise. A deux ans, il est promis à l'ordre de Malte. Après des études militaires, il fait son noviciat mais tue en duel un chevalier. Condamné à la prison perpétuelle, il est finalement gracié. En garnison à Metz jusqu'en 1774, Dolomieu commence à s'occuper de minéralogie et surtout de géologie. A ce titre, il devient correspondant de l'Académie des sciences. Pendant ce temps, ses démêlés avec l'ordre souverain se poursuivent. Armé chevalier, Dolomieu finit par démissionner, engage un procès et quitte Malte en 1790.

Rentré en France, il participe aux courants modérés de la Révolution. On le remarque au club des Feuillants. Il s'alarme ensuite, craint pour sa liberté et se terre. Il se reconnaît pris « dans une tempête affreuse, environné d'écueils et de débris de naufrages[1] ». Après Thermidor, Dolomieu retrouve ses activités scientifiques et surtout il peut profiter des nouvelles institutions scolaires. A l'École des mines il enseigne la minéralogie. Ses voyages scientifiques, ses divers mémoires (dont l'un sur la formation géologique du delta du Nil), sa notoriété européenne, le désignent aux recruteurs de Bonaparte. Lui-même, habitué aux longs périples, se porte volontaire.

Dolomieu n'est pas à proprement parler un « savant de Bonaparte ». Il affiche une grande indépendance d'esprit. A Malte, le commandement l'adjoint à Poussielgue pour obtenir de l'ordre la cession de ses droits de souveraineté. Il apprécie peu le rôle qu'on cherche à lui faire jouer et commence à pester contre le despotisme du général en chef[2]. Son ire ne s'apaise guère en débarquant à Alexandrie. Comme on l'a vu, il prend la défense de ses jeunes collègues laissés à l'abandon. Ces difficultés aplanies, Dolomieu peut se consacrer à ses investigations scientifiques. Peut-être ne s'y adonne-t-il avec autant d'acharnement que pour mieux

---

1. Cité par N. et J. DHOMBRES, *Naissance d'un nouveau pouvoir...*, qui consacrent d'assez longs développements à Dolomieu. Il a été horrifié par le lynchage de son protecteur, le duc de La Rochefoucauld d'Enville, en septembre 1792.

2. Son rôle dans la prise de Malte lui vaudra l'hostilité des chevaliers réfugiés à Naples et lui coûtera la liberté lorsqu'il sera capturé. Voir plus loin, le chapitre 32, « L'angoisse du retour ».

oublier les méthodes et les objectifs d'une expédition qui, à bien des points de vue, lui déplaît. Dès lors, il devient exemplaire de ces dizaines de chercheurs atteints par le virus égyptien : tout recenser, tout étudier, rapporter, conclure[3].

Il reste à Alexandrie jusqu'en septembre 1798. Alors que les ingénieurs Le Père aîné et Saint-Genis sont chargés officiellement d'étudier l'état ancien et moderne de la ville, il consacre plusieurs semaines à des recherches approfondies. Il procède à des relevés bathymétriques, à l'observation géologique du littoral, il étudie la structure des édifices modernes, repère les vestiges antiques, analyse leur réemploi et détermine leurs caractéristiques minéralogiques.

Début septembre, Dolomieu est envoyé à Rosette auprès de Menou. En deux semaines, il accumule les notes sur les activités agricoles de la contrée ; elles doivent lui permettre de rédiger un mémoire. Cette étude sur le terrain peut tourner au drame : le 16 septembre, Menou, Marmont et une dizaine de membres de la Commission scientifique sont attaqués par une bande de paysans armés. Le peintre Joly, qui panique, se désarçonne et finit égorgé.

Puis Dolomieu gagne Le Caire où il entre à l'Institut. Ses interventions et ses travaux témoignent de son insatiable curiosité, sa polyvalence et son souci d'être utile à tous. A côté de recherches assez académiques (l'âge de la colonne de Pompéi, une réflexion sur les changements du niveau de la mer depuis les Ptolémée), Dolomieu s'occupe de mouture et de panification ; il concourt pour un projet de moulin à vent, s'inquiète des possibilités de cultiver la vigne, envisage de forer des puits dans le désert. Parfois il s'élève à des préoccupations plus globales, à des visées plus lointaines. Sa réflexion sur la conservation ou le déplacement des monuments antiques prépare l'idée de laisser les vestiges sur place, *in situ*[4].

Mais, au Caire, Dolomieu étouffe. Fin novembre 1798, il intègre une commission chargée d'étudier l'est du Delta. En compagnie d'astronomes, de naturalistes et d'ingénieurs, il

3. A. Lacroix et G. Daressy, *Dolomieu en Égypte (30 juin 1798-10 mars 1799)*, Le Caire, I.F.A.O., 1922.

4. Il faudra attendre 1835 pour voir Muhammad Ali prendre les premières dispositions portant sur la conservation des édifices antiques.

parcourt ces régions. De son enquête, qui lui a pris plus d'un mois, Dolomieu tire un ensemble de réflexions : *Quelques notices sur l'agriculture de basse Égypte.* Un travail original qui met en garde contre les illusions (très fortes chez Bonaparte) d'une prospérité « naturelle » de la Basse-Égypte. Dolomieu n'en imagine une valorisation qu'au prix de travaux considérables et de dépenses peut-être excessives.

Plus inquiétant encore, son pessimisme lorsqu'il observe le comportement des indigènes. Il remarque : « Le peuple n'a ni curiosité, ni émulation ; son indifférence absolue pour tout ce qui est étranger à son état, à sa profession ou à ses usages est peut-être ce qui m'a paru le plus extraordinaire dans sa manière d'être. Rien ne l'étonne parce qu'il ne fait aucune attention à ce qu'il ne connaît pas. Il suit aveuglément les pratiques qu'il a reçues de ses ancêtres, le métier du père est toujours l'héritage des enfants[5]. »

Peu à peu, Dolomieu se sent étranger à l'expédition. Il ne supporte pas l'autoritarisme de son « collègue » de l'Institut d'Égypte et ne peut s'empêcher d'émailler ses propos de traits qui écornent la réputation du général en chef. Le rapport qu'il fait sur les possibilités agricoles du Delta ne plaît pas, Bonaparte en tire une vive contrariété. Dolomieu n'insiste pas, il demande à rentrer en France. Autorisation accordée le 10 janvier 1799. Il quitte Alexandrie le 7 mars pour connaître une odyssée affreuse qui va le tuer à petit feu.

Dolomieu est un cas isolé. La presque totalité des membres de la Commission ne renonce pas à « régénérer » l'Égypte. A terme, ils ajoutent des préoccupations plus immédiates qui tiennent à la nécessité de pourvoir aux multiples besoins d'une armée qui vit comme un corps étranger dans le pays occupé et qui, par ailleurs, souffre de la perte de nombre de ses équipements dans le désastre d'Aboukir. L'homme de la situation, c'est de toute évidence Nicolas-Jacques Conté, auquel Monge a rendu cet hommage fameux : « Il a toutes les sciences dans la tête et tous les arts dans la main. » Son principal biographe, François Cornu-Thénard, le tient pour un curieux autodidacte du XVIIIe

5. Cité par A. LACROIX et G. DARESSY qui publient ce texte de Dolomieu resté manuscrit.

siècle. Ce qui est à la fois vrai et un peu trop réducteur[6]. En cette extrême fin du XVIIIe siècle, Conté perpétue la tradition des grands ingénieurs de la Renaissance[7]. En Égypte, Conté va donner l'exacte mesure de ses capacités.

De souche normande et de milieu populaire, Conté est né en 1755. A quatorze ans, il se fait remarquer pour ses dons picturaux. En 1775, il est à Paris et travaille dans l'atelier de Greuze puis dans celui du miniaturiste P.-A. Hall. Deux ans plus tard, marié à une jeune fille noble, Conté ouvre son propre atelier et présente régulièrement ses toiles aux salons. Mais ce peintre apprécié a une autre passion, les « arts mécaniques » et en particulier l'aérostatique. Pourtant, les « montgolfières » ne retiennent pas toute son attention. De 1789 à 1792, sous la direction de Charles, il travaille aussi bien sur les machines hydrauliques que sur la frappe des monnaies.

Lorsque la patrie est proclamée en danger, Conté entre dans une commission chargée de « rechercher et acheter tous les objets utiles aux arts industriels », c'est le point de départ du Conservatoire des arts et métiers. Mais, pour la postérité, le nom de Conté reste associé aux crayons. En mars 1794, le Comité de salut public lui demande de trouver un substitut à la plombalgine (dont les Anglais ont le monopole) dans les crayons. En quelques jours, Conté trouve la solution, des mines de crayon obtenues à partir du graphite. En janvier 1795, il se lance dans la production industrielle des crayons.

La guerre qui s'éternise permet à Conté de reprendre ses expériences d'aérostation. Associé à Jean-Marie Coutelle, il travaille à la mise au point de ballons d'observation destinés à l'armée. Conté élabore une nouvelle fabrication de l'hydrogène : il fait passer de la vapeur d'eau sur du fer chauffé à 600 °C et s'épargne la préparation plus coûteuse à l'aide

---

6. François CORNU-THÉNARD, *Nicolas-Jacques Conté, curieux autodictate du XVIIIe siècle*, Imp. Jobard, Dijon, 1955. Un travail plus érudit que scientifique. Replacer Conté et ses élèves dans l'évolution des sciences et techniques reviendrait à montrer un auteur armé de plus vastes connaissances.

7. Voir à ce sujet l'étude magistrale de Bertrand GILLE, *les Ingénieurs de la Renaissance*, Paris, Herman, 1964. L'auteur établit une filiation directe entre le Siennois Francesco di Giorgio, Léonard de Vinci, Monge et les élèves de l'École polytechnique.

d'acide sulfurique. En avril et juin 1794, deux compagnies d'aérostiers sont créées, l'une commandée par Conté et l'autre par Coutelle. Les ateliers de Meudon où sont fabriqués les ballons deviennent l'École nationale aérostatique et la direction en revient à Conté. Le 14 juin 1795, l'explosion accidentelle d'un réservoir d'hydrogène lui vaut la perte de l'œil gauche. Le voilà borgne, aussi célèbre par son bandeau noir que Caffarelli avec sa jambe de bois.

Idéologiquement, Conté est une figure de républicain modéré. Sa probité est exemplaire, son dévouement à la chose commune sans bornes.

S'adressant à ses élèves, il leur livre la raison de son activité débordante : « C'est voler la patrie, c'est trahir que de ne pas lui consacrer ses richesses. La carrière que vous allez parcourir vous offre l'heureuse occasion de payer la dette que tout citoyen a contractée envers elle[8]. »

Très proche de Monge, Conté se retrouve dans la Commission scientifique. Il part pour l'Égypte comme commandant d'une compagnie d'aérostiers. Mais, sur place, l'aérostation ne va pas se révéler d'une nécessité impérieuse et l'activité de Conté déborde largement ce champ restreint. « Dans un pays aussi étranger que l'Égypte, improviser devient le mot d'ordre de Conté » (R. J. Maras).

En date du 6 juillet 1798, les instructions de Caffarelli lui prescrivent d' « observer tous les procédés d'arts mécaniques et chimiques employés dans le pays, (de) recueillir les notes et les dessins relatifs à cet objet et (d') introduire les perfectionnements que lui suggérerait son esprit inventif ». Pour exécuter un tel programme, Conté reçoit comme assistants plusieurs dessinateurs qui se mettent aussitôt au travail. La perte du matériel amené dans les cales du *Patriote*, puis le saccage de plusieurs locaux dépendant de la Commission (la maison de Caffarelli) durant la révolte du Caire obligent Conté à reconstituer, à partir des ressources locales, un outillage nombreux et diversifié. A Bonaparte qui

8. Cité par François CORNU-THÉNARD. On peut compléter cette étude par le travail d'Edme-François JOMARD, autre membre de la Commission, *Nicolas-Jacques Conté*, Paris, 1849, 100 p.; 2e éd., Paris, 1852, 135 p. Voir aussi R. J. MARAS, « Nicolas-Jacques Conté (1755-1805) : un savant et un inventeur sous la Révolution », *in Revue d'histoire des sciences*. Enfin, sur la période égyptienne, R. D. STIOT, « Conté, ingénieur-artiste », *in la Sabretache*, n° 41, 1er trimestre 1978 (avec des réserves).

se désole : « Qu'allons-nous devenir maintenant ? Nous n'avons plus d'outils », Conté réplique : « Eh bien, nous en fabriquerons [9] ! »

L'activité protéiforme de Conté et de ses ateliers est stupéfiante. En voici un aperçu forcément lacunaire. Nommé directeur de l'hôtel des Monnaies, Conté imagine une nouvelle machine à frapper les monnaies ; il livre des « para » en nombre considérable. Associé à 1/100e d'argent, le cuivre de ces petites pièces s'oxyde moins vite. Pour lutter contre la rouille des canons de fusil, Conté improvise une nouvelle méthode de « bronzage » avec du chlorure d'antimoine. Il travaille aussi sur des moulins à grain, des fours à pain, un procédé de brasserie, des pompes à eau. On le voit pousser assez loin un projet de télégraphe, d'Alexandrie à Aboukir, qui n'a pas de suite après la disparition de la flotte. Sous Kléber, il reçoit mission de rééquiper de neuf les soldats. Pour aboutir à un drap solide, Conté construit des métiers à foulon qui composent avec les ressources et les savoir-faire indigènes. Le résultat est à la hauteur de son attente. Les ateliers d'habillement peuvent passer à la confection des uniformes.

Conté n'oublie pas de dessiner et de peindre (des aquarelles). Il travaille sur des portraits d'officiers, mais aussi sur des scènes de la vie quotidienne, des costumes, des sites archéologiques. Ses qualités de plasticien lui valent d'aider à la scénographie des grandes fêtes. Après l'assassinat de Kléber, il en règle les funérailles. Jusqu'à la fin, l'énergie créatrice de Conté ne fléchit pas. En bons termes avec Menou, Conté en reçoit des marques d'estime. Avec le directeur général des Poudres et Salpêtres, Jacques-Pierre Champy (son collègue à l'Institut), il a droit à tout un ordre du jour [10].

Le 22 août 1800, Menou déclare : « Ces deux citoyens [...] ne cessent de s'occuper de tout ce qui peut avoir rapport à l'utilité publique. L'armée leur a les plus grandes obliga-

---

9. Échange rapporté par F. CORNU-THÉNARD.

10. Champy, autre « oublié » de la Commission, étude récente par Patrice BRET, « Jacques-Pierre Champy (1744-1816), successeur de Lavoisier à la Régie des Poudres et Salpêtres, membre de l'Institut d'Égypte », 114e congrès des Sociétés savantes (section Histoire des sciences et techniques), Paris, avril 1989.

tions. Le général en chef, au nom des troupes françaises actuellement en Égypte, leur vote des remerciements [11]. »

Mais Conté n'est pas un homme seul, il a derrière lui une cohorte d'artistes mécaniciens, ingénieurs et techniciens d'une telle discrétion dans leur labeur qu'un historien a pu parler à leur sujet d' « oubliés de Polytechnique en Égypte [12] ».

Qui sont les artistes mécaniciens ? « Tous ceux qui, de l'ingénieur mécanicien à l'ouvrier qualifié, maîtrisaient les " arts mécaniques ", c'est-à-dire les techniques de fabrication d'objets mécaniques, sans exclure leur conception ni leur représentation graphique. » Patrice Bret, qui vient de les définir, en recense 19 exactement. Il y a d'abord les dessinateurs, un petit groupe dont se détache François-Michel Cécile, trente-deux ans en 1798, adjoint à Conté dès le début ; il s'en éloigne ensuite et participe à l'exploration de la Haute-Égypte. Plus tard, Cécile apportera une contribution graphique importante à la *Description de l'Égypte.*

Les fabricants d'instruments ou de machines sont assez remarquables. Lenoir fils est « artiste mécanicien attaché aux astronomes ». Très jeune, il traite presque sur un pied d'égalité avec Monge ou Berthollet. François-Michel Hérault est à la fois horloger, orfèvre et mécanicien ; son collègue Couvreur a la responsabilité des fabrications d'armes précieuses. Adnès, qui a travaillé en France avec Monge, est « serrurier mécanicien » ; en septembre 1798 il passe « chef des travaux des forges, du tour en fer et des fortes machines de ce genre ». Cirot dirige, lui, l'atelier des instruments de géographie et de topographie ; quant à François-Sébastien Aimé, il a la haute main sur les métiers du bois dont il dirige les fabrications.

S'ils ne sont pas des chercheurs, mais plutôt des techniciens de haut niveau, les artistes mécaniciens apportent au corps expéditionnaire des compétences et des savoir-faire vitaux. Ils remédient à la pénurie et assurent à l'armée

---

11. Cité par F. CORNU-THÉNARD.

12. Patrice BRET, « Les oubliés de Polytechnique en Égypte : les artistes mécaniciens de la Commission des sciences et des arts », 114e congrès des Sociétés savantes (section Histoire des sciences et techniques), Paris, avril 1989.

l'usage d'armes, d'équipements et d'infrastructures d'égale qualité à ce qu'elle avait l'habitude d'utiliser en Europe. Ils constituent un groupe intermédiaire participant au « mouvement général des relations entre la science et la technique ». Un mouvement ascendant et fécond qui précède la Révolution industrielle.

En une occasion au moins, la contribution de ces techniciens de haut niveau prend une tournure idéologique, lorsque la compagnie d'aérostiers reçoit l'ordre de procéder à quelques démonstrations. Le commandement en attend l'émerveillement des Égyptiens et un respect accru. L'envol de ballons doit les conforter dans l'idée que les Français maîtrisent les éléments et qu'en particulier le ciel n'échappe pas à cette entreprise de domestication [13].

Malheureusement, les aérostiers ont perdu une partie de leur matériel dans le naufrage du *Patriote,* le reste a été détériorié lors du débarquement ou même volé. Au début de septembre 1798, Bonaparte les appelle au Caire. Pour la fête de la République (le 22 septembre), il désire procéder à une première aérostatique. Conté et Coutelle, qui commandent à une quarantaine d'hommes, se déclarent incapables de satisfaire pareille exigence. La première ascension n'a lieu que le 30 novembre 1798. Faute de pouvoir fabriquer un ballon à hydrogène, on s'est contenté d'une montgolfière de papier, assez importante puisqu'elle mesure près de 12 mètres de diamètre. Peinte aux couleurs nationales, elle est lancée à l'occasion de l'inauguration du Tivoli de Dargeavel.

Ascension modeste qui précède celle du 14 janvier 1799, deuxième anniversaire de la victoire de Rivoli. La *Bataille de Rivoli* est un ballon en toile de 13,68 m de diamètre. Il s'élève majestueusement au-dessus de la place de l'Azbakiyya et se déplace durant trente-cinq minutes jusqu'au moment où, perdant de l'altitude, il disparaît derrière une hauteur. Pour Conté et ses aérostiers, cette démonstration est la dernière. Lorsque la compagnie débarque à Marseille en novembre 1801, c'est pour apprendre sa dissolution. Si l'aérostation a

---

13. Sur les aérostiers en Égypte, article cité de R. D. STIOT, consulter aussi RIGO, « Où le ballon monte en bateau », *la Gazette des uniformes,* n° 30, 1976. Études mises en cause par Patrice BRET qui les tient pour fréquemment fautives. Nous suivons ses observations.

fait long feu en Égypte, cela tient certainement à l'attitude des Égyptiens. Conviés à assister à l'expérience, ils ont manifesté soit de l'ironie soit de l'indifférence pure et simple. Jabarti qui a rapporté les deux ascensions se veut sarcastique. Pour celle du 30 novembre, il insiste sur la chute prématurée du ballon, commentant : « La chute du ballon contraria les Français. Ce qu'ils avaient annoncé ne se vérifia pas. (Ils avaient raconté) qu'une sorte d'embarcation se déplacerait dans les airs grâce à la merveille de la technique, avec des passagers qui se rendraient au loin pour y faire des découvertes et en rapporter des informations. En fait, ce ne fut pas plus qu'un cerf-volant, tel qu'en fabriquent les valets aux jours des fêtes publiques et de divertissements. »

Pour la seconde, Jabarti est encore plus expéditif : « L'aérostat s'éleva dans le ciel, dépassa les collines d'al-Bargiyya, puis tomba. Si le vent avait été favorable, il aurait disparu du regard et, le tour étant joué, les Français auraient raconté que le ballon était parti pour de lointains pays[14]. » En fait, la réaction la plus commune des Égyptiens, c'est l'indifférence. Elle frappe les Français habitués à voir des foules enthousiastes se réunir pour de pareilles expériences. Dolomieu observe : « Rien n'étonne (le peuple égyptien) parce qu'il ne fait aucune attention à ce qu'il ne connaît pas ; il voit avec indifférence un ballon s'élever dans les airs, ne le suit point des yeux et ne demande ni comment il est soutenu, ni à quoi il sert[15]. » Quant au *Courrier de l'Égypte*, il se dépite : « Nous avons été frappés de l'incuriosité absolue de quelques individus, et nous ne sommes pas les seuls qui l'aient remarqué ; on en a vu qui ont traversé la place de l'Esbequieh sans daigner tourner les yeux sur le point qui fixait les regards de tout le monde[16]. »

A sa manière, cette mésaventure des aérostiers de Conté résume assez bien tout ce qui peut séparer les Français des Orientaux. Tout le clivage des mentalités. D'un côté, l'intérêt passionné pour ce qui innove, la curiosité scientifique véritablement insatiable, de l'autre l'indifférence, l'igno-

14. JABARTI, *Journal d'un notable du Caire*, trad. J. Cuoq.
15. Cité par A. LACROIX et G. DARESSY.
16. N° 25, 3 pluviose an VII (23 janvier 1799).

rance volontaire de tout ce qui rompt avec le cours des conformités et des habitudes. Seuls quelques Égyptiens sont en mesure d'apprécier l'ambitieux projet des Français, leur investigation scientifique du pays conquis.

29

L'AN I DE L'ÉGYPTOLOGIE

Si l'on suit l'historien des sciences C. C. Gillipsie, la campagne d'Égypte a connu cinq phases. La première va du débarquement d'Alexandrie à la première révolte du Caire ; la deuxième couvre toute la campagne de Haute-Égypte menée par Desaix ; la troisième correspond à la campagne de Syrie et s'achève avec le départ de Bonaparte ; la quatrième période est celle du commandement de Kléber ; la dernière, enfin, englobe toute l'action de Menou jusqu'à l'évacuation finale. Du point de vue de l'œuvre scientifique accomplie, cette périodisation n'est pas vraiment satisfaisante. Gillipsie estime que « pour les travaux de la Commission, les phases les plus importantes sont la deuxième, avec la campagne en Haute-Égypte, et la quatrième sous le commandement de Kléber[1] ».

Effectivement, la Haute-Égypte a constitué le champ d'investigation le plus remarquable de la Commission scientifique, elle y a donné le meilleur d'elle-même.

Jusqu'en 1798, la haute vallée du Nil demeure une *terra incognita*. Ses antiquités, pourtant colossales, sont longtemps ignorées. Ibn Battûta, que l'on connaît plus perspicace, ne s'y attarde guère. Maqrisi, historien égyptien (1364-1442), donne une description très conformiste des sites. Tout comme Léon l'Africain qui, dans sa *Description de l'Afrique* parue à Rome en 1550, se contente d'énumérer les lieux les plus notables. A la fin du XVIe siècle, les voyageurs européens

1. C. C. GILLIPSIE et M. DEWACHTER, *Monuments de l'Égypte*, édition impériale de 1809, Hazan, Paris, 1988.

se montrent plus audacieux. Le Vénitien anonyme qui rédige une relation de ses voyages en 1589 est le premier à fournir une topographie un peu fouillée de la Haute-Égypte. Après lui, les voyageurs se font rares. Les capucins Protais et Charles François d'Orléans s'y rendent en 1669. Ils en rapportent un récit simple et direct se contentant de dire ce qu'ils ont vu à « Carnac » et « Loxor ». Avec une fierté justifiée, le père Protais déclare : « J'ay pénétré où jamais François n'avait esté de mémoire d'homme...[2] »

L'antiquaire Paul Lucas est le premier à faire des dessins des ruines antiques, mais son travail reste entaché d'une certaine naïveté. En fait, au XVIIIe siècle, seul le révérend Richard Pococke peut se targuer d'un véritable travail scientifique. Ses recherches annoncent la *Description de l'Égypte* de 1809. Après lui, la Haute-Égypte retombe dans l'oubli. Quand Savary en parle, il se borne à plagier Pococke. La Commission scientifique avance donc sur un terrain pratiquement vierge. Ses travaux sont étroitement liés à la progression de l'armée française, à sa remontée vers la première cataracte. Ils en bénéficient mais en souffrent aussi dans la mesure où l'extrême insécurité réduit leur champ d'action et les contraint à tout mener au pas de charge.

Les membres de la Commission qui explorent la Haute-Égypte forment trois groupes distincts. Il y a en premier l'escouade emmenée par l'ingénieur Pierre-Simon Gérard, devenu en Égypte le directeur des Ponts-et-Chaussées. Le travail imparti consiste en une vaste enquête hydrographique cherchant à éclaircir les rapports du fleuve et des contrées traversées. En élargissant, le commandement attend de Girard et de ses subordonnés une information de première main sur la géographie physique et humaine des contrées du Sud. En fait, sous l'impulsion des plus jeunes, l'intérêt se déplace vers les sites archéologiques. Sous les ordres de Girard, le sculpteur Castex, les ingénieurs des Mines Collet-Descotils, Rozières et Dupuy, les ingénieurs des Ponts-et-Chaussées Villiers du Terrage, Jollois et Dubois-Aymé, l'élève-ingénieur Duchanoy. Si Girard et Cas-

---

2. Cité par C. TRAUNECKER et J.-C. GOLVIN, *Karnak, Résurrection d'un site*, Paris, Payot, 1984.

tex sont déjà des hommes mûrs, tous les autres sont très jeunes, vingt-deux ans d'âge moyen.

Les deux autres commissions expédiées en Haute-Égypte sont plus doctes. La première, dirigée par Costaz, est forte de quatorze membres. Elle comprend l'antiquaire Ripault, les architectes Balzac et J.-B. Lepère, les ingénieurs mécaniciens Coutelle et Lenoir, l'ingénieur des Ponts-et-Chaussées Saint-Genis, son assistant Viard, le polytechnicien et géographe Coraboeuf, l'officier de santé Labate, le botaniste Coquebert et le zoologue Savigny, les astronomes Nouet et Méchain[3].

La troisième commission est emmenée par Fourier. Elle comprend un peintre, Redouté[4], un musicien, Villoteau, les ingénieurs des Ponts-et-Chaussées Arnollet et Chabrol assistés par l'élève Vincent, l'artiste mécanicien Cécile, le pharmacien Rouyer, l'officier de santé Lacipière et les naturalistes Geoffroy Saint-Hilaire et Raffeneau de Lile.

Reste la figure isolée de Vivant Denon. Antiquaire et homme de lettres, il doit l'essentiel de sa réputation à son périple égyptien et à l'ouvrage admirable qu'il en a tiré. Le *Voyage dans la basse et la haute Égypte pendant les campagnes du général Bonaparte* a été un gros succès de librairie justifié par la qualité de l'album de planches gravées qui lui était adjoint. La première édition sort chez P. Didot l'aîné en 1802 et le succès ne se dément pas durant trente ans. A Londres, paraissent deux éditions, en 1803 et 1809.

Celui que Marcellus avait surnommé le « Joinville de l'expédition d'Égypte » compose une personnalité passablement contradictoire. Né en 1747 à Givry en Bourgogne, Vivant Denon appartient à la petite noblesse[5]. Formé aux arts plastiques, il entre à la Cour comme conservateur des « pierres gravées » de Mme de Pompadour. Il occupe ses

---

3. A propos de Jean-Baptise CORABŒUF (1777-1859), voir en annexe ses conclusions sur l'œuvre accomplie par la Commission.

4. Il s'agit d'Henri-Joseph REDOUTÉ, frère aîné de Pierre-Joseph réputé pour ses peintures de fleurs et de végétaux. Tous les deux formés à la botanique et à la zoologie. Moins connu, Henri-Joseph collabore à la *Description de l'Égypte* et exécute une soixantaine de planches. Consulter Charles LÉGER, *Redouté et son temps*, Éditions de la Galerie Carpentier, Paris, 1945.

5. Pierre LELIÈVRE, *Vivant Denon, Directeur des beaux-arts de Napoléon*, Librairie Floury, Paris, 1942.

loisirs à écrire de petites pièces en général licencieuses. Il se frotte aussi à la diplomatie et voyage, on le trouve à Stockholm et à Saint-Pétersbourg. Il voit Voltaire à Ferney. La Révolution le laisse tranquille, son amitié avec David le protège. Assidu au Tribunal révolutionnaire, il y dessine les accusés. Après Thermidor, Vivant Denon fréquente les cercles mondains, il devient le familier de Joséphine de Beauharnais. Fasciné par Bonaparte, il s'attache à lui et le suit naturellement en Égypte.

Il a alors cinquante et un ans mais se sent plein d'ardeur pour découvrir l'Orient. L'Égypte le survolte et Le Caire ne lui suffit pas. Il demande à accompagner Desaix en Haute-Égypte et obtient satisfaction. Il passe de longs mois en compagnie du corps expéditionnaire, profitant à plein de son avancée pour dessiner tout ce qu'il voit et multiplier les notes. Le résultat est remarquable, un texte frais et authentique, de superbes dessins très supérieurs à ceux de Pococke ou de Norden.

Pierre Lelièvre a parfaitement résumé les traits constitutifs de la personnalité de Vivant Denon. Il est difficile de mieux la cerner :

« Courtisan, écrivain par coquetterie, auteur dramatique par occasion, voyageur curieux et attentif, diplomate de carrière confiné dans des emplois de second ordre, antiquaire informé, mais plutôt amateur et homme de goût, dessinateur au crayon preste [...] Homme du XVIIIe siècle et qui le reste [...] par un certain tour d'esprit et le scepticisme profond gardé par l'amabilité du dehors et l'affabilité de l'humeur, c'est un honnête homme par sa culture et ses curiosités et un homme du monde[6]. »

Avec Vivant Denon, la curiosité qui habite tous les membres de la Commission est presque portée au paroxysme. La fébrilité, l'anxiété même le saisissent dès son arrivée en Égypte. Il reconnaît : « J'étais fort bien au Caire ; mais ce n'était pas pour être bien au Caire que j'étais sorti de Paris. » Attaché à Desaix et à ses officiers, Denon voit la guerre de près. A Samhoud, où périssent de manière atroce de nombreux soldats, Vivant Denon exécute des dessins

---

6. P. LELIÈVRE, ouvrage cité. On peut encore relever chez Vivant Denon un esprit « voltairien » qui le pousse aux sarcasmes dès qu'il est question des religions révélées. C'est aussi un patriote intransigeant.

terribles qui rappellent Jacques Callot. Il a vu « la guerre telle qu'elle est, généreuse et implacable, atroce et sublime ».

La découverte des sites archéologiques le met en transe, ici il « soupire de bonheur », là il éprouve « comme un accès de fièvre, comme une espèce de crise » qui lui laisse « une impression égale d'impatience, d'enthousiasme, d'irritation et de fatigue ». Ce qui le taraude, le ronge : le manque de temps pour dessiner, l'inconfort dans lequel il travaille et qui le limite à l'ébauche, au simple croquis. Alors qu'il doit passer des semaines dans des lieux de cantonnement sans intérêt, il lui faut parcourir en quelques heures des sites chargés de mythes et d'histoire.

A Philae, il fait cinq fois le tour de l'île en bateau puis il y débarque. De cette course effrénée il sort « la tête étourdie », accablé par « la profusion d'objets » qui lui ont passé sous les yeux « dans un si court espace de temps ».

Après neuf mois de marches et de contre-marches, Vivant Denon à bout de souffle, de papier et de crayons, les yeux brûlés par l'ophtalmie, regagne Le Caire, par le fleuve, avec quelques soldats. L'accueil de ses collègues de l'Institut est triomphal. Peu après, il rentre avec Bonaparte. Sur son chemin, Vivant Denon a pu voir à l'œuvre les deux hommes probablement les plus exaltés avec lui de toute la Commission. Alors que rien ne les vouait à l'archéologie, Villiers du Terrage et Jollois forment en Haute-Égypte un couple inséparable, à la fois prolifique et perspicace. Au vif mécontentement de leur supérieur Girard, ils s'adonnent sans retenue à leur nouvelle passion, passant des jours entiers à relever, coter, dessiner tout ce qu'ils voient. Leur plus bel exploit est d'avoir trouvé le fameux zodiaque de Denderah et d'en avoir fait un relevé d'une rare exactitude. Une prouesse presque sportive si on en croit Villiers du Terrage : « Le temple de Denderah, en dehors de toutes ses beautés, renferme un monument d'un intérêt capital : je veux dire le fameux zodiaque circulaire découvert par Desaix et Denon. Il n'est du reste pas le seul, avec Jollois nous en avons trouvé un autre au plafond du grand portique. Denon n'avait eu le temps que d'en prendre un croquis ; nous voulûmes en avoir une représentation fidèle permettant d'étudier exactement les connaissances astronomiques des anciens Égyptiens. Ce travail fut long et pénible ; placé dans une petite chambre construite sur le haut du grand temple, le zodiaque se trouve dans une obscurité presque complète.

« Il nous fallut le copier, la plupart du temps avec de mauvaises lumières. Comme il est au plafond et très noirci par une sorte de fumée, pour bien discerner un signe il nous fallait souvent regarder de longs instants dans une position des plus incommodes. Nous avions commencé par le diviser en huit secteurs égaux par des fils tendus horizontalement au plafond. Enfin ce long travail fut fini à notre entière satisfaction[7]. »

Outre la menace des Bédouins, celle d'un parti de mamelouks ou de Hedjaziens, les civils aventurés en Haute-Égypte doivent affronter d'autres problèmes. La plupart des monuments qu'ils visitent ne sont guère accessibles, le sable qui les envahit complique tout. Fourier note à ce propos : « Il n'y a aucun des monuments de la Haute-Égypte qui ne soit plus ou moins couvert de sable, et pour la plupart le sol touche actuellement le plafond des temples. Les portiques les plus élevés se laissent encore apercevoir, mais on ne peut pas juger des proportions des colonnes, parce que la partie inférieure du fût est enfouie[8]. »

Une analyse un peu poussée des temples et des sépulcres oblige les membres de la Commission à réfléchir sur la signification exacte des hiéroglyphes. Pour ne pas céder au découragement, Fourier expose sa démarche et ne dissimule pas son espoir d'aboutir à plus ou moins long terme :

« J'ai compté, dans une frise du petit temple de Philae, cent cinquante hiéroglyphes. Il y en a plus de cent, dont aucun n'est répété deux fois ; celui qui l'est le plus l'est dix fois, et celui qui s'y trouve le plus grand nombre de fois après ce premier est répété trois fois [...] Il faut répéter ces expériences avec plus de détails [...] Je ne doute pas qu'il n'y ait plus de trente mille hiéroglyphes différents, et l'on ne peut guère mieux prouver qu'on a fort peu vu de

---

7. E. de VILLIERS DU TERRAGE, *Journal et souvenirs de l'expédition d'Égypte (1798-1801)*, Paris, Plon, 1899.

8. Jean-Baptiste JOLLOIS, *Journal d'un ingénieur*, avec des fragments tirés des journaux de Fourier, Jomard, Delille... Paris, Leroux, 1904.

monuments égyptiens qu'en soutenant que le nombre des caractères hiéroglyphes qui diffèrent est moindre que cinq ou six cents[9]. »

La découverte de la pierre de Rosette par l'officier du génie François-Xavier Bouchard, membre correspondant de l'Institut, justifie les espérances de Fourier. Son arrivée au Caire fait sensation. Si les orientalistes ont bien du mal à la déchiffrer, sa sauvegarde est, en revanche, rapidement assurée. Le directeur de l'Imprimerie nationale J.-J. Marcel imagine un procédé qui anticipe « d'une dizaine d'années l'invention de la lithographie [...] (il s'avise) d'utiliser la pierre elle-même comme une forme négative en blanc sur fond noir, lisible par transparence ou dans un miroir[10] ».

Cette égyptologie encore un peu balbutiante ne doit pas faire oublier que la curiosité des membres de la Commission s'étend bien au-delà. Elle est véritablement tous azimuts et accumule au fil des mois des résultats. Une fois les commissions de Haute-Égypte rentrées au Caire, l'Institut prend connaissance de leurs investigations. Leur ampleur ajoutée à la somme considérable des travaux effectués en Basse-Égypte pousse à une compilation synthétique qui témoignera de l'œuvre accomplie.

Avec l'approbation de Kléber, quatorze membres de la Commission scientifique décident de constituer une société par actions destinée à financer la publication en France d'un vaste ouvrage de reférence appelé *Description de l'Égypte.* Il devra traiter de l'état ancien et moderne du pays conquis. L'affairiste Hamelin est d'abord pressenti, il est chargé de réunir et de gérer les capitaux nécessaires. Mais, peu de temps après, Kléber se ravise et retire à Hamelin la direction de la société. Estimant que la rédaction et la publication d'une telle somme de travaux ne peut être exécutée que par l'État lui-même, le général en chef repense le projet; il élargit encore ses objectifs et augmente le nombre des participants. Il s'agit désormais de donner au futur ouvrage « un caractère national ».

Cette mise sous tutelle des travaux scientifiques n'alarme pas outre mesure les intéressés. La plupart sont déjà

9. J.-B. JOLLOIS, ouvrage cité.
10. C. C. GILLISPIE, ouvrage cité.

attachés à des corps ou à des institutions étatiques, très peu se trouvent dans une position indépendante leur permettant une exploitation personnelle de leurs travaux. Ils se rallient au point de vue de l'ingénieur des Ponts-et-Chaussées Lancret lorsqu'il confie à Jollois : « Je crois que tu conviens avec moi que le Gouvernement a des droits incontestables sur nos travaux. D'après cela, si l'on nous demande la note de nos dessins, nous la donnerons très complète, et dans cette affaire comme dans les précédentes, nous montrerons tout notre désintéressement, et j'ose dire tout notre esprit public, quoiqu'on dise que nous en manquions [11]. »

Cet accès de dévouement républicain est d'ailleurs conforté par le sentiment que la publication magistrale des travaux de la Commission apportera à chacun de ses membres une réputation dissociée d'un échec de l'expédition (qui devient plus probable après le départ de Bonaparte); L'œuvre intellectuelle à réaliser reste l'ambition prioritaire de tous ces hommes; elle seule peut encore les arracher à la morosité montante. Geoffroy Saint-Hilaire, qui n'a mis le pied en Égypte qu'à contrecœur et qui a confié à Cuvier que « les pauvres savants du Caire avaient été emmenés en Égypte pour qu'on lût dans l'histoire de Bonaparte une ligne d'éloges de plus... », reconnaît tout de même le bien-fondé de leur présence. Il déclare au même Cuvier : « Il arrivera que l'ouvrage de la Commission des arts excusera aux yeux de la postérité la légèreté avec laquelle notre nation s'est pour ainsi dire jetée en Orient [...] Attendons tout et sachons souffrir ici patiemment [12]. »

La perspective d'une publication officielle de leurs travaux augmente chez la plupart des membres de la Commission le désir de rentrer le plus tôt possible en France. Après la disparition de Kléber, ils supportent mal le « proconsulat » de Menou. Homme d'autorité bureaucratique, il affiche des prétentions et des préjugés culturels peu en accord avec sa personnalité exacte. Le regroupement des scientifiques dans le Delta les astreint à des tâches plus utilitaires. Pour tous ceux qui ont goûté de l'aventure en

11. J.-B. JOLLOIS, ouvrage cité.
12. HAMY, *Lettres écrites d'Égypte par Geoffroy Saint-Hilaire*, Paris, 1901.

Haute-Égypte, de la griserie des découvertes inespérées, c'est le désenchantement.

Le dépit est très fort chez les jeunes ingénieurs. Villiers du Terrage, qui est resté placide en apprenant le départ inopiné de Bonaparte et des têtes de file de la Commission, passe encore plusieurs mois à classer ses notes, à dresser plans et dessins ; il procède aussi à quelques relevés topographiques dans la région de Suez. Tout se gâte après la mort de Kléber. Confiné dans des tâches subalternes, Villiers du Terrage s'ennuie et finit même par ne plus supporter ces jours qui s'écoulent tous pareils. Le 20 septembre 1800, il écrit à son frère :

« Je ne tiens plus dans ce pays, mon cher frère, je m'y ennuie à périr. J'y perds mon temps et ma santé ; mes plus belles années se passent dans la tristesse » et il ajoute : « Le seul temps que j'ai bien employé est celui que j'ai passé dans la Haute-Égypte [13]. »

Avec d'autres ingénieurs, Villiers réclame du commandement un rapatriement anticipé. Il ne leur est pas accordé. Alors qu'ils se refusent à gagner leurs affectations dans d'obscures bourgades du Delta, Menou prend le temps de les tancer. Il les invite à cesser leurs « petites intrigues » et à se comporter en « vrais Spartiates ». La certitude que l'aventure penche vers sa fin incite au fatalisme et au découragement. Villiers soupire : « A quoi bon lutter sans cesse pour enrichir malgré eux et contre leur insouciance des fellahs stupides et routiniers [14] ? »

Lorsque quelques rares privilégiés obtiennent de partir, ceux qui restent n'ont plus qu'à les envier et à se dépiter. Au début de février 1801, Lancret écrit à Jollois : « Je ne puis, mon cher, m'empêcher de t'entretenir de l'objet qui m'occupe tout entier, c'est le départ de Costaz et de Descostils [15]. Qu'ils sont heureux ! Dans vingt jours peut-être, ils auront recouvré leur liberté ! Quand notre tour viendra-t-il donc ? Serons-nous condamnés à voir passer devant nous tous les autres membres de la Commission ? Toutefois, je suis loin de blâmer leur départ. Je suis même fort aise que ce soit Costaz et Descostils que le caprice ait favorisés, et puisque la

---

13. VILLIERS DU TERRAGE, ouvrage cité.
14. *Ibid.*
15. Hippolyte Victor Collet des Costils dit Descostils, ingénieur chimiste.

Commission ne peut point partir en masse, il fait bien que chaque individu s'échappe séparément[16] »

L'impéritie de Menou associée à ses rêveries colonialistes pousse tous ceux qui réfléchissent un peu sur le sort du corps expéditionnaire aux plus vives alarmes. A l'exception de Menou et de quelques officiers de sa coterie, tous les Français savent (surtout après la défaite de Canope, le 21 mars 1801) que les jours de l'Égypte française sont comptés.

Dans Alexandrie assiégée, la situation devient vite insoutenable. La disette accable les Français, chaque homme ne reçoit plus qu'un pain pour deux jours, trois onces de lentilles (ou trois onces de riz), quelques grains de café et, de temps à autre deux ou trois cuillers d'huile[17].

Les chevaux devenus inutiles, Menou les fait abattre et l'on en tire un « excellent bouillon ». Le service de santé a fort à faire : la peste, la dysenterie et maintenant le scorbut s'abattent sur la garnison.

Sans trop s'inquiéter des souffrances du commun des soldats, les membres de la Commission réclament leur rapatriement. Ils harcèlent Menou. Celui-ci hésite, le départ des scientifiques signifie trop le désaveu de sa politique; d'un autre côté, il est las de ces civils qui, dans leur majorité, lui sont hostiles. Il finit donc par accorder le départ, sous réserve que les membres de la Commission n'embarquent que leurs effets personnels et laissent à la disposition de l'État documents et collections rassemblés en Égypte. En manifestant cette exigence, Menou affecte d'ignorer l'article 11 de l'acte de reddition de Belliard au Caire (le 27 juin 1801). Cet article stipulait que la Commission scientifique pourrait rapatrier en France le produit de ses travaux. Mais Menou ne s'estime pas lié par l'accord du Caire dont il désavoue les instigateurs.

Commence alors un imbroglio incroyable. Les savants se sont entassés sur le brick *l'Oiseau*, ils y croupissent plusieurs semaines. Le 15 juillet enfin, *l'Oiseau* lève l'ancre et tente de gagner le large. Quelques heures plus tard il est arraisonné par les Britanniques qui le conduisent dans la rade d'Aboukir. Fourier est reçu par l'amiral Keith qui lui signifie que la

---

16. J.-B. JOLLOIS, ouvrage cité.
17. L'once pèse 30, 594 g.

Commission ne peut quitter l'Égypte. Il ne la tient pas pour comprise dans l'accord conclu au Caire !

L'Oiseau retourne à Alexandrie. Menou est furieux ! Il accuse les savants de duplicité et de lâcheté devant les Britanniques (ils ont arboré l'Union Jack pour tenter de les duper) ; le brick est placé sous les canons de deux frégates et Menou menace de le couler s'il ne repart pas aussitôt ! Il finit par se calmer mais contraint *l'Oiseau* à appareiller le 17 juillet. Nouvel arraisonnement : cette fois, Sidney Smith monte à bord et, plus souple que lord Keith, tente de trouver un arrangement [18]. Faute d'accord, le brick de la Commission retourne à Alexandrie. Menou se contient. Au bout de quelques jours il autorise le débarquement des savants mais les incorpore aussitôt dans la garnison.

Un mois et demi plus tard, le 30 août, Menou capitule. Tout semble terminé lorsque surgit, au dernier moment, l'épineux problème des collections scientifiques. Les Anglais cherchent à se les approprier. Le général Hutchinson exige qu'elles lui soient remises. Menou essaie bien de s'opposer à pareille exigence mais il le fait sans grande conviction et finit même par céder sur toute la ligne. La colère des scientifiques est terrible, ils sont prêts à se battre avec bec et ongles. Entraînés par Geoffroy Saint-Hilaire, ils font le siège de Menou et l'obligent à reprendre la négociation. Intimidés, les Anglais cèdent du terrain. Seules les antiquités les plus volumineuses resteront entre leurs mains. Parmi elles, la pierre de Rosette.

Le 27 septembre 1801, l'*Amico sincero*, un brick marchand italien, emmène les membres de la Commission avec, dans les cales, leurs précieuses affaires. La traversée est interminable. Le 7 novembre enfin, les îles d'Hyères sont en vue ; reste à passer le cap d'une éprouvante quarantaine au lazaret de Marseille. Heureusement, du courrier attend les « Égyptiens ». Villiers a la joie d'apprendre la confirmation

18. Récit très détaillé chez Villiers du Terrage qui rapporte quelques faits pittoresques. Sidney Smith à bord, les Français se querellent entre eux. Le capitaine de *l'Oiseau* veut rentrer à Alexandrie, pas les savants. On en vient aux coups, le sculpteur Castex tombe à la mer. Il est repêché. Mais, peu après, on crie : « Au feu ! A la Sainte-Barbe », et Sidney Smith croit qu'on veut le faire sauter. Il lance des appels de détresse en direction de son navire avec le châle de cachemire qu'il porte au cou. On le rassure et les négociations reprennent...

de sa nomination au grade d'ingénieur et même la promotion à la deuxième classe de sa spécialité. Ainsi se conclut bureaucratiquement parlant une aventure si singulière qu'elle marque à jamais ceux qui l'ont vécue.

Restent ceux qui sont morts. Un véritable martyrologe. Trente-deux membres de la Commission et de l'Institut ont péri durant l'expédition ou sont morts de ses séquelles. Parmi les disparus les plus illustres, Kléber, Caffarelli, le chevalier de Saint-Simon, Sucy, Sulkowski, l'orientaliste Venture de Paradis[19].

Devenue bien malgré elle un laboratoire d'idées et un champ d'expérimentation, l'Égypte a favorisé l'émergence d'un nouvel esprit scientifique. Les membres de la Commission s'y sont répandus avec enthousiasme ; forts de leurs connaissances, ils les ont jugées applicables en toutes circonstances. Ils rapportent d'Égypte de nouvelles dispositions d'esprit. Avec eux, sciences et techniques seront toujours plus conquérantes, toujours plus prométhéennes. Pour la première fois, un pays a été visité, répertorié et analysé par des hommes conscients de leur capacité à le « régénérer ». C'est tout l'impérialisme européen, toutes ses entreprises coloniales qui ont fait leurs classes en Égypte.

---

19. Liste complète *in* J. TRANIE et J.-C. CARMIGNIANI, *Bonaparte et la campagne d'Égypte...*, contribution d'Alain PIGEARD.

30

L'ANGOISSE DU RETOUR

« Adieu l'Égypte! adieu musulmans! Nous emportons de votre pays, avec le souvenir des superbes monuments qui le décorent, le souvenir pénible de vos déserts, de vos tristes cabanes [...] celui des douleurs, des privations qui nous fait payer si cher la gloire d'avoir troublé votre repos, ensanglanté vos rivages. »

J.-F. Miot, Mémoires...

La flotte coulée à Aboukir, l'Égypte ressemble fort à une prison. L'écrasante majorité des Français s'y résigne, une poignée ne le supporte pas. Ils sont quelques dizaines à tenter l'impossible pour rentrer en France. Au risque triple de déclencher la colère de Bonaparte, d'être intercepté par la flotte anglaise, ou d'échouer sur un rivage inhospitalier.

D'autres départs obéissent à des instructions précises. Ils sont peu nombreux. Le grand rapatriement ne s'effectue qu'après la capitulation de Menou, le 30 août 1801. Ces retours sont souvent périlleux, ils constituent autant d'odyssées, atroces ou dérisoires et peaufinent la légende des « Égyptiens » puisque c'est ainsi que l'opinion française finira par qualifier les vétérans de l'armée d'Orient. Un surnom que les intéressés revendiquent avec orgueil.

Dans un ordre du jour en date du 9 décembre 1798, Bonaparte stigmatise ceux qui osent lui demander leur rapatriement. Maniant cette langue châtiée et déclamatoire qu'il affectionne tant, il prononce une sentence sans appel : « Ce n'est pas que mon intention soit de garder à l'armée des hommes qui ne seraient pas sensibles à l'honneur d'être nos compagnons d'armes ; qu'ils partent, je faciliterai leur départ ; mais je ne veux pas qu'ils masquent, par des maladies feintes, le motif réel de ne pas partager nos fatigues et nos périls ; nos risquerions qu'ils partageassent notre gloire. »

Ainsi part l'ordonnateur en chef Sucy qui argue d'une légère blessure pour mieux s'esquiver. Un brick génois ramène vers la France cet homme que Bonaparte connaissait de longue date, qu'il tenait pour un ami et dont la « désertion » le blesse. L'évasion de Sucy se termine mal. Son navire fait relâche à Augusta en Sicile. Les Français ignorent que le royaume de Naples s'est rangé aux côtés des Anglais contre la France. Avec une quarantaine de soldats, grands blessés et infirmes, Sucy périt lapidé par les Siciliens, le 20 janvier 1799.

Presque aussi affreux, le retour d'un autre convoi de rapatriés sanitaires avec à son bord les généraux Dumas et Manscourt, le minéralogiste Dolomieu et son assistant Cordier. Manscourt avait succédé à Kléber au commandement de la place d'Alexandrie. Il s'y distingue par son incapacité à administrer correctement la ville. Alerté par Menou, Bonaparte le remplace par Marmont et décide de le renvoyer en France. Pour Dumas, l'affaire est plus corsée. Le tonitruant mulâtre associe un républicanisme ardent à un goût immodéré pour le butin. Ses incartades insupportent Bonaparte qui le tient pour un enfant gâté. Lorsque Dumas se plaint de ne pas supporter le climat de l'Égypte (!), il en profite pour lui donner son congé.

Gratet de Dolomieu est aussi une mauvaise tête mais d'une autre envergure. Le ci-devant chevalier de Malte a joué un rôle décisif lors de la prise de l'île ; en Égypte nous l'avons vu afficher son non-conformisme.

Le « méchant petit transport » qui emmène Manscourt, Dumas, Dolomieu et quelques dizaines de grands blessés n'échappe pas au traquenard napolitain. Le navire fait eau de partout, il faut que les passagers valides écopent et pompent sans arrêt. A bout de forces, la *Belle Maltaise* doit relâcher à Tarente. La foule veut lyncher les Français ; sous bonne garde, ils gagnent Naples. Traître à son ordre, Dolomieu a droit à un traitement particulier : jeté dans un cachot, il y pourrit deux ans dans le plus grand secret. Pour

Dumas, ce n'est guère mieux. Après Marengo, Bonaparte exige leur libération. Aussi bien Dolomieu que Dumas voient leur existence écourtée par cette terrible captivité. Dolomieu meurt en excursion dans les Alpes en novembre 1801 et le général Dumas, resté infirme, en 1806[1].

D'autres retours n'ont pas cette connotation tragique, surtout pas celui de Bonaparte. Flanqué des deux plus éminents membres de l'Institut — Monge et Berthollet — et de presque tous ses fidèles — Berthier, Duroc, Bourrienne, Beauharnais, Lannes, Murat, Marmont pour ne citer que les plus notables —, le général en chef a l'esprit trop occupé par la situation en France pour s'inquiéter des péripéties de la traversée. Parties le 24 août 1799, la *Muiron* et la *Carrère* touchent Fréjus le 9 octobre. Une traversée un peu longue mais au fond sans histoires[2].

Il en est de même pour tous les autres embarquements antérieurs à la convention d'el-Arich ; ils n'offrent « pas des incidents assez graves pour mériter une mention spéciale. Louis Bonaparte, Dubois, Junot, Dupuy, Grobert, Tallien et une foule d'autres se hasardèrent à traverser les croisières anglaises, sans qu'il en résultât d'autre fait qu'un déplacement d'individus[3] ».

Une mention particulière pour Junot. Le Bourguignon Jean-Andoche Junot a vingt-sept ans en 1799. Il fait la guerre depuis 1792. Au siège de Toulon, il a fait la connaissance de Bonaparte. Devenu son aide de camp, il est aussi son confident. Junot est un héroïque sabreur, une tête un peu folle et chimérique, au dévouement extrême. Promu en Égypte général de brigade, il remporte la bataille de Loubia que Bonaparte transfigure en « combat de Nazareth », une appellation beaucoup plus prestigieuse. Curieusement, Bonaparte oublie d'emmener le fidèle Junot qui en ressent sur le coup un vif dépit. Mais Kléber qui ne tient pas à

1. La captivité de Dolomieu suscite une vive émotion en France. L'Institut national fit campagne pour sa libération. Cet appel à l'opinion publique, cet élan témoignent d'une nouvelle mentalité chez les scientifiques désormais plus solidaires. Voir N. et J. DHOMBRES, ouvrage cité.

2. Quarante-sept jours contre quarante-quatre pour l'expédition à l'aller avec dix jours d'arrêt à Malte.

3. Le rédacteur du tome VII de l'*Histoire militaire et scientifique* va un peu vite en besogne. Dupuy est la plus mémorable victime française du soulèvement du Caire ; Tallien a été intercepté par les Anglais.

garder auprès de lui un des féaux de son commandant en chef s'empresse de lui faciliter le retour.

A son départ d'Alexandrie, Junot fait sensation, ses bagages sont énormes et le bruit court qu'il emporte un butin précieux... A peine sorti d'Alexandrie, le navire de Junot est intercepté par le *Theseus;* son capitaine reçoit Junot avec ces seuls mots : « Nous vous attendions. » Le Français ne décolère pas ; à Saint-Jean-d'Acre il accable de reproches Sidney Smith. On l'embarque pour Chypre puis pour Palerme où il refuse de voir Nelson. Finalement, « le 14 juin, le jour de la bataille de Marengo, de la mort de Desaix, ainsi que de l'assassinat de Kléber, Junot (est) échangé contre neuf maîtres de bateaux marchands et un capitaine corsaire...[4] ».

Après la signature de la convention d'el-Arich ratifiée le 20 janvier 1800, et jusqu'à la reprise des hostilités contre les Anglo-Turcs, à la mi-mars, les départs se multiplient. Le plus spectaculaire est celui du conquérant de la Haute-Égypte, Desaix. Il ne lui faut pas moins de deux mois pour revoir les côtes françaises.

Munis des laissez-passer qui leur garantissent la mer libre, en application de la convention, Desaix et un petit groupe d'officiers quittent Alexandrie le 3 mars 1800. Deux bâtiments, le navire d'Hamelin l'affairiste *la Maison-de-Grâce-de-saint-Antoine-de-Padoue* et le brick *l'Étoile* du capitaine Rousteau (ou Runstant). Sur *la Maison-de-Grâce,* Desaix, Savary, Rapp, Clément, les commissaires aux armées Colbert, Michaux et Miot, le médecin Rioux, Hamelin enfin avec deux de ses mamelouks. Entassés un peu partout, 150 soldats et sous-officiers, tous grands blessés ou invalides convalescents ; sur *l'Étoile,* le général Davout, quelques aides de camp et des blessés. Comme sauvegarde, Desaix emmène avec lui un officier britannique, Forden[5].

En principe tout doit bien se passer. En fait, dès le départ, rien ne va. Au lieu de se diriger sur l' « île de Candie » (la Crète), on se retrouve au large de Rhodes, une « dérive inconcevable » qui dépite le commissaire Miot. Le 11 mars,

---

4. Sylvain DUBIEF, « Le général Junot en Égypte », *in le Souvenir napoléonien,* n° 367, octobre 1989.

5. A signaler, chez C. HEROLD, *Bonaparte en Égypte,* une évocation fautive de ce convoi. Il y associe Junot, à la place de Davout.

les deux navires doublent « Santorini » (Théra) et subissent une tempête qui rend tout le monde malade. A Cythère, une voie d'eau importante se déclare sur *la Maison-de-Grâce.* Il faut se diriger sur Koroni à la pointe occidentale du Péloponnèse pour colmater et acheter des vivres frais. Le bey local est aimable mais les marchands grecs glissent des morceaux de fonte dans les sacs remplis d'amandes[6] !

Aux approches de la Sicile, le mauvais temps reprend. La mort dans l'âme, il faut se résigner à gagner l'abri des côtes siciliennes. Chacun se remémore la triste fin de Sucy. On mouille dans la rade de Sciacca, à 50 km à l'ouest d'Agrigente. L'accueil des habitants est à la hauteur : insultes, jets de pierres, menaces des autorités locales qui parlent d'interner les Français. Resté à bord, Desaix fait mettre en batterie quelques pièces de canon et les soldats valides se rangent sous les armes. Finalement, Forden en grand uniforme arrache ses protégés à la foule déchaînée et l'on repart avec quelques paniers de fruits et de légumes.

En mer Tyrrhénienne tout se passe normalement et, la Corse derrière eux, les Français s'approchent de la France. « Déjà, rapporte Desaix, nous nous réjouissions de voir la France, déjà nous faisions mille extravagances[7]... » Mais juste devant Toulon, se tient la *Dorothy ;* cette puissante frégate anglaise ne laisse passer aucun navire en provenance d'Égypte. Les deux bateaux français sont amarinés et convoyés jusqu'à Livourne. L'accueil y est glacial. Lord Keith, commandant en chef de la flotte de Méditerranée, ne veut rien entendre des passeports délivrés en Égypte. Pourtant, il est peu probable qu'il soit déjà informé de la rupture des accords d'el-Arich et de la reprise des hostilités. Mais visiblement il tient à s'assurer de quelques otages.

Les Français se morfondent et même se désespèrent. Hamelin, qui se voit ruiné, tombe malade. Desaix « se retranche dans son lazaret-prison, rôtissant le jour dans des cours sans ombrage, grelottant la nuit sous des préaux en

---

6. Nous suivons surtout le récit de J.-F. MIOT, *Mémoires pour servir à l'histoire des expéditions en Égypte et en Syrie,* 2e édition, revue et augmentée, Paris, Le Normant, 1814.

7. Lettre de Desaix à Bonaparte, citée par Armand SAUZET, *le Sultan juste,* Paris, Hachette, 1954.

plein vent pour échapper à la vermine des cachots[8] ». Miot essaie de distraire ses compagnons et se fait nommer par Desaix « édile des jeux de la prison ».

« Je fis donc reparaître tous les plaisirs du collège. Nous jouions au diable boiteux, à la poêle, à la marenne, au loup, etc. Quelquefois nous faisions des sièges, et nous cassions nos portes et nos fenêtres. Desaix commandait un corps et le général Davoust l'autre[9]. » L'arrivée à Livourne de Poussielgue, négociateur essentiel dans le conflit qui oppose la France à la Porte, décide du sort de Desaix et de ses compagnons. Il convainc lord Keith de les faire relâcher et de leur redonner leurs navires. Malgré tout, le Britannique fait confisquer la cargaison d'Hamelin qui, en dépit des poursuites engagées devant les tribunaux londoniens, ne pourra les recouvrer.

Alors que Desaix voit à nouveau se dessiner les côtes françaises, un nouvel obstacle se dresse devant lui. Deux barbaresques tunisiens se préparent à aborder les bâtiments français ! L'arrivée impromptue d'un brick anglais dénoue cette situation angoissante, il tire une salve de semonce et oblige les chébecs à s'éloigner. Cette fois, la France est là. Encore faut-il subir la quarantaine de rigueur au lazaret de Toulon. Vingt-cinq jours encore et tout le temps pour chacun d'écrire aux siens ou à ses supérieurs. La plus belle lettre est peut-être celle de Desaix à son amie Marguerite Le Normant de Tournehem :

« Vous me trouverez bien changé, bien vieilli, bien noir, une teinte de nègre assez prononcée. Je suis fatigué, pas malade. J'ai eu une traversée horrible, d'horribles tempêtes, menacé de périr de cent manières. Que de contes j'ai à faire ! J'ai passé par les mains des Turcs, des Anglais et des Barbaresques. Devinez de qui je me plains le plus. C'est des Anglais. Leur amiral m'a arrêté malgré mon passeport. J'ai été traité comme prisonnier de guerre. J'ai été très mal [...] J'ai manqué d'être assommé par les Siciliens, mais je suis en France, tous mes bons amis se portent bien et je suis le plus heureux de tous les hommes[10]. »

Avec le dénouement qui approche en Égypte, les dissen-

---

8. A. SAUZET, ouvrage cité.
9. J.-F. MIOT, ouvrage cité.
10. Desaix mourut quarante jours plus tard. Lettre citée par A. SAUZET.

sions parmi les officiers du corps expéditionnaire s'accentuent. Menou, qui est entré en conflit avec toute une coterie de gradés, en rapatrie d'autorité plusieurs. En mai 1801, il fait arrêter les généraux Reynier et Damas, l'adjudant-général Boyer et l'ordonnateur en chef Daure. Deux navires rapatrient les officiers sanctionnés. Le chébec *The Good Union* qui emmène Damas et Daure est intercepté par la croisière anglaise mais le brick le *Lodi* lui échappe et parvient jusqu'à Toulon. Astreints à la quarantaine, Reynier et Boyer se soulagent de leur rage contre Menou en couvrant les murs du lazaret de peintures et d'inscriptions vengeresses[11].

Mais, autant que les retours de tous ces officiers, celui des hommes du rang mérite qu'on s'y attarde. Quelques-uns ont consigné leurs appréhensions, leurs souffrances et leur joie aussi de revoir la terre natale après une aussi longue absence. Le retour de Pierre-Louis Cailleux, caporal à la 2e demi-brigade légère, frôle le pathétique[12].

Un détachement de son unité verrouille le boghaz de Damiette et sur cette branche orientale du Nil les Français se sont enfermés dans le fort de l'Esbé (aujourd'hui Ra's al-Barr). Au début de mai 1801, la situation des garnisons isolées dans le Delta devient intenable. Les Anglo-Turcs contrôlent le lac Menzaleh et investissent Damiette. Isolée sur son étendue sablonneuse avec pour seul horizon la mer où croisent les navires ennemis, la petite garnison de l'Esbé décide de se replier sur Rahmanieh (ar-Ramaniyah) qui contrôle la route d'Alexandrie et que tient encore le général Lagrange. Dans la nuit du 13 au 14 mai, les canons sont encloués, les munitions jetées au Nil et le repli commence. Mais au village de Boulos qui borde la lagune du même nom (aujourd'hui al-Burullus), Cailleux et ses camarades apprennent que Lagrange a évacué Ramanieh depuis le 10 mai. Pour échapper à leurs poursuivants une seule solution : profiter de quatre petits navires marchands. Surchargés de soldats, ils gagnent la mer libre. Trois sur quatre sont interceptés par les Anglais, le navire de Cailleux est le seul à s'échapper.

---

11. Voir en annexe.
12. Pierre-Louis CAILLEUX, « Campagne d'Égypte et de Syrie », *in Carnet de la Sabretache*, 1931-1932.

Incapable de forcer le blocus devant Alexandrie, il doit s'éloigner des côtes. A suivre le récit de Cailleux le voyage est mouvementé, mais il faut faire la part d'une certaine approximation géographique. Laissant la Crète puis Chypre « sur leur gauche », les fugitifs se retrouvent en Caramanie, c'est-à-dire sur la côté méridionale de la Turquie où, se faisant passer pour des Anglais, ils parviennent à acheter quelques vivres aux populations locales. Puis c'est la traversée de la mer Égée, le calme plat, l'épuisement des provisions. Un combat naval au large de Cerigo avec une unité turque se termine à l'avantage des Français qui la prennent même en remorque avant de la perdre. Après une escale en Morée (le Péloponnèse) à Hagias Nilo'aos, la tempête pousse Cailleux vers les îles Ioniennes, puis c'est l'Italie et l'arrivée à Messine, le 24 juin 1801. Depuis Marengo, les autorités du royaume de Naples sont plus conciliantes ; le rapatriement s'effectue sans problèmes.

Ultime odyssée, celle de Vaxelaire, un vétéran des armées de la République dont nous avons déjà évoqué le témoignage. L'équipée de Vaxelaire ne se passe pas en mer mais, au contraire, commence en France. Amputé après la bataille d'Alexandrie, Vaxelaire est parmi les tout derniers à être évacué. Il ne quitte l'Égypte qu'en décembre 1801. Après une traversée assez rapide, la joie des soldats éclate lorsqu'ils aperçoivent la côte de France :

« Je vous assure que nous eûmes encore une aussi grande joie que quand nous quittâmes l'Égypte. La joie fut si grande qu'il y en eut plusieurs qui ne pouvaient plus ni boire ni manger[13]. »

Après vingt-cinq jours de quarantaine, les « Égyptiens » débarquent sur les quais de Toulon, sales, barbus, les uniformes en lambeaux. Transféré à l'hôpital, Vaxelaire va y passer six mois, complètement isolé. Sa blessure, mal cicatrisée, le fait souffrir, son moral est au plus bas. Un soldat qui rejoint son corps accepte de l'emmener. Il l'installe dans un tombereau et, quand il le faut, « le

---

13. J.-C. VAXELAIRE, *Mémoires d'un vétéran de l'ancienne armée...*, Paris, C. Delagrave, 1900.

porte comme un enfant ». A Lyon, Vaxelaire échoue à l'Hôtel-Dieu. Il y retrouve plusieurs de ses camarades de l'armée d'Orient. Il en reconnaît un :

« Je l'aperçus avant qu'il ne me vît. De suite, je criai après lui, l'appelant par son nom. En m'apercevant, il s'assit sur le bord de mon lit ; je fus si serré que je croyais que je ne pourrais rien lui dire, mais, quand il vit que je me chagrinais, il me reconsola autant qu'il lui fut possible [...]

« Le lendemain ou le surlendemain, plusieurs de mes camarades vinrent me voir et m'apportèrent l'argent qu'ils avaient mis en masse entre eux, suivant leur grade, pour me soulager. C'était une coutume que l'on avait eue en Égypte de soulager de cette manière les malheureux camarades autant que possible[14]. »

Vaxelaire reste plusieurs mois à l'hôpital. Il ne peut se passer de béquilles mais décide de rejoindre son bataillon caserné à Mâcon. Il refait sa garde-robe et achète chez un fripier une roupe (redingote à longs pans), un chapeau, des bas de soie ; le voilà « habillé d'un costume qui imitait plutôt le charlatan que l'honnête homme ». Il gagne Mâcon par le coche d'eau. En attendant que l'autorité militaire statue sur son sort, Vaxelaire loue ses services de violoneux à un cabaretier, renouant avec son passe-temps préféré en Égypte. Congédié, il n'a plus qu'à regagner son village natal perdu dans la montagne vosgienne.

Il rentre à pied, par Dijon, Besançon, Luxeuil et Plombières. A Remiremont, il se rend à la sous-préfecture, le sous-préfet s'exclame : « Quels spectacles vous avez subis ! Vous êtes le premier de cet arrondissement qui se soit présenté à la sous-préfecture pour ce sujet. »

Avant d'entrer dans Vagney, son bourg natal, il contemple la montagne : « Ce n'était plus le mont Sinaï, ni le mont Thabor en Galilée. Ça devait être plus agréable pour moi de voir les montagnes qui aboutissent à mon pays que le couvent du Mont-Carmel, près de Saint-Jean-d'Acre. » Dans le village, Vaxelaire se cache presque, il a honte de ses béquilles. Son père et sa mère le retrouvent au cabaret.

Dans les semaines qui suivent, Vaxelaire reprend ses activités villageoises. Son oncle lui taille une jambe de bois

---

14. J.-C. VAXELAIRE, ouvrage cité.

« dans un morceau de plêne » (platane). Plus tard, il se marie et prend une ferme. Vaxelaire meurt âgé, entouré d'enfants et de petits-enfants. Mais comme le lui fait dire celui qui a remanié très littérairement ses souvenirs, l'Égypte l'a marqué à jamais : « Je vous ai beaucoup de fois réitéré que j'avais eu bien des fatigues à l'armée ; j'en ai presque autant eu depuis que je suis marié. C'est dire que j'ai bien quitté la gaieté que j'avais. »

Quatrième partie

LES SILLAGES DE L'EXPÉDITION

31

UN LAWRENCE IMPROBABLE : LASCARIS

De tous les hommes qui ont servi la politique orientale de Bonaparte, le plus étonnant est bien le chevalier de Lascaris. A la différence d'un Boutin ou d'un Sebastiani [1], il a été mêlé directement et pleinement à l'expédition d'Égypte.

C'est durant l'occupation française qu'a pris forme dans son esprit un projet oriental que Bonaparte n'a jamais connu mais que Lascaris chercha désespérément à lui faire parvenir.

Il s'est comporté en véritable précurseur et incarne bien l'aventurier qui rêve de bâtir un empire. Comme un siècle plus tard T. E. Lawrence, il se saisit d'un personnage (le copte Ya'qub) et veut l'aider à bâtir la nation égyptienne. Mais, contrairement au Britannique, Lascaris se révèle infiniment plus chimérique [2].

Théodore Lascaris naît en 1774 en Piémont-Sardaigne. Une généalogie assez torturée le fait descendre d'empereurs byzantins. Ces originies fabuleuses ne contribuent pas peu à la mégalomanie de Lascaris. Avec son frère Jules, il se trouve à Malte en 1798 quand arrive la flotte de Bonaparte. Les Lascaris font partie de la trentaine de chevaliers qui, refusant de porter les armes contre les Français, décident de les suivre en Égypte.

---

1. Ces deux personnages sont évoqués dans la quatrième partie au chapitre 34.

2. Sur Lascaris, l'étude fondamentale reste celle d'AURIANT, *la Vie du chevalier Théodore Lascaris ou l'imposteur malgré lui*, N.R.F. Gallimard, Paris, 1940. Plus récemment Henry LAURENS s'est intéressé à Lascaris ; « Lascaris, la Révolution et l'Orient », *in les Cahiers de l'Orient*, 3e trimestre 1987, n° 7. Recherches aussi d'Anouar LOUCA.

Sur la recommandation de Poussielgue (qui avait été envoyé à Malte en 1797 pour préparer l'occupation), Lascaris reçoit un emploi d'« artiste architecte » aux appointements mensuels de 300 francs. Une fois en Égypte, l'administration militaire lui demande de bien vouloir gérer les « domaines nationaux », c'est-à-dire les biens confisqués aux mamelouks[3].

Cette tâche n'occupe pas tout le temps de Lascaris qui se familiarise avec la langue arabe et s'intéresse de près à la communauté copte. Il fait la connaissance du *moallem* Ya'qub, le plus prestigieux et le plus ardent des collaborateurs du corps expéditionnaire[4].

Âgé de quarante-trois ans en 1798, Ya'qub est originaire de la Haute-Égypte. Solidement instruit, il est entré comme secrétaire puis comme intendant au service des beys. A la différence de nombre de ses coreligionnaires, Ya'qub est aussi un chef de guerre. Il est au faîte de sa carrière à l'arrivée des Français. Comme la majorité des dignitaires coptes, il les rallie sans hésiter. Son zèle lui vaut la direction de l'intendance du corps expéditionnaire de Desaix en Haute-Égypte. Il montre dans cet emploi une énergie et, qualité plus rare, une intégrité qui lui valent l'estime du commandement.

Desaix le vante en ces termes à Kléber : « C'est un des plus intrépides cophtes et des plus vigoureux, et qui s'est tellement jeté dans nos intérêts qu'il serait obligé de nous suivre en cas d'événements[5]. » Dans cet éloge, se dessine le destin de tous les collaborateurs d'une armée d'occupation : suivre leurs maîtres ou se faire massacrer par les résistants.

Après la deuxième révolte du Caire, au cours de laquelle Ya'qub est un des rares coptes à se battre aux côtés des Français, Kléber rend un décret qui le nomme « aga de la nation cophte » avec une garde personnelle de trente soldats français. C'est d'ailleurs Ya'qub qui fait entrer dans les

---

3. Villiers du Terrage, qui donne une liste des 42 chevaliers de Malte ralliés à la France, en signale au moins six dévolus à des tâches financières. *In Journal et souvenirs de l'expédition d'Égypte (1798-1801)*, Plon, Paris, 1989.

4. *Moallem :* maître, l'équivalent de cheikh chez les musulmans. Il s'agit du « Jacob le Copte » des *Chroniqueurs et mémorialistes de l'expédition d'Égypte*, Marseille, 1921. Jabarti, qui en parle souvent, le qualifie d'*aïn*, maudit.

5. Cité par AURIANT *in la Vie du chevalier Théodore Lascaris...*

caisses de l'armée les dix millions de francs exigés de la ville du Caire en réparation de sa sédition.

A peu près à cette époque, Lascaris et Ya'qub travaillent à un vaste plan de réorganisation fiscale. Lascaris, qui le rédige et parle en « procureur fondé de la nation cophte », propose une ferme générale des impôts de la Haute-Égypte administrée par les coptes. Kléber périt assassiné avant d'avoir donné son accord.

L'arrivée au commandement suprême du général Menou n'est pas pour déplaire à Lascaris et à Ya'qub. Ils attendent de cet ardent « coloniste » une sympathie active pour leurs projets. Et ils ne manquent pas de se manifester, sans que l'on sache qui, de Ya'qub ou de Lascaris, va le plus loin dans les propositions.

Au mois de juin 1800, Lascaris rédige un long projet. Il ne s'agit pas moins que de présenter à Menou le moyen infaillible de conserver l'Égypte à la France. Il suffirait que Menou organisât un « divan sacré » composé à égalité des chefs de toutes les confessions présentes en Égypte et présidé par lui avec comme titre « protecteur des religions ». C'est ce que Lascaris, bon voltairien, appelle « l'équilibre des fanatismes contraires ». En devenant leur catalyseur et leur arbitre, le commandement français pourrait les manœuvrer et serait « pour toujours sûr de pouvoir se maintenir dans ce pays... ».

Menou répond à Lascaris sur un ton poli mais évasif. Visiblement, le néophyte Jacques Abdallah n'est pas séduit par le projet. Infatigable, Lascaris échafaude de nouveaux plans. Cette fois, il veut irriguer le désert et demande à Menou la propriété des terres qu'il rendra cultivables. Il lui propose aussi de créer une ville nouvelle sur le Nil : « Menopolis » ! Descendant de ces nuages qui visent surtout à flatter le commandant en chef, Lascaris l'invite plus prosaïquement à renforcer les moyens d'action des auxiliaires indigènes et surtout à réfléchir sur leur avenir, si par malheur la France devait renoncer à l'Égypte.

Arrivé à ce stade de sa réflexion, Lascaris imagine les coptes et tous ceux qui ont pris le parti des Français aptes à former le noyau d'une nation égyptienne souveraine, digne héritière de son passé pharaonique. Il la voit s'établir provisoirement en Haute-Égypte autour de Mourad Bey qui a fini par rallier la République française.

A Menou qui lui répond qu'il se méfie des coptes, Lascaris, imperturbable, affine ses propositions. Que l'on nomme Ya'qub commandant suprême des auxiliaires, qu'on l'envoie à Dongola en Nubie où il fondera un établissement profrançais. Il suffira de 200 grenadiers français, de 50 canonniers et de 500 à 600 coptes, Grecs ou Syriens. Lascaris est prêt à se joindre à eux.

Projets grandioses, délirants même et qui, de toutes les manières, sont sans rapport avec les moyens d'un corps expéditionnaire français affaibli, privé de ses meilleurs chefs et confronté à des adversaires supérieurs en nombre. Si Menou n'écoute plus Lascaris, il lui reconnaît son dévouement et ses qualités professionnelles. Le 6 septembre 1800, il l'informe qu'il le nomme directeur des droits affermés.

Par ailleurs, répondant à la suggestion de Lascaris, le commandement français augmente les effectifs de ses unités coptes et les transforme en une légion copte. Cette force auxiliaire, dont nous avons déjà parlé, ne rassemble que des effectifs modestes (un peu plus de 800 hommes) mais elle se signale par son allant au combat. Chef de cette légion, Ya'qub reçoit même le grade de général de brigade.

Juste avant le départ du corps expéditionnaire se forme une étrange conjuration. Les chefs coptes, Lascaris, le commandant Dupas, l'orientaliste J.-J. Marcel directeur de l'Imprimerie, quelques autres officiers envisagent de ne pas rembarquer et de s'établir en Haute-Égypte avec armes et bagages. En fait, après l'évacuation du Delta, tout ce petit monde se retrouve enfermé dans Alexandrie, les auxiliaires coptes en tête[6]. Pour échapper aux représailles des Ottomans, ceux-ci décident de partir pour la France. La *Pallas*, navire anglais armé en flûte, embarque Ya'qub et sa famille, 350 légionnaires coptes, sans oublier le chevalier de Lascaris.

Sur le bateau, Ya'qub s'épanche auprès du capitaine Edmonds. Le regret de la partie perdue, une certaine amertume à l'égard des Français guident désormais ses choix politiques. Selon Edmonds, il se serait expliqué de la façon suivante :

---

6. L'aveu de ce complot avorté est venu tard, on le trouve au tome II de l'*Histoire scientifique et militaire...*, dans une note rédigée par J.-J. Marcel, plus de trente ans après les faits.

« Il m'a déclaré qu'à son avis n'importe quel gouvernement était préférable à celui des Turcs; qu'il s'était rallié aux Français dans le désir patriotique d'atténuer les souffrances de ses compatriotes; que les Français les avaient trompés et qu'en ce moment les Égyptiens les méprisent à l'égal des Turcs d'autrefois; qu'il espérait encore, par l'intermédiaire des gouvernements européens, faire du bien à son pays et pensait que son voyage en France conduirait à ce résultat. Les Français l'avaient induit à croire que leur pays jouissait d'une puissance prédominante en Europe; la grande puissance maritime de l'Angleterre ne lui était guère connue, et cependant il savait que sans le concours de la Grande-Bretagne, son désir de voir l'Égypte jouir de l'indépendance était voué à un échec...[7] »

Avant même d'aborder les côtes de France, Ya'qub tombe malade et s'éteint en quelques jours. La « légation égyptienne » qu'il prétendait installer en Europe, sorte de gouvernement en exil, est décapitée avant même d'avoir pris forme. Ce coup du sort n'abat pas Lascaris qui se tient désormais pour le « mentor » des réfugiés égyptiens. C'est d'ailleurs lui qui prononce l'éloge funèbre du *moallem*, le 18 octobre 1801, à Marseille.

Depuis le lazaret de Marseille, Lascaris multiplie les suppliques. Il écrit au Premier consul, le suppliant de ne pas oublier sa « très affectionnée légation égyptienne ». Il s'adresse aussi au général Belliard, « Égyptien » s'il en est, devenu ministre de la Guerre. Cette fois, c'est pour lui demander (très sagement d'ailleurs) de ne pas réduire les auxiliaires orientaux à l'état de simples soldats de ligne mais de les employer comme un corps de cavalerie autonome équipé à l'orientale et qu'il propose d'appeler « tribu arabe » ou « cavaliers égyptiens ». La création des chasseurs d'Orient lui donne en partie satisfaction.

Mais, surtout, Lascaris rêve à un retour offensif des Français en Orient. Il rédige pour Bonaparte une note intitulée : « Moyens naturels et faciles au gouvernement français de réparer la perte de l'Égypte. » Cette fois, Lascaris imagine la France, l'Angleterre et la Sublime Porte unies

---

7. Ces libres propos de Ya'qub, recueillis plus ou moins fidèlement par l'officier britannique, ont été publiés par Georges DOUIN, *l'Égypte indépendante. Projet de 1801*, Le Caire, Société de géographie, 1924.

pour débarrasser définitivement l'Égypte des mamelouks et lui donner une forme très large d'autonomie. Alors « les Égyptiens heureusement régénérés par la reconnaissance européenne envers l'antique foyer des connaissances actuelles s'écrieraient dans les transports de leur allégresse nationale : Vive la France ! Vive l'Angleterre !... ».

Très déçu par le silence du Premier consul, Lascaris se décide à gagner Paris. Fort des recommandations du général Menou et du payeur général Estève, il cherche à se faire entendre. Brandissant de pures chimères — la création d'une principauté néobyzantine autour de Trébizonde dont il serait le chef légitime —, Lascaris voit les portes se fermer les unes après les autres. Même sa requête la plus raisonnable, la plus humble (un poste de commissaire de la France à Djeddah en mer Rouge) rencontre une fin de non-recevoir. Il s'agit pourtant là d'un « faible dédommagement », estime Lascaris.

Cette indifférence le réduit à une errance misérable. Il ne tarde pas à quitter la France et repart pour l'Orient. On le retrouve au Liban à partir de 1806. Il est devenu l'homme à tout faire du consul de France à Saïda, Taitbout. Sa santé mentale s'est délabrée ; il est toujours plus chimérique, toujours plus agité et velléitaire. Durant toute une période, il rêve de gagner la montagne du Liban à la France. Il veut aider les maronites à s'affranchir du pacha d'Acre. L'actualité libanaise de ces trente dernières années aidant, les propositions de Lascaris résonnent étrangement :

« Il s'agit de délivrer la population du mont Liban, alliée fidèle de la France, de la tyrannie du pacha d'Acre, et cet objet se peut réaliser de deux manières, la première étant que le gouvernement de la France prenne le Liban sous sa protection immédiate (...) Le second point, bien plus intéressant pour la France, serait de faire restituer au Liban le port de Beyrouth [8]. »

Tout n'est pas fou dans les projets de Lascaris. Henry Laurens les tient même pour assez prophétiques et remarque qu'ils s'insèrent bien dans la politique orientale de Napoléon lorsque ce dernier examine la possibilité d'une

8. Texte de cette « Vue politique sur le mont Liban » publié par AURIANT, ouvrage cité.

marche sur l'Inde anglaise avec la collaboration des Ottomans.

A partir de 1807, Lascaris mène une existence mal connue. Il vit en Syrie où ses extravagances et son passé le rendent suspect aux yeux du personnel consulaire. Puis il se lie à la fameuse lady Esther Stanhope qui rêve de s'établir à Palmyre comme une seconde reine Zénobie. En 1813, Lascaris séjourne à Smyrne; en 1816 il y voit deux proscrits bonapartistes, Savary duc de Rovigo et le général Lallemand. Occasion inespérée pour ces trois « Égyptiens » d'évoquer le temps héroïque de l'expédition. La même année, Lascaris part pour l'Égypte à l'invitation du consul Drovetti qui recrute des Français pour Muhammad Ali.

En Égypte, Lascaris devient le précepteur du second fils de Muhammad Ali, Ismaël Pacha. Frédéric Cailliaud le rencontre à cette époque : « Il me proposa à cette époque un voyage en Abyssinie, où il voulait, me dit-il, se fixer : malgré le désir que j'avais de voir ce pays, surtout en sa compagnie, j'eus le regret de ne pouvoir accepter sa proposition. » Lascaris ne verra jamais l'Abyssinie. Il meurt en avril 1817 dans des circonstances telles qu'elles font croire à un empoisonnement[9].

« La vie de Lascaris est donc un échec, conclut Henry Laurens. Sa mort fait finalement peu de bruit et son rôle dans l'histoire peut paraître minime. Mais, comme souvent chez les aventuriers, le mythe va progressivement faire disparaître le réel. »

Effectivement, la fortune posthume de Lascaris est surprenante. L'invention du mythe, c'est l'affaire de Lamartine. Dans ses *Souvenirs d'Orient*, il n'hésite pas à présenter Lascaris comme un agent secret de Napoléon, chargé de parcourir le Proche-Orient pour soulever les tribus arabes et les associer à une grande expédition militaire contre les Ottomans. Pour appuyer ses assertions, Lamartine publie la traduction d'une biographie de Lascaris rédigée par un

9. A en croire certains auteurs, Ya'qub aurait été, lui aussi, victime d'un café empoisonné...

chrétien d'Alep, Fatalla Sayeghir, qui a longtemps fréquenté l'aventurier[10].

Le talent et l'autorité de Lamartine transfigurent Lascaris et le vengent. En 1854, l'orientaliste L.-A. Sédillot écrit dans son *Histoire des Arabes :* « Bonaparte envoya en Arabie un agent spécial, M. de Lascaris, chargé de réunir en une confédération les tribus des déserts de la Syrie, de l'Irak et de la Perse, qui s'engageraient à faciliter la marche de son armée jusqu'à l'Indus et lui ouvriraient le chemin autrefois frayé par Alexandre. »

En écrivant ces lignes, Sédillot se fiait à Lamartine. Une quinzaine d'années plus tard, un autre orientaliste, Jules Mohl, fait procéder à une enquête sur les textes de Fatalla. Si celui-ci a effectivement connu Lascaris, il a largement romancé ses aventures et ainsi « la légende [...] s'est transmise d'ouvrages en ouvrages jusqu'à nos jours[11] ».

Aventurier nébuleux, le chevalier de Lascaris laisse en germe des idées fécondes. Ses projets d'irrigation, de conquête du Soudan, sa volonté de faire de l'Égypte un État indépendant deviendront des réalités dans les décennies suivantes. Il lui a manqué le temps, la cohérence et les soutiens.

---

10. LAMARTINE, *Souvenirs, impressions, pensées et paysages pendant un voyage en Orient 1832-1833, ou notes d'un voyageur*, Paris, 1855. Le témoignage de Fatalla Sayeghir est plus réécrit que traduit. Une nouvelle traduction est annoncée.

11. Les recherches de Fulgence FRESNEL exécutées à la demande de Mohl furent l'objet d'une publication dans le *Journal asiatique* en janvier 1871. Cette réfutation de Lamartine passa inaperçue. Tous les auteurs n'ont pas été dupes. Jacques Benoist-Méchin déclare, dans son *Bonaparte en Égypte*, qu'il ne veut pas « évoquer la mission de M. de Lascaris en Arabie, car elle est trop controversée ».

32

L'ÉGYPTE QUI S'ÉLOIGNE

> « *Dieu nous avait donné les Français, et vous, Anglais maudits, vous nous avez donné les Turks*[1]. »

Lorsque le général Menou quitte l'Égypte, il laisse en présence trois forces militaires, le corps expéditionnaire britannique du général Hutchinson, les forces dépêchées par le sultan pour rétablir son autorité, et les différentes maisons mameloukes commandées par leurs beys respectifs.

Jusqu'en mars 1803, tout se passe sous les yeux des Britanniques. Incapables de parvenir à une conciliation entre Turcs et mamelouks, ils s'efforcent au moins de modérer l'affrontement. Ainsi, lorsque le capitan-pacha attire les beys dans un guet-apens en rade d'Aboukir, Hutchinson prend sous sa protection les survivants[2].

Deux mois après son rembarquement éclate la révolte des Albanais, appelés aussi Arnautes, un corps de mercenaires laissé en Égypte par le grand vizir pour soutenir le représentant de la Porte, Khosrew Pacha. Disciplinés, bien armés, les Albanais sont vite maîtres du jeu. L'un de leurs officiers, Muhammad Ali (appelé Méhémet Ali en Europe), se distingue. Tenace manœuvrier, il affecte de défendre les intérêts

1. Propos tenus par des fellahs à un émigré français servant dans l'armée britannique, après le départ du corps expéditionnaire, *in Histoire scientifique et militaire de l'expédition d'Égypte*, tome IX.
2. Sur cette période, *Histoire de la nation égyptienne*, tome VI, « L'Égypte de 1801 à 1882 », par F. CHARLES-ROUX. Récit circonstancié aux tomes IX et X de l'*Histoire scientifique*...

du sultan en combattant les beys. En réalité, il vise à établir son pouvoir en Égypte. L'ascension de Muhammad Ali inquiète Londres qui penche plutôt pour le parti des beys refoulés en Haute-Égypte.

Dans la partie qui s'engage, les Français ne comptent plus. Ceux qui demeurent en Égypte, une poignée, ne sont que des témoins impuissants et menacés. Pourtant, dans ces dix années de désordres incroyables qui, de 1801 à 1811, finissent par remettre l'Égypte à un nouveau potentat, la France parvient à garder ce qui lui reste de positions en Orient. Surtout, la présence de ses ressortissants entretient le souvenir de l'expédition et parfois même fait regretter le temps des Français[3].

Le personnel diplomatique laissé en poste par la France est squelettique. Le Piémontais Bernardino Drovetti est le plus ancien. Cet avocat de Livourne s'est engagé dans l'armée française en 1797, il a servi en Égypte comme aide de camp de Murat. Passionné par l'Égypte, Drovetti n'est pas parti. En 1802, il est nommé vice-consul à Alexandrie ; en 1807, il est promu consul, fonction qu'il occupe jusqu'en 1826. Antiquaire acharné, véritable égyptomaniaque, Drovetti est à la fois un esthète et un habile diplomate. Son influence, patiemment gagnée, sur Muhammad Ali ira grandissante et, grâce à Drovetti, la France retrouvera une forte influence en Égypte.

Mathieu de Lesseps, consul de 1803 à 1806, appartient à une famille de diplomates voués au Bassin méditerranéen. L'un de ses trois fils est Ferdinand, le constructeur du canal. Aux côtés de Drovetti et de Lesseps, Saint-Marcel, vieux et compétent diplomate, Louis Elie Caffe, négociant à Rosette et agent de la République française dans cette ville. De plus petits encore, Basile Fakr, marchand de Damiette, établi dans son poste par le colonel Sebastiani en 1802, le père Dom Bazile, missionnaire à Damiette. Et puis, pour des tâches plus ingrates, interprétariat, messagerie, des indigènes ou des Orientaux qui ont déjà servi la France à l'époque de Bonaparte.

---

3. Ce manuscrit était déjà remis lorsque est parue la belle étude d'Amaury Faivre d'Arcier, *les Agents de Napoléon en Égypte (1801-1815)*, préface de Jean Tulard, Centre d'études napoléoniennes, 1990. Par la qualité de son information, cet ouvrage est désormais la référence essentielle.

Pour ceux-là et pour leurs familles, l'immunité diplomatique est une sauvegarde, elle leur épargne la fureur des Égyptiens. Lesseps sauve ainsi la vie à huit anciens collaborateurs, retenus pour « leur probité », leur moralité et leur attachement à la France, cinq musulmans « damasquins » et alepins, un chrétien d'Alep (Vincent Chachati qui avait servi de drogman auprès de l'ordonnateur Daure), un Cairote et un Tunisien[4].

A quelques dizaines, ces Français de souche ou d'adoption supportent des conditions d'existence et de travail difficiles. Il leur faut redouter les provocations de toutes sortes, les poussées de xénophobie et de gallophobie. Ils doivent s'inquiéter des menées britanniques, suivre de près l'évolution des rapports de force, sourire à chacun, se méfier de tous. Ce que résume très bien Saint-Marcel :

« Nos ennemis ont toujours l'œil sur l'Égypte, et leurs libéralités ont un but qu'il est nécessaire de prévoir. Nous devons déjouer leurs intrigues, et pour y parvenir nous devons cultiver l'amitié des officiers de ce gouvernement ; on ne peut y réussir que par des offrandes données à propos. Si elles sont médiocres, on n'arrive pas au but qui les provoque. Si elles cessaient entièrement, les consuls ne recevraient plus que des désagréments qui aviliraient dans ce pays le nom français...[5]. »

Souvent le découragement saisit nos diplomates. Lassitude et dépit font plus que transparaître dans leurs correspondances. Drovetti lui-même finit par écrire au maréchal Brune qu'il tient l'Égypte pour une « terre de proscription ». Une autre fois, il se plaint auprès de Lesseps et lui écrit (en chiffre) :

« Vous ne pouvez vous faire une idée exacte de notre position, je ne sais le matin si je ne serai pas obligé de

---

4. Ministère des Affaires étrangères, Archives diplomatiques de Nantes, Archives de l'ambassade de France en Turquie, vol. 29, 30, 31, lettre de M. de Lesseps à Brune, ambassadeur à Istanbul, le 8 fructidor an II. Publication partielle des archives consulaires couvrant cette période par Georges DOUIN, *l'Égypte de 1802 à 1804. Correspondance des consuls de France en Égypte*, in-8°, XV-283 p., Le Caire, 1925.

5. Lettre de Saint-Marcel à Champagny, duc de Cadore, ministre des Relations extérieures, le 2 janvier 1809, reproduite dans Édouard DRIAULT, *Mohamed Ali et Napoléon (1807-1814), Correspondance des consuls de France en Égypte*, Le Caire, 1925.

m'enfuir le soir : force présents et intrigues m'ont tiré jusqu'à présent d'affaire, mais dans un pillage général qui nous menace à chaque instant je ne sais ce que nous deviendrons[6]. »

Lesseps est encore plus malheureux que son collègue. Malade, il ne cesse d'écrire à son père pour obtenir son rappel. Sa lettre du 6 vendémiaire an XII est un véritable appel au secours. Il s'y déclare prêt à démissionner si on ne lui donne pas un autre poste en Europe[7].

Quand ils ne cèdent pas au désespoir, les représentants de la France gémissent sur leur isolement et le trop peu de moyens dont ils disposent. Ils éprouvent le sentiment que la France les oublie. A Brune, Drovetti explique qu'il n'est pas possible de traiter l'Égypte comme une banale échelle :

« Le séjour de deux armées européennes en ce pays est cause de cette différence très sensible. L'armée française y a laissé une réputation de magnanimité et de splendeur nationale qu'il nous est impossible de soutenir, et nos moyens de représentation sont bien loin d'être en raison de l'idée que l'on a ici de la grandeur et de la puissance du gouvernement français...[8] »

Le dépit de Drovetti est compréhensible. Pour lui, comme pour tous les observateurs européens restés en Égypte, rien n'est joué dans ce pays. Une opinion que le colonel Horace Sebastiani est le premier à formuler. Il débarque à Alexandrie en septembre 1802, chargé de faire respecter les stipulations du traité d'Amiens ordonnant l'évacuation d'Alexandrie par les Anglais. Sebastiani ne se limite pas à cette besogne. Assisté par Amédée Jaubert, un jeune et brillant orientaliste[9], il entreprend de parcourir le Delta et, bien sûr, de se rendre au Caire. L'accueil qu'il y reçoit l'édifie, la foule lui arrache les portraits du Premier consul et les embrasse dévotement ; des astrologues lui prédisent

---

6. Lettres du 2 pluviôse an XII et du 15 vendémiaire an XII, ministère des Affaires étrangères, vol. 29, 30, 31.

7. Georges DOUIN, « Mathieu de Lesseps commissaire général en Égypte (1803-1804) », *in Revue des études napoléoniennes*, janv.-fév. 1925.

8. Lettre du 8 fructidor an XI, ministère des Affaires étrangères, vol. 29, 30, 31.

9. Jaubert avait fait partie de l'expédition d'Égypte. Âgé seulement de vingt ans, il avait succédé à l'orientaliste Venture de Paradis comme premier drogman, lorsque ce dernier avait péri durant la retraite de Syrie.

qu'avant deux ans les Français seront de retour en Égypte, que Bonaparte doit s'en rendre maître, ainsi que de toute la Syrie... Sebastiani est reçu par plusieurs des beys ; le plus francophile est Uthmân Bey al-Bardissi qui lui déclare avoir écrit à Bonaparte et attendre toujours la réponse.

Non sans audace, Sebastiani et Jaubert gagnent la Palestine. Ils demandent audience au redoutable Djazzâr Pacha, à Saint-Jean-d'Acre. Contre toute attente, le vieux soudard les reçoit aimablement, allant même jusqu'à leur déclarer : « J'estime beaucoup les Français. Bonaparte est petit de corps, mais c'est le plus grand des hommes, aussi je sais qu'on le regrette au Caire et qu'on l'y voudrait avoir encore. » Rentré en France, Sebastiani soumet au Premier consul un rapport qui conclut à l'extrême faiblesse de l'Égypte et à la facilité de sa reconquête [10].

Sebastiani ne s'est pas trompé sur l'état d'esprit des Égyptiens. Un an plus tard, Mathieu de Lesseps décide de faire une rentrée officielle au Caire. Il rencontre d'abord Uthmân Bey al-Bardissi qui campe avec ses hommes près de la capitale. Les retrouvailles sont émouvantes sinon grandiloquentes :

« Il me fit saluer de vingt et un coups de canon, et m'envoya une garde pour m'accompagner dans sa tente après m'avoir embrassé cordialement et, les larmes aux yeux, il fit retirer tout le monde. Restés seuls, il me protesta dans les termes les plus forts de son respect, de sa confiance, son admiration et son dévouement sans bornes pour le Premier consul. Il est la seule puissance dans le monde, me dit-il, que les mamelouks seconderont, s'il vient en Égypte. Ce pays est à lui, et nous sommes ses soldats ; qu'il garde en propriété l'Égypte [...] ; qu'il nous remette sur l'ancien pied au Caire [...] ; qu'il nous laisse gouverner en son nom ; qu'il prononce enfin sur notre sort, qu'il nous règle nos destinées, nous obéirons aveuglément, et nous jurons, entre les mains de son agent, de souscrire à tout ce que le grand sultan Bonaparte ordonnera. »

Quittant ce mamelouk de Mourad Bey désormais franco-

10. Voir *Histoire scientifique,* tome IX. Sur Sebastiani et Jaubert, longs développements dans G. SPILLMANN, *Napoléon et l'Islam,* Perrin, Paris, 1969.

phile[11], Lesseps arrive au Caire par le Nil. Cette fois, c'est du délire :

« La vue du pavillon tricolore que j'avais arboré sur ma barque attirait tous les habitants des rives du Nil [...] Avec quel enthousiasme ils parlaient du Premier consul des Français ! Combien de cris de joie et de bénédictions excitait l'assurance que je leur donnais que le Premier consul, que les généraux qu'ils avaient connus, se portaient bien [...] J'étais étonné de la franchise avec laquelle de nombreux habitants exprimaient le chagrin de n'être plus gouvernés par le héros conquérant et conservateur de l'Égypte, par leur père, qui, disaient-ils, ne pouvait les abandonner [...] Tous me demandaient des portraits du Premier consul. J'en distribuai aux cheikhs et aux principaux habitants, bientôt la grande provision que j'en avais faite fut épuisée, et d'autres petits présents [...] m'étaient refusés comme n'étant plus d'aucun prix à leurs yeux [...] Beys, mamelouks, arnautes, cheikhs, ulemas, Cophtes, Syriens, négociants, artisans, Européens, tous ont pleuré de joie et de respect en voyant le portrait en grand du Premier consul que j'avais fait placer dans ma salle de réception. Tous m'embrassaient avec effusion de cœur, et certes le sentiment qu'ils exprimaient ne pouvait être feint...[12] »

N'en déplaise à M. de Lesseps, les regrets laissés par la France ne sont pas unanimes. Bien des Égyptiens et des forces établies dans le pays ne tiennent pas à voir revenir les Français, à commencer par Muhammad Ali. Par ailleurs, ceux-ci sont bien incapables de reprendre pied en Égypte. Après Trafalgar (21 octobre 1805), la Méditerranée devient une mer anglaise et les navires français se font de plus en plus rares en Orient. Le décret de Berlin qui met en place le Blocus continental, à partir de novembre 1806, accentue encore cet effacement. Si, en mars 1810, le consul Saint-Marcel voit encore « arriver de temps en temps quelques navires français expédiés de Marseille avec quelques marchandises », la situation se dégrade vite et, en août 1812, le même Saint-Marcel constate : « Notre commerce est

11. Voir sur son rôle à l'époque de Menou, Henry LAURENS, *l'Expédition d'Égypte...*, p. 296.

12. Rapport fait à Brune par M. de Lesseps, le 16 thermidor an XI. Ministère des Affaires étrangères, vol. 29, 30,31.

anéanti par le grand nombre d'armements anglais qui couvrent ces mers. »

Jusqu'aux traités de Paris, qui mettent fin à l'Empire, la situation reste très sombre. En 1814, il ne reste plus qu'une seule maison de commerce sous la protection de la France, encore est-elle toscane [13] !

En fait, la ruine du commerce français en Égypte a commencé dès la fin de l'expédition. Les archives consulaires des années 1802-1804 font largement état des spoliations subies par les maisons de négoce, principalement marseillaises, et difficilement voire jamais indemnisées. Assassinats de marchands ou de membres de leurs familles, maisons saccagées, marchandises pillées ou saisies, dettes non honorées, avanies de toutes sortes, tout un contentieux qui accable les relations consulaires et qui, surtout, décourage les négociants français de remettre les pieds en Égypte [14]. Eux partis, l'Égypte se vide de résidents français. Il ne reste plus que des individus isolés, épaves de l'expédition, souvent renégats, qui ne vont pas tarder à se fondre dans la population.

Au tournant des années 1808-1811, qui voient l'Empire français à son zénith, resurgit la menace, ou l'espérance, d'une nouvelle expédition d'Égypte. Ce que certains historiens napoléonâtres ont appelé un peu vite le « secret de Napoléon » mérite malgré tout qu'on s'y arrête, car les faits ne manquent pas d'être troublants. Ayant fait du tsar Alexandre Ier son allié, Napoléon Ier cherche à le séduire. Dans une lettre fameuse, en date du 2 février 1808, il lui parle d'un partage de l'Empire ottoman, d'une conquête et d'un dépeçage de l'Inde anglaise. Plus concrètement, l'ambassadeur de France à Saint-Pétersbourg, Caulaincourt, étudie le partage. La Syrie et l'Égypte sont réservées à la France...

De Bayonne, le 13 mai 1808, Napoléon invite son ministre de la Marine, Decrès, à concentrer à Toulon une flotte

---

13. La Maison Fina Loria et Tilche, *in* Édouard DRIAULT, ouvrage cité.

14. Ministère des Affaires étrangères, vol. 29, 30, 31. Dossiers des veuves Pasqualy et Varsy, requêtes et états des pertes de Barthalou cadet, des citoyens Mengin et Pourrière, de la maison Baudeuf, Berthon et compagnie ; curieux mémoire récapitulatif de cinq négociants marseillais, en date du 24 brumaire an XI, adressé à l'ambassadeur Brune, il est question de trois millions de livres tournois de créances en souffrance en Égypte.

capable de transporter 20 000 hommes. Il s'agit de passer à l'offensive dans l'océan Indien et, en même temps, de débarquer en Égypte. Dans les semaines suivantes, Napoléon précise ses intentions. Les amiraux Allemand et Ganteaume débarquent à l'île d'Elbe et à Corfou d'importantes quantités de matériels. L'Angleterre prévient Muhammad Ali qui, en toute hâte, renforce les fortifications d'Alexandrie. En fait, rien ne se produit, car, entre-temps, la situation s'est dégradée en Espagne et la guerre a repris avec l'Autriche. Celle-ci écrasée, l'Empereur reprend ses projets orientaux. Le 17 septembre 1810, il écrit à Decrès :

« Je vous prie de me faire connaître où en est cette flottille et ce qu'elle pourra porter. Quand aurai-je les moyens de porter en Égypte, par exemple, cinq divisions de troupes de lignes composées chacune de huit bataillons ou de 6 000 hommes, formant 30 000 hommes d'infanterie, 4 000 hommes d'artillerie et génie et 6 000 hommes de cavalerie, total 40 000 hommes...[15] ? »

Pour glaner une information de première main sur le futur théâtre d'opérations, Napoléon envoie en Égypte un de ses meilleurs agents, le chef de bataillon Boutin. Cet officier du génie est un spécialiste de l'Orient musulman. Il a remarquablement défendu Constantinople contre une escadre anglaise puis il a accompli une périlleuse mission à Alger. Avec un autre officier, Nerciat, il est tout naturellement requis pour se rendre en Égypte. Alors que Nerciat parcourt les pachaliks d'Asie, Boutin arrive à Alexandrie à la fin de mai 1811. A cette époque, Muhammad Ali écoute davantage les diplomates anglais que les représentants de la France. Le major Misset passe pour avoir son oreille. L'arrivée de Boutin alarme l'agent anglais. Il s'emploie à lui compliquer l'existence.

Un premier voyage mène Boutin à Assouan et à al-Qusair sur la mer Rouge d'où il cherche à gagner l'Arabie, mais, Toussoun Pacha le lui ayant interdit, il rentre au Caire par le Sinaï et Suez. Peu après, Boutin repart pour les oasis. Au total deux ans de pérégrinations, souvent en compagnie de Drovetti. Il n'est pas resté trace des rapports de Boutin. Il

15. *Correspondance de Napoléon Ier publiée par ordre de l'empereur Napoléon III*, 3e volume, Paris 1858-1870, tome XX.

semble que sa mission ait tourné à un vagabondage où la cueillette archéologique et la recherche de frissons exotiques l'emportaient sur l'espionnage. Napoléon ne reverra pas son agent qui périra assassiné dans des conditions mystérieuses en Syrie, en 1815[16].

Même privé d'informations fraîches, même absorbé par les revers subis sur le continent, Napoléon ne renonce pas à ses ambitions orientales. Il les croit toujours réalisables. Il confie à Decrès : « Si, en 1812, les circonstances sont favorables, ayant une partie de mes troupes disponibles, je compte faire l'expédition de Sicile ou d'Égypte [...] Il est nécessaire qu'il y ait à Toulon tout ce qui est nécessaire pour une expédition d'Égypte. » L'échec en Russie anéantit cette volonté du conquérant de renouer avec son passé.

---

16. Sur Boutin, voir les ordres de Napoléon à son sujet, *Correspondance...*, t. XX, n° 16601 ; t. XXI, n° 17047. Leo BERJAUD, *Boutin, agent secret de Napoléon Ier et précurseur de l'Algérie française*, F. Chambriand, Paris, 1950.

33

SUR LES TRACES DE L'ÉPOPÉE

Durant la première moitié du XIXe siècle, les voyageurs français qui s'attardent en Égypte semblent accomplir un pèlerinage. Il leur est littéralement impossible d'y échapper. Tout parle encore des Français de l'armée d'Orient et du Sultan Kebir. La sensibilité politique des uns et des autres leur fait apprécier différemment ces retrouvailles avec l'armée de la République.

Du comte de Noé à Nerval et Flaubert en passant par Champollion, les voyageurs butent sur cette expédition d'Égypte, parée désormais d'un prestige ténébreux qui a tout pour séduire ces romantiques.

Mais, avant de suivre ces pèlerins d'un genre nouveau, restons un instant en compagnie de l'écrivain le plus imaginatif, le moins scrupuleux de son temps, Alexandre Dumas. La seule mémoire de son père ne pouvait que l'inciter à faire revivre l'expédition.

Alexandre Davy de la Pailleterie, dit Dumas (du nom de sa mère), mulâtre de Saint-Domingue, a trente-six ans quand il débarque en Égypte. Prestigieux sabreur, cavalier colossal, le général Dumas est affublé de surnoms qui peaufinent sa légende, « Horatius Coclès du Tyrol », dit Bonaparte, « diable noir », hurlent les Autrichiens. Les Arabes le voyant sabrer s'écrieront : « L'Ange ! L'Ange ! » Au demeurant, cet exterminateur est plutôt bonne pâte, fantasque et naïf à la fois. Ses incartades, que nous avons déjà évoquées, insupportent Bonaparte qui ne tarde pas à le renvoyer en France.

De l'odyssée égyptienne de son père, Alexandre Dumas ne tire qu'une de ces supercheries dont il se cache à peine. En 1839, il fait paraître *Quinze jours au Sinaï*. Comme il n'a jamais mis les pieds en Orient, il s'est associé au peintre Adrien Dauzats, compagnon de route du baron Taylor arrivé en Égypte en avril 1830. A partir du journal de Dauzats, le romancier donne un récit fautif de toutes les manières — noms estropiés, anecdotes imaginaires —, émaillé de « pesantes digressions » (J.-M. Carré).

Mieux vaut donc oublier Dumas et passer à des voyageurs, à des témoins authentiques qui, heureusement, ne manquent pas.

Le premier des Français à s'inscrire dans le sillage des soldats de l'expédition est un émigré. Louis Pantaléon comte de Noé descend d'une vieille famille gasconne. Enfant, il a suivi son père dans l'émigration. A vingt et un ans, il s'engage dans l'armée anglaise. Promu lieutenant, il est affecté au 10e régiment de ligne dépêché en Inde pour réprimer les agissements du sultan Tippoo Sahib[1]. Mais lorsque le régiment du comte de Noé arrive en Inde, Tippoo Sahib est déjà mort, battu à Seringapatam. Le 10e de ligne devient alors la pièce maîtresse d'un corps expéditionnaire destiné à débarquer en Égypte par la mer Rouge. En cette fin d'année 1800, il s'agit, comme on l'a vu, d'en finir avec l'occupation française en Égypte. L'expédition se rassemble dans le plus grand secret. Mais, en mars 1801, tout le monde se retrouve à Bombay :

« Nous apprîmes enfin notre destination, raconte le comte de Noé. Il s'agissait de traverser la mer Rouge et de porter la guerre en Égypte [...] Nous apprîmes en outre que notre mouvement était combiné avec celui d'une expédition partie d'Angleterre sous les ordres du général Abercromby[2]. »

Pénétrant en mer Rouge, la flotte britannique fait escale à Juddah où elle se grossit encore du 61e régiment de ligne, d'une compagnie de dragons légers et d'artilleurs. Avertie du débarquement d'Abercromby à Alexandrie, la flotte se hâte vers l'Égypte. Au début de juin, le corps expéditionnaire est débarqué à Kosseir (al-Qusayr). Déjà pour l'émigré

1. Sultan de Mysore de 1749 à 1799, Tippoo Sahib cherche à s'allier aux Français contre les Anglais. Il envoya une ambassade à Louis XVI en 1788. Arrivé en Égypte, Bonaparte rechercha son alliance.

2. *Mémoires relatifs à l'expédition anglaise partie du Bengale en 1800 pour aller combattre en Égypte l'armée d'Orient*, par M. le comte de Noé, Paris, Imprimerie royale, 1826.

français qui, dans ses *Mémoires,* tait parfaitement ses états d'âme, la présence encore chaude de ses compatriotes se manifeste à lui.

Les soldats du général Belliard ont creusé des puits qui épargnent aux Britanniques et à leurs auxiliaires cipayes de boire de l'eau saumâtre. Gardant le port, le fort construit sous la direction de Belliard et de Donzelot est toujours là, « si bien masqué qu'on ne l'aperçoit que lorsqu'on est sous son feu ».

Après une éprouvante marche dans le désert, l'armée touche le Nil, à Qina exactement. Les habitants du lieu s'emploient déjà à démolir le fort des Français pour en récupérer les matériaux. La même scène se reproduira sous les yeux du comte de Noé à Bani Suwayf. Partout les indigènes l'interpellent de quelques mots de français ; certains même, des coptes essentiellement, le parlent « avec le meilleur accent ».

A Denderah, de Noé ne manque pas d'aller admirer le temple et son zodiaque :

« Nous vîmes sous ses voûtes le fameux planisphère découvert par Denon. Le nom de ce savant était gravé sur le fronton du temple, je me permis d'y inscrire le mien au-dessous, ne me doutant pas alors que je connaîtrais plus tard cet homme célèbre, et que des rapports d'attachement et d'estime donneraient à ce souvenir un intérêt de plus. »

Enfin, c'est l'arrivée en Basse-Égypte. Là encore, les vestiges de l'occupation française ne manquent pas, un pont de bateaux jeté sur le Nil, la maison de campagne d'Ibrahim Bey fortifiée et qui abrite le tombeau de Kléber ; à Giza ce sont des grands magasins construits par les soldats remplis encore de canons et de munitions. Sur Le Caire lui-même, de Noé est moins loquace. Les traces qu'il signale de la présence française sont presque insignifiantes.

Écrits tardivement, ces *Mémoires* expriment plus qu'un malaise, une véritable difficulté à glorifier l'expédition républicaine. Vingt-cinq ans après les faits, le comte de Noé reste sur la réserve même si, assez sèchement d'ailleurs, il reconnaît l'action civilisatrice des soldats de Bonaparte (dont il ne cite jamais le nom).

Le comte de Forbin aurait pu épouser les préjugés du

comte de Noé. Ce gentilhomme provençal avait perdu son père en 1793, guillotiné à Lyon. Il avait alors seize ans. Mais les hasards de l'existence lui ont valu d'apprendre le dessin et même de passer par l'atelier de David. Il a ensuite fait carrière dans l'armée, non sans fréquenter les salons les plus en vue. De 1805 à 1807, il est l'amant en titre de Pauline Bonaparte. Puis une campagne éprouvante au Portugal et en Espagne le pousse à quitter l'armée et à se retirer à Naples où il vit de sa peinture.

En 1817-1818, Forbin parcourt l'Orient musulman. Son *Voyage dans le Levant* n'a certes pas les qualités stylistiques de l'*Itinéraire*. Il n'en reste pas moins élégamment écrit, précis et exact dans le fond, parcouru d'une émotion sincère et attachante.

Venant de Constantinople, Forbin retrouve la mémoire des lieux dès Saint-Jean-d'Acre. Il dessine la ville « du lieu même où (elle) fut canonnée sans succès par les troupes françaises sous les ordres du général Bonaparte[3] ». C'est la seule fois que Forbin citera Bonaparte, il est vrai que son livre est assez platement dédié à Louis XVIII...

De Saint-Jean-d'Acre, Forbin gagne Jaffa. Il y voit l'hôpital « célèbre de tant de manières, célèbre aussi par le magnifique tableau qu'il a inspiré... ». Il rend visite à l'agha, admirateur des Français, qui lui donne un janissaire, vétéran de l'armée d'Orient.

Gaza, el-Arich. Forbin a en tête quelques vers héroïques de Jean-Baptiste Rousseau : « J'aimais à les répéter dans ce même endroit où campèrent, il y a peu d'années, d'autres Français qui venaient chercher de nouveaux hasards. » Partout, en effet, des champs de bataille et le souvenir des preux :

« Les Arabes de ces contrées sont encore fort occupés du souvenir des Français : ils nous indiquaient les différentes positions qu'avaient occupées nos troupes, où s'étaient livrés les combats les plus vifs, et jetaient au vent des poignées de sable pour figurer le nombre des morts. »

Passant en Égypte, Forbin fait étape à Damiette où il loge chez le consul Basile Fackr. Ce personnage, que nous

3. Citations tirées de la seconde édition (1819) du *Voyage dans le Levant.*

avons déjà évoqué, a mené des affaires prospères, il s'est fait construire une belle maison et reçoit somptueusement les voyageurs européens. Il leur livre une multitude de détails, d'anecdotes sur l'expédition.

Voici Forbin au Caire : « J'allai chercher avec empressement la place d'armes des Français, cette place de l'Ezbeqyeh célèbre par la mort du général Kléber. » Au bout de quelques jours, il est gagné à l'idée que l'expédition a laissé des traces profondes, que ce ne fut pas uniquement un échec militaire :

« Rien n'est si doux pour un Français que de recueillir l'expression des regrets laissés par l'armée française en Égypte. J'ai déjà entendu la voix de la postérité ; on sait ce qu'elle dira du noble caractère de Kléber, de la justice et de la modération de Desaix. Le fils du malheureux fellah a recueilli l'héritage de ce grand souvenir ; il saura le transmettre à ses enfants. Voilà le seul monument de cette glorieuse campagne qui soit demeuré en Égypte ; celui-là du moins ne sera pas renversé par la jalouse envie de nos rivaux. »

Après l'inévitable visite aux pyramides, Forbin embarque pour la Haute-Égypte. Les traces de la « glorieuse campagne » se font moins nombreuses. Forbin en est dépité. Ainsi, examinant les socles des deux colosses de Memmon dans la plaine de Thèbes, il relève tous les graffitis. Certains sont romains, il y a aussi un obscur baronnet britannique « qui veut que la postérité la plus reculée connaisse jusqu'au quartier de Londres où il habita », mais c'est en vain « qu'on chercherait [...] le nom de Desaix, ceux de Rapp et de Belliard. Rien ne rappelle le combat de Seydiman et de Benouthah... ».

Le retour vers la France se teinte de mélancolie. Passant à Aboukir, devenu un endroit « silencieux et désert », Forbin y voit d' « énormes débris » des « forteresses flottantes » englouties durant la bataille. L'entrevue avec Muhammad Ali lui apporte plus de réconfort : « Il est très juste avec l'armée française, et parle avec admiration de la bataille des Pyramides, du combat d'Aboukyr et de la bataille d'Héliopolis. Il raconta des traits de générosité, des mots spirituels de nos soldats. »

Deux ans après son beau-père, le comte de Marcellus

aborde l'Égypte[4]. Cet aimable et prolixe lettré, qui émaille sa relation de voyage d'une foule de citations antiques, ne semble pas avoir porté la même attention au souvenir de l'expédition. Mais, assez vain de sa personne, il aime à évoquer quelques anecdotes piquantes. Sa grande affaire est d'avoir couché à deux reprises dans des chambres où Bonaparte a dormi, d'abord à Jaffa puis à Alexandrie. Marcellus se vante aussi d'avoir retrouvé sur la pyramide de Chéops les deux graffiti de Bonaparte et de Chateaubriand « tracés par une main qui ne fut pas la leur ».

Pour le reste, seule la fréquentation de son mamelouk français et celle des « Francs » au service de Muhammad Ali lui maintiennent à l'esprit la mémoire des événements survenus vingt ans plus tôt.

Champollion le jeune est moins décevant. Même s'il est très absorbé par son enquête archéologique, il n'en oublie pas pour autant le contexte historique dans lequel il travaille. Lui aussi, comme Marcellus, couche dans des lieux chargés d'histoire, à Alexandrie, la chambre même de Kléber. Au hasard de ses promenades, il comprend mieux l'impact de la présence française :

« Tout dans cette ville (Alexandrie) respire le souvenir de notre ancienne puissance et montre combien l'influence française s'exerce avec facilité sur la population égyptienne. En arrivant, j'ai entendu les tambours des troupes du Pacha battre la retraite française et les fifres jouant le même air que les nôtres [...] Au sortir de la ville et au milieu des collines de sable qui couvrent les débris de l'antique Alexandrie, un vieil Arabe aveugle, conduit par un jeune enfant, s'avance vers moi et me dit en saluant de la main : " Bonjour, *citoyen* ! donne-moi quelque chose, je n'ai pas encore déjeuné. " Ne pouvant résister à une telle éloquence, je prends tous les sous de France que j'avais dans ma poche et les mets dans la main de l'Arabe. Celui-ci, tâtant les pièces de monnaie entre ses doigts, s'écrie : " Cela ne passe plus ici, mon ami — ah ! voilà qui est bon, mon ami. Je te remercie citoyen ! " dit ensuite mon aveugle, après avoir tâté une piastre égyptienne

4. Voir le chapitre précédent.

que je lui donnai en échange des sous démonétisés[5]. »

Les années passent. Le souvenir de l'expédition s'éteint lentement. Les témoins meurent et les lieux ne parlent plus de la même manière, trop souvent dégradés. Seules témoignent des inscriptions gravées sur les sites antiques. Pas toujours d'ailleurs puisque, visitant Philae, la comtesse de Gasparin s'indigne :

« Nous repassons devant l'inscription de Desaix. On a effacé à coups de marteau le nom de " Buonaparte " et les mots d'" Armée française " ! L'outrage est récent, le marteau britannique ![6] »

Au tournant du siècle, Maxime Du Camp et Gustave Flaubert parcourent l'Égypte. De ce voyage, assez mal supporté par Flaubert, on parvient à saisir comme un dernier écho de l'expédition de 1798.

Au Caire, c'est l'inévitable rencontre avec un témoin de l'expédition. L'homme est évidemment très âgé, ses souvenirs manquent de précision, ainsi quand il affirme avoir vu Bonaparte « petit, sans barbe, la plus belle figure qu'il ait jamais vue, beau comme une femme, avec des cheveux tout jaunes (!), il faisait indistinctement l'aumône aux juifs, aux chrétiens et aux musulmans[7] ». A Giza, les fantômes de la journée des Pyramides hantent encore les lieux : « Du haut de la pyramide un de nos guides nous montrait l'endroit de la bataille et nous disait " Napouleoun, sultan Kebir ? Aicouat, mameluks ", et avec les deux mains il faisait le geste de décapiter des têtes. »

Quelques semaines plus tard, au temple d'Esna en Haute-Égypte, Flaubert aperçoit des graffitis. Il se penche et lit une date : 1799 suivie de noms de soldats français, Louis Ficelin, Ladouceur, Lamour, Luneau, François Dardant.

Laissons à Gérard de Nerval la dernière évocation de

---

5. Champollion le jeune à Champollion-Figeac, Alexandrie, le 22 août 1828. J.-F. CHAMPOLLION, *Lettres et journaux écrits pendant le voyage d'Égypte,* Christian Bourgois, Paris, 1986. A noter que le personnage du mendiant francophone et francophile semble avoir joui d'une belle longévité. Forbin rapporte une anecdote très proche de celle de Champollion.

6. Comtesse de GASPARIN, *Journal d'un voyage au Levant,* 2de édition, Duchoux, Paris, 1850.

7. Gustave FLAUBERT, « Voyage en Orient », *in Correspondance,* tome 1 (1830-1851), La Pléiade, Paris, 1973. *Un voyage en Égypte vers 1850,* « Le Nil », de Maxime Du Camp, Conti, Paris, 1987.

l'épopée engloutie. On verra plus loin de quelle manière il transfigure certaines de ses rencontres avec de soi-disant vétérans de l'expédition. Ici il prétend avoir rencontré un témoin oculaire. Même s'il affabule, l'anecdote est à la fois magnifique et exemplaire :

« Ce bonhomme, en apprenant quel était mon pays, m'accueillit avec un juron essentiellement français, que sa prononciation transformait d'une façon comique. C'était tout ce qu'il avait retenu de la langue des vainqueurs de 98. Je lui répondis en criant : " Napoléon ! " Il ne parut pas comprendre. Cela m'étonna ; mais je songeais bientôt que ce nom datait seulement de l'Empire. " Avez-vous connu Bonaparte ? " lui dis-je en arabe. Il pencha la tête en arrière avec une sorte de rêverie solennelle, et se mit à chanter à pleine gorge :

" Ya salam, Bounabarteh ! "
(Salut à toi, ô Bonaparte !)

« Je ne pus m'empêcher de fondre en larmes en écoutant ce vieillard répéter le vieux chant des Egyptiens en l'honneur de celui qu'ils appelaient le sultan Kebir. Je le pressai de le chanter tout entier ; mais sa mémoire n'en avait retenu que peu de vers...

« Je cherchai à tirer du vieillard quelques éclairs de souvenirs en faisant résonner à ses oreilles, avec le peu que je savais d'arabe, les noms glorieux de Kléber et de Menou. Il ne se souvenait que du colonel Barthélemy, l'ancien chef de la police du Caire, qui a laissé de grands souvenirs dans le peuple, à cause de sa grande taille et du magnifique costume qu'il portait. Barthélemy a inspiré des chants d'amour dont les femmes n'ont pas seules gardé la mémoire...[8] »

Ainsi s'achève une longue quête qui témoigne d'une fascination étonnante pour l'aventure égyptienne de Bonaparte. Elle devient une composante majeure de la légende napoléonienne.

---

8. G. de NERVAL, *le Voyage en Orient*, Charpentier, Paris, 1857. Voir le chapitre suivant, p. 354 et suivantes.

34

LE CRÉPUSCULE DES MAMELOUKS (1)

Qui n'a jamais remarqué dans les peintures consacrées à Napoléon 1er le personnage enturbanné toujours à ses côtés ? Le mamelouk Roustam Reza est ainsi entré dans la légende. Ce jovial, gras et modérément belliqueux mamelouk était passé au service de Bonaparte en 1799, il suivit son nouveau maître jusqu'à l'abdication de Fontainebleau.

Mais, à lui tout seul, Roustam Reza ne peut incarner « l'odyssée mamelouke », pour reprendre le titre d'un ouvrage récent[1]. Il la défigure même, dans la mesure où ce mamelouk de parade n'a guère connu que les fastes de l'Empire ; familier de l'Empereur, il n'a pas eu trop à souffrir des revers, à la différence de ses camarades qui ont achevé plutôt sordidement une aventure commencée en fanfare.

L'histoire de ces derniers mamelouks traite de la mort d'un corps militaire fascinant ; une caste guerrière si prestigieuse qu'elle a poussé plusieurs centaines de soldats français à se faire mamelouks et à finir leurs jours en Égypte.

Dès le début de l'occupation française en Égypte, le commandement s'est occupé de recruter des supplétifs orientaux. Dans un précédent chapitre nous avons évoqué l'enrôlement des Grecs et des coptes, la formation de compagnies de janissaires[2].

---

1. Béatrice KASBARIAN-BRICOUT, *l'Odyssée mamelouke, à l'ombre des armées napoléoniennes*, L'Harmattan, Paris, 1988. Survol qui ne dispense pas de la consultation de l'ouvrage déjà ancien de Jean SAVANT, *les Mamelouks de Napoléon*, Paris, 1949.
2. Chapitre 17.

C'est précisément de ce vivier de mercenaires orientaux qu'est sorti le prestigieux corps des mamelouks « français ». Sa genèse est assez complexe et il nous suffira de la résumer.

Le 7 septembre 1798, Bonaparte prescrit l'enrôlement de tous les jeunes mamelouks, âgés de plus de huit ans et de moins de seize ans, abandonnés au Caire par les beys fugitifs. Ces très jeunes gens sont immédiatement dispersés dans les unités comme enfants de troupe ou comme tambours.

A la même époque, le Grec Barthélemy (dont nous avons déjà dépeint l' « édifiante » figure de collaborateur) a reçu l'ordre de recruter des mamelouks sans emploi pour en faire une unité de police. Les hommes de Barthélemy sont assez peu nombreux mais ils se distinguent par la brutalité de leurs opérations de ratissage, leurs raids contre les Bédouins qui rôdent autour du Caire, leurs exactions enfin à l'encontre des paysans. L'unité supplétive de Barthélemy participe à la campagne de Syrie où le commandement lui réserve des missions de reconnaissance, des escortes, des gardes de prisonniers.

C'est d'ailleurs de Syrie que va sortir le corps des mamelouks « français ». Le cheikh Jacob Habaïby, seigneur de Shefar'am près de Saint-Jean-d'Acre, s'est rallié à Bonaparte. Il se bat aux côtés des Français au mont Thabor puis protège l'hôpital de campagne établi à Shefar'am contre les Arabes du désert. Puis, quand la retraite est ordonnée, redoutant les représailles de Jazzâr Pacha, il gagne l'Égypte avec sa maison, suivi de déserteurs maghrébins, albanais et mamelouks.

Avec tous ces hommes, le commandement français décide de former une compagnie de « janissaires syriens à cheval ». Les effectifs ayant encore augmenté et ces Orientaux donnant toute satisfaction, Kléber puis Menou forment deux compagnies. Chacune est forte de 95 cavaliers encadrés par 6 officiers et sous-officiers français. Les deux compagnies sont commandées, l'une par le citoyen « Yacoub » (Jacob Habaïby) et l'autre par le citoyen « Youssef ». Ce dernier est Yusuf Hamawî, un marchand de Damas établi au Caire[3].

---

3. Anouar Louca, « Quels mamelouks? », contribution à *l'Orient des Provençaux dans l'histoire,* catalogue de l'exposition de Marseille, nov. 1982-fév. 1983.

Acte final : le 26 octobre 1800, Menou ajoute aux deux compagnies les hommes de Barthélemy pour former le régiment des mamelouks de la République. L'unité est forte de 258 hommes et 12 officiers répartis en trois compagnies.

Le recrutement de ces mamelouks est surtout le fait des circonstances ; il n'obéit pas à un plan pré-établi. Un bon exemple de ces concours de circonstance est celui de Roustam. Il était né à Tiflis en Géorgie en 1782. A treize ans, plus ou moins livré à lui-même, il est acheté par un marchand de Constantinople et dépêché sur l'Égypte. Acheté par un bey, géorgien comme lui, Roustam est circoncis puis reçoit l'habituelle formation militaire. Puis il part pour La Mecque en compagnie de son maître ; au retour, en Syrie, les mamelouks apprennent le débarquement des Français à Alexandrie ; ils décident de se rendre auprès de Jazzâr Pacha pour lui faire des offres de services ; Jazzâr Pacha préfère empoisonner le maître de Roustam qui, avec ses compagnons, sauve sa vie en fuyant.

Rentré au Caire, Roustam se rend auprès du cheikh al-Bakrî, ami de son défunt maître et devenu un des plus ardents collaborateurs des Français. Al-Bakrî s'attache Roustam. S'il aime les Français, il apprécie encore plus leurs vins et sombre peu à peu dans l'ivrognerie. Roustam, qui se fait bousculer, veut le quitter. C'est alors qu'un mamelouk syrien, Elias Massad, chargé par Bonaparte de trouver deux jeunes mamelouks pour son service personnel, remarque Roustam et le retire à al-Bakrî.

La suite, Roustam l'a racontée lui-même. Le premier contact :

« [...] Il me tire les oreilles, il me dit si je sais monter à cheval, je lui dis oui. Il me demande aussi si je sais donner des coups de sabre. Je lui dis oui, même j'ai sabré plusieurs fois les Arabes. »

Bonaparte lui donne alors un sabre damassé avec « six gros diamants » incrustés sur la poignée et une paire de pistolets « garnie en or », enfin il lui passe ses consignes :

« Voilà ma chambre à coucher, je veux que tu couches à ma porte, et tu ne laisseras entrer personne, je compte sur toi ! »

Lorsque Bonaparte décide de rentrer en France, Roustam est de son escorte[4].

En quittant l'Égypte dès 1799, Roustam n'a fait que précéder ses semblables. Le régiment des mamelouks rembarque avec Menou. A sa suite, plusieurs centaines de réfugiés, les familles des mamelouks, d'autres supplétifs, leurs parents, des collaborateurs trop exposés, toute la maison de Jacob le Copte. Tout ce monde débarque à Marseille et s'y installe dans des conditions difficiles. Les autorités militaires songent bien à réemployer ces valeureux auxiliaires de l'armée d'Orient mais les lenteurs de l'administration retardent quelque peu la formation de nouvelles unités.

Alors que les débris de la légion grecque et de la légion copte vont surtout alimenter le bataillon de chasseurs d'Orient, le régiment des mamelouks reçoit un traitement particulier.

Les chasseurs d'Orient vont connaître une existence difficile. Commandé par Nicolas Papas Oglou, le bataillon est d'abord miné par les désertions que favorise son cantonnement à Marseille. En 1803, il est tombé de plus de 400 hommes à 288. Papas Oglou ayant quitté l'armée, le commandement passe à Gabriel Sidarious. Les chasseurs d'Orient sont envoyés en Dalmatie. Marmont apprécie leurs services et cherche à étoffer leur recrutement. Mais les effectifs fondent irrémédiablement, 293 hommes en 1810, 170 en 1811, 96 en 1813, cantonnés à Corfou. Les derniers se battent à Ancône en 1814. A leur dissolution, les chasseurs sont moins de cinquante[5].

Les mamelouks ont parcouru à peu près le même itinéraire que les chasseurs d'Orient. Eux aussi, peu nombreux au départ, ont vu leurs effectifs fondre jusqu'à leur dissolution. Mais, à la différence des chasseurs passablement méconnus, ils ont joui d'une popularité exceptionnelle. Leurs faits et gestes ont fait l'objet d'une grande publicité,

4. *Souvenirs de Roustam, mamelouk de Napoléon Ier*, introduction et notes de Paul Cottin, préface de F. Masson, chez P. Ollendorf, Paris, s. d. Ces souvenirs, très remaniés, sont d'un intérêt assez mince. Toutefois on trouve en annexes de nombreuses pièces d'archives dont le registre matricule des mamelouks établi en 1816.

5. Anouar Louca, étude citée.

ils ont focalisé dans l'esprit des Français la séduction et la nostalgie de l'Orient.

Dans ses *Lettres d'un mameluck,* Joseph Lavallée, polygraphe besogneux mais fin moraliste, a évoqué l'émerveillement des Parisiens lorsque son héros, Giésid, se risque dans la rue :

« La première fois que je parus dans la rue, ils accoururent, ils s'attroupèrent, ils m'entourèrent. C'est le Mameluck ! Voilà le Mameluck ! Voyez le Mameluck ! J'écoutais bien : je n'entendis pas un seul dire : c'est un homme. J'étais honteux, non pas pour moi, mais cela me gênait [...] et je voulus rentrer. Je ne les connaissais guère ! Un " tam-tam " se fait entendre ; la foule me quitte, et court vingt pas plus loin. Qu'était-ce ? Un saltimbanque qui faisait danser des chiens. Je leur entendis dire : voilà les chiens ! comme ils avaient dit : voilà le Mameluck[6]. »

Tirade sans doute un peu sévère mais qui touche au but : les Français ne voient dans les mamelouks que leur apparence. Les uniformes somptueux, les cavalcades les enchantent. Coiffés d'un turban bleu à calotte rouge, surmonté d'un croissant en cuivre jaune, les mamelouks sont vêtus d'une veste couleur bleu de ciel, taillée à la mode orientale avec olives, galons et passementerie noirs ; dessus, un gilet rouge et à la taille une ceinture à nœuds en laine verte et rouge ; le pantalon rouge est extrêmement large et les bottines sont jaunes. Les armes sont le sabre recourbé, l'espingole (un tromblon), deux pistolets et un poignard passé à la ceinture. Les mamelouks montent sur des selles à haut pommeau et à dossier, avec des étriers à la turque. Leurs étendards sont des tougs, queues de cheval noires surmontées de boules de cuivre doré.

Présents à toutes les parades, les mamelouks sont en fait très peu nombreux. Un premier arrêté (du 13 octobre 1801) confie à l'aide de camp Rapp (un ancien d'Égypte) le soin d'organiser et de commander un escadron de 240 mamelouks. Mais, après examen médical, cet effectif doit être ramené à 150 hommes. Ainsi sélectionnés, les mamelouks sont conduits à Melun pour y être casernés, en deux compagnies.

---

6. Joseph LAVALLÉE, *Lettres d'un mameluck ou Tableau moral et critique de quelques parties des mœurs à Paris,* à Paris, chez Capelle, an XI (1803).

Passant de la garde consulaire à la garde impériale, l'effectif des mamelouks continue à diminuer. Ils sont 109 en juillet 1804, 86 en 1808. La guerre d'Espagne les décime : 55 seulement en reviennent, encore est-ce pour participer à la campagne de Russie ! Pour combler les trous, on fait feu de tout bois : « On puise, dans le Dépôt des réfugiés égyptiens à Marseille, du sang frais : les enfants ayant atteint l'âge de seize ans sont incorporés aux Mamelouks. Le capitaine Abdallah, chargé de cette mission, n'hésite pas à enrôler sept matelots débarqués d'un bâtiment turc se trouvant dans le port. Et des " mamelouks " français, antillais, italiens, allemands, belges et hollandais viennent combler des brèches et grossir les rangs. En 1813, on se contente de l'effectif de 250 hommes, après l'avoir fixé d'abord à 350, tout en distinguant les anciens par le titre de " premiers Mameloucks " et les autres par " seconds Mamelouks "[7]. »

Après l'abdication, quelques mamelouks accompagnent Napoléon à l'île d'Elbe. Ils sont associés à des cavaliers polonais pour former l'escadron des chevau-légers polonais et mamelouks. En 1815, durant les Cent-Jours, on annonce la reconstitution d'une unité de mamelouks... En fait, après Waterloo, presque tous sont congédiés.

Le registre matricule des mamelouks de la garde impériale ne conserve pas moins de 582 noms. Encore cette liste n'est-elle pas exhaustive. Dans leur sécheresse administrative, certains états de service nous en apprennent long sur le destin de ces mercenaires.

Abdallah Dasbonne, qui est né en 1776 en Syrie, a suivi les Français en Égypte. Il sert comme guide. Rapatrié, il intègre l'escadron des mamelouks. Il fait toutes les campagnes du Consulat et de l'Empire. Sous-lieutenant en 1800, lieutenant en 1806, capitaine instructeur en 1811, Napoléon le fait chevalier puis officier de la Légion d'honneur. Quatre fois blessé.

Ouannis Arménie vient, comme son nom l'indique, du Caucase. Il a dix-huit ans en 1799. Il sert les Français dès 1800. On le retrouve engagé sur tous les fronts et notamment en Espagne d'où il sort indemne. Il finit maréchal des logis.

Baraka Boulous est né en 1786 à Alexandrie. C'est donc

7. Anouar LOUCA, étude citée.

âgé de quinze ans seulement qu'il découvre la France. Mamelouk jusqu'en 1812, il parcourt l'Europe ; blessé à la main droite à Eylau, il a la poitrine ouverte par une baïonnette à Wagram. La Russie lui vaut d'avoir les pieds gelés. Il finit réformé au dépôt de Marseille.

Le Géorgien Chahin est un miraculé. Il a vingt-trois ans quand il passe aux Français. Il sera blessé 35 fois et finira capitaine, officier de la Légion d'honneur. Son plus bel exploit : à Austerlitz il prend une pièce de canon et sauve la vie au général Rapp.

Le destin assigne à Michalaouat Ayous une trajectoire plus courte. Ce Palestinien est d'abord grièvement blessé à Eylau, puis il succombe à Madrid dans le soulèvement du *dos Mayo* 1808. C'est d'ailleurs cette atroce guerre civile qui poussera le mamelouk Paul Vassily, un Russe, à déserter « avec armes et bagages » quelque part en Espagne.

Certaines fiches du registre matricule sont d'une telle brièveté qu'elles nous laissent en arrêt :

« Taloute Abdel, nègre. 1781. En Abyssinie. An VIII. Campagnes : ans VIII, IX, XIV, 1806, 1807, 1808, 1809. En arrière sans nouvelles, du 12 décembre 1812. » Cet Éthiopien est mort en Russie ! Comme Anna Nia, Géorgien, ou Guirguès Masserie, Gabriel Koury, Nicolas Grec, tous morts de froid ou achevés par les cosaques.

Sans doute est-il préférable de conclure avec Jean Renno, chrétien de Saint-Jean-d'Acre, sur la brèche de 1798 à 1815 :

« Blessé de deux coups de baïonnette à Austerlitz, d'un coup de feu à la révolte de Madrid (1808) ; d'un éclat d'obus à Waterloo (1815). Le 24 mai 1809, à l'affaire de Pradamesen (Espagne), fit, dans une charge, 100 prisonniers espagnols ; à Courtray (1814), eut un cheval tué sous lui en enlevant, avec un petit nombre de Mameloucks, une pièce de canon à 130 cuirassiers saxons ; chargea un peloton de 180 cavaliers prussiens, les ramena à plus d'une lieue, fit des prisonniers et mit beaucoup d'hommes hors de combat. » Renno finit chef d'escadron. Il est licencié avec demi-solde le 22 décembre 1815. C'est à Melun qu'il meurt en 1848, décoré à la fois de la Légion d'honneur et de l'ordre de Saint-Louis.

Avant de finir leurs jours dans une retraite difficile, les mamelouks, les chasseurs et les réfugiés égyptiens en général subissent les méfaits de la Terreur blanche. Surtout concentrée à Marseille, la colonie égyptienne n'a pu cacher sa joie lorsque Napoléon est rentré de l'île d'Elbe. Les Cent-Jours passés, mamelouks et chasseurs d'Orient ont été licenciés. A Marseille, les manifestants royalistes se vengent sur tous ceux qui, de près ou de loin, ressemblent à des mamelouks. Ils hurlent : « Es un mamalou, es un castagné, zoua n'eou ! » (« C'est un mamelouk, c'est un bonapartiste, sus à lui ![8] ») Une douzaine de mamelouks sont ainsi découverts et lynchés. En hâte, les Égyptiens quittent Marseille et partent se réfugier dans les bois environnants. Quand ils reviennent, c'est pour apprendre qu'ils sont tous déportés, les uns au fort Sainte-Marguerite dans les îles de Lérins, d'autres au fort Saint-Nicolas et même, pour certains, expédiés aux bagnes de Toulon et de Rochefort.

Avec les anciens qui meurent, la nouvelle génération qui cherche à s'établir en France, oublieuse de ses origines, la trace des mamelouks finit par se perdre. Sauf pour quelques-uns. Lorsqu'en 1830, Charles X entreprend la conquête de l'Algérie, il ne se contente pas de faire exhumer les relevés de fortifications du colonel Boutin, il procède aussi au recrutement de quelques « spécialistes » du monde arabe. D'anciens mamelouks rejoignent l'expédition d'Alger, tel Soliman Salamé, retraité à Melun depuis 1815 et qui se retrouve interprète à l'armée d'Afrique ; tel Jacob Habaïby « mis à la disposition du maréchal Clauzel, commandant l'armée d'Afrique » ; Elias Massad promu capitaine au 2e chasseurs d'Afrique en 1831 ; Abdallah Dasbonne, officier d'ordonnance du général Boyer à Oran, commandant de la place d'Arzew.

Quelle vie paradoxale pour ces hommes ! Arrachés à leurs familles, convertis de force à l'Islam, ils l'ont ensuite abjuré ; ils finissent leur carrière militaire en aidant à la conquête d'une vieille terre musulmane. Ultime revanche, peut-être, sur leurs maîtres ottomans.

Sans doute ces derniers mamelouks ont-ils rencontré le fameux Youssouf, Giuseppe Ventini, originaire de l'île d'Elbe. Né en 1808, il avait été capturé enfant par des pirates tunisiens ; le bey de Tunis l'avait acheté pour en faire un mamelouk. En 1830, apprenant l'arrivée des Français à

8. Béatrice KASBARIAN-BRICOUT, ouvrage cité. En provençal, le *castagné* est un mangeur de châtaignes, allusion à la nourriture de base des Corses.

Alger, Youssouf gagne Sidi-Ferruch. Le maréchal de Bourmont le prend comme lieutenant de l'aghâ des Arabes. Début d'une incroyable carrière que Youssouf finira, en grand seigneur, à Paris en 1866[9].

9. Edmond JOUHAUD, *Youssouf esclave mamelouk et général de l'armée d'Afrique*, Robert Laffont, Paris, 1980.

35

LE CRÉPUSCULE DES MAMELOUKS (2)

> « *J'avais pour drogman un Syrien. Mansour sortait des mamelouks de la Garde. Rechouân avait quitté la France pour l'Orient, tandis que Mansour était parti d'Égypte avec l'armée française.* »
>
> Comte de FORBIN

La magie du style est à la source de bien des injustices. De tous les voyageurs français qui ont hanté l'Égypte entre 1770 et 1850, le plus négligent est indubitablement le vicomte de Chateaubriand.

J.-M. Carré, qui a étudié de près son itinéraire dans le Delta, ne regrette qu'une chose : que le précieux Julien, le domestique de Chateaubriand, n'ait pu suivre son maître ; comme il est resté alité plus d'un mois à Alexandrie, Chateaubriand est le seul à rapporter ce qu'il a fait et on sait combien il était enthousiaste, imaginatif et affabulateur. Arrivé le 20 octobre 1806, il est reparti d'Égypte le 23 novembre. C'est court et, en outre, Chateaubriand a peu vu : Alexandrie, Rosette, Bulaq et Le Caire.

Le Nil lui a rappelé « ses » fleuves de la Louisiane et « ses » savanes américaines. Il n'est pas allé aux pyramides et a simplement demandé (à Caffe) que l'on gravât son nom dessus. Au Caire, où il reste une semaine, Chateaubriand est frappé de l'influence laissée par les Français cinq ans après leur repli : « Les femmes s'y montrent avec moins de réserve qu'autrefois ; on est absolument maître d'aller et entrer partout où l'on veut ; l'habit européen, loin d'être un objet d'insulte, est un titre de protection...[1]. »

Surtout, Chateaubriand a rencontré des survivants de l'expédition, incroyables renégats devenus mamelouks au service de Muhammad Ali[2]. En quelques lignes, qu'il serait stupide de mutiler, il retrace leur aventure insolite :

« Les grandes armées laissent toujours après elles quelques traîneurs : la nôtre perdit deux ou trois cents soldats qui restèrent éparpillés en Égypte. Ils prirent parti sous différents beys, et furent bientôt renommés par leur bravoure. Tout le monde convenait que si ces déserteurs, au lieu de se diviser entre eux, s'étaient réunis et avaient nommé un bey français, ils se seraient rendus maîtres du pays. Malheureusement, ils manquèrent de chef, et périrent presque tous à la solde des maîtres qu'ils avaient choisis. Lorsque j'étais au Caire, Mahamed-Ali-Pacha pleurait encore la mort d'un de ces braves. Ce soldat, d'abord petit tambour dans un de nos régiments, était tombé entre les mains des Turcs par les chances de la guerre : devenu homme, il se trouva enrôlé dans les troupes du pacha. Mahamed, qui ne le connaissait point encore, le voyant charger un gros d'ennemis, s'écria : " Quel est cet homme ? Ce ne peut être qu'un Français " ; et c'était en effet un Français. Depuis ce moment il devint le favori de son maître, et il n'était bruit que de sa valeur. Il fut tué peu de temps avant mon arrivée en Égypte, dans une affaire où les cinq autres mamelucks perdirent leurs chevaux.

« Ceux-ci étaient Gascons, Languedociens et Picards ; leur chef s'avouait le fils d'un cordonnier de Toulouse. Le second en autorité, après lui, servait d'interprète à ses camarades. Il savait assez bien le turc et l'arabe, et disait toujours en français, j'étions, j'allions, je faisions. Un troisième, grand jeune homme maigre et pâle, avait vécu longtemps dans le désert avec les Bédouins, et il regrettait singulièrement cette vie. Il me contait que quand il se trouvait seul dans les sables, sur un chameau, il lui prenait des transports de joie dont il n'était pas le maître. Le pacha faisait un tel cas de ces

1. CHATEAUBRIAND, *Itinéraire de Paris à Jérusalem*, chez Le Normant, Paris, 1812.

2. Muhammad Ali est en général orthographié Méhémet Ali par les historiens français. Pacha d'Égypte (1806-1849), il est le fondateur de l'Égypte moderne.

cinq mamelucks, qu'il les préférait au reste de ses spahis : eux seuls retraçaient et surpassaient l'intrépidité de ces terribles cavaliers détruits par l'armée française à la journée des Pyramides. Nous sommes dans le siècle des merveilles ; chaque Français semble être appelé aujourd'hui à jouer un rôle extraordinaire : cinq soldats, tirés des derniers rangs de notre armée, se trouvaient, en 1806, à peu près les maîtres au Caire. Rien n'était amusant et singulier comme de voir Abdallah de Toulouse prendre les cordons de son cafetan, en donner par le visage des Arabes et des Albanais qui l'importunaient, et nous ouvrir ainsi un large chemin dans les rues les plus populeuses. Au reste, ces rois par l'exil avaient adopté, à l'exemple d'Alexandre, les mœurs des peuples conquis ; ils portaient de longues robes de soie, de beaux turbans blancs, de superbes armes ; ils avaient un harem, des esclaves, des chevaux de première race ; toutes choses que leurs pères n'ont point en Gascogne et en Picardie. Mais au milieu des nattes, des tapis, des divans que je vis dans leur maison, je remarquai une dépouille de la patrie : c'était un uniforme haché de coups de sabre, qui couvrait le pied d'un lit fait à la française[3]. »

Même s'il exagère l'importance et l'influence des déserteurs français, Chateaubriand a parfaitement évoqué leur itinéraire. Les faits qu'il rapporte sont exacts. Reste à reconstituer et à préciser leur trame. Ce qui est particulièrement complexe car il n'existe pas de véritables sources pour étudier ces soldats français. Il faut donc s'en remettre à une documentation éparse et tirer matière de cent notations prises de-ci de-là[4].

Ainsi le nombre exact des déserteurs français de l'armée d'Orient est-il impossible à établir. Beaucoup d'archives ont été détruites ou abandonnées par le corps expéditionnaire avant son rapatriement. Toutefois, les témoignages se recoupent : les déserteurs qui se sont enrôlés chez les beys ou le pacha ont été plusieurs centaines.

Les archives consulaires ne parlent qu'incidemment des

---

3. CHATEAUBRIAND, ouvrage cité.
4. Rien de comparable à l'important travail de Jean SAVANT, mais on peut se référer à G. GUÉMARD, *Aventuriers mameluks d'Égypte*, Société royale d'archéologie d'Alexandrie, 1929.

déserteurs français, même si, à plusieurs reprises, la correspondance diplomatique évoque l'existence de ces soldats perdus. Ainsi Mathieu de Lesseps, dans son *Précis des événements survenus en Égypte depuis le 9 floréal an XI jusqu'au 20 prairial an XII,* fait-il état, dans les forces de Muhammad Pacha, d'une « cinquantaine de Français déserteurs renégats ». Lorsque les Albanais se soulèvent en prétextant de l'arriéré de leurs soldes, Muhammad Pacha peut se réjouir d'avoir enrôlé des soldats de Bonaparte :

« Les Français à son service sauvèrent par leur bravoure et leur habileté le harem du Pacha qui avec son parti se retira à Mansoura... »

Depuis Rosette, Caffe confirme à ses collègues la vaillance de cette garde prétorienne. Pour lui, le pacha n'a pour « toute ressource que celle des soldats français restés à son service après le départ de l'armée française et quelques officiers turcs ».

Un peu plus tard, Rossetti signale que les Français sont surtout utilisés comme instructeurs et qu'ils forment les troupes du pacha à la discipline et à la manœuvre européennes.

Mais tous les déserteurs français ne sont pas dans le camp du pacha, certains ont choisi de servir les beys comme Lesseps en informe le ministre :

« Le parti des mamelouks est encore augmenté de quelques troupes de nègres qu'on instruit à l'européenne par cent cinquante ou deux cents Français déserteurs, par beaucoup de Grecs, et quelques Francs de diverses nations qui montent plusieurs chebeks et chaloupes canonnières...[5] »

A ces indications très sèches s'ajoutent, une quinzaine d'années plus tard, les témoignages de deux voyageurs, Forbin et Marcellus son gendre. Le premier a parcouru l'Égypte en 1817, le second en 1820[6]. Forbin a pour drogman

---

5. M. de Lesseps, *Bulletin de la situation de l'Égypte,* 4 fructidor an XI, citation tirée comme les précédentes des Archives diplomatiques de Nantes, vol. 29, 30, 31.

6. Comte de Forbin, *Voyage dans le Levant en 1817 et 1818,* 2e édition, Paris, chez Delaunay, 1819. Comte de Marcellus, *Souvenirs de l'Orient,* Paris, Debucourt, 1839.

un mamelouk français, Ismayl Rechouân (*sic*), de son vrai nom Pierre Gary, natif du Lot-et-Garonne. Rechouân arrondit sa solde en guidant les voyageurs. Il l'a fait pour Chateaubriand, le voilà avec Forbin en attendant Marcellus. Coïncidence émouvante, le vicomte de Marcellus est né « à deux lieues du village de Pierre Gary » ; quand les deux hommes se rencontrent, ils se parlent en patois gascon mais Rechouân a oublié trop de mots, il ne peut poursuivre la conversation. Il se jette en pleurant de dépit dans les bras de Marcellus.

Grâce à ce mamelouk, Forbin obtient quelques renseignements sur les déserteurs français :

« Il était demeuré en Égypte après le départ de l'armée française, ainsi que huit cents soldats de toutes les armes ; incorporés dans les mamelouks, ils embrassèrent la religion mahométane. La guerre et la peste les ont décimés ; ils n'étaient plus que quatre-vingts et se plaignaient d'être fort négligés et médiocrement payés : Abdallah de Toulouse, leur premier chef, était mort ; et Selim d'Avignon, qui lui succéda, se mourait quand j'ai quitté Le Caire. »

Lorsqu'il part pour Thèbes, Forbin est accompagné de deux mamelouks, Ismayl Rechouân et Mansour. Mansour est un ancien mamelouk des beys passé à l'armée française et parti avec elle. Il a servi dans l'escadron plusieurs années puis déserté en 1809. Il a alors regagné l'Égypte « couvert de blessures » pour « jouir du respect de ses compatriotes ».

En Haute-Égypte les « archéologues » qui procèdent aux premières fouilles sauvages sur le site de Thèbes ont pour habitude d'user des services de mamelouks détachés à cet effet. Le consul britannique Salt a son mamelouk, Youssef ; son rival et collègue Drovetti emploie un certain Youssouf que, cette fois, nous pouvons identifier. Il s'agit d'un ancien tambour de l'armée d'Orient, Joseph Rossignana. Sérieusement malade, isolé, Rossignana n'avait pas été compté dans le rapatriement de 1801. Il était alors passé au service des beys. Devenu le mamelouk Youssouf, Rossignana guide des voyageurs français. Il accompagne le minéralogiste nantais Cailliaud et travaille aussi avec Drovetti. On retrouve son nom gravé, en 1816, dans plusieurs temples, le spéos d'Horemheb à Abou-Oda, à l'intérieur du petit temple d'Abou-Simbel, dans les temples de Derr et de Gerf-Hussein, à Dendour et à Philae enfin[7] !

Selon Forbin, Youssouf vivait dans les ruines mêmes de Thèbes. Il avait élu domicile dans une chambre sépulcrale et y tenait à demi cloîtrée une jeune Bédouine. Youssouf Rossignana défendait avec ardeur les intérêts de son patron Drovetti. Quand le padouan Belzoni prétend s'installer sur le périmètre fouillé par Drovetti, il s'y oppose par la force. A Karnak, en novembre 1818, on frôle le drame. Belzoni raconte : « J'étais à environ cent cinquante pas des propylées, quand un groupe d'hommes se porta en toute hâte sur nous, c'étaient une trentaine d'Arabes ayant à leur tête les deux agents et compatriotes de M. Drovetti, Lebulo et le renégat Rossignana. » Celui-ci lui pointe sur la poitrine un fusil à double canon et l'accable d'injures, lui déclarant « qu'il était temps de faire expier tout le mal » qu'il avait fait ! Finalement, Drovetti s'interpose et calme son mamelouk. Ainsi prévenu, Belzoni ne tarde pas à quitter Thèbes pour ne plus y revenir[8] !

Un quart de siècle après Forbin et Marcellus, Gérard de Nerval croit retrouver quelques-uns des mamelouks français. Malheureusement, chez Gérard de Nerval, la folie intermittente n'empêche pas l'exploitation journalistique de tout ce qu'il a vu et écrit. Ses *Souvenirs d'Orient,* très recomposés, empruntent beaucoup au voyageur britannique William Lane[9].

Au Caire, Nerval fréquente la colonie française, il voit beaucoup de monde. Ainsi l'ingénieur Linant de Bellefonds le reçoit-il avec sympathie. Dans son récit, Nerval n'hésite pas à le vieillir (il était né en 1799 !) et à en faire un survivant de l'expédition. Ce qui lui permet de brosser cette évocation superbe et passablement factice :

« Mon hôte appartenait à cette génération militaire qui

---

7. Sur Rossignana consulter le bel ouvrage de Michel Chauvet, *Frédéric Cailliaud,* éd. ACL-Crocus, 44320 Saint-Sébastien, 1989. Cailliaud, prodigieux découvreur, dessinateur émérite, est encore trop peu connu aujourd'hui. Les recherches de M. Chauvet le restituent pleinement.

8. Cité par C. Traunecker et J.-C. Golvin, *Karnak, Résurrection d'un site,* Payot, Paris, 1984.

9. G. de Nerval, *le Voyage en Orient,* Charpentier, Paris, 1851. J.-M. Carré expose avec beaucoup de perspicacité la genèse de cet ouvrage, *Voyageurs et écrivains français en Égypte,* tome 2.

voua son existence au service de Napoléon. Plutôt que de se reconnaître sujets de la Restauration, beaucoup de ces braves allèrent offrir leurs services aux souverains de l'Orient. L'Inde et l'Égypte en accueillirent un grand nombre [...] Quelques-uns adoptèrent la religion et les mœurs des peuples qui leur donnaient asile. Le moyen de les blâmer ? La plupart, nés pendant la Révolution, n'avaient guère connu de culte que celui des théophilanthropes ou des loges maçonniques. Le mahométisme, vu dans les pays où il règne, a des grandeurs qui frappent l'esprit le plus sceptique. Mon hôte s'était livré jeune encore à des séductions d'une patrie nouvelle. Il avait obtenu le grade de bey par ses talents, par ses services ; son sérail s'était recruté en partie des beautés du Sennaar, de l'Abyssinie, de l'Arabie même, car il avait concouru à délivrer des Villes saintes du joug des sectaires musulmans. Plus tard, plus avancé en âge, les idées de l'Europe lui étaient revenues : il s'était marié à une aimable fille de consul et... il avait congédié tout son sérail. »

Plus sérieusement, Nerval finit par retrouver son ancien mamelouk et, cette fois, l'existence de son « Monsieur Jean » est attestée par plusieurs auteurs. Il le présente ainsi :

« M. Jean est un débris glorieux de notre armée d'Égypte. Il a été l'un des trente-trois Français qui prirent service dans les mamelouks après la retraite de l'expédition. Pendant quelques années, il a eu comme les autres un palais, des femmes, des chevaux, des esclaves : à l'époque de la destruction de cette puissante milice, il fut épargné comme français ; mais, rentré dans la vie civile, ses richesses se fondirent en peu de temps. Il imagina de vendre publiquement du vin, chose alors nouvelle en Égypte, où les chrétiens et les juifs ne s'enivraient que d'eau-de-vie, d'arak, et d'une certaine bière nommée *bouza*. Depuis lors, les vins de Malte, de Syrie et de l'Archipel firent concurrence aux spiritueux, et les musulmans du Caire ne parurent pas s'offenser de cette innovation. »

Il faut maintenant dépasser ces bribes biographiques, ces évocations plus ou moins littéraires et résumer l'aventure des déserteurs de l'armée d'Orient.

Dans les jours qui suivent le départ de Menou, les déserteurs se retrouvent livrés à eux-mêmes. Ils se cachent et vivent misérablement. Trois d'entre eux qui voulaient profiter de la caravane en partance pour La Mecque se sont joints aux pèlerins. Découverts, ils sont pendus [10].

Retrouvés par les Albanais, plusieurs dizaines de soldats français sont amenés à Muhammad Pacha qui, loin de les maltraiter, les enrôle sur-le-champ comme instructeurs. Il leur confie l'encadrement des Noirs razziés au Darfour. Quand Sebastiani arrive au Caire, il rencontre ces déserteurs venus l'assurer de leur loyauté (!); deux d'entre eux l'escortent même sur le Nil. Peu à peu Muhammad Pacha perd ses mamelouks français; son incompétence militaire les a découragés et, après avoir défendu ses femmes, beaucoup le quittent.

La plupart se retrouvent chez les beys, et en particulier dans la maison de Muhammad Bey al-Alfi. Puis un certain nombre passe au service de Muhammad Ali. Ils lui forment une garde personnelle commandée par Abdallah de Toulouse, de son vrai nom Derau ou Dureau, puis après sa mort, par Selim d'Avignon, de son vrai nom Combe. La fidélité des renégats français à Muhammad Ali semble avoir été irréprochable; une tradition (non vérifiable) veut même qu'Abdallah de Toulouse l'ait sauvé d'un empoisonnement alors qu'il s'apprêtait à boire une tasse de café dans une rue du Caire.

L'attachement et l'estime de Muhammad Ali à l'égard des mamelouks français se vérifient encore lorsqu'il ordonne le massacre des beys dans la citadelle du Caire, le 1er mars 1811. Selon le voyageur E. de Montulé, qui le tenait d'un témoin direct du drame, les choses se seraient passées ainsi :

« Au moment où les Beys se levaient pour se retirer, le Kâchy français se disposait à les suivre, lorsque Méhémet Bey le retenant par la pelisse lui donna ordre de demeurer. Les mamelouks francs suivirent l'exemple de leur chef et la fusillade qui ne tarda pas à se faire entendre leur apprit bientôt combien ils devaient de reconnaissance à leur protecteur [11]. »

---

10. AURIANT, « Abdallah de Toulouse et Selim d'Avignon », *Revue bleue*, 2 février 1929.

11. E. de MONTULÉ, *Voyage en Amérique, en Italie, en Sicile et en Égypte pendant les années 1816, 1817, 1818 et 1819*, Paris, Delaunay, 1821. De leur côté, René et Georges CATTAVI, *Mohamed-Aly et l'Europe*, Paris, P. Geuthner, 1950, parlent de 800 mamelouks français épargnés dans le massacre de la citadelle.

Une poignée de renégats refuse de rallier Muhammad Ali et se décide à suivre les beys rescapés en Haute-Égypte. Ils y mènent une existence de fugitifs et en peu de temps périssent tous.

En 1813, Abdallah de Toulouse n'a plus sous ses ordres qu'une cinquantaine de mamelouks français. Beaucoup sont morts, quelques-uns se sont retirés. Tel Joseph Duclos d'Uzès qui ouvre une boutique au Caire. Un homme avisé puisqu'il attire l'attention du colonel Boutin ; il envisage un moment d'en faire son agent en Arabie, à Djeddah (Juddah) ou à Moka (al-Mukha).

En 1812, J.-L. Burckhardt passant à Akaba sur la mer Rouge trouve là une petite garnison de mamelouks français employés à garder un dépôt de vivres et de fournitures diverses destinés à la caravane de La Mecque. Cette garnison perdue, qui joue aux cartes et qui regrette Le Caire comme elle regrettait la France aux temps de l'expédition, fait irrésistiblement penser aux veilleurs taciturnes du *Désert des tartares*[12] *!*

Les derniers mamelouks français sont signalés à surveiller une fabrique de salpêtre. Ils sont tout au plus une vingtaine. Plusieurs, comme on l'a vu, sont autorisés à servir de guides aux voyageurs européens. Les ultimes survivants de l'aventure française en Égypte meurent vers 1840-1850. Dans l'indifférence générale. Ils sont enterrés, en bons musulmans, tournés vers La Mecque.

Reste à évoquer, *in fine,* les pérégrinations des mamelouks français en Tripolitaine et même dans le désert libyen.

En 1805, Selim d'Avignon et plusieurs de ses camarades embarquent sur des navires... américains ! Destination Dernes (Darnah) dont le dey encourage la piraterie.

Excédé, le consul William Eaton a obtenu l'intervention de l'escadre de l'amiral Barrow. Les mamelouks français participent au raid de représailles, ils plantent le drapeau américain sur les murailles de Dernes qui se rend le 27 avril. Réparation obtenue, les renégats français rentrent en Égypte.

Plus surprenant encore, et très mal connu, le cas d'Abou Zéid Abdallah *(sic)*. Ce tout jeune Toulonnais, tambour de

12. J.-L. BURCKHARDT, *Voyages en Arabie,* Paris, 1835.

l'armée d'Orient, avait été capturé par les Bédouins en Haute-Égypte. Vendu au dey de Tripoli, il devient son mamelouk. Une brillante campagne au Fezzan, sous les ordres de Muhammad le Circassien, lui vaut le titre de bey et le gouvernement d'une oasis. Le voyageur J.-R. Pacho, qui est un des rares à l'avoir rencontré, raconte :

« Abou Zei Abdallah n'a conservé d'autres souvenirs de sa patrie qu'une idée vague de la ville et des environs de Toulon, et d'autre usage de sa langue originelle que quelques mots provençaux qu'il estropie avec une bonhomie charmante [13]. »

Cent trente ans plus tard, d'autres soldats français, ignorants de l'aventure du petit tambour toulonnais, écrivent une autre page d'histoire, cette fois c'est la colonne Leclerc qui conquiert le Fezzan.

---

13. J.-R. PACHO, *Relation d'un voyage dans la Marmarique, la Cyrénaïque et les oasis d'Audjelah et de Maradeh*, Paris, Firmin-Didot, 1827-1829 ; réédition chez Jeanne Laffite, Marseille, 1979. Mise au point de F. CHAMOUX dans *Historama*, septembre 1989.

36

LES FRANÇAIS DE MUHAMMAD ALI

Après le massacre des mamelouks attirés dans le traquenard de la citadelle, le 1er mars 1811, Muhammad Ali a les mains libres pour gouverner l'Égypte. Personnage clef de la question d'Orient, il a bénéficié en Europe d'une réputation exceptionnelle[1]. Jouant des rivalités entre les puissances européennes, il est parvenu à conduire l'Égypte vers une indépendance réelle. Surtout, il a cherché de toutes les manières à transformer son pays d'adoption en un État moderne.

Même après la crise internationale de 1840, qui l'a contraint à reculer en même temps que son allié français, Muhammad Ali reste très attaché à la France. En octobre 1840, il confie à un de ses interlocuteurs français : « Toute ma vie, je serai reconnaissant à la France de ce qu'elle a fait pour moi et, en mourant, je léguerai ma reconnaissance à mes enfants et leur recommanderai de rester toujours sous sa protection[2]. »

Pourtant, après la mort de Muhammad Ali, son petit-fils 'Abbâs Ier amorce une réaction politique qui tend à éliminer les influences occidentales, celle des Français en particulier. Son oncle Muhammad Sa'îd revient vers la France, tout comme Ismâ'il proclamé khédive en 1867. L'influence fran-

1. Rappelons que la question d'Orient tourne autour de la rivalité entre le sultan et le pacha d'Égypte. Alors que la Russie puis l'Angleterre soutiennent la Porte, la France appuie Muhammad Ali. La crise culmine en 1840 lorsque Thiers se prépare à affronter l'Europe coalisée contre l'Égypte. Thiers écarté, la tension s'apaise (convention de Londres, juillet 1841).

2. Confidence faite à Walewski en octobre 1840, citée par F. CHARLES-ROUX, *in Histoire de la nation égyptienne*, tome VI.

çaise, longtemps prépondérante, doit bientôt composer avec celle des Britanniques. Lorsqu'en 1876 les créanciers français et britanniques du khédive lui imposent un contrôle de ses finances, ils lèsent gravement la souveraineté égyptienne. Cette tutelle en condominium ne dure que quelques années. A compter de 1882, le Royaume-Uni se substitue à la France et soumet l'Égypte à un « protectorat à peine dissimulé ». En dépit des efforts de Jules Ferry, l'Égypte quitte l'orbite française pour rester attachée à celle de l'Angleterre.

Faut-il croire que cet intérêt de la France pour l'Égypte, qui dure jusque vers 1870, est une retombée directe de l'expédition d'Égypte ? Oui, dans une très large mesure. C'est surtout une affaire d'hommes, quelques dizaines, quelques centaines au plus d'aventuriers qui vouent leur existence à l'Égypte et en font même une seconde patrie. Ils établissent des liens durables entre la France et l'Égypte, des liens qui transcendent les fluctuations diplomatiques, les combinaisons affairistes, car ce sont essentiellement des liens de culture.

Muhammad Ali a voulu bâtir l'Égypte comme les Hohenzollern avaient voulu édifier la Prusse : autour d'une forte armée de métier. Il s'est entouré d'instructeurs européens en majorité français. Jusqu'en 1815, il ne tire guère de satisfaction de cet encadrement. Mais cette année-là arrive un jeune officier français, le « colonel Sève[3] ».

Joseph Anthelme Sève est le fils d'un artisan drapier de Lyon. A quinze ans, falsifiant son état civil, il s'engage comme aspirant canonnier. Il est d'abord embarqué sur la frégate *La Muiron* puis connaît quelques tribulations qui le conduisent au 8e régiment de hussards. Après une longue captivité chez les Autrichiens, on le retrouve promu « adjudant sous-officier » au terme d'une périlleuse campagne de Russie. Durant les Cent-Jours, Sève est attaché à l'état-major de Grouchy. Sous la Restauration, il démissionne et

---

3. Excellent aperçu biographique *in Vivat Hussar*, 17-1982 et 19-1984, Tarbes ; général P. MONDAIN, *Hussard français et général égyptien : Joseph Sève - Soliman Pacha (1788-1860)*. La carrière de Sève est difficile à suivre jusqu'en 1815. En tout cas, il quitte l'armée avec le grade de lieutenant et non de colonel. Noter que la frégate *La Muiron* est celle-là même qui a ramené Bonaparte d'Égypte...

mène une existence si difficile qu'elle le conduit à quitter la France.

Lorsqu'il arrive en Égypte, Sève tombe à pic. Muhammad Ali est à la recherche de l'homme capable d'instruire à l'européenne ses soldats. Sève lui fait bonne impression. Il lui confie une première mission de prospection minière en Haute-Égypte puis, à son retour, il l'attache à son fils Ibrâhîm, chef effectif de l'armée. Sève se voit confier l'instruction de l' « armée nouvelle ». Il s'agit de transformer en troupe disciplinée, instruite à l'européenne, les « bandes ottomanes ». Ces bandes, mélange hétéroclite de Turcs, d'Albanais, de Syriens, de Maghrébins, sont loin d'être dépourvues de courage et d'endurance. Elles ont réussi à chasser les Anglais d'Alexandrie, à exterminer les mamelouks... « Mais, sans idéal national, elles sont surtout animées par l'exigence d'une solde convenable, l'espoir du butin, des pillages...[4]. »

Pour l'assister, quelques dizaines d'Européens, en majorité français et très souvent vétérans de l'armée napoléonienne. Parmi les plus notables, le médecin militaire Dussap, Daumergue, Cadot, Caisson, l'ingénieur Gonon (qui réorganise l'arsenal de la citadelle), Jules Planat...[5]. La position de ces instructeurs est difficile. Pour leurs élèves ils sont avant tout des infidèles ; dans l'esprit de Muhammad Ali, ils sont plutôt des contractuels que de véritables officiers « égyptiens ». Ce que Jules Planat résume bien : « ... Les Européens (...) n'ont jamais compté dans les emplois de l'armée. La religion y fut toujours un obstacle ; de sorte qu'ils pouvaient se regarder comme de simples employés civils, chargés seulement de l'instruction, et dont l'avancement se réduisait à une augmentation de solde. »

Pour mieux former ses hommes, Sève quitte Le Caire et déplace leur centre d'instruction à Assouan. Il doit faire preuve d'un grand sens psychologique et d'un sang-froid parfait. « Ses » recrues cherchent à l'éprouver et même à le dégoûter. Mais Sève ne se laisse pas intimider. En 1823, il a

4. Général P. MONDAIN, article cité.

5. Jules PLANAT, *Histoire de la régénération de l'Égypte, Lettres écrites du Kaire...*, par Jules Planat, ancien officier de l'artillerie de la garde impériale, et chef d'état-major au service du pacha d'Égypte, Paris, chez J. Barbezat, 1830.

formé assez d'hommes pour les faire parader devant Muhammad Ali qui, en récompense, lui décerne le titre de bey et fixe ses appointements annuels à 40 000 francs. Sève a gagné son pari.

Pourtant, en 1824, débarque à Alexandrie la mission militaire du général Boyer, un vétéran de l'expédition d'Égypte, mis en disponibilité en 1814 puis proscrit après les Cent-Jours. Pour s'en débarrasser, le gouvernement l'a autorisé à passer au service de Muhammad Ali. Venu sous contrat de cinq ans, aux appointements annuels de 60 000 francs, Boyer ne reste pas deux ans en Égypte. En dépit de tous ses efforts, il ne parvient pas à imposer ses vues et à effectuer un travail important. Ses officiers (une demi-douzaine) se querellent avec les instructeurs déjà en place et tout dégénère en cabales sordides et en intrigues minuscules.

Durant cette période, Sève a mené campagne en Morée contre les Grecs. Sa bravoure et son habileté tactique y ont fait merveille[6]. En 1831, il est major général d'Ibrâhîm et l'assiste dans la campagne de Syrie ; il contribue tant à la victoire de Konieh remportée sur les forces du sultan qu'il a droit au titre de pacha. La seconde campagne de Syrie sera moins heureuse pour « Soliman Pacha ». Puis, contraint de se replier sous la pression du Britannique Napier, il mène une retraite en bon ordre jusqu'à Suez. Tenu davantage à l'écart dans les dernières années du règne de Muhammad Ali et surtout sous 'Abbâs Ier, Sève meurt pourtant en pleine gloire, le 12 mars 1860.

Le destin de Soliman Pacha alias le « colonel Sève » est un peu celui d'un Menou qui serait resté en Égypte, avec les talents militaires en plus. Personnage truculent, curieux de tout, incroyablement hospitalier, il fait la plus forte impression sur les voyageurs européens qu'il reçoit dans son palais[7]. Converti à l'Islam à la fois par opportunisme et par conviction (c'est un déiste, il a été probablement affilié à la

---

6. Mais ces exploits lui valent une réputation détestable en France où les journaux et la classe politique sont majoritairement philhellènes. Sève est décrit comme un bonapartiste furieux, un renégat sans scrupules, un authentique soudard.

7. Parmi eux, le peintre Horace Vernet, le maréchal Marmont, Flaubert et Du Camp (le seul à égratigner Sève), Saint-Ferriol, de Luynes, Léon Roche.

maçonnerie), Sève mène une vie très épicurienne. Il profite pleinement d'un harem peuplé de somptueuses Circassiennes et offre à ses invités d'interminables banquets où le vin coule à flots. Son épouse en titre, la Grecque Sidi Maria, lui donne un fils qui devient Skander Bey, tout un programme[8] !

Après sa mort, Soliman Pacha est honoré comme une figure de l'histoire nationale. La ville du Caire lui dédie une de ses rues principales et lui érige une statue. L'intervention franco-britannique lors de la crise de Suez en 1956 fait disparaître ces marques d'estime.

Moins connue que la réorganisation de l'armée de terre effectuée par Sève, celle de la marine mérite qu'on s'y attarde. La contribution française est là encore décisive. Une première flotte est construite à partir de 1820, à coups de commandes dans les chantiers navals français et italiens. Cette flotte de bricks, de corvettes et de frégates reçoit un encadrement d'officiers français qui servent en grand nombre sous le commandement du capitaine de vaisseau Letellier. La presque totalité de cette marine égyptienne est envoyée par le fond à Navarin, le 20 octobre 1827, coulée par la flotte des puissances coalisées contre le sultan. Quant aux officiers français, aucun n'a péri, ils ont simplement négocié leur évacuation sur un navire marchand.

La second marine de Muhammad Ali est l'œuvre presque exclusive d'un seul homme, l'ingénieur Lefebvre de Cerisy, dit Cerisy Bey (1789-1864). Il veille à la construction et à l'armement des vaisseaux, surtout il développe l'arsenal d'Alexandrie, le dotant de cales permettant la construction de vaisseaux de premier rang et de tous les magasins et ateliers nécessaires. Le premier vaisseau de haut bord est lancé en 1831. Faute de cadres indigènes, des Français continuent à assurer divers commandements, tels Besson, vice-amiral et bey, Houssart, capitaine de vaisseau, et Touzé qui fait office de chef de l'état-major naval.

Cette absence de personnel qualifié et la volonté de donner à l'Égypte le rang d'une nation moderne expliquent la place importante faite à la santé et aux grands travaux publics.

---

8. Skander, Iskander sont les déformations orientales d'Alexandre. J.-E. Goby a cru pouvoir établir que l'ex-roi Farouk descendait de Soliman Pacha. Ces entrelacs généalogiques sont exposés dans *Vivat Hussar*, numéro 17, Tarbes.

Antoine-Barthélemy Clot dit Clot Bey et, à un rang subalterne, Dussap sont les maîtres d'œuvre de l'organisation médicale hospitalière et sanitaire de la nouvelle Égypte[9]. Clot Bey est d'origine marseillaise, reçu docteur en médecine à Montpellier, il exerce comme chirurgien à l'hôpital de Marseille. Une affaire assez mineure mais qui le compromet l'oblige à partir pour l'Égypte en 1824. Médecin de Muhammad Ali, il a vite sa confiance. Entrecoupé par deux courts voyages en France, son séjour en Égypte dure près de trente ans. Inspecteur général du service de santé, Clot Bey crée plusieurs hôpitaux et surtout fonde l'école de médecine, la première du genre en Égypte.

Planat qui dirige l'école des officiers d'infanterie à la même époque, raconte comment Clot Bey recrute ses étudiants en médecine, une centaine choisis parmi les Arabes lettrés :

« Des ordres du souverain protégèrent puissamment cette entreprise difficile, et sans doute celle qui devait éprouver le plus directement les obstacles de la religion. Il fallut chercher tout ce qui parlait en faveur de la médecine dans les annales arabes ; on compulsa Avicenne [...] ; on le donna comme celui qui avait le premier fait connaître les préceptes d'Hippocrate au monde civilisé, et comme le plus grand philosophe et le plus docte médecin de son temps. On prouva que si la médecine avait été exercée autrefois chez les Arabes avec une si grande distinction, elle pouvait l'être encore. Pour les autopsies, on démontra qu'on ne pouvait connaître le corps de l'homme vivant que par l'étude du mécanisme animal chez l'homme mort ; ces deux points mis en principe, le reste ne fut plus qu'un jeu. L'amphithéâtre des séances n'était cependant pas public, on avait obtenu des jeunes élèves, par un serment solennel, de ne rien révéler de ce qui se faisait aux leçons [...] L'économe turc avait des

---

9. Dussap est peu connu. Jacques TAGHER, dans les *Cahiers d'histoire égyptienne,* III 1950-51, a tenté de reconstituer son itinéraire. Il est né vers 1775, a servi dans l'expédition de Bonaparte comme sous-officier de santé. Il quitte l'armée en 1801 et se rend à Constantinople pour exercer comme médecin. Amant d'une riche Arménienne, épouse d'un banquier, il tente de l'assassiner et s'enfuit avec ses bijoux. Retiré à Rosette, il entre en grâce auprès de Clot Bey qui lui demande d'examiner les recrues nubiennes concentrées à Assouan. Il rend de précieux services dans cette tâche, jusqu'à sa mort survenue en 1835.

ordres sévères, de sorte que chaque cadavre était porté par une issue secrète, à l'amphithéâtre, et servait aux démonstrations d'anatomie et aux exercices d'opérations...[10] »

Comme l'atteste cette longue citation, la « régénération de l'Égypte » ne se passe pas toujours au grand jour. Il faut composer avec les préjugés religieux. En 1833, on ne compte pas moins de 70 Français exerçant une direction civile ou un commandement militaire[11]. Au nombre de ceux-ci, des ingénieurs et des scientifiques qui effectuent des tâches essentielles et novatrices. Ainsi Aymé qui crée une école et un laboratoire de chimie, le Marseillais Gabaudan inspirateur de l'École polytechnique du Caire, Boudot directeur de l'Observatoire, Bonfort directeur des domaines agricoles de Muhammad Ali, le pharmacien Destouches, les vétérinaires Hamon et Prince fondateurs de la première école vétérinaire. Sans oublier Jumel, l'introducteur de la culture méthodique du coton et son continuateur John Ninet[12].

A énumérer ces noms, à bien considérer leurs champs d'activité, on se prend à rêver que l'Institut d'Égypte et la Commission scientifique ont fait souche. Chacun de ces techniciens réalise une part de l'œuvre imaginée par Bonaparte.

Muhammad Ali, qui aimait d'ailleurs à rappeler que sa date de naissance était celle du conquérant corse, se sentait aussi très proche d'Alexandre le Grand, Macédonien comme lui ! Cette haute opinion de l'aventurier albanais pour sa personne l'a conduit à encourager toute une campagne de presse et d'édition en direction de l'Europe. Des apologistes, parfois désintéressés mais le plus souvent généreusement rémunérés, ont exalté l'œuvre réformatrice de Muhammad

---

10. Jules PLANAT, ouvrage cité. Ce mystère des dissections est à rapprocher de ce qui se passait à la faculté de médecine de Padoue au XVIe siècle.

11. Ce chiffre de 70 ne prend pas en compte un grand nombre de gens qui travaillent à un rang inférieur. Par ailleurs, les Français doivent compter avec une colonie italienne importante (surtout à Alexandrie), assez peu qualifiée mais apte à toutes sortes de tâches secondaires. Ces Italiens ne sont guère appréciés des Français. Le comte de Forbin, qui a rencontré plusieurs « médecins » italiens en Haute-Égypte, déclare à leur propos : « J'ai souvent vu, dans la haute Égypte, des Italiens qui se disaient médecins : ils enterrent des agas, déterrent des statues, et se trouvent fort bien de cet échange » *(Voyage dans le Levant)*.

12. Sur John Ninet, étude d'Anouar LOUCA, « Une vision européenne de l'Égypte agricole du XIXe siècle : John Ninet (1815-1895) », *in l'Égypte au XIXe siècle*, Éditions du CNRS, Paris, 1982.

Ali. Depuis l'Égypte, des hommes comme Félix Mengin ou Clot Bey ont rédigé des biographies et des « aperçus » historiques passablement louangeurs [13].

Des voyageurs ont rapporté des impressions enthousiastes, ainsi le duc de Montpensier, un des fils de Louis-Philippe, et surtout le maréchal Marmont qui revient sur les lieux où il s'est illustré aux côtés de Bonaparte. Marmont, qui est un des rares maréchaux d'Empire à avoir manifesté une certaine intelligence politique, accomplit un voyage triomphal d'octobre 1834 à janvier 1835. Muhammad Ali le reçoit avec les plus grands honneurs, il est l'hôte de Sève, et consacre six semaines à visiter la Haute-Égypte. A son retour, il livre ses impressions de voyage dans un ouvrage solidement argumenté et documenté. Au total, Marmont ne tarit pas d'éloges pour l'œuvre de Muhammad Ali, même si, en privé, il émet un certain nombre de réserves [14].

Très minoritaires, les critiques de Muhammad Ali ont pourtant existé. Les plus radicales procèdent du polémiste Bousquet-Deschamps, un moment directeur d'un hebdomadaire de langue française au Caire. Depuis Smyrne, où la mésentente avec Muhammad Ali l'a contraint à se replier, il fulmine contre le « despote étranger » qui « exploite en ferme » l'Égypte. Même exagérée, sa satire ne manque pas d'être intéressante. Il brocarde :

« Des étrangers qui font tous les métiers [...] des Arméniens déguisés en fonctionnaires publics [...], des esclaves circassiens en ministres, des renégats en beys et pachas, des caporaux allemands en officiers, des fifres suisses en instructeurs et qui jouent aux soldats, des Arabes travestis en troupiers, des barbiers en médecins, des cuisiniers en professeurs de langues, des Saint-Simoniens en Encyclopédistes et qui font les polytechniciens, des Saint-Simoniennes en odalisques [...] C'est une mascarade générale. Tout cela se rue sur et contre cette belle terre des pharaons... [15] »

Il est exact qu'à compter des années 1840-1850, l'Égypte attire beaucoup les affairistes et que leurs visées ne coïnci-

13. *Histoire de l'Égypte sous le gouvernement de Mohammed Aly*, par Félix MENGIN, notes de MM. Langlès et Jomard. A Paris, chez A. Bertrand, 1823.

14. *Voyage du maréchal duc de Raguse en Hongrie, en Transylvanie [...] en Palestine et en Égypte*, Paris, Ladvocat, 1837.

15. Cité par J.-M. CARRÉ.

dent guère avec l'affranchissement de la nation égyptienne. C'est dans ce contexte de capitalisme sauvage, de spéculations en tous genres qu'il faut replacer la réalisation du canal de Suez. S'il est une œuvre, immense, qui doit tout à l'expédition d'Égypte, c'est bien son percement.

37

LE CANAL DE BONAPARTE

> *« Il y a en Égypte des tombeaux et des berceaux, des débris et des germes [...] C'est une croisade nouvelle inaugurée par la France républicaine en 1799, reprise avec conscience du but en 1833. »*
>
> Le saint-simonien LAMBERT

Le percement de l'isthme de Suez était chose faite dès l'Antiquité la plus haute. Sous les pharaons de la XIIe dynastie (2000-1788 avant notre ère), deux canaux permettaient de passer du Nil au golfe de Suez en traversant les lacs de l'isthme.

Beaucoup plus tard, les dynastes ptolémaïques réaménagent le vieil axe que la négligence et l'érosion du temps menacent d'engloutir. A en croire Hérodote, Nécos (Nechao), fils de Psammétique, s'acharne à dériver le Nil pour creuser un canal représentant quatre jours de navigation et assez large pour laisser passer deux trières à la fois [1]. A l'époque romaine, le canal sert toujours et on l'appelle même le « fleuve de Trajan ». Le déclin de l'Empire, la brève domination byzantine nuisent à l'entretien du canal. Les conquérants arabes le remettent un moment en état, mais après 750 il est définitivement asséché.

Les siècles passent. Au XVIe siècle, les Vénitiens songent à favoriser une réouverture du canal, tant la mainmise des

1. HÉRODOTE, *l'Enquête*, livre II, 158.

Portugais sur l'Atlantique les lèse dans leurs trafics. Mais rien ne se fait. A l'époque moderne, tous les esprits tournés vers l'Orient musulman pensent à l'isthme de Suez. En 1698, le consul Benoît de Maillet remet au secrétaire d'État à la Marine un rapport qui conclut à la facilité d'un nouveau percement. A la veille de la Révolution, le baron de Tott est toujours du même avis, mais à cette époque pareil point de vue est devenu « lieu commun » (F. Charles-Roux).

Tout le siècle des Lumières appelle de ses vœux un canal isthmique : Montesquieu, d'Argenson, Raynal, Voltaire et Volney en sont les avocats enthousiastes.

Comment s'étonner, dans ces conditions, que l'idée tienne une place importante dans les spéculations du jeune Bonaparte, officier de vingt ans en garnison à Auxonne ? Avec une application inhabituelle chez lui, il va jusqu'à recopier *in extenso* un passage célèbre du polygraphe Diodore de Sicile qui, au Iᵉʳ siècle avant Jésus-Christ, affirmait : « On a fait un canal de communication qui va du golfe Pelusiaque dans la mer Rouge. Nécos, fils de Psamméticus, l'a commencé. Darius, roi de Perse, en continua le travail. Ptolémée second ne laissa pas s'achever l'entreprise, mais il fit mettre, dans l'endroit le plus favorable du canal, des barrières ou des écluses qu'on ouvre quand on veut passer et qu'on referme ensuite très promptement. »

Bonaparte ajoutait, à propos de ces écluses, un commentaire presque prémonitoire : « Ce monument a été trouvé près de Suez, à l'entrée du canal qui existe encore et qu'un léger travail rendrait navigable[2]. »

Quand le Directoire remet ses instructions à Bonaparte, il n'oublie pas de lui prescrire d'étudier de très près les conditions techniques d'un nouveau percement. Une fois sur place, le général en chef met tout en œuvre pour atteindre cet objectif.

Dès novembre 1798, il envoie le général Bon occuper Suez sur la mer Rouge. La place est rapidement fortifiée et quatre chaloupes canonnières lui sont attachées. La veille de Noël, Bonaparte gagne l'isthme en nombreuse compagnie. Il y a là les généraux Berthier, Caffarelli, Dommartin, le contre-amiral Ganteaume, l'ordonnateur Daure, plusieurs mem-

2. Cité par Frédéric MASSON, *Napoléon inconnu*, Ollendorf, Paris, 1895.

bres de la Commission et de l'Institut, Berthollet, Monge, Lepère, Costaz... Des notables cairotes se sont joints aux Français ainsi que des marchands qui profitent de l'occasion pour voyager en sécurité : trois cents hommes surveillent le parcours.

En trois jours Suez est atteint. Bonaparte y passe soixante-douze heures, débordant d'activité. En visitant les « fontaines de Moïse », des sources d'eau modérément saumâtres qui alimentent la ville de Suez, il manque de périr avec son escorte, victime de la marée montante. Au pire moment il s'écrie (du moins l'a-t-il dicté à Bertrand) : « Serions-nous venus ici pour périr comme Pharaon ? » L'héritier spirituel de Nechao en est quitte pour la peur, les soldats ayant retrouvé le chemin et même sauvé Caffarelli qui laisse dans l'affaire sa jambe de bois[3].

Le 30 décembre, Bonaparte repart de Suez. Il commence alors à rechercher les vestiges de l'ancien canal. Les Français ne tardent pas à le retrouver. Si l'on se fie à la version officielle, c'est Bonaparte lui-même qui les découvre : « Le 10 nivôse, on partit de Suez, le gros de la caravane se dirigea sur Adjeroud ; le général en chef accompagné des autres généraux et du citoyen Monge se porta à l'extrémité la plus au nord du golfe pour examiner sur le terrain s'il n'existait point de traces du canal marqué dans les cartes, comme établissant une communication entre le Nil et la mer Rouge. Ces traces furent effectivement retrouvées, le général Bonaparte les reconnut le premier, la troupe marcha pendant quatre lieues dans le canal même...[4]. »

Dans le récit de Sainte-Hélène, Napoléon ajoutera : « Les ruines du canal des deux mers sont bien marquées. Les deux berges sont éloignées de vingt-cinq toises. Un homme à cheval est caché et couvert au milieu du canal. »

Le canal retrouvé, on se met aussitôt à étudier les possibilités d'ouverture d'une seconde voie d'eau. L'ingénieur Lepère se voit chargé des premiers travaux. Accompagné de son frère Gratien, des ingénieurs Saint-Genis et Dubois, protégé par quarante hommes de la légion maltaise, Lepère procède aux repérages géodésiques. Une dizaine de

---

3. NAPOLÉON Ier, *Correspondance. Campagnes d'Égypte et de Syrie,* tome XXIX, Paris, 1858.
4. *Le Courrier de l'Égypte,* n° 24, 27 nivôse, VIIe année.

lieues sont mesurées et balisées puis tout s'arrête : les difficultés techniques, l'insécurité, le manque d'eau, le départ imminent de l'expédition de Syrie, tout se conjugue pour en rester là. Retard regrettable, conclut *le Courrier de l'Égypte*[5].

Retard qui, surtout, se prolonge puisqu'il faut attendre novembre 1800 pour voir les opérations de nivellement reprendre. Cette fois, Lepère et son frère Gratien ont emmené Saint-Genis, Chabrol, Fèvre, Villiers du Terrage, Duchanoy et Alibert, tous ingénieurs et polytechniciens.

Arrivés au milieu de l'isthme, les ingénieurs se séparent en deux brigades. L'une doit rejoindre la Méditerranée, l'autre doit retourner au Caire. Dans ses mémoires, Villiers du Terrage a évoqué les difficultés de la mission : « Ces opérations, surtout celle de la première brigade, furent souvent dérangées par le manque d'eau. On craignit même un jour de ne pouvoir compléter l'œuvre entreprise. Les difficultés inhérentes au climat, surtout la nécessité d'augmenter la longueur des visées au niveau (toujours par suite du manque d'eau), firent accélérer les opérations et supprimer une partie des vérifications projetées.

« J'ai déjà dit que tous les bons instruments apportés de France avaient été détruits pendant la révolte du Caire.

« Une fois les opérations terminées, tous nos carnets furent remis à Lepère qui se chargea avec l'aide de son frère d'en coordonner les résultats[6]. »

Dans son rapport, inséré dans la *Description de l'Égypte*, Lepère livre le résultat de tous les relevés géodésiques : pour lui il existe un dénivelé de 9,91 m entre les deux mers. Lepère estime le creusement d'un second canal chose aisée, il faudrait dépenser 30 millions de francs, mobiliser 10 000 ouvriers et compter quatre années de chantier[7].

Pendant près de cinquante ans, le rapport de Lepère fait autorité. Il est la référence obligée. Lorsque, sous Muham-

---

5. *Le Courrier de l'Égypte*, n° 24, 27 nivôse, VIIe année.
6. VILLIERS DU TERRAGE, *Journal et souvenirs de l'expédition d'Égypte*, Paris, 1899.
7. *Description de l'Égypte*, J.-M. LEPÈRE, « Mémoire sur la communication de la mer des Indes à la Méditerranée par la mer Rouge et l'isthme de Soueys », Paris, 1809 à 1822.

mad Ali, on reparle du canal, les travaux de Lepère sont à nouveau pris en compte.

Hors les cercles spécialisés dans l'histoire des idées sociales et politiques, qui connaît bien aujourd'hui les saint-simoniens ? Leur maître à penser, Henri de Saint-Simon, est vite confondu avec le mémorialiste du Grand Siècle dont il est d'ailleurs le petit-neveu[8]. Quant à son héritier spirituel, Enfantin, son seul patronyme est plutôt décourageant. Pourtant le saint-simonisme représente une page essentielle de la vie intellectuelle au XIXe siècle. En outre, de nombreux saint-simoniens, repentis ou non, ont contribué de manière décisive à l'expansion économique de la France. Il est même arrivé que le saint-simonisme regarde vers l'Égypte.

La pensée de Saint-Simon est tout entière gouvernée par une de ses maximes : « La production des choses utiles est le seul but raisonnable et positif que les sociétés politiques puissent se proposer[9]. » Ce postulat posé, il pourfend la « classe oisive » et demande pouvoirs et responsabilités pour « la classe industrielle [...] classe nourricière de la société ».

Les disciples de Saint-Simon (disparu en 1825) ont ossifié une pensée assez spontanée, inorganique ; ils en ont fait un credo, scientiste et illuministe à la fois. Cette orientation a été celle adoptée par Bazard et Enfantin. Prosper Enfantin est né en 1796. Sorti ingénieur de Polytechnique, il s'est d'abord exalté pour des idées républicaines. Il a peu connu Saint-Simon mais a tout de suite exercé un ascendant presque magnétique sur les jeunes saint-simoniens. Se croyant habité par un Verbe divin, il a voulu être reconnu comme l'envoyé de Dieu ; lui-même s'est qualifié de « pontife de la Jérusalem nouvelle » et même de « Père ». Père étrange d'une secte communisante dont la vie commune en phalanstère égaie et scandalise à la fois les Parisiens.

Poursuivis pour immoralité et escroquerie, les saint-simoniens se dispersent. En 1832, plusieurs sont condamnés

8. Le frère de Saint-Simon, Sandricourt André, Louis, chevalier de Malte, a accompagné Bonaparte en Égypte. Il y est mort. Surprenante famille qui prétendait descendre de Charlemagne et qui, a-t-on remarqué, donna à la France son dernier gentilhomme et son premier socialiste.

9. Maxime LEROY, *Histoire des idées sociales en France, de Babeuf à Tocqueville,* NRF Gallimard, Paris, 1950.

à des peines de prison. Enfermé à Sainte-Pélagie, le Père Enfantin sombre dans la monomanie mystique. Désormais, il regarde vers l'Orient qu'il veut « comme Bonaparte » subjuguer. Il compte y retrouver la Mère et, dans une union charnelle et mystique à la fois, procéder aux noces de l'Orient et de l'Occident.

Il envoie son disciple Barrault en estafette : « Tu peux m'annoncer à l'Orient et y appeler la Mère [...] Respect à toutes les femmes [...] Saluez-les toutes, ces filles d'Orient, en mon nom, à haute voix[10]. »

Le 23 septembre 1833, Enfantin embarque à son tour pour l'Égypte. Il proclame : « C'est à nous de faire entre l'antique Égypte et la vieille Judée, une des nouvelles routes d'Europe vers l'Inde et la Chine; plus tard, nous percerons aussi l'autre à Panama. Suez est le centre de notre vie de travail. » A Alexandrie, une douzaine de disciples l'attendent, d'autres se préparent à rejoindre la secte. Ils forment un petit groupe de Français passablement excentriques, mais jeunes, enthousiastes et compétents.

Enfantin, qui n'est pas uniquement guidé par ses rêveries mais qui sait organiser et traiter les affaires méthodiquement, recherche des appuis. Il a le soutien du consul général Mimaut, la sympathie active du colonel Sève et, plus précieuse encore, celle de l'ingénieur Linant de Bellefonds.

Linant Pacha de Bellefonds naît en 1799. Il descend d'une famille noble vouée à la diplomatie et à la guerre. Il navigue presque enfant aux côtés de son père, capitaine de frégate. En 1817, Linant est élève de marine sur la *Cléopâtre* qui embarque le comte de Forbin pour l'Orient. C'est la chance de sa vie : Forbin le remarque et lui demande de l'accompagner. L'Égypte plaît à Linant et, grâce à Forbin, il entre au service de Muhammad Ali. Il assiste Jumel dans la construction de filatures de coton à Bulaq puis travaille avec l'ingénieur-architecte Paul Coste[11].

En 1820, Linant quitte le service du vice-roi et entreprend une série de voyages pour le compte de sociétés de géogra-

---

10. Cité par Sébastien CHARLETY, *Histoire du saint-simonisme (1825-1864)*, Paul Hartmann, Paris, 1931.

11. Jean-Édouard GOBY, « Un ingénieur : Linant pacha de Bellefonds », *in Revue des conférences françaises en Orient*, Le Caire, décembre 1945.

phie anglaises. Sa reconnaissance du cours supérieur du Nil bleu et surtout du Nil blanc est une étape essentielle vers la découverte des sources du fleuve effectuée par Speke en 1860[12]. Les deux voyages qu'il effectue dans le Sinaï sensibilisent Linant au problème du percement de l'isthme. En 1830, il reprend du service comme ingénieur en chef des travaux de la Haute-Égypte. En quelques années, il devient l'ingénieur à tout faire du gouvernement égyptien. Il s'occupe de cadastres, fait dresser des cartes, travaille à plusieurs projets d'irrigation.

En 1834, on débat de la priorité à donner à plusieurs grands travaux : l'édification de barrages dans le Delta, la construction d'une voie ferrée entre Le Caire et la mer Rouge, le percement de l'isthme. Linant soutient le projet des barrages et impose son point de vue. C'est à cette époque qu'il rencontre les saint-simoniens. Lors des délibérations, Fournel, principal adjoint d'Enfantin, a défendu avec ardeur le projet du canal. Dépité, il quitte l'Égypte. Pour empêcher la démoralisation et l'éclatement du groupe, Enfantin décide d'assister Linant dans la construction des barrages du Delta. Plusieurs saint-simoniens deviennent les adjoints de Linant. Quant à Enfantin, toujours aussi grandiose, il multiplie les conseils auprès de Linant, lui demandant de rassembler : « Un corps de 12 000 travailleurs réguliers, enrégimentés, gradés, disciplinés, vêtus, nourris et logés comme les régiments de l'armée, commandés par des ingénieurs, composé d'hommes et d'enfants, ayant musique en tête, la pioche et la hache sur l'épaule, le compas et l'équerre aux côtés, les sous-officiers et officiers le mètre en main[13]. »

Le 15 août 1834, le premier barrage est achevé. C'est la Saint-Napoléon. Linant, Sève, le consul Ferdinand de Lesseps, Enfantin et tous les saint-simoniens se retrouvent pour sabler le champagne et poser la première pierre d'une école d'ingénieurs. Sur cette pierre sont gravées les lettres N-M A, Napoléon-Muhammad Ali. A la manière antique, une brebis est sacrifiée.

---

12. *Journal de Linant de Bellefonds, 1820-1821*, édition critique de Margaret Shinnie, Sudan Antiquities Service, Khartoum, 1958. Linant a laissé de superbes dessins pris en Nubie et au Soudan.

13. Sébastien CHARLÉTY, ouvrage cité.

Ces festivités ne peuvent dissimuler l'échec saint-simonien. La méfiance de Muhammad Ali, qui ne répond plus aux lettres exaltées d'Enfantin, la peste, qui vient décimer la petite colonie française, les désertions ou les désordres de quelques-uns et de quelques-unes des disciples font comprendre à Enfantin que l'Égypte c'est fini [14].

Avant de partir, Enfantin se rend en Haute-Égypte. Ultime satisfaction, les fellahs l'appellent « père du monde » ! Alors que quelques-uns de ses disciples décident de rester (plusieurs se feront musulmans), Enfantin regagne la France, très dépité. Ultime recommandation à son adjoint, Lambert, parce qu'il craint de voir l'influence britannique supplanter la française : « Ne vous laissez pas faire prisonniers à Alexandrie, songez que cette fois-ci les Français, qui ont fait leur seconde expédition d'Égypte, ne doivent pas revenir congédiés par les Anglais [15]. »

Rentré en France, l'Égypte et l'isthme de Suez ne quittent pas Enfantin. Il a laissé là-bas des amis et des disciples (Bruneau, directeur de l'école d'artillerie, Lambert...). Après deux ans d'un séjour d'études en Algérie, Enfantin relance les travaux sur le canal. En 1846, il réunit plusieurs ingénieurs (Arlès Dufour, les frères Talabot) et fonde avec eux la Société d'études pour le canal de Suez.

Lorsque Paulin Talabot, reprenant sur le terrain les calculs des ingénieurs de Bonaparte, démontre leur inexactitude, il provoque un certain émoi parmi les survivants du personnel scientifique de 1798. Alors que Jomard polémique, Villiers refait les calculs et reconnaît en aparté que Lepère s'est trompé : du piquet 119 à Suez il a majoré le dénivelé de 8,67 m. En réalité, mer

---

14. Il y aurait beaucoup à dire sur les femmes saint-simoniennes. Moins l'ex-prostituée Agarithe Caussidère ou Clorinde Rogé qu'hébergea Sève que Suzanne Voilquin, saint-simonienne lucide, militante « féministe » dont les *Souvenirs d'une fille du peuple* (Maspero, Paris, 1978) évoquent bien les illusions et les déboires des Français de Muhammad Ali. Voir Amina RACHID, « Regards croisés sur la France et l'Égypte », *in le Miroir égyptien*, Éd. du Quai-Jeanne Laffitte, Marseille, 1984. A signaler, enfin, *les Saint-Simoniens et l'Orient. Vers la modernité*, Edisud, Aix-en-Provence, 1990. Ouvrage collectif dans lequel on retiendra les contributions de R. Fakkar, D. Brahimi, G. Alleaume et D. Armogathe.

15. Cité par Henry-René d'ALLEMAGNE, *Prosper Enfantin et les grandes entreprises du XIXe siècle*, Gründ, Paris, 1935.

Rouge et Méditerranée sont presque au même niveau[16].

A l'origine du percement effectif de l'isthme, on trouve Linant de Bellefonds, les saints-simoniens et Ferdinand de Lesseps. Il n'est pas dans le propos de ce livre d'exposer la genèse et le déroulement des travaux engagés de 1854 à 1869 par la Compagnie maritime du canal de Suez. Mais quelques précisions s'imposent[17].

D'abord celle-ci : très lié aux saint-simoniens, Ferdinand de Lesseps se brouilla avec eux. Son entregent diplomatique lui permit de rester jusqu'à la fin l'inspirateur et le maître d'œuvre du chantier. Il fut puissamment secondé par deux autres Français, Mougel Bey et Voisin Bey, tous les deux polytechniciens.

Que Lesseps ait dirigé l'un des plus importants chantiers de son temps ne doit rien au hasard. Fils du consul Mathieu de Lesseps, en Égypte de 1802 à 1804, il appartient à une famille de diplomates voués à l'Orient musulman. C'est en évoquant Bonaparte et son père qu'il a gagné l'amitié de Muhammad Ali. Son intérêt pour le canal lui est venu naturellement. Il a lu et relu le rapport de Lepère, plus tard il s'est lié avec Linant de Bellefonds qui lui a communiqué ses recherches[18].

C'est en reprenant les travaux des saint-simoniens que Lesseps a fixé le tracé du canal. Sa brouille avec Enfantin était inévitable : affaire de tempéraments. En réalisant le canal de Suez, Lesseps eut toujours à l'esprit qu'il vengeait l'échec de l'expédition de 1798 et qu'il accomplissait le rêve de Bonaparte.

Un sentiment que partageaient tous les Français d'Égypte, au point que même Enfantin qui avait bien des raisons de ne pas reconnaître à Lesseps ses mérites confia tardivement à Maxime Du Camp :

---

16. VILLIERS DU TERRAGE, ouvrage cité. Jomard, qui vécut jusqu'en 1862, devint président honoraire de la Compagnie universelle du canal et président d'honneur du nouvel Institut d'Égypte fondé en 1859.

17. Étude classique de F. CHARLES-ROUX, *l'Isthme et le canal de Suez*, Paris, Hachette, 1901. Agréable vulgarisation de cette question par Étienne MICARD, *le Canal de Suez et le génie français*, Éd. P. Roger, Paris, s.d. (bonne approche bibliographique).

18. Les travaux de Linant ont été regroupés dans *Mémoires sur les principaux travaux d'utilité publique exécutés en Égypte par Linant de Bellefonds Bey*, Paris, A. Bertrand éd., 1872-1873.

« J'ai été un vieux fou de m'affliger [...] C'est de Lesseps qui mariera les deux mers [...] Il importe peu que le vieux Prosper Enfantin ait subi une déception ; il importe peu que ses enfants aient été trompés dans leur espoir, mais il importe que le canal soit percé et il le sera. C'est pourquoi je remercie de Lesseps et le bénis [19] ! »

---

19. H.-R. D'ALLEMAGNE, ouvrage cité.

CONCLUSION

Moins que les guerres d'Italie mais plus que tout autre conflit, l'expédition d'Égypte a profondément influencé le goût français[1]. Ce qu'il est convenu d'appeler le style « retour d'Égypte » a marqué de son empreinte le mobilier et les arts décoratifs durant plusieurs décennies. Plus diffuse en architecture, en sculpture et en peinture, cette influence s'inscrit dans l'énorme courant égyptomaniaque qui parcourt l'Europe de la Renaissance à nos jours.

Si l'on suit Jean-Marcel Humbert, l'égyptomanie n'est pas simple à définir. Trop souvent on l'identifie avec l'égyptianisme, l'égyptophilie, le goût égyptisant ou néo-égyptien. A tous ces termes, les Anglais préfèrent celui, plus synthétique, d'*Egyptian Revival.* L'égyptomanie proprement dite se définit comme un réemploi, assez laxiste, de l'art pharaonique ; elle associe « trois éléments : des sources archéologiques et artistiques, le goût du public pour la " nouveauté " et l'exotisme, et le symbolisme qu'elle véhicule ». Loin d'être seulement la manie de l'Égypte, elle cherche non seulement à copier les formes de l'art égyptien mais à les « recréer », à leur donner une tournure et une finalité originales[2].

Alors, l'engouement pour l'Égypte qui gagne la France à

---

1. On conviendra avec Theodore Zeldin que le goût est une notion ambiguë cernée de la façon suivante par Littré : « Faculté toute spontanée qui précède la réflexion, que tout le monde possède, mais qui est différente chez chacun », Theodore ZELDIN, *Histoire des passions françaises,* t. 3, « Goût et corruption, Recherches », Paris, 1979.

2. Jean-Marcel HUMBERT, *l'Égyptomanie dans l'art occidental,* A.C.R., Courbevoie-Paris, 1990. Ouvrage de référence essentiel, superbement illustré, par le meilleur spécialiste en la matière.

l'époque napoléonienne procède-t-il de l'égyptomanie ? En large partie, oui. Mais il relève aussi d'un courant plus général qui commence au XVIIe siècle et se prolonge au XIXe siècle sous l'appellation d'orientalisme. L'expédition de 1798 remet à la mode et surtout approfondit en l'authentifiant une attirance profonde et lointaine des élites pour l'Égypte antique.

Le style « retour d'Égypte » est caractéristique de cette insertion dans un courant multiséculaire. Il en est aussi le point d'orgue. Le *Recueil d'antiquités* du comte de Caylus (1752-1757) est le premier à faire la part belle à l'Égypte. Tout un répertoire de formes égyptiennes est mis à la disposition des artistes-décorateurs. Alors qu'à Rome, Piranèse décore le Café des Anglais, place d'Espagne, avec des motifs hiéroglyphiques librement interprétés, les ébénistes français introduisent dans leurs créations des éléments égyptiens. Jean-Baptiste Séné livre pour le cabinet particulier de Marie-Antoinette au château de Saint-Cloud des bergères à cariatides égyptiennes ainsi qu'une sultane (lit de repos) ornée de visages sculptés coiffés du némès des pharaons[3].

Mais, jusqu'à l'expédition de Bonaparte, le recours aux formes égyptiennes reste très secondaire, balbutiant et gauche à la fois. Le style « retour d'Égypte » est d'une autre fermeté. Cette vigueur, il la doit à une volonté politique, celle de trois hommes qui ont régenté l'art officiel de l'époque napoléonienne, Vivant Denon, les architectes Percier et Fontaine.

La publication, en 1801, du *Recueil de décoration intérieure* par Percier et Fontaine, celle du *Voyage dans la basse et la haute Égypte,* par Vivant Denon en 1802, la diffusion enfin des premières planches gravées de *la Description de l'Égypte* officialisent le style « retour d'Égypte ».

Vivant Denon, directeur général des Musées, directeur de la Monnaie, joue un rôle essentiel. Il passe commande, pour lui-même, d'un mobilier égyptien passablement délirant.

3. Louis HAUTECŒUR, « L'expédition d'Égypte et l'art français », *in Revue des études napoléoniennes,* Paris, janvier-février 1925. Outre la décoration du *Caffe Inglese* on doit à Piranèse la publication d'un album didactique, *Diverse maniere d'adornare i cammini* (1769) qui a joué un grand rôle dans la diffusion du goût égyptisant.

Les grands ébénistes du faubourg Saint-Antoine se plient de bonne grâce au caprice des puissants du moment. Les ateliers de Jacob Desmalter et ceux de Martin-Guillaume Biennais produisent à des milliers d'exemplaires des meubles « égyptiens[4] ». En fait, ils se bornent le plus souvent à tout un bestiaire sculpté, sphinx, sphinges, cygnes, griffons, chimères, bref « toutes les bêtes susceptibles d'avoir des ailes ou de se trouver engainées, sont là au grand complet[5] ». On compte aussi des scarabées, des lions, des têtes coiffées du *klaft (sic)*, des chapiteaux hathoriques ou lotophormes... Les meubles de conception véritablement égyptienne sont très rares, d'autant que l'archéologie n'est pas encore en mesure de fournir des modèles. Les créations les plus audacieuses portent sur des meubles qui reproduisent en miniature la structure des temples antiques, telle la bibliothèque conçue spécialement pour ranger les 22 volumes de la *Description de l'Égypte*, offerte à ses souscripteurs. Dessinée par l'inévitable Jomard, elle est exécutée assez tardivement, en 1826, par Charles Morel[6].

Les papiers peints, les étoffes connaissent la vogue égyptisante mais c'est surtout la vaisselle d'apparat qui retient l'attention. Les porcelainiers parisiens — Nast, Dihl, Dagoty, Guerhard — multiplient les pièces décorées de motifs d'inspiration égyptienne. La manufacture de Sèvres reçoit commande d'ensembles égyptiens, des « cabarets » à café (pas moins de sept entre 1804 et 1814) et surtout un « service égyptien » réalisé en double exemplaire, l'un offert par Napoléon au tsar Alexandre Ier, l'autre destiné à Joséphine après son divorce, refusé par elle et qui sera offert par Louis XVIII à Wellington !

La pièce majeure du « service égyptien » est un incroyable surtout en porcelaine blanche. Long de 6,64 m, il reproduit pylônes, obélisques, cours à portiques et allées de sphinx. Les artistes porcelainiers de Sèvres — Swebach, Deperais, Brachard — ont travaillé à partir des planches de Denon qui

4. Olivier LEFUEL, « L'influence de la campagne d'Égypte sur l'art français », *in Souvenir napoléonien*, n° 255, juillet 1970.

5. Pierre FRANCASTEL, *le Style Empire*, Librairie Larousse, Paris, 1939.

6. Voir J.-M. HUMBERT, ouvrage cité, qui présente d'autres meubles conçus dans le même esprit.

a suivi de près leur création[7]. Si l'on ajoute à toutes ces productions l'invasion des pendules à sujets égyptiens, des chenêts en forme de sphinx, des candélabres, des garnitures de bureau, des encriers, des obélisques d'ameublement, des vases monumentaux, on mesurera mieux l'engouement pour le style « retour d'Égypte ». Cette prolifération qui se prolonge tard dans le siècle est l'expression la plus éclatante, la plus populaire aussi, de l'influence de l'expédition sur l'art français.

La peinture est un autre champ majeur où s'exerce cette influence. Elle procède d'une thématique plus riche et affiche de plus grandes ambitions. Loin de se borner à la fascination du passé pharaonique, elle s'intéresse aussi à l'identité islamique ou copte de l'Égypte, au choc des cultures. C'est en puisant dans toutes ces composantes qu'elle tire sa force évocatrice. Lorsque Gros peint *les Pestiférés de Jaffa,* il sacrifie au goût du public pour le pathétique et le morbide. Son Orient putride et fataliste répond à l'image convenue que s'en font les Occidentaux. Lorsque Lancret, Chabrol ou Cécile — trois des dessinateurs accrédités du corps expéditionnaire — se risquent à restituer et à animer les temples de Denderah, de Karnak, ils usent des artifices propres à l'égyptomanie et façonnent une Égypte de rêve qui déploie ses liturgies grandioses.

Entre les compositions héroïques de Gros et l'interprétation scénographique d'une civilisation disparue, il y a place pour l'observation réaliste voire ethnographique. L'expédition a bénéficié des talents d'au moins cinq artistes majeurs. Le plus académique est Louis-François Lejeune (1775-1848), officier supérieur attaché à Berthier, qui n'est pas allé en Égypte. Il laisse plusieurs compositions panoramiques qui témoignent d'une grande maîtrise dans le traitement d'un combat, mais visiblement Lejeune n'a pas succombé aux éblouissements de la lumière africaine et ses combats d'Égypte pourraient tout aussi bien se passer en Espagne ou en Italie, à quelques détails près.

Peintre-décorateur d'une notoriété assez mince, Rigo a pourtant livré une étonnante galerie de notables cairotes, peints en buste, avec un réalisme saisissant. La gravité, la

---

7. Voir J.-M. HUMBERT, ouvrage cité, p. 154-161.

malice ou la duplicité de ses modèles éclatent avec une telle force que l'on pense parfois, pour les meilleurs, à Géricault.

Même talent, plus vif encore, chez le portraitiste improvisé de l'expédition, Dutertre (1753-1842), un élève de Vien [8]. S'il a beaucoup travaillé sur les monuments antiques, on retient surtout de lui l'inoubliable galerie d'officiers supérieurs et de membres de la Commission qu'il a croqués le plus souvent en buste, de profil, quelquefois en pied, et qui tous témoignent d'une acuité psychologique hors pair [9].

Sur les contributions picturales de Conté et de Vivant Denon nous serons ici très bref, ne mentionnant que les talents d'aquarelliste du premier (qui tiennent à sa formation initiale) et la fougue acérée du second.

L'expédition achevée, de nombreux peintres, qui n'avaient jamais mis les pieds en Égypte, ont reçu commande de peintures officielles glorifiant les grands moments de l'épopée. Cette peinture de cour, habile, très gestuelle, vise principalement à exalter Napoléon Bonaparte et accessoirement ses généraux. Les héros évoluent dans un Orient décoratif, documenté certes mais qui sent l'atelier. Parmi les peintres qui s'adonnent à cette glorification de l'expédition, Cogniet qui travaille à de grands dioramas des batailles les plus fameuses, tantôt avec Philippoteaux, tantôt avec Girardet ; Girodet-Trioson qui a laissé une très belle *Révolte du Caire* et Guérin auquel on doit un *Bonaparte fait grâce aux révoltés du Caire* beaucoup plus fade [10].

Seul Antoine Gros se détache du lot. Fils d'un peintre miniaturiste, élève de David, il travaille d'abord en Italie où Joséphine de Beauharnais le remarque et se l'attache. Gros est le peintre de bataille officiel du Consulat et de l'Empire. Il a consacré quatre grandes compositions à l'Égypte, *le Combat de Nazareth, les Pestiférés de Jaffa* (1804), *la Bataille d'Aboukir* (1806) et *la Bataille des Pyramides*. A ces toiles

8. Albert FRANCASTEL, « Les dessins de Dutertre conservés au musée de Versailles », *in Revue des études napoléoniennes*, janvier-février 1925.

9. Desgenettes rapporte que rencontrant Dutertre à Paris, longtemps après l'expédition, ils passèrent en revue les amis communs connus en Égypte, ce qui donna l'échange suivant : « Comment se porte un tel ? — Il est mort... Diable ! C'est dommage je ne l'ai pas. — Et un tel ? — Il est mort aussi ! Celui-là, cela m'est égal, je le possède » (cité par A. Francastel).

10. Ces deux toiles sont au musée de Versailles. Voir J. TRANIE et J.-C. CARMIGNIANI, ouvrage cité, p. 136-137.

majeures s'ajoutent de nombreuses études préparatoires ou qui gravitent autour, des ébauches, des dessins fragmentaires [11].

Le souci de ne déplaire à personne, les exigences du prince ont donné bien des soucis à Gros. *Le Combat de Nazareth* est resté à l'état d'esquisse; le tableau final devait faire 15 mètres de long mais Bonaparte ne tenait pas trop à glorifier Junot, maître d'œuvre de cette victoire. *La Bataille des Pyramides* a dû être agrandie pour y placer Kléber et c'est Debay qui l'a achevée. Ces arrière-pensées politiques n'ont pas empêché Gros de se documenter le plus sérieusement du monde. Pour *la Bataille de Nazareth,* il fait parler les acteurs, réunit une importante documentation : « On conserve aux archives du musée de Nantes, où est placée l'esquisse, des documents qui viennent de Gros : un extrait de la correspondance d'Égypte, le plan du champ de bataille certifié conforme par Junot, un plan géométral et un plan perspectif de l'engagement [12]. »

Rival et cadet de Gros, Géricault n'a pas toujours de ces scrupules. Il est vrai qu'il aborde des faits déjà anciens et peut composer avec eux. Ainsi l'expédition n'est-elle plus le sujet de son art mais sert de prétexte à des compositions telles que *Mamelouks et chevaux, Cheval turc dans une écurie, Buste d'un Oriental,* bref des thèmes qui relèvent du plus pur orientalisme et qui sont pour Géricault autant de variations de ce qu'il prise le plus, les chevaux, le portrait. On relève toutefois quelques œuvres plus historicisées, un *Mamelouk défendant un jeune trompette blessé,* un *Général Kléber à Saint-Jean-d'Acre,* et surtout une *Marche dans le désert* de 1822 où l'on voit Bonaparte à pied entraînant ses hommes avec, au loin, les pyramides. Le nouvel Alexandre.

C'est aussi dans le souci de répandre la légende napoléonienne qu'ont travaillé des artistes-graveurs comme Hippolyte Bellangé (1800-1866) et surtout Denis Raffet (1804-1860). Raffet qui est le plus grand illustrateur romantique avec Gustave Doré a notamment illustré le poème épique de Barthélemy et Méry, *Bonaparte en Égypte.* Il l'a fait avec une

---

11. J.-B. DELESTRE, *Gros, sa vie et ses ouvrages,* Paris, 1807; Raymond ESCHOLIER, *Gros, ses amis et ses élèves,* Paris, Librairie Floury, Paris, 1936. A propos des *Pestiférés,* voir la mise au point en annexe.

12. Henry LEMONNIER, *Gros,* Paris, H. Laurens éditeur, 1928.

force suggestive exceptionnelle et a contribué puissamment à populariser la geste égyptienne du petit tondu.

Tout au long du siècle, l'expédition d'Égypte inspire les peintres français tournés vers la peinture militaire et l'orientalisme. Les citer tous est ici impossible. Carle Vernet (mort en 1836) et son fils Horace, Édouard Detaille et Jean-Léon Gérome sont à mettre au premier plan. Gérome est particulièrement intéressant à suivre dans sa démarche. Pour une large part de son œuvre, Gérome (1824-1904) est un peintre orientaliste. Porté au pinacle de son vivant, il a disparu englouti dans l'enfer des pompiers avant de resurgir, depuis une vingtaine d'années, comme un des orientalistes français les plus recherchés. Il est inutile de majorer le talent de cet artiste scrupuleux, imagiste plus que fresquiste, soucieux jusqu'à la manie du détail. Il reste que son interprétation de l'expédition d'Égypte est un moment important dans la mémorisation et surtout la mythification de l'événement[13].

Il avait effectué plusieurs voyages en Orient et notamment en Égypte. C'est surtout après le second de ses périples qu'il se tourne vers l'évocation de l'expédition. En 1867-1868, il peint quatre toiles significatives :

- *le Général Bonaparte en Égypte ;*
- *Bonaparte avec son état-major*, tableau perdu mais dont l'esquisse (conservée au musée de l'Ermitage) montre assez que sa composition est inspirée par une lithographie de Raffet ;
- *le général Bonaparte au Caire*. A cheval, depuis le sommet d'une falaise, il contemple, méditatif, la ville à ses pieds ;
- *Œdipe*. Le plus étonnant : Bonaparte est à cheval, il dévisage le Sphinx de Giza. Au loin, l'armée manœuvre, minuscule.

En donnant à Bonaparte cette dimension démiurgique, Gérome contribue à réduire l'expédition à la seule mise en scène de ses exploits et de ses états d'âme. Une pente que suivront les orientalistes de la Belle Époque, jusqu'au délire

13. Gérarld M. ACKERMAN, *l'Œuvre de Jean-Léon Gérome*, Paris, A.C.R. Éditions, 1986.

parfois[14]. Ainsi Henry Lévy (1840-1904), élève de Fromentin mais aussi, hélas, de Cabanel, qui peint un *Bonaparte à la grande mosquée du Caire* théâtral à souhait. Après lui, Georges Bourgain, Maurice Orange, Georges Clairin sont les principaux peintres de l'expédition. Chez Maurice Orange, cela tourne au spectacle de variétés, à l'Orient de pacotille ; Bourgain et Clairin se laissent entraîner à des effets mélodramatiques. Comme dans cette toile de Clairin, *Soldats français visitant le temple de Karnak*, qui montre les vétérans de Desaix présentant les armes devant une théorie de pharaons sculptés alors qu'avance un cortège d'officiers. Avec ces petits maîtres besogneux s'achève, sur un mode tout à fait mineur, la vogue picturale de l'expédition d'Égypte.

En sculpture et en architecture, ses retombées sont plutôt décevantes. Il est assez facile d'en faire le tour. La *Fontaine du fellah* (ou du porteur d'eau), rue de Sèvres à Paris, doit moins à la campagne d'Égypte qu'à l'habitude de pasticher le fameux Antinoüs du Capitole, statue romaine de style égyptisant apportée d'Italie en 1798. Il en existe d'assez nombreuses variantes, toutes de l'époque napoléonienne. Desaix, mort à Marengo, mais qui devait l'essentiel de sa gloire à la campagne d'Égypte, eut droit à deux monuments. Le premier, installé place Dauphine à Paris, est une fontaine. Le dieu Nil, les sphinx, le héros en buste, de pseudohiéroglyphes, une petite pyramide, Percier et Fortin n'ont pas lésiné en matière d'allégorie égyptisante[15] ! Beaucoup plus colossale, la statue de Desaix érigée place des Victoires en 1810. Son effigie est coulée dans le bronze, il est nu, à l'antique. A ses pieds, une tête décapitée de pharaon et un obélisque de granit rose, pièce authentique prélevée sur la villa Albani. Avec le socle, de style égyptien lui aussi, on a là un ensemble de douze mètres de haut. De ce monument réalisé par Dejoux et Le Père, il ne reste que l'obélisque (aujourd'hui à Munich) car la nudité de Desaix ayant

---

14. *Les Peintres orientalistes (1850-1914)*, musées des Beaux-Arts, Pau, Dunkerque, Douai, s.d. Voir aussi les catalogues de la Mathaf Gallery, Londres, spécialiste de la peinture orientaliste ; Philippe JULLAIN, *les Orientalistes*, Fribourg (Suisse), Office du Livre, 1977 ; Lynne THORNTON, *les Orientalistes peintres voyageurs, 1828-1908*, Paris, A.C.R. Éditions, 1983.

15. Démontée en 1874, elle se trouve aujourd'hui à Riom.

offusqué des Parisiens pudibonds, la sculpture fut déposée et fondue dès 1814 !

Voué à glorifier la Grande Armée, l'obélisque géant du Pont-Neuf ne fut pas réalisé. Seul subsiste son socle monumental. La brièveté de l'Empire, les revers qui se multiplient après 1810 expliquent que nombre de projets soient restés dans les cartons. En revanche, on recense quelques dizaines de réalisations secondaires, des monuments édilitaires (des fontaines principalement comme celle du Châtelet) ou funéraires. Des « fabriques » aussi, installées dans des domaines privés, le désert de Retz, Valençay... Rappelons à ce propos que Kléber lui-même avait sacrifié à cette mode et même anticipé puisqu'en 1787 il avait construit pour le prince de Wurtenberg-Montbéliard un « pavillon égyptien » qui ornait les jardins de sa résidence d'Étupe[16].

Du point de vue strictement architectural, les leçons de l' « art pharaonique » n'ont pas été immédiatement suivies. Les travaux de J.-M. Humbert montrent qu'on ne peut attribuer qu'un petit nombre d'édifices à l'influence directe de l'expédition. Seuls le complexe immobilier de la place du Caire dans le 2e arrondissement de Paris et l'hôtel de Beauharnais, 78 rue de Lille (actuelle ambassade de R.F.A. en France) témoignent de cette attraction. Encore faut-il préciser que les « émules d'Imhotep » se contentent de quelques adjonctions plaquées sur des corps de bâtiment qui n'ont rien à voir avec l'architecture égyptienne. C'est plus tard, dans toute l'Europe et aux États-Unis, que se multiplieront les édifices la pastichant.

L'influence immédiate de l'expédition sur la littérature française est tout aussi restreinte. Certes, on a vu Chateaubriand, le comte de Forbin et après eux tous les écrivains visitant l'Égypte accompagner leurs réflexions de voyage de quelques allusions à l'armée d'Orient mais rien de bien considérable.

En fait, les œuvres littéraires prenant pour sujet précis l'expédition d'Égypte sont rarissimes. Passons sur une obs-

---

16. Parmi les monuments funéraires de style égyptien, mentionnons la tombe de Monge au Père-Lachaise et, à Saint-Mandrier, celle du vice-amiral Latouche-Tréville, décédé à bord du *Bucentaure*, en rade de Toulon, le 17 août 1804. Il s'agit d'une simple pyramide ornée d'une inscription gravée qu'encadrent deux sphinges.

cure tragédie, *Zelis et Valcour ou Bonaparte au Caire,* jouée en 1798[17], sur l'épopée en douze chants d'un certain Aubert, professeur de rhétorique, composée peu après le 18 Brumaire ; passons même sur les *Lettres d'un mameluck,* de Joseph Lavallée : rédigées par un mamelouk de circonstance, elles doivent beaucoup plus à Montesquieu qu'à l'Égypte[18].

Il faut attendre 1828 pour voir les infatigables duettistes Barthélemy et Méry livrer au public leur *Napoléon en Égypte,* poème épique en huit chants[19]. Le succès de cet ouvrage est indiscutable, il se traduisit par plusieurs rééditions. Sacrifiant à la poétique la plus académique, leur *Napoléon en Égypte* est pourtant d'un goût douteux. Le lire est aujourd'hui assez éprouvant même si, de-ci de-là, on trouve quelques morceaux de bravoure d'un comique involontaire :

« *On dit qu'au premier choc de ces fiers circoncis,*
Les vieux républicains pâlirent, indécis ! »

L'évocation des membres de l'Institut d'Égypte mérite aussi d'être citée :

« *L'histoire à nos neveux redira votre nom,*
Monge, Fourier, Dupuis, Geoffroy, Conté, Denon,
De l'Institut français touchante colonie !
Vous qui du jeune chef secondiez le génie,
Et, liant les beaux-arts en lumineux faisceau,
Rameniez la science à son premier berceau ;
D'un chef aventureux cortège pacifique ! »

Une écriture d'une telle encre ne peut attendre trop d'indulgence de la postérité. Il est dommageable que les grands romantiques ne se soient pas emparés du sujet, même si l'on note, très éparpillées, quelques allusions.

---

17. Jean TULARD, *le Mythe de Napoléon,* Paris, Armand Colin, 1971.
18. Joseph LAVALLÉE, *Lettres d'un mameluck ou Tableau moral et critique de quelques parties des mœurs de Paris,* Paris, chez Capelle, an XI (1803). Voir le chapitre 34.
19. *Napoléon en Égypte,* poème en huit chants par Barthélemy et Méry, Paris, Amboise Dupont et Cie, libraires rue Vivienne, n° 16, 1828.

C'est Victor Hugo qui dans *les Orientales* nous livre cette superbe évocation de l'Égypte :

> « *L'Égypte ! — Elle étalait, toute blonde d'épis,*
> *Ses champs, bariolés comme un riche tapis ;*
> *Plaines que des plaines prolongent ;*
> *L'eau vaste et froide au nord, au sud le sable ardent*
> *Se disputent l'Égypte : elle rit cependant*
> *Entre ces deux mers qui la rongent.* »

Alfred de Vigny a consacré un long poème au combat d'Aboukir, *la Plainte du capitaine* qui évoque en la transfigurant la fin de la frégate *La Sérieuse*. L'Égypte de 1798 est encore présente dans *Servitude et Grandeur militaires*, lorsque le capitaine Renaud évoque ses souvenirs. Il semble que Vigny ait eu le projet d'un récit plus important qu'il n'a pas eu le temps de mener à bien.

C'est aussi le cas de Balzac qui rêvait d'un vaste cycle « Les Français en Égypte ». Michel Dewachter, égyptologue de métier et balzacien à ses heures, a montré que loin d'être absente de l'œuvre de Balzac, l'Égypte y avait tenu une place importante[20]. Quatre œuvres au moins mettent en scène des « Égyptiens », c'est-à-dire des vétérans de l'armée d'Orient : *Une passion dans le désert* (1830), *la Vendetta* (1830), *le Colonel Chabert* (1832) et *le Médecin de campagne* (1832-1833). Des quatre textes, le plus curieux est indiscutablement *Une passion dans le désert.* Cette passion zoophilique entre un soldat de Desaix et une panthère dans les sables de la Haute-Égypte est racontée avec la plus grande économie de moyens. Elle a pourtant fait gloser. Un de ses commentateurs y voit l'expression de tous les fantasmes des écrivains occidentaux. Balzac aurait cherché à identifier la femme des harems à la panthère, il aurait adhéré à cette opinion commune que la femme orientale se vautre dans l'animalité...[21].

On s'étonnera enfin que le plus égyptomaniaque des romantiques, Théophile Gautier, n'ait rien tiré de l'expédi-

---

20. Michel DEWACHTER, « L'Égypte de Balzac. De la séduction à la " conversion " », Cahiers *Confrontations*, Aubier, n° 9, printemps 1983.
21. Claude GROSSIR, *l'Islam des Romantiques*, tome 1, « 1811-1840 », Paris, Maisonneuve et Larose, 1984.

tion. Mais ni dans *Une nuit de Cléopâtre* (1838), ni dans *le Pied de momie* (1840) ni surtout dans *le Roman de la momie* (1857) il n'y consacre de développements substantiels. Avec *le Fellah* d'Edmond About, paru en 1869, on quitte aussi l'expédition de 1798 mais on entre au vif d'une réflexion sur l'avenir de l'Égypte et sur les origines de sa renaissance.

Bien oublié aujourd'hui, Edmond About (1828-1885) a joui d'une grande réputation de son vivant. Cet helléniste a mené une carrière d'homme de lettres et de journaliste qui lui a valu d'être comparé à Voltaire ! *Le Fellah* est un essai original qui tente de faire le point sur les relations entre la France et l'Égypte et qui réfléchit aussi sur les chances de cette dernière d'accéder à la modernité. En faisant parler un jeune Égyptien, Ahmed, venu se former à Paris, About se lance dans un long plaidoyer en faveur des paysans égyptiens, opprimés depuis la nuit des temps et qui pourtant, par leurs vertus ancestrales, constituent la sève de leur pays. Au passage, About ne manque pas de déplorer l'influence anglaise qui, peu à peu, se substitue à la française. Il remarque, dépité : « N'est-il pas singulier que le petit peuple d'Égypte ait retenu un peu d'anglais, lorsque l'occupation de Bonaparte n'a pas laissé un mot français dans sa mémoire ? Nos armées ont vécu en Égypte ; les touristes anglais ne font qu'y passer (mais) ils passent souvent et en grand nombre tandis que les voyageurs de notre nation y sont rares[22]. »

Même si l'influence française a reflué d'Égypte à la fin du XIXe siècle, force est de constater qu'elle a, antérieurement, joué un rôle essentiel dans la prise de conscience nationale des Égyptiens. En tissant des liens étroits avec les élites égyptiennes, en donnant une impulsion majeure à l'égyptologie, à la recherche scientifique, à l'enseignement, à la presse enfin, la France a conquis une position longtemps prépondérante. C'est d'ailleurs grâce à leur formation française que les deux figures marquantes de la renaissance intellectuelle en Égypte — Tahtawi et Mubarak — ont pu s'exprimer pleinement.

Durant tout le XIXe siècle et jusque dans le premier tiers du XXe siècle, les Français dominent l'égyptologie. De Sylvestre

22. Edmond ABOUT, *le Fellah. Souvenirs d'Égypte*, Hachette, Paris, 1869.

de Sacy au chanoine Driotton en passant par Belzoni, Champollion, Prisse d'Avennes, Mariette et Maspero, les chercheurs français ont donné une impulsion puissante aux fouilles, à la muséographie et aux publications savantes rédigées en français. Dans ce domaine, tout avait commencé avec les égyptologues improvisés de Bonaparte.

L'Institut d'Égypte avait montré aux Égyptiens de quelle façon les élites intellectuelles d'un pays pouvaient œuvrer en commun. La leçon n'est pas perdue. En 1859, le khédive Saïd fonde l'Institut égyptien, cinquante membre répartis en cinq classes. Symptomatiquement, il en confie la présidence à Jomard. Débats et publications se font en français. En 1918, la compagnie reprend le nom d'Institut d'Égypte. Dans son orbite, d'autres sociétés savantes ont fleuri, Société de géographie d'Égypte (1875), Société d'archéologie d'Alexandrie (1893) et une dizaine d'autres encore, toutes recourant au français pour leurs travaux[23].

L'empreinte française se vérifie dans d'autres domaines. Ainsi le théâtre égyptien est-il né de la rencontre inopinée avec la dramaturgie européenne lors de l'expédition. Des amateurs avaient monté quelques spectacles qui avaient intrigué les lettrés égyptiens. Durant tout le XIXe siècle, plusieurs d'entre eux se vouent à la découverte du théâtre français, à son adaptation en arabe, à une véritable égyptianisation qui est surtout l'œuvre d'Uthman Jalal (1828-1898), le « Molière égyptien[24] ».

De 1876 à 1949, la vie judiciaire du pays se passe sous l'égide du droit français enseigné dans notre langue à l'École khédiviale de droit fondée et dirigée par Testoud à laquelle succède l'École française de droit (1892-1950).

Apportée par les imprimeurs de Bonaparte, la presse a longtemps été l'affaire de journalistes français ou francophones. Depuis 1798, ils sont à l'origine de plus de 400 publications. En 1946 encore, sur 250 organes de presse, 54 étaient en français. Le *Bosphore égyptien*, qui parut de

---

23. Jean-Jacques LUTHI, *Égypte qu'as-tu fait de ton français ?*, Paris, Synonyme S.O.R., 1987. Concernant la recherche historique, mentionnons la Société d'études historiques et géographiques de l'isthme de Suez, fondée par Jacques Daumas et Jean-Edouard Goby en 1946. L'importance de ses travaux est exceptionnelle.

24. Atia ABUL NAGA, *les Sources françaises du théâtre égyptien, 1870-1939*, Alger, S.N.E.D. 1972.

1878 à 1895, a jeté les bases déontologiques du journalisme égyptien[25].

Ainsi, jusque dans la première moitié du xxe siècle, le français a-t-il été la langue des élites égyptiennes. Mais, peu à peu, l'anglais l'a supplanté comme en témoignent ces quelques chiffres : vers 1867, on comptait 145 établissements enseignant le français avec 22 000 élèves ; en 1925, ils étaient 142 pour 30 000 élèves ; en 1982, seulement 50 pour 49 000 élèves. Ce qui, compte tenu de la poussée démographique, traduit un déclin sensible[26].

La prise de conscience de l'identité égyptienne s'est faite par des contacts prolongés avec la France. En décidant d'y envoyer quelques dizaines de ses sujets, triés sur le volet, Muhammad Ali a pris une des décisions capitales de son règne.

Former, en France, de jeunes Égyptiens était un projet très ancien de Jomard. Il le vit aboutir en 1836. Cette année-là débarquent à Marseille 44 *effendis* (élèves) que Jomard installe à Paris. Ils constituent l'École égyptienne dont la finalité est de « contribuer à ramener la civilisation dans une contrée qui en a été le berceau, et à former entre l'Égypte et la France des relations plus intimes et plus avantageuses pour leur commerce[27] ».

En fait d'Égyptiens, les élèves de Jomard sont surtout des Turcs, des Circassiens ou des Arméniens, preuve que Muhammad Ali, grand pourfendeur de mamelouks, continuait à puiser dans les mêmes ethnies pour diriger l'Égypte. Choyés par les Parisiens, les élèves apprennent le français puis sont formés à des spécialités telles que le droit, l'économie politique, le génie civil, les arts mécaniques, l'artillerie et la marine de guerre. Renforcée par de nouveaux arrivants, l'École égyptienne de Paris compte 115 élèves en 1833. De son côté, Clot Bey sélectionne douze de ses meilleurs élèves et les envoie en France pour les former à la médecine européenne. Tous ces étudiants rentrent en Égypte en 1835.

25. J.-J. Luthi, ouvrage cité.
26. J.-J. Luthi, ouvrage cité.
27. Jomard cité par Anouar Louca, *Voyageurs et écrivains égyptiens en France au XIXe siècle,* Didier, Paris, 1970. Ce qui suit met largement à contribution cette étude remarquable.

En 1844, Soliman Pacha sélectionne 34 jeunes princes issus des principales « maisons » soutenant le pouvoir khédivial pour recevoir un enseignement militaire en France. Parmi eux, son propre fils Iskander et celui de Muhammad Ali, Halim. Ce nouveau contingent reste en France jusqu'au printemps 1849, date à laquelle, 'Abbas 1er, peu francophile (c'est un euphémisme), les rappelle. Sous le Second Empire, les étudiants égyptiens reprennent le chemin de la France, Saïd Pacha en envoie une vingtaine en 1855, quatorze autres, destinés à se spécialiser en médecine et en pharmacie, débarquent en 1868. Après la mort de Jomard en 1862, Barthélemy Saint-Hilaire qui préside aux échanges scolaires avec l'Égypte fonde une nouvelle école capable d'accueillir une centaine d'élèves. Mais elle n'ouvre qu'en 1869 et la guerre contre la Prusse interrompt ses activités.

Sous la IIIe République, les étudiants égyptiens se raréfient, l'attirance pour les rivages britanniques « se faisant de plus en plus sentir ».

Qu'ont valu pour l'Égypte ces échanges scolaires ? Si l'on suit Anouar Louca, il faut nuancer le bilan.

Les effendis issus de l'aristocratie khédiviale, héritière à sa façon des traditions mameloukes, n'ont rien donné de bon. Rentrés en Égypte, beaucoup se sont signalés par leur incompétence, leur influence cosmopolite et un dédain voyant à l'égard du peuple égyptien. Les plus doués sont restés confinés dans des emplois mineurs ou ne relevant pas de leur spécialité. Les étudiants issus de la paysannerie se sont mieux comportés. Plusieurs se sont distingués dans des disciplines scientifiques — le mathématicien Bayyumi, les médecins as-Subki, al-Baqli —, d'autres ont accédé à de hautes fonctions administratives et politiques.

Le plus remarquable de tous est indéniablement le jeune cheikh Rifà'a al-Tahtáwí (1801-1873). Fils d'un multazim de la Haute-Égypte, Rifà'a est formé dans l'enceinte d'al-Azhar. Il reçoit l'enseignement d'Hasan al-Attar qui avait servi d'interprète aux Français à l'époque de l'expédition. Il avait même été un des rares intellectuels cairotes intéressés par les modes de pensée européens, on l'avait souvent vu en compagnie de membres de la Commission scientifique. Brillant, d'une piété irréprochable, Rifà'a est choisi pour servir d'« aumônier » auprès des jeunes gens envoyés en France. Il vit cinq ans à Paris, apprend le français, fréquente les maîtres de l'orientalisme, lit, traduit, commente tous les auteurs français qui lui passent par les mains. Heurté dans ses convictions, interloqué, Rifà'a parvient à une position d'équilibre. Loin d'attiédir sa foi, le choc avec la culture française le renforce dans sa volonté de promouvoir le renouveau intellectuel de l'Égypte. Retrouvant sa chaire à al-Azhar, il déploie une activité considérable, ses propres livres — *le Raffinement de l'or : abrégé de Paris, le Guide honnête...* —, ceux de ses élèves, les dizaines de traductions effectuées dans son entourage témoignent d'une ardeur véritable pour introduire les nouveaux savoirs en Égypte. Rifà'a va jusqu'à ébaucher l'émancipation de la femme musulmane cependant que, son intérêt pour la presse ne se démentant pas, il fonde et dirige plusieurs publications[28].

Après lui, seul Ali Mubarak (1824-1893) émerge du lot des intellectuels égyptiens formés en France. Cadet de Rifà'a, fils lui aussi d'un cheikh mais de la Basse-Égypte, Mubarak reçoit une formation militaire approfondie à Paris et à Metz. 'Abbas 1er ne sait pas exploiter ses qualités d'homme d'État mais Ismaël Pacha, qui avait été son condisciple en France, lui confie la mise en route d'un système scolaire égyptien. Mubarak prend ses idées en France et accentue encore la francisation des structures éducatives. Écrivain, il compose une énorme topographie historique du Caire et surtout donne à la littérature égyptienne son premier roman, *'Alam ad-Dîn,* du nom d'un cheikh vénéré qui signifie Étendard de la religion. Une œuvre surprenante, entachée de sérieuses faiblesses (son lourd didactisme notamment) mais qui obéit à une démarche significative : « Nous avons là, remarque Anouar Louca, un (travail) caractéristique de la Renaissance, non sans analogie avec l'exubérance savante d'un Rabelais, qui cherchait à instruire sous prétexte de raconter et dont l'œuvre rappelle les sommes médiévales. »

L'influence profonde de l'expédition d'Égypte se comprend mal si on perd de vue qu'elle a à la fois « changé les idées des Égyptiens sur la civilisation européenne » et « changé les idées des Européens sur la civilisation égyp-

---

28. Anouar Louca, ouvrage cité, mais aussi *les Cinquante Jours à Marseille de Rifà'a al-Tahtâwî,* traduction par les soins d'A. Louca d'un extrait de l'*abrégé de Paris, in l'Orient des Provençaux dans l'Histoire,* archives départementales, Marseille, nov. 1982-février 1983.

tienne »[29]. Dans les deux sens, l'échange a été fécond. Le fait que l'Égypte n'ait pu être une colonie française explique qu'aucun passif n'ait pu faire obstacle aux bonnes relations entre les deux pays. Seule la malheureuse affaire de Suez, en 1956, a pu écorner le capital de sympathie réciproque. Mais, depuis vingt ans, l'évolution internationale a favorisé un retour au beau fixe des relations franco-égyptiennes. Même s'il faut déplorer la faiblesse de notre effort linguistique et culturel (à l'égard d'un pays qui, de lui-même, s'est reconnu membre de la communauté francophone), on peut se réjouir en revanche de voir aujourd'hui toujours plus de Français visiter la terre des pharaons[30].

Dans un espace méditerranéen qui voit ses équilibres géopolitiques se modifier rapidement, la France et l'Égypte ont beaucoup à faire en commun. Leurs bonnes relations ne peuvent que contribuer à la stabilité de cette partie du monde. Cette communauté d'idées et d'intérêts tient beaucoup aux soldats de Bonaparte. Sans leur incursion en Égypte, elle n'aurait pas retrouvé aussi vite les voies de l'Histoire ; sans cette expédition unique en son genre, la France se serait privée d'un apport culturel exceptionnel. Aussi, nous pouvons continuer à honorer les mânes de Bonaparte, de Desaix, de Monge ou de Desgenettes : ils ont bien mérité de la France et de l'Égypte.

Brains, février 1988-septembre 1990.

29. La formule est de Louis AWAD, « L'Égypte fait face à son passé », *in le Miroir égyptien*, collectif, Marseille, Éditions du Quai-Jeanne Lafitte, 1984.
30. L'ouverture de l'université francophone d'Alexandrie, en 1991, remédie quelque peu à cette négligence.

REMERCIEMENTS

Mes remerciements vont en premier aux professeurs Jean Tulard et Yves Durand qui m'ont suggéré et précisé de nombreux points de recherche.

Je suis aussi très reconnaissant à Jean-Édouard Goby, à Patrice Bret et à Nicole Dhombres de m'avoir apporté les précisions que je leur demandais sur les points où ils font autorité.

Ma gratitude à Michel Chauvet, sans lequel le voyageur Cailliaud nous serait inconnu ; à Mme Le Gallic qui m'a ouvert les archives inédites du général Boyer, son ancêtre ; au père Maroun Attalah qui m'a intéressé au colloque « La Révolution française et l'Orient » ; à Jean et Suzanne Watelet grâce auxquels j'ai pu dépouiller, dans de bonnes conditions, des dizaines d'articles difficiles d'accès ; à Claude Serreau enfin qui, avec sa vigilance habituelle, a relu le manuscrit.

ANNEXES

1

LE JOURNAL DE LUCET

De tous les témoignages d'acteurs ou de témoins de l'expédition d'Égypte, celui du quartier-maître Lucet est à ranger parmi les plus modestes. Il ne s'agit pas de Mémoires mais d'un très cursif journal, fort de quelques dizaines de feuillets seulement[1].

Pourtant, ce journal est exemplaire dans sa simplicité. Ici, pas d'effets littéraires, pas d'enjolivements, de mensonges par omission. Juste la notation sèche du vécu quotidien. Le *Journal* de Lucet, c'est la mémoire atomisée du corps expéditionnaire, un point de vue étroitement fragmentaire qui échappe à toute mise en forme. De l'histoire brute, et donc de la meilleure.

Tel était le point de vue d'Edouard Herriot qui, en 1896, consacra une étude au soldat Lucet[2]. Travail intéressant qui reconstituait parfaitement la carrière de cet « Égyptien » mais qui présente l'inconvénient d'être conçu comme une paraphrase, entrecoupée de brèves citations, du journal de Lucet.

Il nous a paru nécessaire de proposer une lecture plus complète du manuscrit, non pas intégrale (car certaines précisions échappent à notre intérêt) mais la plus large possible. Nous avons respecté l'orthographe de Lucet, en particulier sa graphie des noms arabes, quitte (pour les moins connus) à donner la version savante de l'époque et la translittération actuelle.

Mais avant de lire le journal de Lucet dans sa partie égyptienne, encore faut-il poser les bornes de son existence.

François-Michel Lucet entre dans l'Histoire en s'enrôlant comme volontaire national à Saint-Omer, le 9 août 1792. Sans doute n'a-

1. Répertoire au tome XXII, n° 1188 du Catalogue général des manuscrits des bibliothèques publiques de France, le *Journal et notes de campagne de F. M. Lucet* est aussi signalé par A. FIERRO, *Mémoires de la Révolution*, Ville de Paris, 1988. Comptant 62 feuillets in-8°, il est conservé à la Médiathèque de Nantes.

2. Edouard HERRIOT, « le journal d'un quartier-maître (1792-1803) », *in la Vie contemporaine*, 1er juin 1896.

t-il pas encore vingt ans et tout laisse à croire qu'il est orphelin. A compter de cet été 1792, Lucet ne quittera plus l'armée. Il est de toutes les campagnes. Sous Kléber, il participe au siège de Maëstricht (août 1794) sous Marceau, il traverse le Rhin (octobre 1795).

Simple fourrier-provisoire en 1792, il passe quartier-maître dans la 2e demi-brigade légère : « Ce titre nous fait penser aux marins, qui, dans nos équipages de ligne, portent les deux galons de laine des caporaux de notre infanterie. Dans notre ancienne armée, il avait un sens tout différent : il désignait l'officier d'état-major, lieutenant ou capitaine, chargé des subsistances, du logement et de la comptabilité des corps de troupe » (E. Herriot).

Après l'Égypte, on suit moins précisément Lucet. Le *Journal* s'arrête en 1803. Sous la Restauration, Lucet est chevalier de Saint-Louis (il avait déjà la Légion d'honneur) et il occupe un emploi de bureau au ministère de la Guerre.

6e ANNÉE RÉPUBLICAINE

18 floréal	La 1/2 Brigade a embarqué
le 20	j'embarquai sur le *Tonnant* (capitaine Dupetit-Thouars)
le 20 prairial	Arrivé à hauteur des Isles de Gozo et de Malthe
le 23	Arrivée des parlementaires malthais au vaisseau l'*Orient* (Général).
30	Sorti du port de Malthe, mis à la voile.
messidor	
10, 11	Apparu la terre à hauteur d'Alexandrie

(Transfert de Lucet sur le Dubois, *vaisseau marchand vénitien)*

17	Entré dans le port d'Alexandrie ayant évité heureusement les écueils ;
18	Grande marche de six lieues dans la partie déserte nommée « Sables brûlants de l'Afrique ». Bivouacqué sur le bord de la mer près du fort d'Aboukier.
le 20	Côtoyé la mer pendant deux lieues, traversé trois heures de sables brûlants (sans vivres et sans eau) arrivé à Rozette.
23	Réunion de l'armée, point de vivres, on distribua cependant une livre de petites fèves à chaque soldat pour deux jours. Le général en chef qui visitait tous les corps, harangua la demi-brigade.

25 messidor *bataille de Schébérik (Chobrâkhyt)*

Chaque division forma son quarré et après trois heures de combat, nous gagnâmes le champ de bataille [...] La cavalerie ennemie était composée de mamelouks et d'Arabes. Ces derniers sont lâches, barbares et indisciplinés. Ceux qui ont le malheur de tomber entre leurs mains sont victimes de leur férocité. Après leur avoir fait souffrir mille morts, ils leur tranchent la tête qu'ils portent à leurs chefs.

27 ... deux livres de petites fèves pour quatre jours.

28 Marche très pénible par l'excès de la chaleur, quelques hommes morts d'inanition, plusieurs tombés faibles.

3 thermidor Arrivé à hauteur du Caire. Attaqué l'ennemi, campé sur la rive gauche [...] après différentes charges et un nombre de quatre heures, nous gagnâmes le champ de bataille. L'ennemi perdit un grand nombre d'hommes et de chevaux dont la plupart se noyèrent dans le Nil[3].

5 Distribution de très mauvais pain, plus dur que le biscuit de bord.

7 Séjour. Je fus visiter les Pyramides et les ruines de Memphis. J'ai mesuré la plus haute pyramide qui a trois cents pas à chaque façade [...] Les noms de plusieurs Européens sont marqués sur des pierres d'une grosseur énorme qui forment l'entrée de l'intérieur plusieurs chambres, des tombeaux, et des escaliers dont les degrés sont assez réguliers.

9 Événement fâcheux. Environ 40 hommes, pressés par le besoin, étaient allé dans des villages peu éloignés du camp, pour y prendre du grain. Ils étaient sans armes, un nombre plus considérable d'Arabes les a investis [...] Ils égorgèrent 15 hommes [...]

12 thermidor A la pointe du jour. Passé le Nil, arrivé à la position de la Division, près Boulac (petite ville)

Pendant mon séjour, je fus me promener au Caire (grande ville, mal bâtie). J'ai appris depuis que Le Caire est plus florissant qu'il ne m'a paru dans ce temps.

24 thermidor Marche très pénible à la poursuite d'Ibrahim Bey, qui escortait une cavarane dans le désert.

3. Il s'agit évidemment de la bataille des Pyramides.

2 fructidor Je logeai à Mansoura.

4 Appris la nouvelle du malheureux combat naval d'Aboukier.

7e ANNÉE RÉPUBLICAINE

vendémiaire 1er La Division s'assemble en armes, dans la ville de Mansoura, pour célébrer l'anniversaire de la fondation de la République. Le général Dugua prononça un discours [...] Le drapeau tricolore fut placé sur le plus haut minaret (Distribution du café).

13 vendémiaire Elle (la demi-brigade) partit pour Menzalé, afin de chasser les Arabes réunis sur le lac de ce nom.

(Lucet reste en garnison dans cette partie nord-est du Delta qui touche à l'isthme. Il est à Tinet [Tineh], voit les ruines de Peluse et se retrouve caserné en Asie au fort de Cathié [Bir Qatia]).

ventôse 4 Parti de Cathié, couché dans le désert, bu à des citernes d'eau très saumâtre.

6 Arrivé au fort d'El-Arich.

12 Parti d'El-Arich, marche dans le désert. Bivouaqué en Asie près des limites qui séparent cette partie du monde de l'Afrique. Ce sont deux colonnes de granit placée à dix pieds l'une de l'autre.

du 7 au 12 La troupe rationnée à huit onces du riz pour toute subsistance. On a mangé du chameau, de l'âne, du chien.

13 Passé au port dit de Saint-Louis, arrivé à Gaza (vilaine bicoque, fameuse par les exploits de Samson).

17 Arrivé à Jaffa qui venait d'être pris d'assaut par les divisions Bon et Lasne.

(Lucet donne un récit très sec de la campagne de Syrie. Toutes ces phrases commencent par « Bivouaqué à [...] près de [...] sous les murs de... » Il est resté longtemps à Nazareth avec les équipages. Une seule exception, la bataille du Mont-Thabor, le 16 avril 1799).

Bataille du Mont-Thabor

Le 27 à minuit, la division se mit en marche et arriva au camp de l'ennemi à 6 heures du matin. La demi-brigade eut l'ordre de se diriger sur ce camp, ce qui fut impossible, vu la supériorité de l'ennemi qui, dans cette affaire, était au moins 20 000 hommes. Chargé par la cavalerie ennemie, vive fusillade de notre part. A 5 heures du soir, on aperçut une colonne de troupes françaises (c'était la division Bon, le général en chef, ses guides, etc.). L'ennemi se mit en déroute, fut chassé et repassa le Jourdain. On prit 40 chameaux, chargés de vivres et d'effets. Bivouaqué près du Mont-Thabor.

17 prairial — *Retraite*

Marche très pénible dans des sables brûlants. Plusieurs militaires tombés faibles, de soif et de faim (quelques-uns sont morts), fait halte aux citernes d'eau très saumâtre. Nous ne pûmes arriver à Cathié.

le 18 — Arrivé à Cathié.

5 fructidor — Départ du général Bonaparte.

8e ANNÉE RÉPUBLICAINE

(Lucet est en garnison à Damiette)

Célébration de l'anniversaire de la fondation de la République. La garnison de Lesbé vint à Damiette[4]. Salves d'artillerie, mousqueterie.

Par erreur, on fit cette fête le 6e jour complémentaire de l'an 7, parce qu'on ne savait pas encore que cette année était bissextile.

(Arrivée d'une flotte turque, 14 voiles puis 36, 45 devant l'Esbé. Les garnisons sont mises en alerte.)

brumaire — 10 au matin

200 Turcs effectuèrent leur descente, près du Bogaz de Lesbé. 750 furent faits prisonniers, un très petit nombre put rembarquer et le reste fut tué ou noyé.

Damiette

1er frimaire — Insurrection. La 1/2 brigade refusant de marcher pour Katieh, les officiers et sous-officiers se rendirent au mouillage de Castel-Nazara pour s'embarquer sur le lac Menzalé.

2 frimaire — Les chefs, officiers et sous-officiers retournèrent à Damiette, pour faire rentrer les soldats dans l'ordre et les engager au départ. Efforts inutiles.

4. La garnison du fort de l'Esbé gardait le boghaz de Damiette, la bouche orientale du Nil (Masab Dumyat).

A midi, on battit la générale ; les bons sujets partirent et embarquèrent. Je fus jusqu'à Castel-Nazara où je reçus l'ordre du général Verdier de retourner et rester à Damiette jusqu'à ce qu'il m'ait donné de l'argent, (le défaut de pécule ayant été le motif ou prétexte de l'insubordination[5]).

3 Je reçus des fonds, j'en donnai aux rebelles [...] Ils se déterminèrent à partir le lendemain.

4 Départ des révoltés. Je partis aussi et l'adjudant général Devaux fut chargé par le général Verdier (sur l'invitation des soldats) de les accompagner jusqu'à Ompharique (?) où nous trouvâmes la 1/2 brigade le 5 au matin.

(Lucet rentre au Caire)

15 frimaire Logé dans la Citadelle.

16 et 17 On s'occupe de l'incorporation et des démarches pour fléchir le général en chef, en lui représentant la conduite des officiers et sous-officiers qui avaient tous remplis leurs devoirs. « Point de grâces aux coupables, justice à l'innocence, et pardon pour les hommes égarés. »

18 Ordre de réhabilitation. Les compagnies de carabiniers (causes principales de la révolte) restent supprimées.

5 pluviôse Conclusion du Traité avec le grand Vizir, ratification. Départ pour la France dans trois mois.

3 germinal On apprend que le traité fait avec le grand Vizir est rompu. Dispositions à une nouvelle campagne.

13 germinal (Damiette) où nous trouvâmes la 21e légère, sous les ordres du général Béliard.

9e ANNÉE RÉPUBLICAINE

germinal 5 Ordre à Damiette de se tenir prêt à partir. Embarquement des effets.

4 floréal A onze heures et demi, arrivé près du lac Mareotis. Les Anglais ayant coupé la digue [...] nous trouvâmes beaucoup d'eau, mais nous passâmes au gué, mouillés jusqu'à la ceinture.

Arrivé à Alexandrie.

2 vendémiaire Embarqué sur le Bâtiment grec la *Madonna delle Grazzie.*

---

5. L'arriéré de solde sert effectivement de prétexte à la mutinerie. En fait, les hommes répugnent de plus en plus à tenir des forts isolés dans le désert.

3	Départ du port d'Alexandrie
14 vendémiaire	Passé près des Cyclades, Candie (ancienne Crète) Cérigo (ancienne Cythère). Le long de la côte de la Morée Relâché à Zanthe.
27 vendémiaire	Sorti de Zanthe.
28	A hauteur de Céphalonie et Ithaque
1er brumaire	Nous sommes prêts à échouer sur les côtes de la Calabre au cap Spartivento, à la suite d'un grand vent, le calme succéda, la mer était houleuse et nous portait à terre [...] Le soir, nous sentons une petite brise, on se hâte d'en profiter [...] Nous nous dirigeons sur le phare de Messine.
20 brumaire	Nous sortons entre Charybde et Sylla. Nous voyons Stromboli et les autres îles volcaniques qui forment une ligne au milieu de laquelle nous passons.
22	Tempête, craintes, délibérations. On veut rétrograder et joindre le port de Naples, les vents s'y opposent, le bâtiment est battu par les flots ; tout est renversé par le roulis ; les mâts bouchent la mer ; mais il faut suivre sa route.
24 et 25	La Corse.
26	Rade de Toulon, Marseille, quarantaine jusqu'au 22 frimaire.

2

LES GRAFFITI DE L'EXPÉDITION

(article de G. Legrain, paru en 1911)

L'AN 6 DE LA RÉPUBLIQUE
LE 13 MESSIDOR
UNE ARMÉE FRANÇAISE COMMANDÉE
PAR BONAPARTE EST DESCENDUE
À ALEXANDRIE
L'ARMÉE AYANT MIS VINGT JOURS
APRÈS LES MAMMELOUKS EN FUITE
AUX PYRAMIDES
DESAIX COMMANDANT LA-
PREMIÈRE DIVISION LES A-
POURSUIVIS AU DELÀ DES
CATARACTES OÚ IL EST ARRIVÉ
LE 13 VENTÔSE DE L'AN 7

LES GÉNÉRAUX DE BRIGADE
DAOUST FRIANT ET BELLIARD
DONZELOT CHEF DE L'ÉTAT MAJOR
LATOURNERIE COMM^DE^ L'ARTILLERIE
EPPLER CHEF DE LA 21me LÉGÈRE
LE 13 VNTÔSE AN 7 DE LA RÉPUBLIQUE
LE 3 MARS AN DE J^s^ C^st^ 1799

GRAVÉ PAR CAS-TEX SCULPTEUR

La fortune de cette belle inscription d'allure si triomphale fut rapide.

Michel-Ange Lancret, qui arrive quelques jours après que Castex vient de signer, décrit l'île sainte et les temples qui la couvrent, copie les nombreux graffiti que les pèlerins grecs et latins ont tracés jadis en l'honneur d'Isis et ajoute :

« Près de ces inscriptions, sous la grande porte du pylône, on en voit une qui perpétuera dans les siècles un des événements les plus remarquables de notre âge : elle consacre la conquête de l'Égypte par le général en chef Bonaparte, la défaite des Mamelouks poursuivis par son lieutenant le général Desaix jusqu'au delà des cataractes et l'entrée des Français victorieux dans l'île de Philé. »

Devilliers, on l'a vu, en a gardé une copie qu'il publiera plus tard, puis les événements se précipitent, les Français quittent l'Égypte et ce n'est qu'en 1846 que le duc de Montpensier visitant Syène et le temple d'Isis se découvre devant l'inscription de Castex, puis quelques années après, voici le prince Napoléon Bonaparte qui, protestant contre une remarque injurieuse qu'il fit effacer du bas de l'inscription où elle avait été tracée, fait peindre à la même place que :

UNE PAGE D'HISTOIRE NE PEUT ETRE SALIE

puis les voyageurs abondant de plus en plus sur les bords du Nil, des milliers de touristes viennent chaque hiver déchiffrer le texte glorieux. Il nous semble, à nous Français, qu'un peu de l'âme de nos ancêtres subsiste encore là ; nous revoyons nos soldats épiques et les savants de la Commission fameuse applaudissant le sculpteur toulousain

notre collègue au Service des Antiquités d'Egypte. M. Barsanti n'a fait aucune correction au texte de Castex.

achevant de graver sa page d'histoire, relique précieuse de nos hauts faits d'antan.

C'est en la relisant une fois encore que j'ai dû convenir, à mon grand dépit, que si elle ne pouvait ni ne devait être salie, elle méritait d'être vérifiée dans ses dires et par cela même être critiquée et déclarée inexacte.

En effet, depuis le jour où elle fut gravée jusqu'aujourd'hui, personne, pas même Castex, ni Devilliers, ni Lancret, ni le duc de Montpensier ni le prince Napoléon, ni le dernier touriste du printemps passé ne s'est aperçu que la date de l'inscription : 13 ventôse an VII = 3 mars de l'an de Jésus-Christ 1799 est fausse, puisque, on l'a vu plus haut, les Français arrivèrent à Assouan non pas le 3 mars mais le 1er février 1799. Le 3 mars, Belliard était à Erment, Desaix et l'état-major à Farchout, Castex au Caire et aucun Européen ne se trouvait dans la région des cataractes.

L'erreur ayant été constatée, il serait peut-être curieux d'en rechercher l'auteur responsable et les circonstances qui la causèrent inopinément.

La rédaction première ne peut être de Bonaparte : quand il part pour l'expédition de Syrie, le 22 février, il ne connait que par rumeur la victoire que Desaix a remportée un mois auparavant à Samhoud. En mars, il est devant St-Jean d'Acre, et rien dans sa Correspondance ne montre qu'il ait même songé à faire graver par Castex ou un autre une inscription triomphale à Philé. Il se contentera d'écrire au Directoire.

« Le drapeau de la République flotta sur les cataractes. »

Doit-on l'attribuer à Desaix? Si nous relisons les journaux de Jollois et de Devilliers, avec lesquels Castex fit route, il sera facile de constater que, durant leur voyage du Caire à Philé, ces savants ne purent rencontrer le conquérant de la Haute Égypte. Par contre, ils eurent de fréquentes entrevues avec le général Belliard qu'accompagnait sans cesse l'artiste Vivant-Denon. Belliard et Denon eurent pour Devilliers, Jollois et leurs collègues composant la commission d'études que commandait l'ingénieur Girard, les prévenances les plus amicales, et je croirais volontiers que c'est l'un ou l'autre (ou peut-être l'un et l'autre) qui donnèrent à Castex, entièrement désœuvré, l'idée de la grande inscription française de Philé.

Le 8 juillet 1799, le général et l'artiste passèrent à Esneh, revenant de la cataracte. Ils trouvèrent les membres de la commission de Haute Égypte en complet désaccord. Jollois, Devilliers et leurs camarades, enthousiasmés par la vue des monuments pharaoniques, songeaient plus à les copier qu'à hâter l'étude hydrographique du Nil, but principal de la mission confiée à leur chef Girard. Celui-ci se plaignit à Belliard que ses adjoints « faisaient des hiéroglyphes et que ce n'était pas leur besogne ». Ceux-là, ripostèrent, protestèrent. Denon et Belliard tâchèrent de rétablir la paix : ce fut en vain. Ils étaient à peine partis que les jeunes gens louaient une grande barque et remontaient jusqu'à la première cataracte où Girard, d'ailleurs, vint bientôt les rejoindre.

C'est, croyons-nous, à cette époque assez orageuse, au milieu de cette petite querelle entre gens énervés par l'isolement, les fatigues et les privations que Castex reçut les indications grâce auxquelles il allait pouvoir se mettre à la besogne en arrivant à Philé. Ces indications lui furent fournies verbalement, une seule fois, pendant un rapide passage, probablement le 8 juillet, par Belliard ou Denon.

Tous deux partis, grâce au calendrier républicain, Castex commit l'erreur singulière que nous signalons dans l'inscription de Philé.

En l'an VII de la République française, le calendrier officiel n'était pas encore entré dans les mœurs habituelles : si l'on relit quelques lettres écrites pendant la campagne d'Égypte, on constatera, par exemple, que Desaix, à peine débarqué, écrit de Beïdah à Bonaparte une lettre qu'il date du 15 juillet alors qu'elle devrait l'être du 15 messidor.

Bonaparte, lui-même, dans une lettre officielle au Directoire exécutif commet ce singulier mélange de calendriers : « *22 pluviôse* an VII..... Un bâtiment ragusin est entré le *7 pluviôse* dans le port d'Alexandrie. Il avait à bord les citoyens Hamelin et Livron... Le citoyen Hamelin est parti de Trieste *le 24 octobre*, a relâché à Ancône le *8 novembre* et est arrivé à Navarin en Morée d'où il est reparti *le 28 nivôse*... Depuis le *6 juillet* je n'ai pas de nouvelles d'Europe... Le *1er novembre* mon frère est parti sur un aviso. L'ordonnateur Sucy est parti le *26 frimaire*. »

Les faits de ce genre sont assez rares mais existent cependant.

Le calendrier républicain avait un défaut : il était divisé en quatre séries de trois mois dont les noms *assonnaient*, dont la voyelle finale était toujours la même. Si les mois du printemps s'appelaient Germinal, Floréal, Prairial, ceux de l'hiver étaient Nivôse, Pluviôse, Ventôse, composant ainsi la « série des mois en *ôse* ».

Il semble que Castex écouta peu ou mal celui qui lui donna l'idée ou l'ordre verbal de graver l'inscription de Philé ; il se souvint fort bien du chiffre 13 qui revient par trois fois dans le texte mais confondit le nom du mois en *ôse* indiqué avec celui du suivant, car, en effet, si au lieu du *13 ventôse an VII* qu'il grava et traduisit *3 mars* on substitue, ou mieux si on rétablit *13 pluviôse an VII*, on obtient l'équivalence *1er février de l'an de Jésus-Christ 1799*, date exacte de la prise de Syène par les soldats de Desaix.

En somme Castex confondit un mois républicain avec un autre, ventôse avec pluviôse. Telle est, croyons-nous, la raison de l'erreur qui s'est glissée dans la belle et triomphale inscription de Philé. Elle n'en atténue nullement ni la beauté ni la valeur à nos yeux français. J'ai cru cependant devoir la signaler car il m'a semblé juste et bon de faire coïncider la page de Castex avec l'histoire et de préciser la date du jour où les soldats de Bonaparte, de Desaix et de Belliard arrivèrent au n° 1.167.340 de la route de Paris, c'est-à-dire aux confins de l'empire romain qui, en cet endroit, furent ceux de notre territoire au printemps de l'an VII de la République française une et indivisible.

Les inscriptions qui viennent d'être signalées ne sont pas les seules existant encore sur les monuments pharaoniques de Haute Égypte. A Philé, même, non loin de la page de Castex on lit cette autre :

R . F
AN 7

ALZAC, COQUEBERT, CORABŒUF
OSTAZ, COUTELLE, LACIPIERRE
IPAULT, LEPÈRE, MECHAIN, NOUET
ENOIR, NECTOUX, ST GENIS VINCENT
DUTERTRE SAVIGNY

NGITUDE DEPUIS PARIS 30° 16′ 22″
TITUDE BOREALE 21° 3′ 15″

où se retrouvent les noms de seize des membres de la

Commission des sciences et des arts qui parcoururent la Haute Égypte à la fin de septembre 1799 et en rapportèrent, avec Girard, Jollois et Devilliers les matériaux qui servirent à composer la gigantesque autant qu'admirable *Description de l'Égypte*, dont la publication ne s'arrêta qu'en 1826.

Plus bas se trouvent consignés les résultats des calculs des astronomes Nouet et Méchain. C'est aussi à ces deux savants qu'est due la grande inscription gravée sur le montant droit du premier pylône du temple d'Amon de Karnak, inscription indiquant la longitude et la latitude de tous les monuments pharaoniques depuis Denderah jusqu'à l'île de Philé.

Mais c'est à Edfou que se trouve la plus grande quantité d'inscriptions françaises. Elles sont dues aux savants et surtout aux soldats dont la plupart appartenaient à la 21e demi-brigade. D'Esneh partirent assez souvent, en l'an VIII, des détachements qui tinrent garnison dans les chambres ménagées parmi les massifs des deux grands pylônes du temple d'Horus d'Edfou. De là, et de dessus les terrasses qui les couronnent, la vue est splendide : peu de postes sont mieux aménagés pour y poser des sentinelles. On domine de près de quarante mètres et la ville arabe et le grand Nil qui roule ses flots, et les plaines verdoyantes et le désert que limitent les chaînes arabique et lybique. Seuls les aigles, les faucons et les éperviers, jadis consacrés au dieu, volent jusque-là et y construisent leurs nids sauvages.

La garnison s'installa commodément dans les chambres, vastes, obscures et fraîches. Elle en fit sa chose à elle, sa petite patrie temporaire, et soldats et savants, pour marquer leur emprise, griffonnèrent et gravèrent de leur mieux sur les vieux murs pharaoniques.

Certes, l'école d'art d'Edfou ne s'éleva jamais très haut dans ses conceptions et sauf une tête joliment profilée, sans doute le portrait de quelque savant plutôt que celui d'un Petit Caporal un peu trop gras pour l'époque, on n'alla pas beaucoup plus loin dans la reproduction de l'image humaine. Après un second essai, d'ailleurs maladroit, on s'en tint là et l'on fit bien.

Les inscriptions demandant une éducation artistique beaucoup moindre et les blocs de grès des pylônes se prêtant admirablement à la gravure, on en fit le grand passe-temps. Leur nombre et leur naïveté, parfois touchante, ont souvent frappé les voyageurs. Maxime du Camp, entre autres, écrit : « En furetant sur les pylônes, j'y retrouve des noms célèbres : Morand, Desaix, Jollois, Denon. Je lis ceci : « *Boulingrier, maréchal des logis au 8e dragon* » et, au-dessous, de la même écriture : *Ô Charlotte!* Pauvre Boulingrier! Pauvre Charlotte! Il y a parfois ainsi des inscriptions de noms inconnus qui font rêver des heures entières. »

Je dois avouer que, lorsque je copiai toutes les inscriptions françaises d'Edfou, je cherchai en vain et Boulingrier et Charlotte. Je finis par croire que ces deux inscriptions ont disparu sans raison aucune, si elles ont jamais existé, ou bien que Maxime du Camp fut mauvais copiste, car il y eut bien des dragons en Égypte, mais ils appartenaient aux 3e, 14e, 15e, 18e, 20e régiments. Seul, Boulingrier aurait représenté le 8e de l'arme! Charlotte, elle, serait la seule femme dont le nom figurerait sur les murs du temple d'Edfou.

Les soldats avaient, semble-t-il, d'autres préoccupations que celle de leurs payses. Depuis qu'ils suivent Bonaparte, ils n'y pensent guère et, dans ces propos de corps de garde d'Edfou aucun n'est sentimental ni grossier ni obscène. Leurs idées sont toutes différentes. Ils ont, surtout, celle d'être dans un pays conquis qu'il leur faut défendre à tout prix et pour cela, Jean Nicolas Cuvillier, du 21e chasseurs, pensait qu'il fallait vaincre ou mourir.

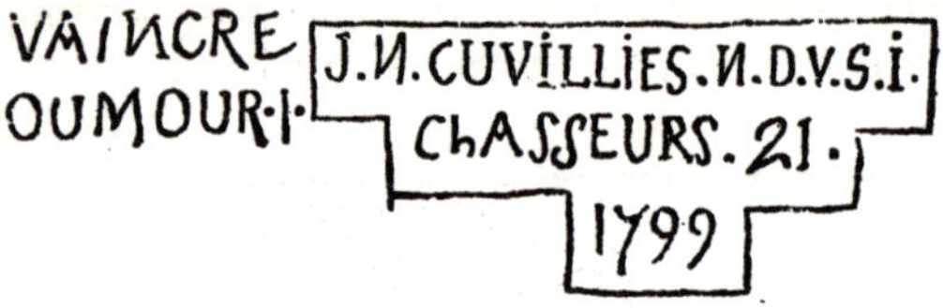

Le pauvre diable y mourut, jadis, à la peine, si nous en croyons une croix noire † gravée non loin de là auprès de son humble nom comme auprès de celui de bien de ses camarades.

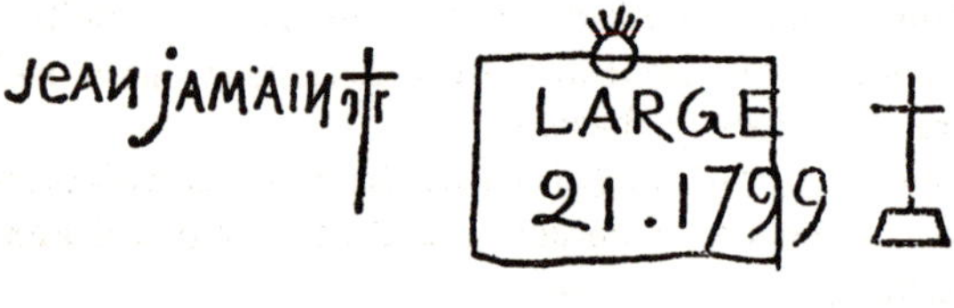

Tous ces braves gens sont admirables d'endurance et de foi dans le succès de leurs armes : ils se croient d'ailleurs presque invincibles, et l'un d'eux résume l'opinion générale en affirmant que « les Français sont vainqueurs partout l'an 7 de la République française ».

L'orthographe, on en conviendra, n'est pas aussi bonne que l'idée.

On la respectait rarement d'ailleurs, aussi bien Dupraville chaceur de la 21e qu'Antoine Moreau natife de Sully Latour et que Gan Louis Facard de Paris, et que bien d'autres qui, d'ailleurs, n'avaient pas besoin de connaître les règles les plus élémentaires de la grammaire pour se bien battre et mourir au besoin.

L'un d'eux, cependant, paraît être plus instruit et même assez content de sa personne : c'est le caporal Poudrat lui-même.

Poudrat qui, je ne sais pourquoi, ne nous dit pas quelle fut sa patrie, monta la garde le 8 de mai 1799 dans la chambre située au dixième étage du pylône ouest. Là sur

POUDRAT·CAPORAL
NATIF·D·AMON
TE LA GARDE
ICI LE 8 DE
MAI 1799
TRICOT
CAPORAL
Do

la paroi du mur sud, d'une main sûre, expérimentée, en homme convaincu de son importance, il grava l'image assurément fidèle du moulin et de la maison où ses vieux parents l'attendaient peut-être encore, puis il signa son bel ouvrage.

Il convient de remarquer que le caporal Tricot glissa son nom à côté de celui de Poudrat si bien que si l'on ne comparait pas le mode de gravure des lettres, de la maison et du moulin avec tout l'esprit critique indispensable en si grave occurrence, Poudrat pourrait craindre que son mirifique tableau ne fût attribué à l'astucieux caporal Tricot. Après minutieux examen je puis affirmer que ce dernier n'a rien à prétendre dans ce chef-d'œuvre, pas plus qu'à certain moulin gravé dans une des chambres du pylône de l'est.

Plus loin, entre les deux massifs, au-dessus d'une porte, voici le tracé d'un mètre dû à Legentil, ingénieur français.

METRE

LEGENTIL
INGÉNIEUR FRANÇAIS
BRUMAIRE AN 8

Sur la plate-forme Est, une flèche indique la direction du Nord, puis voici les noms de Castex, de Girard, de Jollois et de son ami Devilliers, de Denon, de Legentil encore, qui voisinent avec ceux de Quiboulle et de Joseph Popinot de la 21e demi-brigade. Où dorment leur dernier sommeil Brécan, Jean Claus, Jean Jamain, Gonau, Lagorce, Cuvillies, Large, Mabilat, Poulcha, Antoine Moreau et d'autres qui ne revinrent pas au pays?

DE NON   GIRARD AN7

J'ai dressé la liste suivante de tous les noms gravés à Edfou, à Esneh, à Denderah et ailleurs en Haute Égypte.

Argou, carabinier. *Amerot*, 21, 1799. *Ballini*, 21. *Baron*, 21e demi-brigade. *Barré*, 1799. *Basson*, 74, 1799. *Belliard*, an 7, 1799. *Bernard*, 1799, 21, *Berougont, Av. Beu.* 1799. *Bidot*, 21, 1799. *Biodet, Bloia* C. P. 1799. *Blondet*, 21e A. 7. N. M. *Bolard*, 1799. *Boucheboutard, Brecan*, 1799 †. *Burton*, 1799. *Cabisseau*, 1799. *Caim*, 1799. *Capitaine*, 7 de la République. *Cantin*, *Caniamin* (pour *Jean Jamin*), *Carrier*, c. de la 21e, 1799. *Castex, Pierre Celvax*, 21, 1799. *Cevie* ou *Ceyie*. *Noel Chaumont*, an 6. R. F. *Jean Pierre Chouilloux*, 2 pluviôse an VII (Colosse de Memnon). *Civel*, 1799. *Jean Claus*, 21, 1799 †. *Clément, Combat*, 1799. *Cornu*, 1799. *Jean Nicolas Cuvillies*, 21, 1799 †. *Dardant*, 1799 (Edfou et Esneh). *Delorée*, natif âgé de 21 ans, 1799. *Denon Devilliers* (Edfou). *R. E. Devilliers*, 3 fructidor an 7 (1799) (Karnak). *Dejuine L.*, 7. *Dupraville*, chaceur de la 21, 1799. *Dupui*, 21, 1799. *E...ode* 1799 †. *Jean Louis Facard*, 21, 1799, natif de Paris. *Ant. Felix*, 1799. *Antoine Finard, J. Fletcher* R. F. *Ganive*, 21, 1799. *Geanplumet* (ou *Jean Plumet*?) 21, 1799. *Geoffroy*, 32e, 1800. *Geyer Girard*, l'an VII. *Gonau*, 1799, 6.21. R. F. †. *Louis Guibourg, Guilhou, Gras, Grosselin*, 1799. *Hartau*, 1799. *François Herpin*, chas. 21, 1799. *Jean Jamain* ou *Niamai*, 1799 †. *A. Jacquet*, off. 21e, an 7. *F. Jau, Labrune Lacorce*, 1799 †. *Lamotte*, 1800. *Large*, 21, 1799 †. *Lazare, Legentil*, ingénieur français, Brumaire an 8. *Loiseau*, 21. *Marilat* ou *Mabilat*, 21, 1799 l'an 7 †. *Meteyer* 1799. *P. Miot*, 1799. *Monieyer*, chaseur de 21, ané 1799. *Montely* de la 21e légère. *Antoine Moreau*, 21, natif de Sully-Latour, 1799 †. *Muller*, 1799. *Antoine Paris*, 21, 1799. *Jh Perchet*, 1799. *Pinot*, A. 7. *Ponsot*, 21, 1799. *Jh Popinot*, 21, 1799. *N. Portalis* (?) *Portert*, 1800. *Poudrat*, caporal, 8 mai

A. JACQUET. off. 21e - an 7e

ONTELY de la 21eme legère. 1799

E. DEVILLIERS. 3 Fructidor an 7 (1799

rancois Herpin chass. 21 - 1799

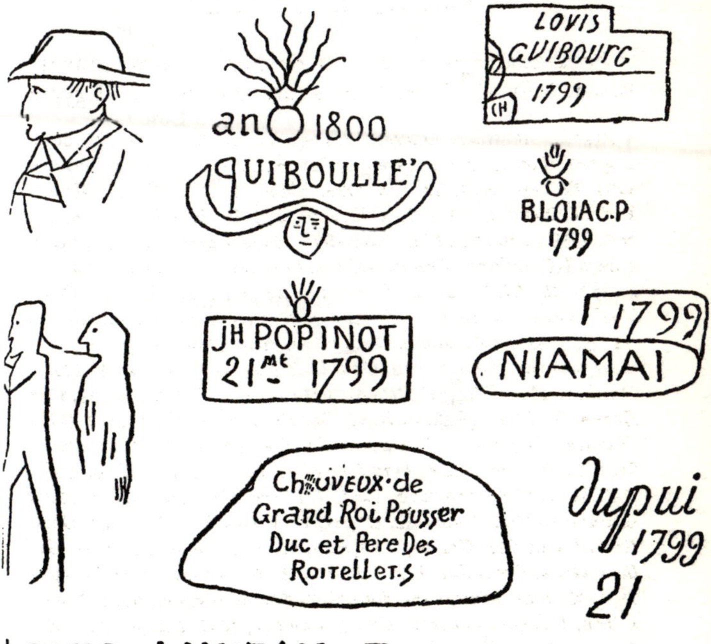

LOUIS LUNEAU. Francais 1799

LADOUCEUR XAIS DAVID L'AN 7

1799. *Poulcha*, 21. 1799. *Poullin*, 21, 1799. *Quiboulle*, an 1800. *Ramonot*, l'an 7. *L. Ranié*, 1799. *Rat*. 21. *A. Ratz*. 1799. *Madot* carabinié (Karnak). *Ruellet*, 21, 1799. *Robert*. 21, 1799. *Roland*, 1799. *J. Sangle*, 1799. *Savigny*, an 7. *Socley*, 21, 1799. *Thomas*, carabinier. an 7. *Tricot*, caporal. *Trinquet*, 1799. *Varalia*, 21, 1799. *Verdier* Cl. 21. *Jean Baptiste Verone*, 1799. *Vincent*, 21, 1799.

Dans cette longue liste de 105 noms, généraux, officiers. soldats et savants sont confondus. Peut-être pourrait-on suivre la trace de plusieurs d'entre eux. Mêlés à la grande épopée, chacun vécut sa vie selon la destinée qui le mena. Et voici qu'aujourd'hui tous sont partis et bien habile serait celui qui pourrait dire où sont les tombes de ceux qui gravèrent leurs noms sur les murailles d'Edfou.

Leur souvenir est ailleurs, là-bas, dans la Haute Égypte, sur les murs du grand temple d'Horus, sur les colosses et les monuments pharaoniques.

« Or, sont-ilz mortz, Dieu ayt leurs âmes. »

Quand, en 1800, nos soldats quittèrent pour toujours Edfou, ils y gravèrent leur dernière et hautaine pensée :

Et c'est parce qu'ils sont français et bien français qu'il était de notre devoir de les recueillir pieusement.

G. Legrain.

Séance du 16 septembre 1911.

3

LETTRE DE CORABŒUF
(insérée dans Grobert)

Alexandrie, le 24 messidor an 8.

Les grandes difficultés que nous avons toujours eues à correspondre avec la France, me fait présumer, citoyen, que les résultats des recherches et des différents travaux dont on s'est occupé ici, vous sont en partie inconnus. Je ne crois pas devoir mieux faire que de vous entretenir d'objets qui nous offriront quelque intérêt. La géographie de l'Égypte est une des parties les plus complettes du travail de la commission. La détermination astronomique d'un grand nombre de lieux assure leur position avec la dernière exactitude, et sert à rectifier les erreurs inévitables dans les relèvemens topographiques. Le grand nombre de ceux-ci ne laisse rien à désirer sur la connaissance des différentes parties de l'Égypte ; en sorte qu'on possède des matériaux suffisants pour construire la carte d'un pays rendu si célèbre dès la plus haute antiquité. Le tableau des longitudes et des latitudes déterminées par le citoyen Nouet, a déjà été imprimé, mais, comme il est possible qu'aucun exemplaire ne vous soit parvenu, je le joins ici. Si vous comparez ces nouvelles déterminations à celles de ces mêmes lieux sur la carte de Danville, les grandes fautes que vous trouverez, vous feront sentir le besoin qu'on avait des observations modernes ....

Une opération bien importante à faire était de trouver la différence du niveau des deux mers. Les traces de l'ancien canal ont été reconnues, et le résultat des nivellemens qui ont été exécutés ne laisse aucun doute sur l'excès de hauteur des eaux de la mer Rouge sur celles de la Méditerranée.

On a une connaissance complète de ce qui existe des monumens de l'Égypte ancienne dont les plus beaux restes se trouvent dans la haute Égypte. Les plans des emplacements des anciennes villes, les plans particuliers des monumens ont été levés ; des coupes et des élévations font voir tous les détails de la singulière architecture de ces édifices, et des vues prises de différens points indiquent leur état actuel. On a dessiné avec soin les sculptures dont ces monumens sont revêtus... les grottes sépulcrales de Thèbes... si nombreuses et creusées avec tant d'art ont été visitées : plusieurs renferment encore des momies très bien conservées, et c'est en fouillant dans celles-ci, qu'on a trouvé des rouleaux de papyrus. Plusieurs membres de la commission des arts possèdent en entier de ces manuscrits les plus anciens du monde : outre les caractères hiéroglyphiques, on y voit une écriture littérale. Enfin, on a des dessins et les dimensions des superbes obélisques de Thèbes et des deux colosses encore existans. Mais, ce qu'on a trouvé de plus remarquable et de plus intéressant pour l'histoire de ce peuple célèbre, ce sont deux zodiaques, l'un sculpté au plafond d'un péristile à Henné, l'autre au grand temple de Dindara. Le premier indique le solstice dans le signe de la Vierge; le second plus moderne fait voir que le soleil au solstice se trouvait dans le signe du Lion, et on a même eu soin d'indiquer qu'ils approchent du Cancer. L'intention des fondateurs, en plaçant ces monumens, était certainement de figurer l'état présent du ciel lorsqu'ils construisirent ces édifices. La comparaison qu'on peut faire de ces deux zodiaques remonte à des tems bien reculés l'époque de la construction des temples auxquels ils appartiennent, et ce sont en même tems des témoignages frappans de la connaissance qu'avaient les anciens Égyptiens du phénomène astronomique, la précession des équinoxes.

Je viens de vous esquisser le tableau des recherches faites sur l'Égypte ancienne. Si la réunion des différens travaux dont elle a été l'objet, s'opère par la suite, l'ouvrage qui en présentera l'ensemble sera un des plus beaux et un des plus complets de ceux qu'on possède sur ce genre de productions.

Les connaissances de l'état actuel de l'Égypte moderne, considérée sous le rapport du gouvernement, des lois, des mœurs, des usages, de la religion et des relations commerciales, n'offrent pas moins d'intérêt. Les recherches nécessaires pour remplir ce cadre ont été l'objet du travail d'une commission spéciale. Si vous joignez à tout cela les précieuses collections des naturalistes qui offriront toutes les différentes productions de ce pays, vous conviendrez qu'on a fait tout ce qu'il était possible de faire.

Salut et Respect,
Signé CORABŒUF.

Description des Pyramides de Ghizé..., par J. Grobert... à Paris, chez Logerot-Petiet et Remont, an IX.

4

BOYER ET REYNIER SE VENGENT DE MENOU AU LAZARET DE TOULON

Dans ses Mémoires restés inédits, le général Boyer raconte comment il rendit un dernier hommage à la mémoire du général en chef Kléber assassiné au grand Kaire par Suleyman l'Alépin :

« Quand les généraux Reynier et Boyer arrivèrent à Toulon en 1801, l'amiral de Vence[1] y exerçait les fonctions de préfet maritime, venant d'Égypte une quarantaine de rigueur nous fut imposée. Il fallait s'occuper pendant les quarante jours que nous allions passer ensemble ; le local que nous occupions était très approprié à peindre à fresque sur les murs des appartemens des sujets propres à rappeler aux officiers de tous grades qui nous remplaceraient prochainement dans le lazaret les sottises du général en chef Menou et les sentimens d'une brave armée pour le misérable renégat qui avait déshonnoré son habit. Rien ne fut oublié pour rappeler tous les événemens et la salle principale renfermait, peint sur un de ses panneaux, un tombeau qui était représentant celui que l'on avait élevé au grand Kléber lors de ses funérailles ; le reste de la salle était peint en noir avec larmes d'argent et l'inscription portait ce qui suit :

Soldat, dans ce tombeau que la France révère
Kléber descend frappé par un lâche ennemi.
Pleure sur le trépas d'un père,
Pleure sur le sort de ton ami !
Tant qu'il guida tes pas, l'inconstante victoire
n'offrit à tes regards qu'ennemis abattus,
Tu fus toujours Français et digne de ta Gloire,
Mais pour toi Kléber n'était plus !

Laisse un vil détracteur de son vaste génie
S'épuiser en efforts pour flétrir ses lauriers.

1. Jean-Gaspard Vence (1747-1808).

Qu'a-t-il à craindre de l'envie,
Sa plus belle vengeance est l'amour des guerriers.

O Kleber si pour briser tes éternelles chaînes
et t'arracher au joug qui t'ait jamais vaincu
s'il suffisait du sang qui coule dans mes veines
en expirant pour toi, j'aurais assez vécu.

Par le chef d'escadron Milet
aide de camp du général Reynier.

« Le traître Menou arriva quelque temps après notre sortie de quarantaine dans le même local pour y accomplir la purgation imposée à tous ceux qui arrivaient d'Orient. L'impitoyable loi de quarantaine lui imposa l'habitation de nos mêmes appartements, quelle ne fut pas sa surprise et sa fureur en lisant les vers et en voyant toute la dégoûtante histoire représentée sur les murs qu'il devait habiter. Il se plaignit à l'amiral Préfet qui de suite envoya des badigeonneurs effacer, mais notre vengeance commençait, tous les états-majors de l'armée d'Orient avaient vu et lu, tous avaient applaudi, le seul renégat Jacques Abdallah Menou avait fait voir sa rage impuissante.

« Le lieutenant général Pierre Boyer,
« Paris, le 5 avril 1847. »

Papiers du général BOYER, document inédit aimablement communiqué par Mme Le Gallic.

INDEX

L'astérisque * indique le nom des auteurs cités.
La mention (c) indique les membres de la Commission scientifique.

D

H

I

J

K

L

M

S

T

V

MISE A JOUR BIBLIOGRAPHIQUE 1991-1997

Depuis l'ouvrage collectif dirigé par Henry LAURENS, *L'Expédition d'Egypte...* (A. Colin, Paris, 1990), il n'est pas paru d'autres travaux de synthèse à l'exception de notre ouvrage. En revanche, il faut mentionner plusieurs monographies et essais.

— Du côté des sources imprimées, un outil de travail indispensable :

DE MEULENAERE Philippe, *Bibliographie raisonnée des témoignages oculaires imprimés de l'Expédition d'Egypte (1798-1801)*, Paris, F. et R. Chamonal, 1993.

Général Jean-Pierre DOGUEREAU, *Journal de l'Expédition d'Egypte*, Paris, La Vouivre, 1997.

Souvenirs et Cahiers sur la campagne d'Egypte (Bonnefons, Cailleux, Barallier), Paris, F. Teissedre, 1997.

— Une réédition opportune

BAINVILLE Jacques, Bonaparte en Egypte, Paris, Le Nadir-Balland, 1997. Bref et incisif essai de l'historien royaliste paru en 1935.

— Etudes diverses, articles.

BRET Patrice, Bonaparte en Egypte, L'Histoire n° 190, 1995.

BRET Patrice, *Les Oubliés de Polytechnique en Egypte : les artistes mécaniciens de la Commission des Sciences et Arts.* Actes du 114e Congrès national des Société savantes, Paris, 1989. Ed. du CTMS, 1990.

CHARLES-VALLIN Thérèse, Tallien le mal-aimé de la révolution, Paris, Picollec, 1997.

COIGNARD Jérôme, *Au chic égyptien (Le Voyage de Vivant Denon) Beaux-Arts*, n° 120, 1994.

HERY François-Xavier, ENEL Thierry; L'Univers de l'Egypte révélé par Bonaparte, Aix-en-Provence, Edisud, 1992.

LELIÈVRE Pierre, *Vivant Denon, homme des Lumières...* Paris, Picard, 1993.

MILLELIR Jean-Marie, *La Prévention de la peste pendant la campagne d'Egypte et de Syrie (1798-1801), Revue historique des armées*, 1993, n° 1.

MILLELIR Jean-Marie, *Médecins et soldats pendant l'Expédition d'Egypte*, Nice, B. Giovanangeli, 1993.

SINOUÉ Gilbert, *Le Dernier Pharaon. Méhémet-Ali 1770-1849*, Paris, Pygmalion, 1997.

ZIADÉ Mahmoud, *Bonaparte et la rupture avec la vision traditionnelle de l'Orient, Phares Manazat*, 1989, n° 9-10.

On terminera avec le très bel essai de Robert SOLÉ, *L'Egypte, passion française*, Paris, Le Seuil, 1997, qui part de l'expédition de Bonaparte pour mieux réfléchir sur ses « sillages ».

1998-2005

BERNÈDE Alain et CHADUC Gérard-Jean, *La Campagne d'Egypte...*, Paris, musée de l'Armée, 1998.

BERTHIER Louis-Alexandre, *Campagnes d'Egypte et de Syrie du général Bonaparte*, Hirlé, Strasbourg, 2004.

BRÉGEON Jean-Joël, *Kléber, Le dieu Mars en personne*, Perrin, Paris, 2002.

BRET Patrice, *L'Egypte au temps de l'expédition de Bonaparte 1798-1801*, Hachette, Paris, 1998.

GRANDJEAN, lieutenant LAVAL, *Journaux sur l'expédition d'Egypte*, Teissèdre, Paris, 2004.

KLÉBER Jean-Baptiste, *L'Etat-major de Kléber en Egypte...*, La Vouivre, Paris, 2005.

KÜNZI Frédéric, *Bonaparte et l'Egypte*, Favre, Lausanne, 2005. Riche iconographie.

LAISSUS Yves, *L'Egypte, une aventure savante : avec Bonaparte, Kléber, Menou (1798-1801)*, Fayard, Paris, 1998.

LA JONQUIÈRE Christian DE et alii, *L'Expédition d'Egypte 1798-1801*, 6 tomes plus l'Atlas, Teissèdre, Paris, 2004. Réédition intégrale d'un recueil de sources qui reste indispensable.

LAURENS Henry, *Orientales*, t. 1 : *Autour de l'Expédition d'Egypte*, CNRS, Paris, 2004.

LUTHI Jean-Jacques, *Regard sur l'Egypte au temps de Bonaparte*, L'Harmattan, Paris, 1999.

MADEC Gabriel, *L'Etat-major de Bonaparte en Egypte*, Revue du Souvenir Napoléonien n° 458, avril 2005. Avec les portraits gravés par Dutertre.

MORAND Charles-Antoine, *Un gouverneur militaire en Haute-Egypte : Morand à Girgeh en 1799*, La Vouivre, Paris, 2005.

QUÉRUEL Alain, *Nicolas-Jacques Conté (1755-1805). Un inventeur de génie*, L'Harmattan, Paris, 2004.

VILLIERS DU TERRAGE Edouard DE, *L'Expédition d'Egypte, Journal d'un jeune savant engagé dans l'état-major de Bonaparte (1798-1801)*, présentation et dossier d'Alain Pigeard, Cosmopole, Paris, 2001.

DENON Vivant, EL GABARTI Abdel Rahman, *Sur l'Expédition de Bonaparte en Egypte*. Témoignages croisés et commentés par Mahmoud Hussein, Actes Sud, 1998.

* *Egyptomania*, film de Renan POLLES, Louvre, RMN, Artefilm, 1994.

TABLE DES MATIÈRES

collection tempus
Perrin

DÉJÀ PARU

1. *Histoire des femmes en Occident* (dir. Michelle Perrot, Georges Duby), *L'Antiquité* (dir. Pauline Schmitt Pantel).
2. *Histoire des femmes en Occident* (dir. Michelle Perrot, Georges Duby), *Le Moyen Âge* (dir. Christiane Klapisch-Zuber).
3. *Histoire des femmes en Occident* (dir. Michelle Perrot, Georges Duby), *XVIe-XVIIIe siècle* (dir. Natalie Zemon Davis, Arlette Farge).
4. *Histoire des femmes en Occident* (dir. Michelle Perrot, Georges Duby), *Le XIXe siècle* (dir. Michelle Perrot, Geneviève Fraisse).
5. *Histoire des femmes en Occident* (dir. Michelle Perrot, Georges Duby), *Le XXe siècle* (dir. Françoise Thébaud).
6. *L'épopée des croisades* – René Grousset.
7. *La bataille d'Alger* – Pierre Pellissier.
8. *Louis XIV* – Jean-Christian Petitfils.
9. *Les soldats de la Grande Armée* – Jean-Claude Damamme.
10. *Histoire de la Milice* – Pierre Giolitto.
11. *La régression démocratique* – Alain-Gérard Slama.
12. *La première croisade* – Jacques Heers.
13. *Histoire de l'armée française* – Philippe Masson.
14. *Histoire de Byzance* – John Julius Norwich.
15. *Les Chevaliers teutoniques* – Henry Bogdan.
16. *Mémoires, Les champs de braises* – Hélie de Saint Marc.
17. *Histoire des cathares* – Michel Roquebert.
18. *Franco* – Bartolomé Bennassar.
19. *Trois tentations dans l'Église* – Alain Besançon.
20. *Le monde d'Homère* – Pierre Vidal-Naquet.
21. *La guerre à l'Est* – August von Kageneck.
22. *Histoire du gaullisme* – Serge Berstein.
23. *Les Cent-Jours* – Dominique de Villepin.
24. *Nouvelle histoire de la France*, tome I – Jacques Marseille.
25. *Nouvelle histoire de la France*, tome II – Jacques Marseille.
26. *Histoire de la Restauration* – Emmanuel de Waresquiel et Benoît Yvert.
27. *La Grande Guerre des Français* – Jean-Baptiste Duroselle.
28. *Histoire de l'Italie* – Catherine Brice.
29. *La civilisation de l'Europe à la Renaissance* – John Hale.
30. *Histoire du Consulat et de l'Empire* – Jacques-Olivier Boudon.
31. *Les Templiers* – Laurent Daillez.

32. *Madame de Pompadour* – Évelyne Lever.
33. *La guerre en Indochine* – Georges Fleury.
34. *De Gaulle et Churchill* – François Kersaudy.
35. *Le passé d'une discorde* – Michel Abitbol.
36. *Louis XV* – François Bluche.
37. *Histoire de Vichy* – Jean-Paul Cointet.
38. *La bataille de Waterloo* – Jean-Claude Damamme.
39. *Pour comprendre la guerre d'Algérie* – Jacques Duquesne.
40. *Louis XI* – Jacques Heers.
41. *La bête du Gévaudan* – Michel Louis.
42. *Histoire de Versailles* – Jean-François Solnon.
43. *Voyager au Moyen Âge* – Jean Verdon.
44. *La Belle Époque* – Michel Winock.
45. *Les manuscrits de la mer Morte* – Michael Wise, Martin Abegg Jr. & Edward Cook.
46. *Histoire de l'éducation,* tome I – Michel Rouche.
47. *Histoire de l'éducation,* tome II – François Lebrun, Marc Venard, Jean Quéniart.
48. *Les derniers jours de Hitler* – Joachim Fest.
49. *Zita impératrice courage* – Jean Sévillia.
50. *Histoire de l'Allemagne* – Henry Bogdan.
51. *Lieutenant de panzers* – August von Kageneck.
52. *Les hommes de Dien Bien Phu* – Roger Bruge.
53. *Histoire des Français venus d'ailleurs* – Vincent Viet.
54. *La France qui tombe* – Nicolas Baverez.
55. *Histoire du climat* – Pascal Acot.
56. *Charles Quint* – Philippe Erlanger.
57. *Le terrorisme intellectuel* – Jean Sévillia.
58. *La place des bonnes* – Anne Martin-Fugier.
59. *Les grands jours de l'Europe* – Jean-Michel Gaillard.
60. *Georges Pompidou* – Eric Roussel.
61. *Les États-Unis d'aujourd'hui* – André Kaspi.
62. *Le masque de fer* – Jean-Christian Petitfils.
63. *Le voyage d'Italie* – Dominique Fernandez.
64. *1789, l'année sans pareille* – Michel Winock.
65. *Les Français du Jour J* – Georges Fleury.
66. *Padre Pio* – Yves Chiron.
67. *Naissance et mort des Empires.*
68. *Vichy 1940-1944* – Jean-Pierre Azéma, Olivier Wieviorka.
69. *L'Arabie Saoudite en guerre* – Antoine Basbous.
70. *Histoire de l'éducation,* tome III – Françoise Mayeur.
71. *Histoire de l'éducation,* tome IV – Antoine Prost.
72. *La bataille de la Marne* – Pierre Miquel.
73. *Les intellectuels en France* – Pascal Ory, Jean-François Sirinelli.
74. *Dictionnaire des pharaons* – Pascal Vernus, Jean Yoyotte.

75. *La Révolution américaine* – Bernard Cottret.
76. *Voyage dans l'Égypte des Pharaons* – Christian Jacq.
77. *Histoire de la Grande-Bretagne* – Roland Marx, Philippe Chassaigne.
78. *Histoire de la Hongrie* – Miklós Molnar.
79. *Chateaubriand* – Ghislain de Diesbach.
80. *La Libération de la France* – André Kaspi.
81. *L'empire des Plantagenêt* – Martin Aurell.
82. *La Révolution française* – Jean-Paul Bertaud.
83. *Les Vikings* – Régis Boyer.
84. *Examen de conscience* – August von Kageneck.
85. *1905, la séparation des Églises et de l'État.*
86. *Les femmes cathares* – Anne Brenon.
87. *L'Espagne musulmane* – André Clot.
88. *Verdi et son temps* – Pierre Milza.
89. *Sartre* – Denis Bertholet.
90. *L'avorton de Dieu* – Alain Decaux.
91. *La guerre des deux France* – Jacques Marseille.
92. *Honoré d'Estienne d'Orves* – Etienne de Montety.
93. *Gilles de Rais* – Jacques Heers.
94. *Laurent le Magnifique* – Jack Lang.
95. *Histoire de Venise* – Alvise Zorzi.
96. *Le malheur du siècle* – Alain Besançon.
97. *Fouquet* – Jean-Christian Petitfils.
98. *Sissi, impératrice d'Autriche* – Jean des Cars.
99. *Histoire des Tchèques et des Slovaques* – Antoine Marès.
100. *Marie Curie* – Laurent Lemire.
101. *Histoire des Espagnols,* tome I – Bartolomé Bennassar.
102. *Pie XII et la Seconde Guerre mondiale* – Pierre Blet.
103. *Histoire de Rome,* tome I – Marcel Le Glay.
104. *Histoire de Rome,* tome II – Marcel Le Glay.
105. *L'État bourguignon 1363-1477* – Bertrand Schnerb.
106. *L'Impératrice Joséphine* – Françoise Wagener.
107. *Histoire des Habsbourg* – Henry Bogdan.
108. *La Première Guerre mondiale* – John Keegan.
109. *Marguerite de Valois* – Eliane Viennot.
110. *La Bible arrachée aux sables* – Werner Keller.
111. *Le grand gaspillage* – Jacques Marseille.
112. *« Si je reviens comme je l'espère » : lettres du front et de l'Arrière, 1914-1918* – Marthe, Joseph, Lucien, Marcel Papillon.
113. *Le communisme* – Marc Lazar.
114. *La guerre et le vin* – Donald et Petie Kladstrup.
115. *Les chrétiens d'Allah* – Lucile et Bartolomé Bennassar.
116. *L'Égypte de Bonaparte* – Jean-Joël Brégeon.

À PARAÎTRE

Les empires nomades – Gérard Chaliand.
La bataille de la Somme – Alain Denizot.
La guerre de Trente Ans – Henry Bogdan.
L'Église des premiers siècles – Maurice Vallery-Radot.

Impression réalisée sur Presse Offset par

BRODARD & TAUPIN

GROUPE CPI

La Flèche (Sarthe), le 28-12-2005
pour le compte des Éditions Perrin
76, rue Bonaparte
Paris 6e

N° d'édition : 2073 - N° d'imprimeur : 33278
Dépôt légal : janvier 2006

Imprimé en France